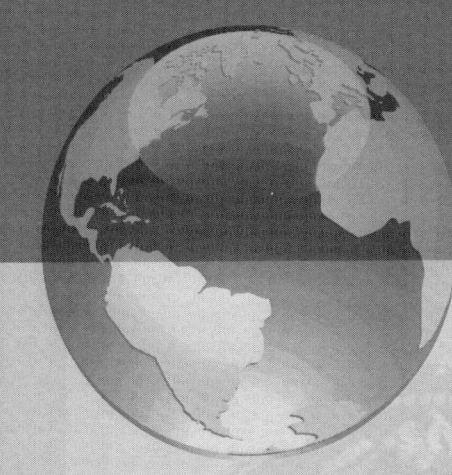

中國教育史

主　編　藍海正　劉彩梅

S崧燁文化

前 言

中國文化源遠流長，中國教育歷史悠久。中國教育史就是研究中國教育產生、發展、演變，總結其各階段發展特徵的一門學科，通過其研究，以弘揚中華民族優秀文化傳統，並進而為今天的教育建設和改革提供有益的可資借鑑的經驗。

作為一門重要的教育學科，長期以來，中國教育史的教材編寫受到了人們廣泛的關注，特別是進入 21 世紀以來，相關教材的出版如雨后春筍，且各展其長，從而有力地推動了中國教育史的教學和研究水平的提高。本教材的編寫力求以歷史唯物主義為指導，在借鑑教育史界的有關中國教育史教材體系的基礎上，內容上注意吸納史學界的一些研究成果；並在保證學術性的基礎上，力求史料充實可靠，框架設計清晰，結構體例嚴謹，內容簡潔扼要，重點鮮明突出，評述客觀公允，文字通俗易懂，以使之既適於作為師範院校本科生專業和公共課的教材，又便於一般讀者的自學、參考。

由於本教材涉及內容較多，文字處理上可能存在不統一的情況，加之我們的學識水平所限，不妥甚至錯誤之處在所難免，敬請專家同仁和讀者不吝指正。

編 者

目　錄

第一章　原始時期和夏、商、西周時期的教育 (1)
　　第一節　原始時期的教育活動 (1)
　　第二節　中國原始教育的內容 (3)
　　第三節　氏族公社末期學校的萌芽 (6)
　　第四節　夏、商、西周時期的教育 (11)

第二章　春秋戰國時期的教育 (18)
　　第一節　官學的衰落和私學的興起 (19)
　　第二節　稷下學宮與百家爭鳴 (21)
　　第三節　孔子的教育思想 (24)
　　第四節　孟子的教育思想 (35)
　　第五節　荀子的教育思想 (38)
　　第六節　墨子的教育思想 (42)
　　第七節　道家和法家的教育思想 (45)
　　第八節　戰國后期的教育論著 (50)

第三章　秦漢時期的教育 (59)
　　第一節　秦朝的教育政策及其措施 (59)
　　第二節　漢代文教政策 (62)
　　第三節　漢代的學校教育制度 (64)
　　第四節　漢代察舉制度 (71)
　　第五節　董仲舒的教育思想 (74)

第四章　魏晉南北朝的教育 (78)
　　第一節　魏晉南北朝的文教政策 (78)

第二節　魏晉的學校教育 ……………………………………（80）
　　第三節　魏晉南北朝時期的選士制度 …………………………（86）
　　第四節　嵇康的教育思想 ………………………………………（88）

第五章　隋唐時期的教育 …………………………………………（90）
　　第一節　隋唐的文教政策 ………………………………………（91）
　　第二節　隋唐學校教育制度 ……………………………………（93）
　　第三節　隋唐的科舉制度 ………………………………………（99）
　　第四節　隋唐的中外教育交流 …………………………………（102）

第六章　宋遼金元時期的教育 ……………………………………（110）
　　第一節　宋朝的文教政策和教育制度 …………………………（111）
　　第二節　遼金元的文教政策和官學制度 ………………………（119）
　　第三節　宋元的書院教育制度 …………………………………（122）
　　第四節　朱熹的教育思想 ………………………………………（125）

第七章　明朝的教育 ………………………………………………（132）
　　第一節　明代的文教政策 ………………………………………（133）
　　第二節　明代的科舉制度 ………………………………………（135）
　　第三節　明朝的書院 ……………………………………………（137）
　　第四節　王守仁的教育思想 ……………………………………（139）

第八章　清初至鴉片戰爭前的教育 ………………………………（145）
　　第一節　清朝的文教政策 ………………………………………（146）
　　第二節　清代的學校教育制度 …………………………………（148）
　　第三節　清代的科舉制度 ………………………………………（151）
　　第四節　清代的書院 ……………………………………………（153）
　　第五節　王夫之的教育思想 ……………………………………（155）

第九章　鴉片戰爭到洋務運動時期的教育 (161)

　　第一節　清末封建教育的衰敗與教會教育的開端 (162)

　　第二節　龔自珍、魏源等對清末教育的批評和改革主張 (170)

　　第三節　洋務教育 (171)

　　第四節　張之洞的教育思想 (177)

第十章　維新運動和清末「新政」時期的教育 (181)

　　第一節　維新運動時期的教育改革 (182)

　　第二節　清末新政下的教育改革 (188)

　　第三節　留學教育的勃興 (196)

　　第四節　教會教育的發展 (201)

　　第五節　康有為的教育思想 (203)

　　第六節　梁啓超的教育思想 (206)

第十一章　民國成立初期的教育 (208)

　　第一節　民國教育方針與政策 (208)

　　第二節　南京臨時政府的教育改革 (212)

　　第三節　文化教育戰線復古與反覆古的鬥爭 (216)

　　第四節　蔡元培的教育思想 (219)

第十二章　新文化運動時期和20世紀20年代的教育 (225)

　　第一節　「新文化運動」推動下的教育改革和教育思潮 (226)

　　第二節　1922年「新學制」 (237)

　　第三節　教會教育的擴張與收回教育權運動 (241)

　　第四節　新民主主義教育的發端 (243)

第十三章　國民政府時期的教育 (248)

　　第一節　國民政府時期的教育宗旨與政策 (249)

3

第二節　國民政府的教育改革與學校教育的發展 …………………（252）
　　第三節　學校的教學管理 ……………………………………………（257）
　　第四節　國民政府各級教育的發展 …………………………………（259）
　　第五節　黃炎培、陶行知、陳鶴琴的教育思想 ……………………（263）

第十四章　中國特色的社會主義教育體系 ………………………………（277）
　　第一節　教育方針政策 ………………………………………………（277）
　　第二節　全面建設社會主義時期的教育 ……………………………（279）
　　第三節　社會主義現代化建設新時期的教育 ………………………（285）
　　第四節　建設中國特色社會主義教育的深化 ………………………（289）

第一章　原始時期和夏、商、西周時期的教育

【導讀】

　　自從有了人類社會的存在，就有了人類最初的教育。中國是世界上歷史悠久的文明古國，在遠古時代，中華民族的祖先就勞動、生息、繁衍在遼闊的中華大地上。在遙遠的原始社會，生活在中華大地的原始先民們為了能夠在嚴酷的自然環境中生存下去，不得不結成群體，共同生活，在生活中將生產、生活的經驗傳授給下一代，這便是人類社會最初的教育活動。在原始社會的末期——父系氏族公社時期，隨著生產的發展和私有制、階級分化的出現與加劇，原始社會的教育開始出現分化，在中華大地上開始出現了學校的萌芽。原始社會時期中華大地上先民的教育活動，儘管教育內容、方式、方法原始，沒有從生活中獨立出來，但這是中國教育史的起源和發端。

【教學目標】

1. 理解教育起源於人們生活和生產勞動的需要。
2. 理解西周時期「學在官府」的含義及其原因。

　　自從有了人，就有了教育；教育起源於人類為了滿足自身生存和發展需要的社會生活和生產實踐中，它是人類特有的社會活動和現象。中國的原始社會中，教育和人們的社會生產及社會生活密切結合，還沒有專門的場所和專職人員，教育平等，教育的手段也限於言傳身教。但自奴隸社會后，隨著階級的出現，生產的發展，文字的產生，人類生活的豐富，教育在「學在官府」體制下，也有著快速的進步和變化。至春秋戰國，在諸侯爭霸的過程中，官學衰落，經濟下移，學術下移，養士之風盛行，私學得以產生。

第一節　原始時期的教育活動

一、中國早期的人類及其教育活動

　　教育是作為人類社會的一種自然特徵出現的，教育起源是人類起源的有機組成部分，欲研究教育活動的起源，必先瞭解人類的起源。

　　中國是世界上最悠久的文明古國之一，早在遠古時代，中華民族的祖先就勞動、

生息、繁衍在遼闊的中華大地上。20世紀20年代，中國著名的古人類學家裴文中教授最早在北京西南周口店發現了距今40萬~50萬年的「北京人」的遺骸化石，這一重大發現使曾在亞洲最早發現的爪哇直立人的存在得以證實。其後，陝西「藍田人」的頭骨化石（1963—1965年被發現，距今50萬~60萬年）、雲南「元謀人」的牙齒化石（1965年被發現，距今大約170萬年）也相繼問世。重慶巫山廟宇鎮龍骨坡「巫山人」附有兩顆牙齒的下頜骨化石被發現，不僅動搖了國外考古界堅持認為直立人起源於非洲的說法，也證實了中國最早的人類至少生活在200萬年前。

教育始終與人類社會相伴隨，自從有了人、人類社會，也就有了教育。即便從「巫山人」生活的年代算起，中國的教育也已有200萬年的歷史了。當然，或許隨著新的考古發現，如果還有比「巫山人」更早的原始人的化石出土，那麼中國教育史的開端又要往前推移。

二、教育活動的起源

中國近代教育思想家楊賢江在《新教育大綱》中指出：「教育的發生就只限於當時當地人民實際生活的需要，它是幫助人營謀社會生活的一種手段……自有人生，便有教育。因為自有人生，便有實際生活的需要。」教育是一種社會現象，自從有了人，有了人類社會就有了教育，教育起源於參與人類生存和參與社會生活的需要。

在原始社會，由於生產力低下，人們為了生存而不得不結成群體生活，為了滿足最低限度的物質生活，原始先民不得不把主要精力用在生產勞動上，生產勞動成了原始社會最重要的活動。為了延續種族的生命傳遞，原始人群必須將勞動工具製造、使用的經驗和方法傳遞給年輕一代，使他們將來能夠適應生產活動的需要。同時，為了使年輕一代能夠適應群體社會生活，遵守群體生活的規範，原始人群也必須將群體社會的生活要求和規範傳遞給年輕一代，使他們成長為合格的部落成員。考古研究人員在雲南元謀人的故鄉發掘出明顯帶有人工痕跡的石器、動物骨片和用火的灰燼；在北京周口店的山洞裡發現了很厚的灰燼，用火燒過的顏色不一的獸骨和石頭，以及大量的樸樹籽和紫荊樹木炭塊；在巫山地區出土了大量的經過二次加工的石器，120多種動物各類化石和大量的植物種子。這說明原始人群為了生活而進行群體的生產勞動，此時怎樣製造和使用工具，怎樣捕食野獸與採摘野果，怎樣進行集體生活、參與社會事務，都需要通過語言、模仿、身體力行等方式推廣開來，特別是還要教授給年輕的一代，以變成家庭或族群的共同經驗。這時，教育便孕育其中。

沒有專門的場所和專職人員，這一時期的教育總是在生產和生活過程中進行的，直接為生產和生活服務。原始人處於什麼樣的生存環境，怎樣進行生產勞動，怎樣過集體生活，就需要什麼樣的教育。生產和社會生活的需要便是教育的內容，如石器和木器生產工具的製造和使用，取火的技術，漁獵和採集的技術，種植的技術，家庭和氏族的傳統等。所有這些生產和生活經驗的傳授，以及生活習俗的培養，都是口耳相傳，並結合實際運作的示範和模仿，身教與言傳相輔而行的。另外，教育也是原始人群自身生產和生活的需要。人的生存和發展不僅有物質方面的需要，還有精神方面的需要。在原始社會，教育不僅沒有從生產勞動中分化出來，而且同宗教、藝術、政事

等活動結合在一起。年長一代不僅要向年輕一代傳授生產勞動方面的知識，還要傳授宗教、藝術、政事方面的知識，這也是他們參加家庭或氏族生活所不可缺少的。

第二節　中國原始教育的內容

原始社會的生產力水平低下，生產和生活極其簡單，教育還處於一種萌芽狀態。原始時期的教育從其發展的特點看主要經歷了原始人群階段、氏族公社階段和氏族公社末期三個階段。原始人群時期，教育剛剛產生，僅僅是不成熟的雛形；氏族公社時期，教育較前一階段有了很大的發展，內容更為豐富，形式也更加多樣化；氏族公社末期教育出現了階級差別，將向階級社會的教育過渡。原始社會的教育主要以氏族公社的教育為代表，其教育內容主要包括以下幾個方面：

一、生產勞動的教育

饑而欲食，寒而欲衣，這是人們最基本的生存需求。與水平低下的生產發展水平相適應，原始社會最基本的教育便是生存教育，也即在採集、狩獵和種植等最基本的生產勞動中獲得最基本的生活資料的教育。

(一) 生產工具製造和使用教育

原始社會初期，人類過著採集和狩獵的生活，主要採用簡單的敲打的石器；到了新石器時代，人們過著定居的生活，從事原始的農業和畜牧業生產，能夠使用經過磨光或鑽孔加工的工具，如石斧、石刀、石犁等；在新石器時代末期，人類學會了用銅礦石冶煉出紅銅。在生產工具發明和使用的不同階段，上一輩人要將製作和使用的方法以及勞動經驗傳授給年輕的一代，年輕的一代要在勞動中進行模仿和學習，以便使自己最終成為獨立的勞動者。所以，教育便在與生產工具相關的勞動中發生。

(二) 生產技術教育

人工取火是原始人支配自然、在生產技術方面的偉大進步。在原始社會氏族公社時期，氏族部落會根據各自的生存環境而在生產技術方面形成不同的特色。《韓非子・五蠹》中記載：「有聖人作，鑽燧取火，以化腥臊，而民說之，使王天下，號之曰燧人氏。」燧人氏就如同有巢氏、神農氏等一樣，均是標明某種技術專長的稱謂。按照這種理解，如果氏族成員個人在生產技術方面有了重要的發明，他就會把這項成果盡快地傳授給氏族的有關成員，並成為氏族共同的專長。取火的技術也是在教育活動中得以累積、傳授和推廣的。不但如此，重要的生產技術可能會在教育活動中向外族傳遞，就像《太平御覽》所記載的「伏羲禪於伯牛，鑽木取火」。

(三) 漁獵技術教育

採集狩獵是原始人的重要生產門類，是人類最古老的謀生方式之一。特別是漁獵，《尸子》載：「伏羲氏之世，天下多獸，故教民以獵。」漁獵需要掌握較高的技術，因

3

而這方面的教育活動十分活躍，狩獵技術教育從兒童很小的時候就已經開始。中華人民共和國成立以前，尚處於父系氏族公社階段的鄂溫克族兒童在七八歲時就開始接受狩獵教育，培養興趣，掌握有關經驗技能，並進行相關的體能訓練如跳高、跳遠，還經常組織射箭打靶比賽。經過嚴格的教育和訓練，新生一代的獵手一般都能熟悉野獸的習性和生活規律，有的還能掌握風向知識，利用風作掩護逼近捕食野獸。另外，《屍子》記載：「燧人之世，天下多水，故教民以漁。」中國曾經在山頂洞遺址出土了一件青魚眶上骨化石，據考古人員分析，魚長 0.8 米，顯示了當時在漁獵方面已具備相當的教育水平。人們在狩獵中可能會捕獲到活的動物，如果具備了條件就可以將其飼養下來，這時的經驗便需要傳授下去。

(四) 農業生產技術教育

中國是世界上農作物起源的中心地區之一，農業生產技術教育相應地也是原始社會重要的教育內容。《周易·系辭》載：「神農氏制耒耜，教民農作。」不過，農業生產技術的教育，不僅僅局限於農耕工具的製作和操作方面，有關的氣候、季節及植物方面的知識，也日益成為人們關注和傳授的內容。《新語·道基》稱：「至於神農，以為行蟲走獸難以養民，乃求可食之物，嘗百草之食，察酸苦之味，教民食五穀。」至五帝時，中國已經懂得「觀象」以定農時，因為如果不懂得這些就不能合理安排農作，也不利於儲藏食物過冬，所以與原始農業相關的天文知識的傳授也相對較為普遍。

二、社會生活的教育

原始人出生後首先接觸的是家庭或氏族這樣一個生活環境，所以生活環境和家庭、氏族的傳統都是兒童必須瞭解和掌握的。傳授基本的生活經驗也成為原始社會教育的重要內容。

(一) 生活習慣與生活能力的培養

衣、食、住、行是人類生活最基本的物質需求，這些習慣和能力的教育與培養在原始社會具有重要的意義。我們的祖先從衣不蔽體到穿上衣服，從穴居、巢居到居住人工營造的房子，從學會直立行走到發明運載工具，他們的生存方式發生了很大的變化，而每一種行為方式的變化都需要必要的教育與培養。以吃為例，人類學家曾對北京人的頭骨進行了研究，提出北京人有吃熟食的生活習俗。隨著火的掌握和運用，人們開始嘗試食用熟食，「教民熟食，養人利性」。隨著生產的發展，食品種類的增多，烹飪的方法也越來越繁雜，而且人們對吃飯的方式也越來越講究，因此，對人們進行飲食方面的教育，培養他們生活的技能與文明習慣就成了必須。

(二) 社會常識的教育

在原始社會，社會常識方面的教育主要是婚姻和家庭生活方面的教育。原始人生活在複雜的血緣關係和氏族部落中。為了融入和適應家庭、氏族和生活，兒童就要瞭解並熟悉自己的親屬和血緣關係，瞭解家庭和氏族的傳統，瞭解自己應盡的義務，以便遵守禮法，遵守家庭的和氏族的傳統。對於這些社會常識，兒童從襁褓之中就開始

觀摩學習，直到長大成人，學習始終不斷。在原始氏族公社中，亂倫禁忌的教育十分普遍。這是因為在原始的群婚、族內婚形態下，近親的男女關係導致了人種的退化和大量殘疾現象，這引起了人們的恐懼，並被視為神的懲罰。《國語・晉語四》追述炎黃二帝異姓異德時稱：「異姓則異德，異德則異類；異類雖近，男女相及，以生民也。同姓則同德，同德則同心，同心則同志。同志雖遠，男女不相及，畏黷敬也。黷則生怨，怨亂毓災，災毓滅姓，是故娶妻避其同姓，畏亂災也。」因此，在婚姻關係上，禁止族內群婚，必須同別的氏族公社實行族外群婚。這就要求兒童少年從小學習並恪守這種慣例和傳統。

(三) 原始民俗活動中的教育

原始社會的民俗活動主要是指樂舞，樂舞教育內容豐富，涉及生活的各個領域。《呂氏春秋・古樂》稱：「昔葛天氏之樂，三人操牛尾，投足以歌八闋：一曰《載民》，二曰《玄鳥》，三曰《遂草木》，四曰《奮五穀》，五曰《敬天常》，六曰《達帝功》，七曰《依地德》，八曰《總萬物之極》。」教授古樂不僅教給了人們農業、畜牧、圖騰、祭祀、倫理及自然萬物的各方面知識，還能給人以啟迪，特別是其中的頌揚英雄功績的篇章，更能給人以鼓舞。《尚書・舜典》記載舜命夔典樂，教導冑子，「直而溫，寬而栗，剛而無虐，簡而無傲。詩言志，歌永言，聲依永，律和聲。八音克諧，無相奪倫，神人以和」。另外，樂舞教育也是健康體質的訓練和原始軍事教育的重要內容。《呂氏春秋・古樂》載：「昔陶唐氏之始，陰多滯伏而湛積，水道壅塞，不行其原，民氣鬱閼而滯者，筋骨瑟縮不達，故作為舞而宣導之。」

三、原始宗教文化的教育

原始宗教凝聚著原始人對厄運、饑饉、災荒的醒悟，凝聚著他們對死亡的恐懼，所以人們通過宗教活動祈求新生。原始社會的宗教活動主要有自然崇拜、圖騰崇拜和祖先崇拜等，這些活動都不同程度地蘊涵教育的因素。

(一) 自然崇拜中的教育

自然崇拜源於原始人對於自然現象的神祕感。由於生產力水平低下，人類沒有能力徵服自然，對於一些自然現象感到十分困惑，從而認為日、月、雷、電、風、雨、霜、水、火及某一種動物或植物都具有靈性，因此把它們當作神靈崇拜，祈求消災得福。例如，在仰韶文化的晚期遺址中，發現了繪有太陽圖像的陶器。據考釋，這可能是祭日性質的禮器。其中的圖案將太陽與禾苗繪在一起，歌頌太陽促成萬物生長的功德，有的圖案繪了旭日東升，歌頌太陽給人們帶來了白晝。這類祭日活動，無形中把太陽與莊稼生長的關係，靠太陽定時間、定方向等知識，傳授給新生一代。對星辰的崇拜也含有自然知識的教育，《尚書・洪範》中有「庶民惟星，星有好風，星有好雨」之語，說明原始人類對日月星辰等天象活動的關注。在中國原始社會，以農業為主的地區曾產生了對龍、土地神或農作物的崇拜；以漁獵為主的地區產生過對山神和動物的崇拜，而且這種崇拜都包含一定的祭祀活動，所以自然崇拜往往很明顯地包含氣象、動植物、生態等方面的知識傳授。

(二) 圖騰崇拜中的教育

中國的原始居民在自然崇拜的基礎上產生了圖騰崇拜，他們相信每個氏族都源於某種物，該物就是氏族的祖先或保護神。所以圖騰崇拜既包括了對日月山川天地鬼神的自然崇拜，也包括了對圖騰化的動植物的崇拜和禁忌。每一個氏族都有一個圖騰，就像西安半坡文化遺址出土的人魚組合圖騰、遼西中河梁出土的豬龍形玉飾等，並且每一種圖騰都會包含一套崇拜的儀式和禁忌。這種原始的圖騰儀式和禁忌包含了早期的自然知識，所以，年輕人在學習和遵守圖騰禁律的同時，也就強化了與此相關的某種自然現象，接受了自然知識的教育，同時也會自覺或不自覺地學習本氏族的傳統。

(三) 祖先崇拜中的教育

祖先崇拜是指原始居民把自己的祖先神化，以祖先的「靈魂」為崇拜對象，舉行各種形式的靈祭，並祈求得到祖先的保護。進行這種活動，明顯是在對家庭或氏族成員灌輸一種迷信思想，但同時也是在教育家庭或氏族成員要尊敬長輩，要團結一致，謀求共同生存。隨著父系氏族公社的建立和發展、祖先崇拜和血統觀念的結合，這種祭祀活動更是教育年輕一代明確上下輩分、追求共同祖先的有效方法。這種祭祀活動對加強血緣親屬關係，喚起氏族內部的團結具有重要的作用。

四、軍事訓練和教育

原始社會后期，由於狩獵和遊牧經濟的發展，部落之間的戰爭日益增多，部族的男性成員都要成為戰士。為適應這種形勢的需要，氏族部落成員就要學會使用武器，並接受一定的軍事教育與軍事訓練。《史記‧五帝本紀》介紹說，黃帝對各部落進行軍事方面的訓練與教育，以期與炎帝決戰，「軒轅乃修德振兵，治五氣，藝五種，撫萬民，度四方，教熊羆貔貅貙虎，以與炎帝戰於阪泉之野」。所以軍事教育也是戰爭狀態下原始居民的重要教育內容之一。

原始社會的教育沒有專門的教師，沒有專門的機構，也沒有文字和書本，教育與簡單的生產和生活密切聯繫在一起，表現出了原始性的特點。這一時期的教育活動及其內容，主要包括社會道德、生產勞動、宗教的教育。在原始社會的解體時期，又產生了文化教育的萌芽，還增加了軍事訓練。這種教育雖然還十分簡陋，但它適應著當時社會的需要，有著多方面的內容。

第三節　氏族公社末期學校的萌芽

大約在5,000年前進入父系氏族公社時期，在生產發展的基礎上，經濟發生了重要變革，農業成為主要的經濟部門，手工業從農業中分離出來，得到較快發展。私有制的進一步發展，使階級分化日益加深，氏族公社制度轉變為部落聯盟與軍事民主制度，這是中國古代傳說中的五帝時期。原始社會在解體，歷史即將跨入階級社會。

社會經濟、政治的變革，推動著教育不斷發生變化。存在於社會生活中的教育逐

漸分化出來，出現了學校的萌芽。

一、部落顯貴世襲引起教育的變化

氏族首領的民主推選轉變為世襲，形成最初的部落顯貴。這些顯貴把權力和財富集中在手裡，不斷增強其特權，逐漸壟斷了文化教育。部落首領需要管理生產、指揮戰爭、協調內部關係、主持宗教儀式等。他們用世襲的方式把知識壟斷起來，成為鞏固顯貴地位的重要工具。

由於生產力的提高，剩餘產品的存在，使一部分人脫離生產轉為勞心者成為可能。從政治需要來看，隨著軍事民主制向君主制的逐步轉化，培養勞心者成為官吏的需求與日俱增。

適應社會勞心與勞力分工的需要，教育也逐漸分化為培養勞心者的專門教育和教化勞力者的社會教育兩種類型。這種歷史性的變化，從舜開始就有明顯的分化。舜作為部落聯盟的首領，設置有文化的公職人員，對顯貴的后裔施教。《尚書・舜典》：「夔，命汝典樂，教胄子」「契，百姓不親，五品不遜，汝作司徒，而敬敷五教，在寬」。前者是記載教胄子，后者是記載教百姓，兩者都是施教。然而，一是專門教育，一是社會教育，教育的目的、內容都不相同，這是對不同等級實施的教育，勢必使它們朝不同的方向發展。

教育的早期分化，使教育設施呈現出等級差別。《禮記・王制》：「有虞氏養國老於上庠，養庶老於下庠。」把庠分為上、下，安排不同社會地位的人，顯示出了一定等級。這種養老和教學兼行的機構，就是學校的萌芽。

在教育內容方面，也顯示出以下一些變化：

(一) 軍事教育成為基本內容

其時部落之間為掠奪家畜、奴隸和財富而進行戰爭，部落的男性成員都成為戰士。為適應這種需要，教育內容就要強調軍事教育。《尚書・大禹謨》說，舜、禹受命征三苗，大戰三旬未能取勝，收兵而回，令戰士手持盾牌和干羽加緊操練，操練七十天，有苗被懾服。這是部落聯盟時期軍事教育活動的體現。軍事教育內容不僅包括作戰訓練，也包括武器的製作。

(二) 「孝」成為道德教育的新內容

由於生產力的發展，男子成為農業等主要生產部門的主力，社會地位相應提高，逐漸使父權制代替了母權制。這時，私有制已產生。一夫一妻的個體家庭已成為社會基本單位，私有財產由兒子繼承。這種社會變化，要求維護以男子為主體的父權制和私有財產繼承權，形成新的道德觀念，強調孝道。進行孝的教育，就是這種需要的反映。

(三) 強調禮樂之教

舜為首領時，重視文化教育。他所任命的職官中，有關文教的職官有三名，司徒負責進行五常之教，秩宗負責三禮，典樂主管樂教。三禮指的是「天神、地祇、人鬼

之禮」，這種宗教禮儀宣揚天尊地卑的觀念，用天意來解釋等級秩序和道德規範。樂教具有多方面的作用，培養詩歌舞蹈的知識技能僅是一方面，更重要的在於道德品行的培養。通過樂教活動，還可溝通部落聯盟內部的感情，增進團結，所以有深遠的政治意義。

　　教育性質的變化，導致強制手段的採用。灌輸代表少數人利益的道德觀念，不是年輕人所能自覺接受的，實施時必然輔以強制手段。《尚書·舜典》有：「撲作教刑。」鄭玄認為，「撲」是以檟楚為刑具。當時，教官也是執行刑法的人，以檟楚為刑具，故稱「教刑」。教刑是刑罰中較輕的一種，對於不勤學業的人，罰其體而警其心。《學記》說：「夏楚二物，收其威也。」就是「撲作教刑」所起的作用。從字義說，「撲」的正字是「攴」。《說文》：「攴，小擊也。」「教」字從攴從孝，古文作爻，亦從攴，造字者已從字義明示以攴擊施教。《說文》曰：「教，上所施，下所效也。」上所施釋攴，下所效釋本。意思是，上不施攴擊，則下必有不樂孝法者，故從攴。李陽冰釋「改」曰：「已有過，攴之即改。」教者，所以教人改過遷善，然而，不施攴擊，不能取得功效，所以教離不開「攴」。據說，撲刑是撻其背，在官、在學、在家都廣為使用。

二、文字的產生提出新的教育需要

　　人類在社會生活中早有記事和傳遞信息的需要，創造了各種原始的記事方法，如結繩、刻木等。《周易·系辭》說：「上古結繩而治，后世聖人易之以書契。」這就是記事工具發展歷史的反映。經過長期的使用、比較、改進，記事方法有所改進，特別是氏族公社末期，事務繁多、交往頻繁，更迫切需要新的記事工具，這就發明了最初的文字。文字是社會發展到一定歷史階段的產物，不是個人所獨創，而是群眾智慧的結晶。

　　氏族公社末期，產生了文字，這是歷史發展的必然。人類在長期生活過程中取得的經驗，逐步成為知識；知識不斷地累積，逐漸由感性知識向理性知識發展；然後，綜合形成系統。社會分工的發展，各種手工業的形成，使知識朝專門化的方向加速發展。要使年輕人切實掌握這種理性化、專門化並具有綜合性、系統性的知識，原始形態的教學方式已不能適應。因此，這就需要既掌握知識又能施教的專門人員，要求施教者進行更多的記憶和思考，要求有記錄知識和傳授知識的新工具。

　　文字就是一種記錄知識和傳授知識的新工具。文字作為一種工具，既便於知識的記錄累積，又便於知識的傳播，可以突破時間和空間的限制。然而，掌握文字不是容易的事，需要進行文字教學，要求有掌握文字從事施教的專門人員和專門施教的場所，因此文字的產生也促進了學校的萌芽。

　　中國文字的發生、形成、發展有一個過程。從已經發現的地下文物來看，西安半坡的刻畫符號有50多種，四川大涼山耳蘇人的圖畫文字與山東大汶口的象形文字，是萌芽狀態文字發展的不同階段（如圖1-1、圖1-2、圖1-3所示）。

| . Ⅱ . T . ↓ . ㄴ . ↑ . ↑ . Ｙ . ↓ . ↑ . 十 . Ｘ . Ｚ .
⼅ . ⼘ . ⼳ . 臣 . 茟 . Ｋ . 八 . 廾 . ⺗ . 米 . 占 . ㄴ . ‖ .
ㅌ . 非 . Ｙ . ≢ . ㄟ . ○ . 非 . 引 . Ｅ . Ｇ . Ｅ . 爫 . 小 .
一 . ⺗ . 丯 . ‖ . 仌 . 屮 . 屮 . Ｅ . Ｅ . 丰 . 彡

圖1-1　西安半坡的刻畫符號

圖1-2　四川大涼山耳蘇人的圖畫文字

圖1-3　山東大汶口的象形文字

有的學者認為，漢字起源於圖畫，如，日畫成⊙，月畫成☽，山畫成⛰等。由於實用的需要，它們才逐漸符號化，於是由原始圖畫發展為象形文字，日寫成⊖，月

寫成 ⊙，山寫成 ⛰。

象形文字的出現，使文字的發展前進了一步。古史傳說，在黃帝時代，記事史官倉頡創造了最早的文字。許慎說：「倉頡之初作書，蓋依類象形，故謂之文。」這說明在早期文字改進規範化工作中，個人可能起過一些重要的作用。

文字的產生，文字教學的需要，不僅對學校的產生起了重要的推動作用，對後來文化科學及社會發展也有重大的促進作用。

三、學校萌芽的傳說

古史中關於學校萌芽有多種傳說，現舉其確有關係者試作分析。

《周禮·春官宗伯》：「大司樂掌成均之法，以治建國之學政，而合國之子弟焉。」《禮記·文王世子》鄭玄註引董仲舒曰：「五帝名大學曰成均。」據說所引之說出自董仲舒所著的《春秋繁露》。宋王應麟《玉海》也稱：「《春秋繁露》有『成均，為五帝之學』。」因現存的《春秋繁露》是殘缺的版本，已無這段文字，故無從瞭解董仲舒是以什麼為根據的。關於成均，鄭玄解釋說：「均，調也。樂師主調其音。」「成均之法者，其遺禮可法者。」

在部落聯盟時期，凡宗教儀式和公眾集會都必有音樂，音樂滲透到社會生活的各個方面。部落顯貴重視音樂修養，他們的子弟均受樂教。樂師主管音樂事務，日常演奏歌唱之地，亦為實施樂教之地，這個場所稱為成均。成均不是勞動場所，所進行的教育也不是以生產勞動為內容的教育，而是在生產過程之外進行的獨立性的活動。教者和學者都已脫離生產勞動，成為專門從事教或專門從事學的人，這已具有條件可被認為是古代學校的萌芽。

古史還有虞氏之學為「庠」的傳說。據《禮記·明堂位》稱：「米廩，有虞氏之庠也。」鄭玄註以米廩為「藏養人之物」，這是氏族儲存公共糧食之所，由老者看管，所以也成為老人聚集活動的場所，也是氏族敬老養老行禮之地。庠者，《說文》「從廣羊聲」，「廣」即房舍的意思，「羊」即家畜的羊。原始社會以羊為美味，只有氏族長老才配享用，食羊者的居處稱為庠，也以此為敬老養老的地方。孟軻說：「庠者，養也。」這種解釋比較符合史實（一說「庠」是飼養牛羊等家畜的場所，由老者負責飼養）。在氏族公社中，教育年輕一代的任務，通常由具有豐富生活經驗的老人承擔。這種活動要就老年人的方便，一般在養老的地方進行，所以庠也兼為教育的場所。庠這種機構，兼有兩方面的重要活動，即養老與教育，而教育的任務重在德教。

由此來看，成均和庠都是原始社會末期開展多種活動的機構，包括當時的教育活動在內。它們雖然還不是正式的學校，但開始進行有目的、有組織的活動，為以後專門教育機構的產生奠定了基礎。

約在公元前 21 世紀時建立起來的夏王朝，是中國歷史上最初形成的國家，是奴隸主階級建立和運用國家機器，進行階級統治的開端。從夏經商到西周，歷時 1,300 多年，在歷史上稱為「三代」，是中國奴隸制國家的形成和發展時期。在此期間，教育開始成為獨立的社會活動，學校教育成了教育的主要形式，並為奴隸主貴族所壟斷，也逐漸走上制度化的軌道。

第四節　夏、商、西周時期的教育

一、夏、商的教育

(一) 夏、商的學校教育

公元前 21 世紀，禹建立了中國歷史上第一個奴隸制王朝——夏。夏代已進入有文字記載的文明時代。《禮記·禮運》所雲：「今大道既隱，天下為家，各親其親，各子其子，貨力為已……」這是夏代社會制度變遷的寫照。夏朝是由原始部落轉化成奴隸制國家的，為了鞏固和擴大奴隸制政權，夏統治者一方面依靠掠奪戰俘充當奴隸，另一方面又依靠武力鎮壓奴隸反抗及不甘淪為屬國的其他氏族部落的反抗。夏朝是「為政尚武」，靠武力治國，是武人專政，因而統治者很重視軍事教育，故有「夏后氏以射造士」之稱。重戎、尚武是夏代教育的主要特點。

關於夏代學校的設置，《禮記·明堂位》記載：「序，夏后氏之序也。」《禮記·王制》則認為夏序還有東序、西序之分：「夏后氏養國老於東序，養庶老於西序。」《古今圖書集成·學校部》載：「夏后氏設東序為大學，西序為小學。」這些古籍都記載了夏代有「序」這種學校。序是一種什麼類型的學校呢？據《孟子·滕文公上》所考：「序者，射也。」序最初是教射的場所，后來發展成以軍事教育為主，兼有議政、祭禮、養老乃至教育管理職能的學校。

夏代不僅在國都設有學校，地方也有學校。《孟子·滕文公上》：「夏曰校」，「校者，教也」。《說文》從字義上解釋道：「校，從木，交聲。」原義為木囚，即以木材為圍欄，起初是養馬馴馬的場所，后發展成習武的學校。據《史記·儒林列傳》記載公孫弘和太常藏、博士平議論三代之學時說：「鄉裡有教，夏曰校。」這即把校定位為鄉學。南宋朱熹在《四書集註》中也指出「校」為鄉學。至於校的教育內容，孟子雲：「明人倫」，朱熹在註中解釋道：「校，以教民為義。」又說：「倫，序也。父子有親，君臣有義，夫婦有別，長幼有序，朋友有信。此人之大倫也。庠序學校，皆以明此而已。」由此可見，夏校設於地方，是以習武教化為大務的場所。

商代是中國奴隸制的發展時期，其歷史活動較之夏代有更多文物可證，故有「信史起於商」之說。商代奴隸主貴族已形成強烈的宗教意識。《禮記·表記》中指出：「殷人尊神，率民以事神，先鬼而后禮。」敬神事福少不了樂，因而商的樂教十分發達，其文教政策有「以樂造士」之說。商代的教育機構除了繼承前代所設的「庠」「序」以外，又有了「學」與「瞽宗」的設置。《禮記·明堂位》載：「殷人設右學為大學，左學為小學，而作樂於瞽宗。」《禮記·王制》記載：「殷人養國老於右學，養庶老於左學。」鄭玄註雲：「右學，大學，在西郊；左學，小學，在國中王宮之東。」又雲：「殷曰學，學者，覺也，覺民者，所以反其質，故曰學。」據此可知，商代開始有了學習一般文化知識、進行倫理道德教育的「學」。學有大學與小學之分，大學的設立已被甲骨卜辭所證實。至於「瞽宗」之設，則是殷人重祭祀、崇禮樂的表現。瞽宗為樂師

的宗廟，用作祭祀的地方，同時又作為貴族子弟學習禮樂的學校。故《禮記‧明堂位》又曰：「瞽宗，殷學也。」

(二) 夏、商的教育管理

夏王朝初建時，最高統治者並不稱王而稱「后」，含有生育和祖先之意，是氏族公社遺留的痕跡。直到少康重建夏朝，奴隸制國家完全確立，夏的統治者才開始稱「王」。夏統治者在鞏固統治的過程中完善了國家制度，把全國劃為九個行政區，稱為「九州」；制定了刑法，叫作「禹刑」；建立了大規模的軍隊，稱作「六軍」；設置了輔政官員和機構，稱為「百吏」，分掌庶政、軍事、賦稅、訴訟、車馬、天象、文教、檔案等各職。夏代的教育管理較氏族公社時期有了一定的發展。在夏王的左右有「四輔臣」，輔助君主掌管政事，還有三老五更之類國家元老，為群老之首，以其德望與經驗參與政事，指導教育。具體主管教育的是司徒之類的官員。《尚書大傳‧夏傳》載：「天子三公，一曰司徒公，二曰司馬公，三曰司空公。百姓不親，五品不訓，則責之司徒。」而在「序」「校」等教育機構中擔任教師的人是一些經驗豐富的老人和祝、宗、卜、史等神職和文職官員。祝、宗、卜、史等雖然多是從事宗教活動，可是由於他們具有一定的科學文化知識，掌握文字，通曉禮制，嫻於樂舞，能貞卜吉凶，厘定歷法，所以也需要他們來教育子弟。

在國家制度及教育管理制度方面，商比夏完善得多。商代最高統治者稱「王」，表示擁有生殺予奪之權。商王發布訓令時，往往打著上帝和祖先的旗號，借以增加專制統治的神祕色彩。商王以下設眾多的官吏，建有一套完整的統治機構。文職官員有家宰、宰、阿衡、保衡、尹、多尹、臣、小臣、多臣、工、多工、司工、服、獸正、虞人、巫、祝、宗、卜、史、太師、少師等，分掌政務、奴隸、手工業、占卜祭祀、文書及音樂等事務。在國家機構中，「巫史」地位比較特殊，因為他們是神權的體現者，在政事上往往有實際的決定權。商代文化方面的職官應以司理、典冊、冊命為主，輔以貞、卜、史、宗。甲骨金文中有「作冊」和「稱冊」的活動記載，可證《尚書‧多士》「惟殷先人有冊有典」的說法不謬。商代是宗教、政治、教育三位一體的典型，宗教地位尤為顯赫。在殷商「卜命」是不可違的，司掌宗教事務的官員，在國家生活中具有舉足輕重的作用。他們掌管王朝的占卜事宜，運用溝通人神的法術，對商王的政治決策起著很大的影響，對文化教育更有壟斷之權，致使商代的學校教育離不開致神事福的宗教活動。而在學校中充任教師的是掌管音樂的，太師、少師和教育貴族子弟的長老，他們在「庠」「序」「瞽宗」等教育機構中教授禮樂知識、射御等技藝。

夏、商的學校管理呈現了制度化的雛形。學校教育管理的總體模式是政教不分、官師合一、學在官府。奴隸主國家壟斷了所有的學校，政府官吏成為教師，國家所藏典籍成為教材，唯有奴隸主貴族子弟才有入學受教育的資格。在學校內部教育管理方面，也制定了一些相應的制度。傅雲：「丁亥者，吉日也。萬也者，干戚舞也。入學也者，大學也。」規定每年夏曆二月為大學開學日期，舉行開學典禮。甲骨卜辭，對於建學地點、上學日期、開學典禮、教學內容等等，都有占問卜吉的記載。「壬子卜，弗酒小求，學」，壬子這天，因王子要入學，用酒祭祖，占卜以詢。「戊戌卜，雀，若教」，

即卜問何時舉行開學典禮為好。「丁酉卜，其呼以多方小子小臣其教戒。」由於殷商學校教育發達，當時已有四周多方子弟前來遊學。這些卜辭表明當時的學校教育已相當發達，教育管理活動也已有一定的規範化。

二、西周的教育

西周是中國奴隸制社會高度發展的時期，經濟上實行奴隸主貴族的土地國有制，政治上實行以宗法制為基礎的分封制度，教育上也形成一套比較完備的學校系統和管理制度。

(一) 文教政策

西周是特別重視禮樂的朝代。《禮記‧表記》雲：「周人尊禮尚施，事鬼敬神而遠之，近人而忠焉。」禮在夏、商二代就已存在，但遠不如周代完備，故有「周禮」之謂。禮是二周用以鞏固宗法制度，規範人們的言行，使之符合尊尊、親親、賢賢、男女之道的硬性規定，是關於貴族之間上下尊卑關係以及衣食住行、喪葬婚嫁等一切行為的準則，也是政治、軍事、法律制度的總稱。禮的主要作用是維護宗法分封制度和等級關係，鞏固西周的統治秩序。西周統治者認為禮制源於天命，遵守禮制，也就是「敬德」，只有「敬德」才能保民，維護奴隸主貴族專政，因此在文化教育上奉行「以禮造士」的政策，學校中亦以禮為六藝教育之首。

西周統治者對文化教育極端重視和高度壟斷，承襲夏、商二代的傳統，形成「學在官府」「官守學業」的局面。「學在官府」的主要表現形式是官師不分，國學、鄉學教師皆由士以上現職官員或退休官員擔任，他們大多既有教職又有官職，有的還享有爵位。「學在官府」的另一表現形式是政教一體，教育機構與行政機關不分。從國學來看，闢雍既是施教的場所，也是祭神祀祖、朝會諸侯、獻俘慶功、大射選士、養老尊賢的場所；從鄉學來看，庠、序、校等既是地方教育活動的場所，也是鄉官議政、饗飲酒禮、饗射之禮、養老尊賢的場所。在西周，只有為官的人掌握學術，以官府為傳授基地，教其子弟。只有官學，沒有私學。只有貴族子弟享有受教育的權利，而庶人和平民則沒有受教育的權利。

(二) 教育行政制度

西周最高統治者稱王，亦稱天子。在周天子左右設有「三公」，即太師、太傅、太保，都是宗族的長老，對天子負有指導、監督、輔佐之責。西周早期以「太史寮」和「卿事寮」執管政全局。太史寮之下有太史、太祝、太卜，號稱「三左」，掌管法、祭祀、占卜、文書冊命、文化教育等事務；卿事寮下設司徒、司馬、司空，號稱「三右」，分管山林農牧、軍事、工程、司法、外事等事務。太史寮的文化官員掌握存在官府的「書」與「器」，並具有運用它們的知識和技能。其中「祝」是代表祭者向神致辭的人，他們掌握了豐富的宗教知識，並且善於文章辭令；「宗」主管宗廟祭禮諸事，他們熟悉氏族宗法的歷史知識，通曉典章禮法，擅長歌舞詩賦；「卜」主管占卜這類宗教事務，他們精通吉凶禍福的有關知識，懂數術、擅長卜筮之術；「史」掌管文書、典冊、他們精通歷史、天文、歷法、物候等多方面知識，善於著文。他們是教育職官的

13

主要來源，天子的師保，國學中的教師也多由他們擔任。

西周的教育行政制度似乎形成了教育官與宗教官並行的制度。中央的教育通常由天官，即《周禮》中稱為春官的宗伯負責。宗伯「掌邦禮，以佐王和邦國」。在高度重視禮教的西周，自然把教育行政職事交給掌邦禮的宗伯來承擔。梁啟超指出：「周則凡教職皆統於大宗伯，而太師、太祝、太卜、大史、小史、內史、外史等相為聯事。」宗伯之下有大司樂。大司樂「掌成均之法，以治建國之學政」，是中央官學的主持者，其下有小樂正、樂師、大胥、小胥等，均為國家禮官之屬，又是國學教師。

在地方教育行政方面，西周的制度比夏、商二代更為完備。全國地方教育行政主管是大司徒。司徒在《周禮》中稱為地官，管理土地、物產和人民，並「掌邦教」，因此被稱為「教官」，負責統管鄉學，還負有把地方上的優秀人才舉薦到中央之責，故有「（大司徒）以鄉三物教萬民而賓興之」之說。副職為小司徒，具體「掌建邦之教法」。地方行政長官為各地教育的最高領導，同時設有鄉大夫之職，執掌一鄉之政教禁令。由此形成以大司徒總管，按地方行政級別由鄉大夫、鄉師、州長、黨正、父師、少師等各級現職官員和退休官員兼掌民眾教化、主持地方學校的管理體制。

(三) 學校教育

1. 學校制度

西周的學校教育集前代之大成，匯合各種學校，構成了一套組織比較完備的學制系統。西周學校的類型，大概可以分為「國學」與「鄉學」兩大系統。其中「國學」又有小學、大學之設；「鄉學」根據地方行政區劃，設有校、序、庠、塾等。

國學，西周的「國學」是周天子和諸侯在其都城專為奴隸主貴族子弟設立的學校，依學生入學年齡與程度的高下，分為大學與小學兩級。據《禮記・王制》所載：「天子命之教，然后為學，小學在公宮南之左，大學在郊，天子曰辟雍，諸侯曰泮宮。」

周天子所設大學，規模較大，分為五學，辟雍居中，四周分設南（成均）、北（上庠）、東（東序）、西（瞽宗）四學，是進行各種教學活動的場所。諸侯所設大學，規模比較簡單，僅有一學，因半環以水，故稱「泮宮」。諸侯所設大學與天子所設大學的差別，是西周等級制在教育上的具體反映。

西周小學的設置，在青銅器銘文中多有記載。周康王時「大盂鼎」銘文上載：「女妹辰又大服，餘佳即朕小學，女勿克餘乃辟一人。」周宣王時的《師敖殷》銘文不僅言及小學，還記有司教的職官「小輔」。《大戴禮・保傅》：「古者八歲而出就外舍，學小藝焉，履小節焉。」

鄉學，西周設在王都郊外六鄉行政區中的地方官學，總稱為鄉學。關於鄉的行政區劃，《周禮・地官・司徒》載：「令五為比，使之相保；五保為閭，使之相受；四閭為族，使之相葬；五族為黨，使之相救；五黨為州，使之相賙；五州為鄉，使之相賓。」西周根據行政區劃的不同，相應設立家塾、黨庠、州序、鄉校等不同級別的地方學校。關於鄉學的具體設置，古籍中有不同的說法。《禮記・學記》載：「古之教者，家有塾，黨有庠，術有序，國有學。」清代學者毛奇齡在《學校問》中指出，「至於鄉以下，則有四學」，這四學為：一曰鄉校，一曰州序，一曰黨庠，一曰家塾。

2. 學校管理

（1）入學資格和修業年限。西周「國學」的入學資格為太子以至公卿大夫的子弟，入學年齡各種古籍記載不一。小學入學有8歲、10歲、13歲、15歲數說，大學入學有15歲、18歲、20歲數說。一般來說，8歲入小學、15歲入大學的是王太子，而公卿之太子、大夫、元士之嫡子，則13歲入小學，20歲入大學。至於學生在學修業年限，古籍並無明文記載。小學修業年限據入學年齡推算，約為七年，大學據《學記》載，約為九年，又分為二段五級，即第一年至第七年為一段，稱為「小成」，第八到第九年為一段，謂之「大成」。

（2）教學內容。西周學校的教學內容的確定，主要體現「明人倫」的教育宗旨，貫徹了德藝兼求、文武並重的意圖，並隨教育對象不同而有所不同。

「國學」教育對象為奴隸主貴族子弟，詩、書、禮、樂是主要的教學內容。《禮記‧王制》說：「春秋教以禮樂，冬夏教以詩書。」具體的教學內容，據《周禮》所載，除大司樂教國子以「樂德」「樂語」「樂舞」以外，還有師氏以三德教國子：一曰至德以為道本，二曰敏德以為行本，三曰孝德以知逆惡。教三行：一曰孝行以親父母，二曰友行以尊賢良，三曰順行以事師長。又「保氏養國子以道，乃教之六藝：一曰五禮，二曰六樂，三曰五射，四曰五御，五曰六書，六曰九數。乃教之六儀：一曰祭祀之容，二曰賓客之容，三曰朝廷之容，四曰喪紀之容，五曰軍旅之容，六曰車馬之容」。可見西周「國學」的教學內容，包括德、行、藝、儀等四方面，而以禮、樂、射、御、書、數等六藝為基本內容。六藝之中，禮、樂、射、御謂之大藝，書、數謂之小藝。小學學小藝，履小節，以書、數為重點；大學學大藝，履大節，以禮、樂、射、御為重點。

「鄉學」的教學內容比較簡單，據《周禮》記載：「（大司徒）以鄉三物教萬民而賓興之。」此「鄉三物」指：「一曰六德：知、仁、聖、義、忠、和；二曰六行：孝、友、睦、姻、任、恤；三曰六藝：禮、樂、射、御、書、數。」其基本精神與「國學」是一致的，只是缺少「儀」一大類。

（3）教師。西周教育制度的特點之一是官師合一、政教一體，不論國學還是鄉學的教師皆由官府的各級官吏擔任。西周教師的名目甚多，分工細緻。國學的教官由大司樂總其成以主其事，下設各種教官分掌其職，如：樂師掌教國子舞羽、龡籥；師氏以三德、三行教國子；保氏養國子以道，教六藝、六儀；大胥掌國學之政，以教國子小舞；小胥掌學士之徵令。國學教官具有很高地位，據《禮記‧學記》所言，天子不能以臣下之禮相待。大司樂、樂師等是國家祭典的主持參與者，死後享祭。師氏、保氏還是天子近侍，有責任教告天子。

西周鄉學的教官，都由中央及地方各級行政主管兼任，而以大司徒總其成，因而《周禮‧地官》所載的大司徒、鄉師、鄉大夫、州長、黨正等，均為地方鄉學的主持者，同時還有致仕的大夫與士，直接擔任鄉學的教師，稱為「父師」「少師」。

（4）考核與獎懲制度。西周的大學已經建立起比較正規的考核制度。如《禮記‧學記》載：「比年入學，中年考校，一年視離經辨志，三年視敬業樂群，五年視博習親師，七年視論學取友，謂之小成。九年知類通達，強立而不反，謂之大成。」即規定每

隔一年要對學生進行一次德行與藝能的全面考核。每次考核都能達到標準，即可取得結業資格。到了九年學業結束時，所有教官如小胥、大胥、小樂正在考查中如發現有不受教者，報告大司樂，大司樂報告於王，王命三公、九卿、大夫、元士入學，為他們習禮以感化之；如不改變，王則親自視學，以示警告；仍不改悔者，便要處以禁食、樂三日，然後遷送遠方，「終身不齒」。西周國學還訂有體罰制度，對違反學校紀律者、不敬師長，施以「教刑」，或用「夏楚二物，收其威也」，或「觵其不敬者，巡舞列而撻其怠慢者」。

（5）視學與養老制度。西周的視學制度已趨於嚴密，一年之中周天子必視學四次。每次視學前須舉行隆重的典禮，祭祖卜吉凶。開始視學時，擊鼓以集合大眾，天子由三公、九卿、諸侯、大夫陪同，先設奠以祭祀先聖先師，然後盛宴群老。由主人獻酢致酒，作樂歌詩，舞文舞武，向耆老祝福獻壽，以示「尊年敬德」。同時即席舉行「乞言」「合語」之禮，向耆老乞求治國治教的建議。《玉海》雲：「天子一入學而所教者三：釋奠以教其重道，合樂以教其崇德，養老以教其致孝。」這種制度將視學與養老制度融為一體，一方面體現了西周統治者尊師重教，鼓勵學生修道敬業；另一方面又對學生進行了敬老、養老教育。

(四) 幼兒教育和子女教育

西周時期對幼兒教育極為重視，初步形成了一套比較健全的幼兒教育制度。西周統治者認識到「太子正而天下定」，故特別強調「正禮胎教」。周文王之母太任、周成王之母周妃后便是早期實施「胎教」的典型事例。《烈女傳》雲：「太任之性，端一誠莊，惟德之行。及其有妊，目不視惡色，耳不聽淫聲，口不出敖言，能以胎教，溲於豕牢而生文王。文王生而明聖，太任教之以一而識百，君子謂太任為能胎教。」《賈子新書・胎教》也說：訪「周妃后妊成王於身，立而不跛，坐而不差，笑而不喧，獨處不倨，雖怒不罵，胎教之謂也」。

西周時期在王宮內和各諸侯的宮廷內，創造了專門為周王的太子和各諸侯國國君的世子而設立的教養機關——「孺子室」。《禮記・內則》雲：「異為孺子室於宮中，擇於諸母與可者，必求其寬裕、慈惠、溫良、恭敬、慎而寡言者，使為子師；其次為慈母，其次為保母，皆居於室。他人無事不往。」「孺子室」是中國古代最早創設的嬰兒教養機構。

關於幼兒從出生到入小學之前的教育內容，《禮記・內則》記載：「子能食物，教以右手；能言，男唯女俞；男鞶革，女鞶絲。六年，教之數與方名。七年，男女不同席，不共食。八年，出入門戶及即席飲食，必後長者，始教之讓。九年，教之數日。十年，出就外傅，居宿於外，學書記。」這種教育內容的安排根據兒童的年齡特徵和身心發育狀況，各個階段有不同的要求，體現了循序漸進、由淺入深的精神，又有品德教育，而且與幼兒的實際生活緊密結合，注重良好的行為習慣的培養。

至於女子教育，只能在家庭中進行，局限於學習家事本領範圍之內。女子沒有受學校教育的權利和機會。女孩子從會說話起，其言行舉止，穿戴裝束都有具體而嚴格的規定：從7歲起就不能與男子同席共食，以示男女授受不親；10歲便以「大門不出，

二門不邁」為原則，如非出門不可，則「必擁蔽其面」。女孩長大以後，就要教會她們掌握烹飪、縫紉、編織等家庭雜務，逐步獨立操持家務。在品德方面，則要求「女不言外事」「順從不違」。這些都從反面反映了中國「女子無才便是德」的思想由來甚久，流毒深遠。

思考題

1. 討論教育起源問題，對認識教育發展有什麼啟示？
2. 氏族公社時期教育活動的重要方面有哪些？
3. 試述原始時期教育的特點。

第二章　春秋戰國時期的教育

【導讀】

　　生產力的發展、私有財產的形成、原始社會的解體為轉入奴隸制社會準備了條件。夏啓破除了前代相傳的禪讓制度，建立了中國歷史上第一個奴隸制國家。奴隸制經歷了夏、商、西周、春秋，先后約1,600年。奴隸主貴族壟斷了政權，為培養子弟成為統治人才的需要而設置教育機構，形成學校制度。這種制度可概括為學在官府、政教合一、官師不分。三代相繼的學校教育制度都有發展，而西周的學校教育制度較為完整，有小學、大學學習階段的區分，有鄉學、國學的銜接，其教育特點是六藝教育，體現當時文化發展的成果。西周教育制度可作為三代教育的典型。到了奴隸制崩潰的春秋時代，官學衰廢，私學興起，思想流派隨之產生，法家、道家、儒家的先驅人物出現，宣傳各自的主張。孔丘是儒家的創始人，在政治上主張改良，試圖利用教育的力量改進社會。他提出一系列的教育主張，形成了他的教育思想體系，為中國古代教育理論奠定了基礎，並流傳兩千多年，成為中華教育傳統的主流，也是世界珍貴的教育遺產。

【教學目標】

1. 理解春秋末期私學產生的原因和意義。
2. 培養學生用聯繫的觀點、發展的觀點分析看待歷史現象的能力。

　　春秋戰國時期，是中國社會大動盪、大變革的時期，此階段的文化教育也發生了劇烈的變化，其主要標誌之一便是私人講學的興起，形成了「諸子蜂起，百家爭鳴」的局面。在「諸子百家」中，其中以儒、墨、道、法對后世教育影響最大，為先秦教育史揭開了新的一頁。孔子作為儒家學派的創始者，在興辦私學的過程中，累積了豐富的教育經驗，提出了系統的儒家教育理論，成為中國古代教育思想的奠基人，對中國乃至世界都有深遠的影響。孟子和荀子作為儒家思想的傳承者，從不同的角度促進了儒家思想的發展。墨家代表人物墨翟、道家代表人物老子、莊子以及法家主要代表人商鞅、韓非等人對教育的論述，都很有特色，對中國兩千多年的社會歷史產生了相應的影響。《禮記》中的《大學》《中庸》《學記》以及《樂記》等篇章，集中了戰國末期至漢初儒家學者關於教育的基本主張，吸收了其他學派的主張，是儒家學派分化后又趨融合的產物。先秦諸子和《禮記》中的教育思想，對中國文化和教育的發展，對中國尊師重道的豐富和傳承，產生了深遠的影響。

第一節　官學的衰落和私學的興起

自公元前770年周平王東遷洛邑，直到公元前221年秦並六國，前後五百多年，王室日衰，諸侯爭霸，七國稱雄，中國歷史上稱為東周。這段時間和孔子所刪改的《春秋》以及西漢劉向所輯的《戰國策》描述的時段大致相同，又稱為春秋戰國時期。

春秋戰國時期是中國歷史上發生重大變革的時期，一般認為是由奴隸制向封建制轉變的過渡時期。由於鐵制農具和牛耕逐步推廣，水利灌溉逐漸發展，農業生產力極大提高。中下層貴族和自由民競相開荒，私田不斷增加，而且其生產效率高於奴隸主的公田，出現了「私肥於公」的現象。各國諸侯將派遣勞役改為徵收實物地租，結果是在法律上承認了土地私人佔有制，為封建制發展開拓了道路，加速了封建制生產關係的形成。

隨著經濟基礎的變革，上層建築也發生激劇的變化。在政治上，王權衰落，「禮樂徵伐自諸侯出」，到後來，甚至諸侯國君也大權旁落，出現了「陪臣執國命」的現象，意識形態方面也出現了「禮崩樂壞」的局面，文化教育方面隨之發生變化，其主要標誌就是官學衰落，私學興起。

一、官學的衰落

西周興盛時的官學，主要是天子的辟雍，諸侯的頖宮，國人的鄉校。到春秋時期，隨著周天子「共主」權力的喪失，統治地位形同虛設，一些「公室」也失去了生存的條件，西周奴隸制的「國學」也無法繼續維持下去，天子所設官學幾乎消失殆盡，原先國學的教師亦四分五散，紛紛流落民間。

造成官學衰落的直接原因大致有三個方面：

第一，世襲制度造成貴族不重視教育。

第二，貴族統治力量衰落。

第三，由於王室、諸侯都在忙於戰爭，社會動亂，無暇顧及學校。

這些都反映了「官學」教育已經不適應新的要求，客觀上醞釀著教育上要有新的變革和發展。

二、諸子私學的興起

官學的衰落不等於教育發展的中斷，隨之而來的是私學的蓬勃興起，為教育的發展開闢了新途徑。據古籍所載，春秋戰國時期，私人講學之風甚盛，私學遍及各地。

春秋私學何時興辦，何人首創，不可確考。學術界曾就孔子是否是私學首創者展開過激烈的爭論，迄今仍未有定論。我們認為，私學的首創者是以孔子為代表的一批教育家。私學始於春秋而盛於戰國，戰國時期百家爭鳴的局面，大大促進了私學的繁榮。可以說，有多少家學派，就有多少家私學，但對教育發展影響最大的則是儒、墨、道、法四家私學。

以孔子為代表的儒家學派創設的私學，創辦時問長久，規模宏大，教育經驗豐富，有深遠的歷史影響，在中外教育史上都是最著名的。孔子的后學如子思、孟軻、荀況以及墨子的門徒禽滑厘、孟勝等繼承並發展了這一事業。其他如法家、名家、縱橫家等也都聚徒講學，學生多至數千人，少者亦數十百人。到戰國後期，私學更加繁盛了。據《韓非子·外儲說左上》載，「中牟之人棄其田耘、賣宅圃而隨文學者邑之半」，晉國人棄商賈而學為士者也占四分之一。

三、百家爭鳴的出現

春秋戰國時期的社會變革，促使思想戰線空前活躍，私學的興起和養士之風盛行，直接推動了各種學派的發展，形成「諸子蜂起，百家爭鳴」的局面。

春秋戰國時期，新興地主階級在各諸侯國把主要精力都放在政治、經濟、軍事方面的改革，致使地主階級的意識形態在相當長的時期內落後於經濟基礎和上層建築的其他方面。由於地主階級的思想還沒能成為統治思想，這就為「百家爭鳴」創造了條件。

戰國時期，各諸侯國除了在政治、經濟、軍事等方面加強自己的實力外，為逐鹿中原，十分需要注重知識分子，因而「養士之風」盛行。戰國時期諸侯對「士」往往採取寬容的政策，允許學術自由，各家各派能夠自由地著書立說和四處奔走遊說，宣傳自己的思想和主張。因此，各家主張如雨后春筍般湧現出來，各種觀點紛然並存，直接交鋒，各種針鋒相對的辯論時有發生，歷史上有儒、墨之爭，儒、法之爭，儒、道之爭等；即便同屬於一家，內部也有不同的派別的爭論。諸子都從自己的立場出發，對於政治制度、倫理道德，甚至天文、地理、數學等問題都各有主張。《淮南子·要略》中說，諸子之學皆出於救時之弊，在這種情況下，形成了「諸子百家」和「百家爭鳴」。

各學派都很重視教育問題，「百家爭鳴」促進了教育理論的發展和教育經驗的豐富。各個學派的代表人物差不多都是著名的教育家。儒家的孔、孟、荀，墨家的墨子，道家的老莊，法家的商鞅、韓非和李斯，都有不少教育論著。在眾多的學派中，尤以儒、墨兩家在教育上論述最豐富，對中國后世教育的發展影響也最大。特別是儒家教育思想幾乎成為中國古代教育思想的主流。當然，儒家教育思想也隨著歷史的發展，不斷吸收、融合其他各派的教育思想。

隨著秦統一六國，中央集權的封建專制國家的建立，確定了「以法為教，以吏為師」的法家思想為治國方略，「百家爭鳴」的局面也就基本結束了。總之，「百家爭鳴」一方面相互詰難，彼此交鋒；另一方面又相互影響、彼此滲透。春秋戰國「百家爭鳴」的出現，對中國古代學術思想的繁榮有重要的作用，它是中國學術思想史上一個重要的發展階段。

四、稷下學宮

稷下學宮是戰國時期齊國的一所著名學府，是戰國時東方的文化教育中心，也是諸子百家學術爭鳴的中心場所，因其建於齊國都城臨淄的稷門之下而得名。作為一種

教育機構，稷下學宮雖然是齊國官辦，但它實際上又是由許多私學組成的，因此，稷下學宮更像是一所私學聯合體，綜合發展了春秋以來私學的長處。其辦學特色大致有如下幾個方面：

第一，學術自由。

第二，教師待遇優厚。

第三，學無常師。稷下學宮兼容各家各派，但對天下名士，都實行遊學自由的方針。

第四，在學生管理上，稷下學宮制定了歷史上第一個學生守則——《弟子職》，從尊敬師長到敬德修業，從飲食起居到衣著儀表，從課堂授課到課後復習均有嚴格規定，「先生施教，弟子是則」。

稷下學宮前後歷時150年之久，創辦之早、歷時之長、規模之大，在中國教育史上是罕見的，其影響十分深遠。

第一，稷下學宮促成了諸子百家的發展、融合和分化。

第二，顯示了古代知識分子的獨立人格。

第三，創造了一個出色的教育典範。

五、私學產生的意義

春秋戰國時期的私學，對中國教育的發展有很重要的貢獻，是中國教育史上的一個創舉，值得我們重視。私學具有以下幾個方面的重要意義：

第一，私學衝破了「天子命之教，然后為學」的舊傳統，使學校從王宮官府中解放出來。

第二，私學擴大了教育對象。孔子首倡「有教無類」，並在私學中付諸實踐，成為當時各家私學一致遵循的原則。

第三，私學使教育內容與教育方式得到了新的發展。

第四，私學的發展在教育理論和教育經驗方面有光輝的成就，在中國教育史上有重要貢獻，在世界教育史上也有很高的地位。

總之，私學的產生和發展，是歷史發展的必然，是中國教育史上一次大的變革。在特定的歷史條件下，私學取代官學，依靠自由辦學、自由就學、自由講學、自由競爭來發展教育事業，不僅符合歷史潮流，也開闢了中國教育史的新紀元。

第二節　稷下學宮與百家爭鳴

稷下學宮是戰國時代齊國的一所著名學府，是齊王興辦的大型養士機構。學宮設於齊國都城臨淄（今山東省淄博市）的稷門之下，故得名。稷下學宮初創於齊桓公田午當政之時，興盛於齊宣王、湣王兩代，至齊亡於秦學宮才最終關閉，前後延續大約150年之久。稷下學宮也是戰國時代唯一的一所官辦高等學府，四方學者雲集於此，議論時政，交流學術，著書立說，聚徒講學，相互爭鳴，進行了豐富多彩的學術和教學

活動。它建立之後不久，當時的文化和教育的中心，也由魯國轉移到齊國，稷下學宮遂成為百家爭鳴的重要園地。

一、稷下學宮的性質

稷下學宮的初創是出於田齊政權「招致賢人」的目的。齊國素有養士之風，早在桓公時，就「為遊士八十人，奉之以車馬衣裘，多其資幣，使周遊於四方，以號召天下之賢士」。稷下學宮脫胎於當時的養士制度，並始終保存著養士用士的痕跡，這就決定了其官辦性質。同時，由於稷下學宮是由養士制度質變而成的高等學府，它保持了充分尊重來遊學的私學學派、不干涉與限制其學術發展的風範。稷下學宮雖由齊王直接掌管，但學宮的基本細胞是私學。學宮由各家私學所構成，其教學和學術活動，由各家各派自主，齊國官方並不多加干預。戰國時期，儒家、道家、法家、名家、陰陽家等各家各派都在稷下得到過比較充分的發展，先後稱雄一時。學宮的學術領導人也多由荀況這樣有獨立身分的私家學者來擔任。因此，稷下學宮是一個官辦之下有私學，私學之上是官學的官私合營的自由聯合體。學宮的官辦決定了參與其間的各家各派具有一個共同特點，即都以現實的社會、政治問題為務；學宮的私家主持，又保證了思想自由，學術繁榮和人才競出。

二、稷下學宮的辦學指導思想

齊國統治者創辦稷下之學，其目的就是號召各派學者對齊國實現統一霸業做理論上的探討和說明。為了鼓勵學者自由地從事自己的學術研究和理論探討，齊國統治者實行「不治而議論」的辦學方針。稷下先生不擔任具體職務，不加入官僚系統，不承擔實際行政事務，只是議論政治和從事學術研究而已。這不僅使學者有生活保障而無政事煩勞，可以專心著述講學，闡述自己的政治觀點、學術思想、理論主張，從而保持學術研究和爭鳴的高度活力，而且齊國統治者也不以行政權力過問或干涉學者的研究，官府對於稷下先生的「議論」，合則接受，不合則聽其自然。因此，稷下先生大都敢於直言相諫，對於國家的安危治亂具有一種責任感，從不為了迎合君主而發表投機性的言論。儘管稷下學宮的各派學者看問題的角度各異，深淺不同，但在「不治而議論」的辦學方針指導下，各派皆保持其獨立的思想體系，學者們在稷下學宮專心致志地從事著書立說、教授生徒等學術教育活動。「不治而議論」的辦學方針，使稷下學宮真正體現了辦學自主、學術自由、管理民主的特色。

三、稷下學宮的教師管理

稷下學宮的主辦者是齊國君主，宗旨是為齊國廣攬人才，因此採取來者不拒，包容百家的政策，歡迎各家各派的學者到學宮講學。稷下先生多為各派的領袖人物，來稷下之前，多已自行授徒講學，他們一般是在齊國的「徵召」之下，率領弟子前來的。凡來稷下的學者，都要經過齊王召見，或俟機晉見。齊王不論其思想觀點、政治立場、學術派別，只問其學術水平、社會名望、帶徒數量、資歷等，根據不同的條件授予不同等級的官職稱號，高者如「上卿」「客卿」，次者如「上大夫」「大夫」，也有被尊為

「博士」者。

稷下學宮的教師管理具有三大特點：一是教師的社會地位高，受到充分的尊重。在稷下，凡列為大夫者，皆「為開第康莊之衢，高門大屋，尊寵之」。齊宣王為留住孟子不離齊，曾許諾：「我欲中國而授孟子室，養弟子以萬鐘，使諸大夫國人皆有所矜式。」淳於髡比孟子待遇更優，齊王「立淳於髡為上卿。賜之千金，革車百乘，與平諸侯之事」，儼然是一方諸侯的氣派。稷下先生不僅有很高的政治地位和生活待遇，他們的人格也受到尊重。《戰國策·齊策四》載：齊宣王與士人顏斶相見時，讓顏走上前來，而顏執意要齊王走向他，由此引發了一場「士貴耳，王者不貴」的爭辯，齊王最終承認「士貴」，並表示「願請為弟子」。

二是兼容並包，來去由己。稷下學宮基本成分由諸子百家私學組成，它在教師管理上自然發揚私學的特點，採取兼容並包、來去自由的方針。所謂「兼容並包」，即打破各家的門戶之見，吸收各派，不分國籍，招攬天下有識之士；所謂「來去由己」，即稷下對天下游士，不論集團或個人，來者不拒，去者不止，且歡迎去而復返。由於實行「兼容並包」，稷下學宮的教師中，有各派人士：儒家有孟子、荀子等，墨家有宋鈃、尹文（后轉為道家黃老學派）等，道家有環淵、接子、季真、彭蒙、田駢等，陰陽家有鄒衍、鄒忌等，還有淳於髡雖「學無所主」，但基本屬於法家。這些稷下先生分別來自鄒、趙、宋、楚、齊等諸侯國，大都是當時有名望的學者，到處都受到尊重，他們一般不以物質待遇為念，所關心的主要是齊王能否採納其道，接受其諫，因而皆以「言行合則留，不合則去」為原則。稷下先生的來去自由，自然而然形成了各國學術的交流，這也是稷下學宮能長期興盛的重要原因。

三是充分發揮教師議政和諮詢的作用，使稷下先生成為齊國的「智囊團」「思想庫」。在稷下學宮，稷下先生通過進說、進諫、諮詢、演講、辯論、著書立說等多種形式進行議政諮詢活動，充分地表達自己的政治思想和學術觀點。這些議政諮詢活動，對齊國統治者選擇治國道路、制定政策、進行決策產生了有效的影響，對齊國的發展起到了積極的作用，並間接地對列國的政治生活產生了一定的影響。

四、稷下學宮的學生管理

稷下學宮的學生起初大都是跟隨其師進入稷下的。稷下先生所隨弟子多者數千數百人，少者也有幾十人或數人。隨著稷下之學名望日高，不僅有名望的學者率領前來的弟子愈來愈多，而且吸引眾多學生自行到此遊學。由於學生人數的增加，稷下學宮逐漸形成了一套管理學生的制度。《管子》書中有《弟子職》一篇，據郭沫若考證「當是稷下學宮之學則」。這是中國教育史上第一個比較完備的學生守則，它成為后世官學、私學、書院制定學則、學規的範本。《弟子職》全文不足 800 字，但內容相當豐富，它全面系統地提出了對學生思想品德、尊師、學習、生活和課餘交遊等多方面必須遵循的基本要求和常規準則。首先，強調學生必須尊師。開首就規定：「先生施教，弟子是則。溫恭自虛，所受是極。」並從聽講受業到飲食起居等日常生活的各個環節都體現尊師的精神，如「先生將食，弟子乃徹」「先生有命，弟子乃食」「先生將息，弟子皆起。敬奉枕席，問何所趾」。其次，強調學生日常生活常規、行為習慣的培養。

《弟子職》明確規定了弟子必須遵守的待人接物之禮、灑掃應對之節、飲食起居之道、坐立行臥之法。要求弟子須謙虛謹慎、一心從善、行為正直、穿戴莊重。最後，明確提出對學生學業的規定和要求。它要求學生認真學習，「朝益暮習，小心翼翼，一此不懈」。聽了老師的課，要反覆思索，不懈練習。「若有所疑，奉手問之」，學友之間也要設疑問難，互相砥礪，「各就其友，相切相磋，各長其儀。」從《弟子職》可以看出稷下學宮已經建立起一套相當成熟的學生管理制度。它的問世，表明稷下學宮已成為一所有完整的體制、有健全的規章制度的高等學府。

五、稷下學宮的教學

稷下學宮對教學的組織形式、教學內容和教材等，採取鬆散型管理的辦法，沒有統一的規定，完全由稷下先生自己做主、自己安排。在稷下的受業者，也不侷限於聽自己老師的課，可以自由選擇，去聽別的稷下先生的課。這種教學管理模式，不僅使稷下先生在教學上有很大的自主權，而且打破了各家私學的門戶之見，拆除了學派間的森嚴壁壘，擴大了學生的知識面，解放和活躍了學生的思想。

稷下學宮在教學上還實行「期會」制。這種「期會」，可能是定期舉行的學術報告會或學術辯論會之類，「期會」進行的活動不外乎演講和辯論兩種。從有關記載上看，稷下學宮的「期會」，是一種常規性的教學和學術活動，全校師生與四方遊士皆可自由參加。通過演講，各家各派都獲得向社會公開自己學說和觀點的機會。通過辯論，各派之間百家爭鳴，互相設疑問難，活躍了學術氣氛，體現了充分的學術平等，大大提高了稷下學宮的教學質量和學術研究水平。因此，稷下學宮的教學，促進了專門化的學術研究；諸子百家的學術研究，又大大促進了教學水平的提高。稷下的「期會」，以其特有的組織形式，吸引著各家各派學者雲集稷下，使稷下真正成為百家爭鳴的重要園地，成為中國古代高等學府的光輝典範。

第三節　孔子的教育思想

儒家學派創立於春秋末期，創始人為魯國陬邑（今山東曲阜）的孔子。孔子（前551—前479年），名丘，字仲尼，出身於沒落的奴隸主貴族家庭，先祖為宋國大夫。記錄孔子言行的《論語》共二十篇，是后人研究孔子教育思想的主要依據。

孔子的教育貢獻主要有兩個方面：一是在教育制度上，他是古代私學的創立者之一，提倡「有教無類」，打破了西周以來貴族壟斷文化教育事業的局限，擴大了教育對象的範圍。同時，他還整理了春秋以前的一些文獻，編著了重要的儒家經籍，奠定了后世儒家經學教育體系的基礎。二是在教育思想上，他確立了儒家教育理論的基本框架，對后世教育思想的發展產生了無與倫比的影響。縱觀整個封建教育，儒學教育思想的主體地位不可動搖，在控製思想、壟斷教育方面，具有至高無上的權威。

孔子的教育思想主要包括：「有教無類」的教育對象觀；「性相近，習相遠」的教育個體作用觀；「為政以德」的教育社會作用觀；「學而優則仕」與「君子儒」的教育

目的觀；「文、行、忠、信」的課程內容觀；等等。

一、「有教無類」的教育對象觀

西周時期，只有奴隸主貴族子弟才能進入官學接受系統的「六藝」教育，農、工、商家庭子弟是沒有資格接受教育的，教育對象的範圍極其狹窄。到春秋末期，由於私學的興起，教育對象的範圍有所擴大。在這一轉變過程中，孔子是做了貢獻的。它明確提出了「有教無類」的思想。其本義是實施教育不要區分種類，只要有意求學，都可以入學受教。

在教育實踐中，這一思想體現在兩個方面：其一，播學於平民；其二，播學於四夷，即不分地域、種族招收學生。孔子不分國別和種族招收其他國家的「留學生」，這對傳播華夏族的先進文化，是起了積極作用的。

當然，孔子在招收學生時，也不是無條件的。他說：「自行束修以上，吾未嘗無誨焉。」歷來對「束修」一詞的解釋大略有以下幾種：一是束帶修飾，二是年屆十五，三是拜師的禮物。古漢語中「修」的本義是「牛肉」，「束修」即「十條干牛肉」，可以引申為學生送給老師的禮物或學費。意思是說：只要主動地給孔子十條干牛肉作為見面禮，就能做他的學生。過去有人說，既然要交一束干肉作學費，那必定是中等以上的人家之子弟才有入學的可能，貧窮人家自然是交不出一束干肉來的，從這一角度看，孔子招收學生並非真的「無類」。當然，在孔子時代是不可能達到「普及教育」的程度的。但是，相對於之前的貴族壟斷教育、學在官府的現狀，孔子「有教無類」的思想已經大大地前進了一步，擴大了受教育對象的範圍，這是順應社會歷史進步潮流，符合教育事業發展趨勢的。

二、「性相近，習相遠」與教育的個體作用

古代教育家論述教育個體功能往往是以人性論為依據的，這一思想淵源是從孔子開始的。《論語·陽貨》中說：「性相近也，習相遠也。」意思是說：人的先天本性是很接近的，后來之所以有較大的差別，是教育和學習的結果。「性」指先天素質，「習」即后天習染，包括教育與環境的影響。孔子承認，在人的成長過程中，后天的因素起到了決定作用。

從心理學角度看，孔子的人性論注意到了人的心理發展有著大致相近的自然基礎，說明了教育的可能性。既然「性相近」，人的先天素質並無差別，那麼不論富貴貧賤，人生來應該是平等的，每個人都可能達到理想的境界。從教育學角度看，孔子的人性論強調了教育和環境對人的身心發展的決定作用，說明了教育的必要性。既然人與人之間的差別主要是環境習染各不相同之故，是后天作用於先天的結果即「習相遠」，而並非是先天命定的，那麼人人都必須接受教育。

孔子認為：「好學」可以影響人的性格品質。他說：「好仁不好學，其蔽也愚；好知不好學，其蔽也蕩；好信不好學，其蔽也賊；好直不好學，其蔽也絞；好勇不好學，其蔽也亂；好剛不好學，其蔽也狂。」人如果不「好學」，就不能形成仁、信、直、勇、剛等道德品質。即使有這種願望，如果不「好學」，也會產生愚、賊、絞、亂、狂等不

良后果。

孔子從人的智力水平出發，認為人有四等：「生而知之者，上也；學而知之者，次也；困而學之，又其次也；困而不學，民斯為下矣。」他雖然承認有生而知之的聖人與困而不學的下民，甚至說「唯上智與下愚不移」，但他更強調「學而知」，認為大多數的民眾是可以通過「困而學」「學而知」的，這就充分肯定了教育在個體成長中所起的重要作用。

三、「為政以德」與教育的社會作用

儒家政治理想的基本主張是「為政以德」，倡導忠孝仁義，推行仁政德治。《論語・為政》記載，孔子說：「為政以德，譬如北辰居其所而眾星拱之。」孔子周遊列國，其目的之一在於宣傳、推行他的政治思想。在他看來，治國安民、經濟、軍事、行政、法律都是不可缺少的，但最根本的還是教育。他首先認為，教育工作本身就是一種政治工作。《論語・為政》記載：「或謂孔子曰：『子奚不為政？』子曰：『《書》云：「孝乎惟孝，友於兄弟，施於有政」，是亦為政，奚其為為政？』」就是說，傳播孝順父母、友愛兄弟等思想規範的教育活動本身就是一種政治活動。他更進一步認為，教育還可以把政治、倫理、法律等思想傳播到民眾之中，從而對政治發生重大影響。「道之以政，齊之以刑，民免而無恥。道之以德，齊之以禮，有恥且格。」就是說，用行政的手段要求老百姓，用法治的手段約束老百姓，雖然可以使百姓由於害怕觸犯行政和刑律而不為非作歹，但並不能啟發百姓的自覺心，而用道德教育的手段引導老百姓，用禮治的手段約束老百姓，可以產生強大的道德力量，既可使百姓恥於為非，還能收到行政與法律手段難以取得的效果。因此，教育比政令、刑律更加重要和有效。春秋末期，統治者橫徵暴斂、苛政酷刑和武力徵討，造成學校不修、文教不振、道德淪喪。在此背景下，孔子強調教育的作用，抬高教育的地位，有很強的現實針對性。

關於教育的社會作用，孔子還有兩段著名的論述。據《論語・子路》記載，孔子的弟子冉有和子貢都曾問孔子治理國家的要素，孔子對此回答有所不同，都強調教育的作用。當冉有問他治國之道時，「子曰：『庶矣哉！』冉有曰：『既矣，又何加焉？』曰：『富之。』曰：『既富矣，又何加焉？』曰：『教之。』」這段話說明孔子把眾多的人口、富足的財富、發達的教育，當作立國的三個要素，一定的人口是最基本的，其次是要發展經濟使人民富裕起來，最后是要發展教育，只有把教育搞好了，國家才算真正治理好了。這就是孔子著名的「庶富教」思想。而當子貢問政時，「子曰：『足食、足兵、民信之矣。』子貢曰：『必不得已而去，於斯三者，何先？』曰：『去兵』。子貢曰：『必不得已而去，於斯二者，何先？』曰：『去食。自古皆有死，民無信不立。』」在這裡，孔子把「足食、足兵、民信」作為立國的基本要素，甚至認為在不得已時，食、兵都可去，民信不可失，從而強調通過道德教育達到民信。這種思想具有一定道理，但誇大了教育的作用。不過孔子的本意在於強調教育的社會作用。

四、「學而優則仕」與「君子儒」

西周時的教育目標，主要是培養官吏與軍事人才，要求其具有「六藝」的知識與

技能，而孔子則從「為政在人」的政治主張出發。一方面提倡「學而優則仕」，主張通過教育培養從政人才；另一方面致力於通過教育來培養「君子儒」。前者體現了教育的社會目標，后者體現了教育的個體目標。前者是后者努力的方向和目標，后者是成為前者的基礎和前提。后者只有通過修己完善自身才能成為「安人安百姓」的人。《論語·憲問》載：「子路問君子，子曰：『修己以敬。』曰：『如斯而已乎？』曰：『修己以安人。』曰：『如斯而已乎？』曰：『修己以安百姓。修己以安百姓，堯舜其猶病諸。』」

(一)「學而優則仕」

《論語·子張》記載，子夏說：「仕而優則學，學而優則仕。」此話雖出自子夏之口，但比較準確地概括了孔子關於教育社會目的的主張。儘管對這句話的解釋歷來存有分歧，但其基本含義是主張把做官與學習緊密聯繫起來，應該讓受過教育並具有優良素質的人擔任官職。教育就是要培養能夠治國安民的賢能之士。這一思想的進步意義在於打破了西周貴族世襲的傳統觀念，對以后 2,000 多年的學校教育和唐宋后的科舉制產生了深刻的影響。負面作用在於，他的這一思想被后世演變成了「讀書做官」論，將求學當作獲取高官厚祿的敲門磚，形成了所謂「萬般皆下品，唯有讀書高」的傳統。

(二)「君子儒」

教育目標就是要使人成為「君子」。他對子夏明確提出培養要求：「女為君子儒，無為小人儒。」對「君子」的品格，孔子提出過三方面的標準要求：「君子道者三，我無能焉：仁者不憂，知者不惑，勇者不懼。」《中庸》將知、仁、勇三者概括為「天下之達德」，同時還對其內涵作了闡述：「好學近乎知，力行近乎仁，知恥近乎勇。」仁、知、勇三者具備了德智體全面發展的雛形。

孔子還提出過培養「成人」的目標。何謂「成人」？《論語·憲問》記載：子路向孔子請教怎樣才能成為「成人」。他回答說：「若臧武仲之知，公綽之不欲，卞莊子之勇，冉求之藝，文之以禮、樂，亦可以為成人矣。」在孔子看來，「成人」的標準要比「君子」高。要做一個「成人」，除了要具備「君子」的智、仁、勇三種素質外，還應具有藝、禮、樂這幾方面的素質。「成人」實為全面和諧發展的人。孔子還說：「今之成人者何必然？見利思義，見危授命，久要不忘平生之言，亦可以為成人矣。」今之所謂成人者，見財利之來，當思義之當否，見國家與人民有危難，便捨身以赴，毫不猶豫，說明在孔子心目中的「成人」標準，是將忠信等道德素質置於首位的。

五、「文行忠信」與「詩書禮樂」

(一) 關於教學內容

孔子說：「子以四教：文、行、忠、信。」這表達了孔子的教學內容觀。所謂「文、行、忠、信」，包括文化知識和道德行為兩個方面的內容。關於倫理道德教育與文化知識教育兩方面的關係，他強調，從輕重來說，倫理道德教育重於文化知識教育；從過程來講，倫理道德教育滲透在文化知識教育之中進行；從先后來講，一方面道德行為

實踐訓練先於文化知識教育學習,「行有餘力,則以學文」;另一方面道德行為實踐訓練基於文化知識教育學習,持「知識即美德」的道德教育內容觀。

(二) 關於課程設置

關於課程設置,孔子在世界上開分科教學之先河。據《論語・先進》記載:「德行:顏淵、閔子騫、冉伯牛、仲弓;言語:宰我、子貢;政事:冉有、季路;文學:子遊、子夏。」朱熹註曰:孔子「目其所長,分為四科」。雖說德行、言語、政事、文學四個方面並不能就說是四個專業,但孔子實行分科教學對學生進行因材施教非常明顯,並且卓有成效。具體來說,孔子的課程有「禮、樂、射、御、書、數」即「六藝」科目。「六藝」與下面所說的「六經」的不同之處在於,「六藝」偏重於技能行為的訓練,屬於「藝」的方面。「六經」偏重於文化知識的學習,屬於「文」的範圍。其中,「禮、樂」是關於禮節、音樂、歌舞方面的技能訓練;「射、御」是射箭、駕車的技能訓練;「書、數」是書寫、計算的技能訓練。「禮、樂、射、御、書、數」,都是培養未來官吏的從政治世能力所必需開設的科目。

(三) 關於教材

在文化知識教育方面,孔子所使用的教材就是經他編纂整理的《詩》《書》《禮》《樂》《易》《春秋》等六部西周遺存下來的儒家經典(后世尊稱為「六經」)。他通過「刪訂序修」使西周流傳下來的典籍更加適合於教學的需要,為古代學校教材建設做出了巨大貢獻。孔子說:「興於《詩》,立於《禮》,成於《樂》。」《詩》《禮》《樂》無疑是孔子教學所使用的主要教材。孔子還整理《書》《春秋》《易》三部古代文獻作為教材。

《詩》即《詩經》,記載的是西周以來的詩歌,共305篇,分「風、雅、頌」三部分。春秋時流行的詩歌很多,孔子收集整理成冊,作為教材。孔子特別重視「詩」的教育作用。他把「詩」的教育作用歸結以下幾點:第一,陶冶個體情感的價值。讀《詩》「可以興,可以觀,可以群,可以怨」,即激發道德感情,觀察風俗盛衰,增進相互情誼,臧否政治得失,訓練表達能力。第二,認識社會自然的價值。《詩》不僅可以教人懂得如何「事父」與「事君」的道理,還可獲得一些「鳥獸草木之名」的自然常識。因此他說個體成長「興於詩,立於禮,成於樂」「不學詩,無以言」。第三,社會政治價值。「誦《詩》三百,授之以政,不達;使於四方,不能專對;雖多,亦奚以為?」

《書》即《尚書》,是上古三代的歷史文獻匯編,包括周以前流傳下來的官方文件和部分追述古代事跡的著作。孔子為了培養政治人才,將春秋以前歷代政治歷史零散文獻,按「足以垂世立教」「示人主以規範」的標準加以整理,匯編成一本較有系統的教材。孔子認為,「文武之政,布在方策」。孔子授「書」的要旨是宣揚文武之道,力圖通過學生將他所認為的賢明政治制度推行於社會。

《禮》即《禮經》,記載的是西周以來的政治制度和禮儀規範。孔子認為西周社會制度完備至極,表示要頂禮膜拜。他說:「鬱鬱乎文哉!吾從周。」他認為「禮」是立國立身之本,是知識分子從政必須學習和具備的知識和行為。他認為:「不學禮,無以

立。」作為記載周禮的《禮經》自然就成為必讀教材。孔子雖然主張無論個人還是國家都「立於禮」，但他強調「禮」必須貫穿「仁愛」的精神，離開了「仁」，「禮」就談不上了，「人而不仁，如禮何」？因此，要求達到「禮」和「仁」的統一。

《樂》即《樂經》，記載的是上古以來社會的各種審美藝術。包括音樂、舞蹈、歌曲等多種藝術形式。孔子愛好音樂，造詣很深。「在齊聞《韶》，三月不知肉味。」全身心投入音樂世界。他曾經學鼓琴於師襄子，問樂於萇弘，專心研究過音樂，精通多種樂器，如琴、瑟、磬等。他重視音樂的教育作用，認為安上治民，莫善於禮；移風易俗，莫善於樂，要求學生做到「成於樂」。孔子重視音樂教育，《史記·孔子世家》載孔子在陳蔡之間絕糧，卻「講誦弦歌不衰」。可見即使在遭遇患難之時，他亦不忘以音樂來教育學生。他確實整理過樂律。他說：「吾自衛返魯，而后樂正，《雅》《頌》各得其所。」說明他感覺到了《詩》與樂有些不合，遂加以整理，配律合樂。《史記·孔子世家》亦雲：「三百五篇，孔子皆弦歌之，以求合《韶》《武》《雅》《頌》之音。」

《易》即《易經》，又稱《周易》，是一部關於占卜和預測社會人生萬物未來變化的書籍，包括事物運動變化的辯證法思想，哲理性較強。《易》包含《經》《傳》兩部分，《經》主要介紹64卦和384爻，有卦辭、爻辭，如乾卦的卦辭是「乾，元亨、利貞」，乾卦中的初九，爻辭是「潛龍勿用」。此外還附有河圖、洛書、太極圖、八卦圖等圖式，作為占卜之用。《傳》含解釋卦辭、爻辭的七種文辭，即《彖》《系》《象》《說卦》《文言》《序卦》《雜卦》。前三者分上下篇，共10篇，統稱《十翼》，據說為孔子所作。但近人研究，《十翼》大多是戰國或秦漢之際的儒者所作，非出於一時一人之手，但其中有一部分當是孔子講《易》時的筆記。據說孔子晚年對《易》進行了深入研究，痴迷到「韋編三絕」的程度，即系在竹簡上的牛皮繩子被磨斷了多次。他曾說：「加我數年，五十以學《易》，可以無大過矣。」看來，他把《周易》作為教材使用，要求弟子學習，是基本可信的。

《春秋》即《春秋經》，記載的是春秋時期各國尤其是魯國的歷史。它是孔子據魯史記、周史記等各國史料編纂而成的歷史教科書。《春秋》起於魯隱公元年（前722年），終於魯哀公14年（前481年），簡要論述了242年的歷史，以周禮為準則，春秋為史實，「寓褒貶，別善惡」，寄寓了孔子的社會政治主張。它是孔子為了教學而編寫的一部提綱挈領的春秋歷史教材。斷定《春秋》為孔子所編，始見於《孟子》：「世衰道微，邪說暴行有作，臣弒其君者有之，子弒其父者有之，孔子懼，作《春秋》。《春秋》，天子之事也。是故孔子曰：『知我者其惟《春秋》乎！』罪我者其惟《春秋》乎！」《史記·孔子世家》亦載：「『吾道不行矣，吾何以自見於后世哉！』乃因史記作《春秋》。」這應當是可信的。

(四) 教學內容與課程思想的特點

第一，偏重社會人事，敬鬼神而遠之，具有強烈的入世性。
第二，重人文，輕自然。
第三，輕視勞動教育，排斥手工業技術和農業技術。

六、道德教育思想

(一) 道德教育的地位及內容

孔子強調道德教育，認為具有良好的道德品質是成為君子的首要條件，把「仁者不憂」放在「君子」必備素質的首位。

在孔子的教育內容中，德育占很大比重，文化知識的學習必須為德育服務。《論語·述而》說：「子以四教：文、行、忠、信。」而「行、忠、信」都是道德教育的要求。他還說：「弟子入則孝，出則悌，謹而信，泛愛眾而親仁，行有餘力，則以學文。」首先要求進行道德行為訓練，成為一個品行符合一定道德標準的社會成員；其次才是文化知識的學習。正是在孔子思想的影響下，中國古代才形成了以德育為核心的教育體系，這是中國傳統教育有別於西方教育的重要特點。另外，孔子認為德育要靠智育來進行，認為知識教育對學生道德品行的形成具重要作用，兩者是相輔相成的關係。他說：「仁者安仁，知者利仁。」「有德者必有言，有言者不必有德。」有仁德的人安於仁，有知識的人利於仁；有良好道德的人一定要有文化知識，有文化知識的人不一定有良好的道德。

孔子道德教育的內容是以「仁」和「禮」為核心，以「孝」為基礎。「禮」是社會關係的基本準則、規範和儀節，「仁」是這些準則、規範和儀節所包含的基本精神，按孔子的說法是「愛人」或「忠恕」。把「禮」和「仁」推及社會關係的各個方面，以父子之間的孝為基礎，君臣之間要忠，兄弟之間要悌，朋友之間要信。君臣、父子、兄弟、朋友，人與人之間各有其禮，各遵其德。這就是道德教育所要達到的目標。

(二) 德育過程論

現代德育論認為：德育過程是培養學生知、情、意、行的過程，因此道德教育過程總體上說來包括道德認識教育、道德情感陶冶、道德意志磨煉和道德行為訓練等環節。兩千多年前的孔子儘管沒有明確認識到這個完整的過程，但在他的論述中已經涉及了這些因素。

孔子強調道德認識在德育過程中的作用。孔子強調「知德」「知禮」「知仁」「知道」，即對道德規範具有一定知識。他說：「有德者必有言。」把文化知識學習和提高道德認識作為道德教育的基礎。

孔子認識到，道德情感陶冶在道德教育過程中的作用非常重要。孔子說：「唯仁者能好人，能惡人。」有德之人知道愛什麼人、恨什麼人，可見仁德是有愛憎兩種情感的。孔子還認為：「吾未見好德者如好色者」「君子憂道不憂貧」。好德與憂道是一種積極情感，而好色與憂貧是一種消極情感。道德教育應當促使消極情感向積極情感轉化。「知之者不如好之者，好之者不如樂之者。」「好之」是一種低層次的情感，而「樂之」則是一種高層次的情感。德育應當提升個體道德情感的層次和水平。

孔子認識到，道德教育不是一蹴而就的事，需持之以恆，這就離不開堅韌不拔的意志的調控作用。因此道德意志磨煉就顯得十分重要。孔子強調要「志於仁」「志於道」，要有堅定的意志，「知及之，仁不能守之，雖得之，必失之」。即說，道德如果停

留在認識階段而不能依靠意志來把持堅守，即使得到了也會失去。

(三) 道德修養原則

1. 立志樂道

立志就是要確立人生的遠大理想和宏偉目標。孔子說：「三軍可奪帥也，匹夫不可奪志也。」可見他是很重視立志的。「人無遠慮，必有近憂。」孔子認為：君子不僅「志於仁」「志於道」，更要為實現「仁道」而獻身，「朝聞道，夕死可矣」「殺身以成仁」。

2. 自省自克

道德修養的核心是使自己的內心價值符合外在社會公認的準則和規範，因此道德教育貴在培養主體自覺。孔子特別強調要從自我做起，要「躬自厚而薄責於人」，與別人發生矛盾首先要「求諸己」，尋找自己的缺點和錯誤。他要求學生遇事要善於進行自我省察，「見賢思齊焉，見不賢而內自省也」。在平時著重培養學生的是非、善惡、美醜、榮辱等正確觀念和辨別能力。

3. 改過遷善

孔子認為人無完人，每個人都有自己的缺點或錯誤，君子亦然。但君子與小人的區別在於對待缺點、錯誤的態度不同。「小人之過也必文」，小人有了缺點、錯誤竭力掩飾，文過飾非；而「君子之過也，如日月之食焉；過也，人皆見之；更也，人皆仰之」。君子有了缺點、錯誤，光明正大，不怕別人知道，改正了別人更覺得他的偉大崇高。他以自己為例說：「丘也幸，苟有過，人必知之。」意思是說：我非常幸運，哪怕有一點小錯，別人也會知道，並給我指出來，使我能夠及時改正。對待錯誤的正確態度應該是「過則勿憚改」，要做到「不貳過」，不要再次犯錯。

七、教學原則論

(一) 啟發誘導

孔子說：「不憤不啟，不悱不發，舉一隅不以三隅反，則不復也。」朱熹註解曰：「憤者，心求通而未得之意；悱者，口欲言而未能之貌。啟，謂開其意；發，謂達其辭。」就是說只有當學生進入積極思維狀態時教師才適時地誘導、引發，幫助學生打開知識的門扉，端正思維的方向，即「開其意」「達其辭」。比如讓學生認識一個正方形的東西，告知一角而不能推知另外三個角，表明學生尚未處於積極思維狀態，當時就不要勉強教他，如果將其餘三個角不厭其煩地一一告知，就會養成學生的依賴性，阻礙其思維發展。孔子第一次精闢地表達了啟發誘導原則。

孔子的啟發誘導原則有兩個特點：

第一，孔子更多地強調了啟發的時機。

第二，啟發的方法仍是比較原始、簡單的「原型啟發」，用的主要是類比與比喻。

(二) 因材施教

孔子本人並沒有提出「因材施教」這個命題，但他針對不同學生的不同特點，從

學生實際出發進行教育教學的實踐卻充分體現了這一原則。南宋著名教育家朱熹在總結孔子的教學經驗時將其概括為「夫子教人,各因其材」,遂有「因材施教」的名言。

實現「因材施教」的關鍵是對學生要有深刻、全面的瞭解,準確地掌握各個學生的特點。孔子十分注意觀察、瞭解學生,非常熟悉學生的特點,能夠用精練的語言相當準確地概括出學生的特徵,如「柴也愚,參也魯,師也闢,由也喭」「由也果,賜也達,求也藝」。有時孔子對不同學生進行比較,子貢問老師:「師與商也孰賢?」子曰:「師也過,商也不及。」曰:「然則師愈與?」子曰:「過猶不及。」

由於孔子注意從學生的具體實際出發進行教學,所以他對於學生所問的同一問題,常因發問者的個性、需要給予不同的回答。《論語‧先進》中記載了孔子實施因材施教的一個典型案例:「子路問:『聞斯行諸?』子曰:『有父兄在,如之何其聞斯行之?』冉有問:『聞斯行諸?』子曰:『聞斯行之。』公西華曰:『……赤也惑,敢問。』子曰:『求也退,故進之;由也兼人,故退之。』」子路和冉有都問「聞斯行諸?」他的答覆竟截然相反,依據便是兩個人特點不一。

孔子的因材施教思想對我們今天啟示很大:一是要瞭解學生,深入學生,細心觀察,教育教學才能做到有的放矢,符合學生實際;二是對學生既要有共同的要求,又要善於發現和注意培養學生的某些專長,適應個別差異性,使之各盡其才。

(三) 學思並重

孔子說:「學而不思則罔,思而不學則殆。」意思是說,只學習不加思考就會迷茫而不明,只思考而不認真學習就會空乏而不實。

一方面,孔子強調學的重要性,反對思而不學。《論語‧衛靈公》說:「吾嘗終日不食,終夜不寢,以思,無益,不如學也。」《韓詩外傳六》引孔子的話說:「不學而好思,雖知不廣矣。」另一方面,孔子又強調思考的重要性,反對學而不思。《論語‧陽貨》說:「飽食終日,無所用心,難矣哉!」並提出:「君子有九思:視思明,聽思聰、色思溫、貌思恭、言思忠、事思敬、疑思問、忿思難、見得思義。」

這種學思結合見解初步揭示了個體學習和思考的辯證關係。只「學」不「思」,就會偏於教條,脫離實際;若只「思」不「學」,則是主觀臆斷,片面武斷。「學」與「思」不可偏廢,「學」是基礎,「思」是深化。學思結合,並重不偏,是孔子教學思想的一個重要特點。到戰國時期,孟子與荀子對這一思想各執一端,孟子偏重「思」,荀子偏重「學」,可以說從不同側面發展了孔子的思想。

(四) 溫故知新

孔子說:「溫故而知新,可以為師矣。」據劉寶楠《論語正義》解釋:「溫,尋也;故,言舊所學得者。溫尋使不忘,是溫故也;素所未知,學使知之,是知新也。」意思是說,溫習舊的知識而能從中獲得新的體會、新的見解、新的知識,這樣的人才可以做老師。從舊的知識中得到啟發,悟出新的道理來,這涉及對新舊知識關係的看法,是符合教學規律的。「故」是「新」的基礎,「新」是「故」的發展。「溫故知新」雖然是孔子對教師講的,但也是一條重要的教學原則。

「溫故知新」的現實基礎是不斷復習鞏固。孔子說:「學而時習之,不亦說乎?」

意思是說,學習了,然後再經常溫習、練習,把所學的知識加以鞏固,獲得了成果,內心就會感到快樂與滿足。「學而時習」就是要做到孔子的學生子夏所說的「日知其所亡,月無忘其所能。」有的學者將此處的「時」解釋為「恰時、適時」,其意為:孔子要求弟子將所學知識加以適時的溫習,並以此為快樂,也是解釋得通的。

「學而時習」主要是鞏固舊知識,「溫故知新」則是要在鞏固舊知識的基礎上瞭解新知識,以收到「以舊知新」「聞一知十」的效果。學習本身是不斷實踐的過程,要反覆地學習實踐才能牢固把握所學的知識。對所學的知識熟練了,融會貫通了,便可舉一反三,告諸往而知來,由已知探求未知。「學而時習,溫故知新」很好地處理了新舊知識學習的關係。

(五) 謙虛誠實

首先,孔子要求學生做到「敏而好學,不恥下問」,即能夠虛心向比自己社會地位低的人請教。在孔子教導下,他的學生顏回,「以能問於不能,以多問於寡;有若無,實若虛」。主張有才能的人要向沒有才能的人請教;知識淵博的人要向學識膚淺的人請教。因為「三人行,必有我師焉。擇其善者而從之,其不善者而改之。」三人同行,其中必定有我的老師。我選擇他善的方面向他學習,看到他不善的方面就對照自己改正自己的缺點。這包含兩個意思:一是擇其善者而從之,見人之善就學,是虛心好學的精神;二是其不善者而改之,見人之不善就引以為戒,反省自己,是自覺修養的精神。

同時,孔子反對「亡而為有」「虛而為盈」,要求學生具備實事求是的學習態度。他有一句名言,即:「知之為知之,不知為不知,是知也。」當對問題的研究還不充分,沒有把握作判斷時,應當存疑,不可想當然,所以他接著又說:「多聞闕疑,慎言其餘,則寡尤;多見闕殆,慎行其餘,則寡悔。」要有存疑的態度,甘做老實人,不強知以為知,就可少犯錯誤。

八、教師論

孔子不僅是一位為人景仰的教師,而且在其長達四十多年的教師生涯中,根據自己教育實踐的經驗,論述和提出了許多關於教師的思想,為我們留下了彌足珍貴的精神財富。

(一) 教師觀:以身作則、言傳身教

教師以身作則是一種巨大的教育力量。孔子特別強調教師要以身作則,以自己的模範行動作學生的表率。他說:「其身正,不令而行,其身不正,雖令不從。」「不能正其身,如正人何?」在這個意義上說,身教比言教更為重要,更為有效。在教學實踐中,孔子強調有言之教與無言之教的結合,相信無言之教的威力。他對學生說:「……予欲無言』。子貢曰:『子如不言,則小子何述焉?』子曰:『天何言哉?四時行焉,百物生焉。天何言哉?』」在孔子看來,天什麼也不說,而四季照樣運行,萬物照常生長,說明教師可通過暗示或榜樣去教育學生。如果教師只重言教,即使講的都是正確的,而不注意身教,就會變成空洞的說教,失掉教育的力量,甚至會使學生感到教師口是心非,講的越多,效果越差,以至於適得其反。

孔子一生不僅以其深刻的思想和淵博的知識獲得學生的敬佩，而且以偉大的人格和崇高的精神贏得學生的信任和尊重。孔子的「身教」體現在：

第一，躬自厚而薄責於人。第二，學而不厭、誨人不倦。他說：「我非生而知之者，好古，敏以求之者也」「十室之邑，必有忠信如丘者焉，不如丘之好學也」。他走到哪裡便學到哪裡，「每事問」，隨處拜師，「不恥下問」「無常師」。直至晚年，他仍在勤奮學習，甚至達到「發憤忘食，樂以忘憂，不知老之將至」的程度。

教師學好是為了教好，所以「誨人不倦」是教師最寶貴的品格，是最崇高的精神境界。子貢說：「教不倦，仁也」。孔子的確是「誨人不倦」的典範，無論什麼人，只要向他請教，他都毫無保留地教誨。

(二) 教學觀：「循循善誘」與「教學相長」

關於孔子的教學，其得意門生顏淵曾講過一段讚揚的話：「仰之彌高，鑽之彌堅。瞻之在前，忽焉在後。夫子循循然善誘人，博我以文，約我以禮，欲罷不能。既竭吾才，如有所立卓爾。雖欲從之，未由也已。」其中「夫子循循然善誘人」，既包括孔子這位老師誨人的不倦精神、感人的高尚道德、高深的學術造詣，又包括其教學藝術的成功發揮。其中「欲罷不能」「既竭吾才」以及「欲從之」，則道出了學生的積極性，既有學生求知進德的迫切要求，又有學生奮發勤勉的求學精神。

孔子在教學中，非常注重「教」與「學」相互促進。他虛懷若谷，善於從每個弟子身上吸取所長，彌補不足。如「子夏問於孔子曰：『顏回之為人奚若？』子曰：『回之信，賢於丘。』曰：『子貢之為人奚若？』子曰：『賜之敏，賢於丘。』。曰：『子路之為人奚若？』子曰：『由之勇，賢於丘。』曰：『子張之為人奚若？』子曰：『師之莊，賢於丘。』子夏避席而問曰：『然則四子何為事先生？』子曰：『居，吾語汝，夫回能信，而不能反；賜能敏，而不能詘；由能勇，而不能怯；師能莊，而不能同。兼四子者之有以易，吾弗與也，此其所以事吾而弗貳也。』」孔子在為弟子答疑解惑的過程中，經常從弟子身上發現優點，受到啟發，做到了教學相長。以下三例，足以證明。他說：「起予者，賜也。始可與言《詩》已矣。」又說：「起予者，商也。始可與言《詩》已矣。」他認為弟子「商」「賜」對他有啟發，而對顏回唯唯諾諾的態度非常不滿，「回也，非助予者也，於吾言無所不悅。」

為了做到教學相長，孔子在教學中採取了民主自由的教學風格。他說：「當仁，不讓於師。」「后生可畏，焉知來者之不如今也。」師生相處，氣氛活躍。如「子見南子」，子路就表示「不悅」，並對孔子提出意見，令孔子很難堪。又如，《論語·陽貨》載：「子游為武城宰。」孔子因「聞弦歌之聲」而笑他說：「割雞焉用牛刀？」子游不服，反駁說，他的為政之道是「昔也聞諸夫子」的，孔子只得改口說：「前言戲之耳，偃之言是也。」這種勇於自我批評的精神，就是師生關係平等、教師以身作則的最好體現，也是孔子人格魅力之所在。

(三) 師生觀：「尊師愛生」和「寬嚴結合」

孔門師生之間，融洽和諧，真誠相待。孔子一方面愛護學生猶如愛護自己的孩子一般；另一方面他賞罰分明，嚴格要求學生，喜怒好惡從不掩飾。這可從兩方面來

理解。

第一，尊師愛生。教師對學生要做到父母般的慈愛，坦誠相待，無隱無悔，無私奉獻。

第二，寬嚴結合。孔子在教學中，要求學生對待知識要老老實實，對待學習要持之以恒，不能半途而廢。

總之，要達到師生和諧相處的「和」狀態，教師和學生的態度都要適中，要有一個「度」，來規範和約束師生行為，孔子正是在「擇乎中庸」的狀態下達到了「尊師愛生」的融洽師生關係。

孔子是中國古代最傑出的和影響最大的思想家和教育家，他畢生從事教育事業，建樹了豐功偉績，許多對后世產生巨大影響的重要教育思想和經驗，大多可以從孔子思想中找到根源。他的貢獻有：第一，他首倡「有教無類」的教育方針，擴大教育對象的範圍，促進文化學術的下移；第二，他提出教育在社會和個體發展中的重要作用，強調要重視教育，確立了古代教育在政治中的崇高地位；第三，他提出「學而優則仕」，主張通過教育培養從政人才，奠定了后代封建官僚體系的基礎；第四，他重視古代文化典籍的繼承和整理，奠定了后世儒家經學教育體系和學校課程設置的基礎；第五，他總結了教育實踐經驗，提出了啟發誘導、因材施教、學思並重等重要的教學原則，至今仍然具有強大的現實意義；第六，他倡導尊師愛生，樹立了作為一個理想教師的典型形象，是歷代教師學習的榜樣。總之，孔子的教育思想為中國古代教育奠定了理論基礎，是中華民族珍貴的教育遺產，產生了重要的歷史影響。

第四節 孟子的教育思想

孔子奠定了先秦教育思想的基礎。孔子之後，儒分為八，其中「孟氏之儒」作為孔子嫡傳，其代表人物孟軻（世稱孟子），從「性善論」出發，主張法先王、行仁政、明人倫，不僅在某些方面繼承並發展了孔子的教育思想，而且，也有著自身的獨特之處。

一、生平與教育活動

孟子（約前327—前289年），名軻，戰國時魯國鄒邑（今山東鄒縣）人。出身於貴族家庭的孟子，自小受到良好的家庭教育，「孟母三遷」「斷杼教子」的故事，說明了孟子幼時的家庭教育情況，同時，也可從中窺得孟子教育思想的一些淵源。

孟子自稱「乃所願，則學孔子也」。他曾「受業於子思門人」，相傳子思是曾參的學生，所以，孟子受到孔子思想的深刻影響，后人將曾參、子思、孟子一派的儒家，稱為思孟學派。

和孔子一樣，孟子也曾為實現自己的政治理想帶弟子周遊天下，常常是「后車數十乘，從者數百人」。晚年，他回到故鄉專門從事教學和著述活動，以「得天下英才而教育之」為人生樂趣。孟子的思想主要存在於由他和弟子萬章、公孫醜等人所編成的

《孟子》一書中。該書記述了孟子遊說各國諸侯及孟子和弟子就有關學術問題的回答及論爭的言論，是我們研究孟子教育思想和活動最基本、最可靠的文獻資料。

二、教育思想的理論基礎

(一) 仁政

生活在戰國中期的孟子，眼見各諸侯國通過兼併戰爭，競相爭霸，痛感殘酷的戰爭給民眾帶來的深重災難，因此，他繼承孔子德治的思想，猛烈地譴責兼併戰爭，反對橫徵暴斂，主張通過「仁政」來求得天下的安定和統一。他說：

爭地以戰，殺人盈野；爭城以戰，殺人盈城；此所謂率土地而食人肉，罪不容於死。故善戰者服上刑，連諸侯者次之，闢草萊、任土地者次之。

從這一思想出發，孟子認為，要實施對廣大民眾的統治和教化，必須以「仁政」為務，改良政治。具體體現有二：

1. 「制民之產」，「分田制祿」

所謂「制民之產」，就是使民眾成為土地的所有者；所謂「分田制祿」，即規定農民一定的土地，並制定官吏的俸祿。

2. 重民與愛民

孟子認為，實行仁政的政治基礎是人心的向背，統治者只有尊重民意，收取民心，進而才能獲取天下。他認為：「桀紂之失天下也，失其民也；失其民者，失其心也。得天下有道：得其民，斯得天下矣。得其民有道：得其心，斯得其民矣。」正因此，他不僅說「諸侯之寶三：土地，人民，政事」「保民而王」「得乎丘民而為天子」；還強調「民為貴，社稷次之，君為輕」；更要求統治者以「樂以天下，憂以天下」的同情心理來愛民，以「老吾老以及人之老，幼吾幼以及人之幼」的推恩辦法來治民。

(二) 性善論

雖然孔子最早提出人性問題，但他的關於「性相近也，習相遠也」的論斷，更多的是從現實的觀察中得出的關於人性的一般性看法，未論及人性的善惡問題。而到了孟子生活的時代，人性問題成為「天人」之辯的一個重要方面。在激烈的爭辯過程中，產生了各種觀點。如告子認為「食色，性也」，商鞅也說「民之性，飢而求食，勞而求佚，苦而索樂，辱而求榮」。

三、教育目的論

在生計問題得到解決之后，孟子主張「設庠序」，對老百姓進行「明人倫」的教育。他說：「謹庠序之教，申之以孝悌之義，頒白者不負戴於道路矣。」

眾所周知，在春秋時期，鑒於「禮崩樂壞」，孔子從恢復「周禮」、建立大同社會的目標出發，提出了「正名定分」的主張，要求社會生活中的每一個人都要按照自己的角色定位，努力做到「君君、臣臣、父父、子子」。而孟子身處更加動盪不安的戰國時期，從「仁政」「王道」著眼，更強調「人倫」。

所謂「人倫」，就是五對關係，即「父子有親，君臣有義，夫婦有別，長幼有序，

朋友有信」。「明人倫」就是要求每個人瞭解、接受並遵守傳統宗法關係中必要的道德準則。在父子、君臣、夫婦、兄弟、朋友這「五倫」中，孟子尤重父子——孝和兄弟——悌這兩種關係，並以之為中心，建立了一個道德規範體系——「五常」：仁、義、禮、智、信。在孟子看來，只有通過父子有親、長幼有序來維繫一個個家庭，整個社會才會穩定；而教育的出發點和目的就是申孝悌，明人倫。只要每個人都能夠親其親，長其長，那麼，國家就會長治，天下自會太平。可見，孟子所提出的通過學校進行「明人倫」的教育目的，實際上是他「仁政」和「性善論」思想的邏輯必然。

四、道德教育論

從「明人倫」的教育目的出發，孟子不僅希望人們具有仁、義、禮、智、信等倫理道德，而且要求人們具有高尚的氣節，成為「富貴不能淫，貧賤不能移，威武不能屈」的大丈夫，因此，他重視對人的道德教育，對道德教育多有精彩的論述：

(一) 持志養氣

孟子認為，一個人只要意志專一，干什麼事情就必然會一鼓作氣。他說：「夫志，氣之帥也；氣，體之充也。夫志至焉，氣次焉，故曰：『持其志，無暴其氣。』」值得指出的是，由於孟子希望人們成為「大丈夫」，所以，他所謂的「氣」無疑是指志氣、勇氣、壯氣，是一種豪邁之氣、浩然之氣。他說道：「吾善養吾浩然之氣。」事實上，這種浩然之氣，在中國的歷史長河中，曾給予無數仁人志士以激勵。

(二) 動心忍性

在孟子看來，一個人要想取得成功，有所成就，就必須經歷眾多磨難。他說：「天將降大任於斯人也，必先苦其心志，勞其筋骨，餓其體膚，空乏其身，行拂亂其所為，所以動心忍性，曾益其所不能。」歷史上大凡有所成就者，都是「恒存乎疢疾」。

(三) 存心養性

孟子主張通過教育來保持和發展仁、義、禮、智、信等「善端」，但在存養與發展善端時，會時時發生障礙，而障礙之所以產生，孟子說，都是源於人的「五官」。

在孟子看來，「心之官」是「大體」，它具有理性思維作用，能把握義理，所以能明辨是非；「耳目之官」是「小體」，它只具有感知作用，不能進行理性思維，所以容易使人陷入迷途。鑒此，應該以「寡欲」的方式存養本心。所謂「養心莫善於寡欲。其為人也寡欲，雖有不存焉者，寡矣；其為人也多欲，雖有存焉者，寡矣」。

(四) 反求諸己

孟子繼承並發展了孔子的克己思想，認為一個人對於自己任何達不到預期效果的行為，都應該從自身去找原因。他說：「愛人不親，反其仁；治人不治，反其智；禮人不答，反其敬；行有不得者，皆反求諸己。」反求諸己就是要人們嚴於律己，寬以待人，它既是道德教育的一種方法，本身又是人們良好修養和美好品德的具體體現。

五、教學思想論

孟子雖重視道德教育,但並不反對通過外界獲得知識;相反,他認為,「外鑠」,即教育和學習,是獲得知識的重要途徑。因此,在長期的教育、教學實踐中,他總結出了許多行之有效的教學原則和方法,從而形成了自己頗具特色的教學思想論。

(一) 深造自得

孟子認為,通過自身努力深入學習和鑽研獲得的知識,更透澈、鞏固,見解也會更深刻。因此,在學習方法上,孟子強調獨立思考,不輕信、不惟書。他有一句名言:「盡信《書》,則不如無《書》。」在談到《詩經》的學習時,他也說:「不以文害辭,不以辭害志,以意逆志,是為得之。」

(二) 盈科而進

盈,註滿;科,低窪地。孟子說,在教學中,無論是教師對於知識的傳授,還是學生對於知識的掌握,都應是循序漸進的,就像澆地時流水一樣,「不盈科不行」「盈科而后行」。決不能「揠苗助長」,因為,知識的獲得同樣是「其進銳者其退速」。

(三) 「教亦多術」

孟子繼承了孔子因材施教的思想,注重根據不同學生的具體情況採用不同的教育方法。他說,「君子之所以教者五:有如時雨化之者,有成德者,有達財(材)者,有答問者,有私淑艾者。」所以,對於品高才優的學生,要像雨露潤澤草木一樣;對於長於德行的學生,要加強對他的修養熏陶;對於才能突出的學生,要加以引導使之才性通達;對於疑問較多的學生,應盡可能給予回答;對於不能及門受業的「私淑弟子」,則要採取適當的形式對之進行教育。總之,「教亦多術矣」,甚至「予不屑之教誨也者,是亦教誨之而已矣」。但不論採用何種方式,依據乃是學生的差異。

(四) 專心有恆

不僅在內心修養上,孟子強調專心,要人們「求其放心」,在向外界的求知上,孟子也主張專心致志。他以「學弈於弈秋」的故事,對專心學習的重要性作了深入的說明。不僅如此,他還認為,無論做什麼事,都必須持之以恆,不可有頭無尾,功虧一簣,「闢若掘井,掘井九軔而不及泉,猶為棄井也」。

「孟氏之儒」是儒家的一個重要流派,孟子作為其中的代表人物,其所倡導的教育思想,不僅對孔子的教育思想作了繼承和發展,同時,也為后世儒家教育思想的進一步傳承奠定了基礎。

第五節 荀子的教育思想

「孫氏之儒」是儒家八派中的又一個重要流派,它繼承發揚了孔子關於「禮」的思想。然而,荀子作為先秦儒家思想的集大成者,敢於否定鬼神的存在,提出「明天

地之分」，倡言「人定勝天」等，使得他的思想沒有過多地被后世的統治者所青睞。不過，由於他從「性惡論」出發，論證了君王「生禮義」「制法度」「外儒內法」教化萬民的重要性和必要性，且一生以教育為己任，對教育問題有著比較深刻的認識和見解，所以，同樣在中國教育史上佔有重要的地位。

一、生平與教育活動

　　荀子（約前313—前238年），名況，戰國末期趙國人，又名孫卿或荀卿。
　　荀子所處的時代是列國爭雄行將結束，大一統已為大勢所趨，封建制即將全面確立的時期。值此社會變革之際，荀子力圖從理論和輿論上為大一統製造根據。
　　公元前276年，荀子離開故國趙國后，曾長期居住齊國，作為當時著名的學術首領，荀子曾在稷下學宮「三為祭酒」，在田駢等人死後，「最為老師」，「處列大夫康莊之位，而皆為其所尊」，希望齊國能夠擔負起統一天下的重任。「稷下」的講學經歷，為荀子日後總結諸子百家之學，創立自己獨特的思想體系，奠定了基礎。但由於受人讒言，他不得不於公元前265年左右，離開齊國，回到趙國。其後，荀子一反「儒者不入秦」的慣例，西行入秦。在秦國，當他看到法令嚴明、民風樸實時，極力贊揚；同時，他會見宰相範雎，希望秦不要恃武力，輕德教，建議實行仁義之道，「節威反文」。后來，荀子又到楚國，當時的春申君任命他為蘭陵令，后終老於蘭陵。
　　荀子一生收徒講學，學生眾多，著名的如韓非、李斯、浮邱伯、毛亨、張蒼等。在講學之餘，荀子「推儒、墨、道德之行事興壞，序列著數萬言」。現存的《荀子》一書，多出自荀子手筆，是研究荀子思想最基本、最重要的資料。

二、教育思想的理論基礎

(一) 性惡論

　　和孟子提出「性善」不同，荀子從「性惡論」出發論證了教育的必然性。荀子認為：「生之所以然者，謂之性」「性者，木始材樸也」「凡性者，天之就也」「不可學，不可事而在人者，謂之性」。可見，在荀子看來，人性就是一種自然屬性。這些與生俱來、賢愚皆同的人的天性是惡的。
　　同時，荀子又認為：「凡性者，天之就也，不可學，不可事。禮儀者，聖人之所生也，人之所學而能，所事而成也。不可學，不可事而在人者，謂之性；可學而能，可事而成之在人者，謂之偽。是性偽之分也。……人之性惡，其善者偽也。」可見，人的善，是「人為（偽）」，是通過后天的禮儀教化、通過后天接受教育和學習的結果。
　　既然人性是惡的，那麼，人們往往會彰顯出一些惡欲來，如果順乎人的「好利疾惡」「好聲色」的本性，社會必然混亂不堪。所謂「今人之性，生而有好利焉，順是，則爭奪生而辭讓亡焉；生而有疾惡焉，順是，故殘賊生而忠信亡焉；生而有耳目之欲，有好聲色焉，順是，故淫亂生而禮儀文理亡焉。」那麼，如何才能「化性而起偽」，即改造人們惡的天性，使人興起善行呢？荀子認為，一是使人接受教育，一是通過自我教育。

(二) 教育作用論

荀子說，人之所以能從性惡變成性善，全是仰賴后天所接受的教育和學習。他說，「我欲賤而貴，愚而智，貧而富，可乎？曰：其唯學乎！……上為聖人，下為士君子，孰禁我哉？」所謂，「干越夷貉之子，生而同聲，長而異俗，教使之然也。」因此，他認為，統治者應該通過制禮儀、創法度，以矯正人性，進而達到教育廣大民眾的目的。

不僅如此，荀子還認為，人們還可以通過「積」「漸」使人性白化。所謂「積」，是指通過個人的主觀努力，「長遷於善」；所謂「漸」，是指注重客觀環境的影響，「註錯習俗」。對於前者，他說：「積土成山，風雨興焉；積水成淵，蛟龍生焉；積善成德，而神明自得，聖心備焉。故不積跬步，無以至千里；不積小流，無以成江河。」而對於后者，他言道：「性也者，吾所不能為也，然而可化也。註錯習俗，所以化性也」；「蓬生麻中，不扶自直；白沙在涅，與之俱黑。」

可見，荀子從「性惡論」出發，論述了人性可「偽」、可「化」的可能性，禮儀教化及教育的必要性，以及「積」「漸」等的重要性。這既是對孔子「性相近也，習相遠也」思想的繼承和發展，也是對孟子「性善論」的補充和超越。

三、教育目的論

荀子的教育思想，從根本上來說，是為其「禮治」兼「法治」的政治理想服務的。從這一政治理想出發，荀子主張培養推行「禮」「法」的「賢能之士」。

從儒家傳統思想出發，荀子繼承孔子的人才培養觀，認為教育的最終目的就是培養聖賢君子，即「聖人」。他說：「學惡乎始，惡乎終？曰：『其數則始乎誦經，終乎讀禮；其義則始乎為士，終乎為聖人。』」學習應該從培養「士」開始，止於「聖人」。即教育的最低目的是培養「士」，最高的理想目標是造就「聖人」。

同時結合當時的時代發展，荀子把當時的儒者分為俗儒、雅儒、大儒。俗儒徒有儒生外表，對先王之道只會教條誦讀、機械理解，不知其深意，更不會變通運用，這種人於國無益；第二等的雅儒雖不會高談闊論周孔道義，但能夠取法當世，勤懇做事，故能為國家做出自己一定的貢獻；大儒以周孔之道為規範，不僅德才兼備，還能以古推今，以已知求未知，通權達變，可以「百里之地，久而后三年，天下為一」，這樣的人是國家的統治者，是社會的精英，也是教育所要培養的理想人才。

可見，在荀子看來，教育培養德才兼備的賢能之士實質上也就是培養大儒，並使其最終成為聖人。

四、教育內容論

在教育內容方面，相對於孟子注重人的內在體悟，荀子特別強調對知識的外在感知，因此他重視對《詩》《書》《禮》《樂》《春秋》和《易》等先秦典籍的學習，尤重「禮」。他認為，「禮者，法之大分，類之綱紀也。故學至乎禮而止矣。」禮是社會的最高準則，一個人只有通過對禮的學習，才可以促使其形成高尚的道德情操和良好的行為規範；而且，若人人學禮則國家法制井然，社會綱紀有序。所以，學習應該從

《詩》《書》開始，以讀《禮》告終。

五、論學習過程和學習方法

(一) 論學習過程

相對於孟子認為學習就是一個「內省」「自得」的過程，強調「思」，注重發揮人的主觀能動性來說，荀子則從「外鑠」論出發，把學習過程分為「聞」「見」「知」「行」幾個環節，並把「行」看作是學習的最終目的。他認為：「不聞不若聞之，聞之不若見之，見之不若知之，知之不若行之，學至於行之而止矣。行之，明也。明之為聖人。」這段話表明了學習階段與過程的統一。學習的過程，從感性到理性，由聞、見到知，最終在於實踐「行」。環環相扣，層層遞進。

「聞」「見」是學習的第一個階段，也是獲取知識的源泉。人通過眼、耳、鼻、喉等身體感官，接觸外部世界，形成對各種事物的不同感覺，獲得事物的表象特徵，但此階段還不能認識事物的本質和規律。進一步學習就到了「知」的階段。由事物的外在表象通過不斷地思考和體悟，最終理解和把握事物的規律，並能夠觸類旁通、靈活應付各種新問題、新情況，這實質是一個由感性認識到理性認識的過程。但是僅有理性認識還不夠，正如南宋陸遊所言「紙上得來終覺淺，絕知此事要躬行」，還需要用實踐來檢驗由書本中得來的真理。

「行」是學習的最高階段，荀子認為：「君子之學也，入乎耳，著乎心，布乎四體，形乎動靜。」由「學」「思」得到的知識必須經過實踐的驗證才能知道其正確與否，所以，學習必須身體力行，學以致用。

荀子認為賢能之士的培養是一個不斷累積文化知識和提高道德修養的過程，所以知識的獲得也是一個不斷進取、不斷收穫、由少變到多的過程。由知到行，知行合一，缺一不可。

(二) 學習方法

1. 「兼陳萬物而中懸衡」

荀子非常注意發現良好的思想方法。他發現在學習過程中學生很容易因片面性犯以偏概全、一葉障目的錯誤，因此提出了「解蔽」「兼陳中衡」等學習方法。

2. 「虛一而靜」

「虛一而靜」是荀子通過長期教學對健康的學習態度的總結。他說：「不以所已臧害所將受，謂之虛。」所謂「虛」，就是不要因已有的知識阻礙對新知識的理解和接受，不要先入為主和形成思維定式。

六、教師觀

在荀子看來，教師不僅傳授「禮」，也實施「禮」；既是「師」，也是「範」。基于以上認識，荀子提出了豐富且有特色的教師觀。

(一) 關於教師的地位

荀子認為教師是用禮義教化萬民的崇高職業，因而他十分推崇教師的地位和作用。

《荀子‧禮論》中講：「天地者，生之本也；先祖者，類之本也；君師者，治之本也。」將天地、先祖、君師並立，認為教師和天地、祖先、君主同等重要。教師和國家命運息息相關，教師是治國的根基。在荀子看來，君道即師道，尊師與忠君並行不悖，所以教師的地位直接關係到君王的統治，全社會都應該也必須倡導尊師重道。

(二) 關於教師的作用

1. 學必從師
2. 國必有師
3. 師道尊嚴

在荀子看來，學生必須極度服從教師，理想學生的標準即是「師雲而雲」。作為學生，不能有任何違背和忤逆老師的地方，不能有自己的異議和不同的見解，否則就是背叛師門，所謂「言不稱師謂之畔，教不稱師謂之倍」。荀子這樣強調師道，目的自然是要確立教師的至尊地位，但亦與荀子所處的戰國末期戰爭頻繁、社會動盪，要想實現大一統必須高度保證思想和行動一致有很大關係。

作為先秦儒家的集大成者，荀子提出性惡論和教育外鑠論，並在教育目的、教育內容和教師方面有許多自己的獨到見解，豐富和推動了中國中國古代社會教育的發展。

第六節　墨子的教育思想

一、墨子的生平和政治、哲學思想

墨子，名翟，魯人，也有人說是宋人，可能是生於魯國，曾為宋大夫。據《史記‧孟軻荀卿列傳》載：「蓋墨翟，宋之大夫，善守御，為節用。或曰並孔子時，或曰在其后。」其生卒年代不可確考，據推測約在公元前490—公元前403年。

墨子出身微賤，精於工技。墨子自稱「賤人」或「北方之鄙人」，並以「賤人之所為」為榮。根據對「墨」字的幾種訓義的分析及《墨子》書中的記載，可知墨子出身於一個手工業家庭，本人也是一個小生產勞動者，他的思想基本上代表當時的農與工。

墨家學派有嚴格的紀律，有俠義作風和犧牲精神，《淮南子‧泰族訓》稱：「墨子服役百八十人，皆可使赴火蹈刃，死不旋踵。」墨家弟子都具有一種舍命行道的獻身精神，孟子說：「墨子兼愛，摩頂放踵利天下為之。」說他摩禿頭頂，走破腳跟，只要對天下有利，一切都干。墨翟三十多歲時，曾「起於魯，行十日十夜而至於郢」，戰勝了公輸般的雲梯攻城之術，迫使楚國放棄對宋國的攻擊，教育了公輸般和楚王，傳為千古佳話。

墨子一生的活動主要是「上說下教」，門下弟子眾多，儼然一個宗教政治團體，不同於一般的教育、教學活動。墨家私學的文化淵源與儒家相近，而其產生直接得益於城市工商業發展和獨立工商業階層的形成，墨家在戰國時與儒家並稱「顯學」，而以自然科學、生產技術和邏輯學為主要特色，其教學制度在先秦私學中也獨具風騷。他的

教育思想不像孔子那樣系統完整，但他所提出的許多主張是相當深刻的，也是中國古代教育史上的寶貴遺產。

現存《墨子》共53篇，是研究墨子和墨家學派的基本資料。其中《經上》《經下》《經說上》《經說下》《大取》《小取》六篇出於墨家后學，內容主要是講邏輯思想和自然科學知識。

二、教育教學思想

(一) 關於教育作用的主張

墨子很重視教育，希望用「上說下教」的方法來實現自己的政治主張。他把「有道者勸以教人」，作為實現「饑者得食，寒者得衣，亂者得治」的根本措施之一，極力反對「隱匿良道而不相教誨」。在他看來，「天下匹夫徒步之士，少知義」，因此，「教天下以義者，功亦多」。

墨子的中心教育思想是兼愛、非攻。面對戰亂不斷的社會狀況，墨子最高的政治理想就是要「興天下之利，除天下之害」。天下之害的根源在於「不相愛」，如能「兼相愛，交相利」，則「天下禍篡怨恨可使毋起」，達到「刑政治，萬民和，國家富，財用足，百姓皆得暖衣飽食」。要實現這一目標，他認為第一要義是抓住教育，通過教育來實現政治主張，登上政治舞臺，掌握政治權力和發展生產力。

墨子認為當時普天之下強凌弱，暴欺寡，富虐貧，貴傲賤，「饑者不得食，寒者不得衣，亂者不得治」，如此現實都是天下「少知義」「去義遠」的結果。他說：「天下有義則治，無義則亂」，這種「義」反映在現實社會人事之中，就是他主張的「大不攻小也，強不侮弱也，眾不賊寡也，詐不欺愚也，貴不傲賤也，富不驕貧也，壯不奪老也」。這和儒家追求的「大同」理想很相似。為實現這一偉大的政治目的，他認為最重要的一條就是要「知義」「為正」。所以他不辭艱辛，積極倡導，教天下以「義正」。他主張通過「有力者疾以助人，有財者勉以分人，有道者勸以教人」，建設一個民眾平等、互助的「兼愛」社會。

從積極的方面看，墨子強調大力發展生產力的重要。他在《非樂上》篇中主張人「賴其力者生，不賴其力者不生」。認為人「不與其勞，獲其實」，是天下大亂的根源之一。所以他教導天下之人，必須強力從事。所以他才得出這樣的結論：「教人耕者，其功多。」充分肯定教育對生產力發展和創造社會財富的巨大效應。如果社會上人人都能「信身而從事」，社會生產力必然會得到巨大的發展，人民百姓得到受用不盡的物質利益，國家得治，利生害滅，百姓安樂。這不僅反映了教育對經濟的發展、創造社會物質文明的巨大功能，同時也給政治的穩定提供堅實的社會物質基礎，這正是墨子較之當時許多教育思想家對教育認識的深刻之處。

墨子不僅強調了教的重要作用和意義，而且同樣強調了學在教育中的重要地位，主張君子必須從學。首先他從人們現實生活中最常見的勸子葬父的事實來說明「勸子於學」的重要道理。他說：「子葬子父，我葬吾父，豈獨吾父哉？子不葬，則人將笑子，故勸子葬也。今子為義，我亦為義，豈獨我義也哉？子不學，則人將笑子，故勸

子於學。」為人要立足社會，如果不學習，終日無所事事，就要像父死不葬的不孝子一樣，將要遭天下人鄙棄和恥笑。墨子從人的正常情感來勸導為人必須努力從學，並說明學習對人生存的重要價值。

這一思想比孔子的人性論在社會意義方面更具有進步性。《呂氏春秋》的《當染》一篇，正是這一思想的繼承，以后許多唯物主義思想家，如荀子、王充等，在論述環境的作用時，無不受其影響。

(二) 關於教育目的與教育內容

墨子主張教育要培養「賢士」。「賢士」的主要品德是「兼愛」，有時也稱作「兼士」，就是「必興天下之利，除天下之害」的人，墨子主張培養的「兼士」不僅要「厚乎道行」，還要「辯乎言談，博乎道術」，肯於犧牲自己以成人之急，這與孔子培養的「君子」在本質上是相同的，都是要做治術人才，「所以為輔相承嗣也」。墨子的「兼愛」與孔子的「仁」也有相近之處，兩者同樣要求「為人君必惠，為人臣必忠，為人父必慈，為人子必孝，為人兄必友，為人弟必悌」。但也有很大的不同，「兼愛」強調無差別的愛，「仁」強調「愛有差等」。

墨子為了培養「賢士」，在教育內容上，除了以「兼愛」為核心的道德教育外，同時重視文史知識的學習及邏輯思維能力的培養，還注重實用技術的傳習。墨子重視《詩》《書》《百國春秋》的教學，還重視武藝的學習。墨子本人就「善守御」，這是為他的「非攻」學說服務的，「以毒攻毒」，「以戰止戰」。墨家注重自然科學的研究，重視科學技術教育。在墨家后學所著的《墨經》中，涉及幾何學、物理學、光學、數學方面的知識。例如在幾何學方面，有點、線、球體的概念；在力學方面，有力的性質、力的運動、力的平衡以及簡單的機械等；在光學方面，有光是直線進行的原理、影的形成、光與影、光與光源、平面鏡、凸面鏡、凹面鏡等；在聲學方面，有共鳴以偵察敵情等。從墨家留下的教學記錄中，可以看到中國古代生產技術向科學理論飛躍的最早的優秀成果，墨家在科學技術研究和科技教育上的創造和貢獻是永放光芒的。

總之，墨子的教育內容是十分豐富的，大大突破了儒家「六藝」的範疇。不過墨子全盤否定了「禮」「樂」的價值，不適當地「非樂」，不加分析地反對音樂文化和一切文娛活動，忽視音樂教育與美育在陶冶道德品質和審美能力方面所產生的作用，這當然也是片面的。

(三) 關於教育、教學的主要原則

墨子關於教育、教學的具體經驗保留的資料不多，教育、教學的原則不夠完整，但有許多思想和精神很值得研究與借鑑。歸納起來，有如下幾項：

1. 志功合一原則

志功合一是墨子施教一貫奉行的最根本的原則。他教人，不光要看其動機，更重要的是看其效果，強調二者必須辯證地統一。

2. 主動性原則

墨子施教，一貫堅持積極主動。他要求教師要努力、積極、主動地去解決問題，要永遠起主導作用，絕不可怠倦而被動。他不同意儒者公孟子說的「譬若鐘然，扣則

鳴，不扣則不鳴」的態度，提出：「雖不扣必鳴之也。」

3. 實踐性原則

墨子特別強調道德行為的鍛煉。他說：「士雖有學，而行為本焉。」要求學生樹立「強力而行」的刻苦磨煉精神。其原因在於：其一，只有「言必信，行必果」，才能造就兼愛天下的賢士；其二，在嚴酷的社會環境中，人不能怠惰，「賴其力者生，不賴其力者不生」，要重視實踐；其三，墨子認為，意志不僅是重要的道德品質，而且對知識才能有直接影響，即「志不強者智不達」，他認為意志不堅強的人，學習也不會精進，智力也不可能增強，不會變得聰明。同時他又強調修養，提出「雄（先）而不修者，其后必惰」，若不首先注重品德修養，結果一定垮臺。

4. 量力性原則

墨子在教育中提出了「學必量力」的重要原則。當弟子請求學射時，墨子便從他們的實際情況出發，提出「知者必量其力所能至而從事焉」。這就要求教師施教，必須從學生的具體實際出發，根據學生不同的能力、基礎、才智等多方面的因素，進行教育。而且還要正確估量學生有可能或通過努力有力量能夠接受教師所教而獲得收益，達到目標，這樣才去進行教育，才能收到預期的效果。如果教師不從學生的實際出發，好高騖遠，自我行事，實際就是無的放矢，永遠也不能收效，而且學生還會厭學，進而造成師生的對立。

5. 創造性原則

墨子批評儒家「述而不作」的保守態度，主張「古之善者則述之，今之善者則作之，欲善之益多也」，即「述而且作」，對古代的優秀遺產應繼承，還要有創造精神，使善的東西更多一些。這既反映了墨子對待文化遺產的態度，也體現了他重視創造的教育教學方法。

第七節　道家和法家的教育思想

春秋戰國時期，道家和法家的教育思想也佔有一定的位置。先秦道家有其產生、分化的過程，其創始人是老子，其后分為兩大派：一是莊子所倡導的老莊學派，一是齊國道家所倡導的黃老學派。先秦法家的先驅有戰國初期鄭國的鄧析、魏國的李悝等。稍后的商鞅奠定了法家的思想理論基礎，戰國末期的韓非集法家之大成，全面總結了法家教育思想的理論體系。

一、老子的教育思想

老子在中國古代思想史上，與孔子、墨子鼎足而立。他創立了道家學說，對后世有極大影響。

老子，相傳為春秋末期楚國苦縣（今河南鹿邑縣）人，其姓名和生卒年已不可詳考。一般認為老子即老聃，姓李名耳，是當時著名的哲學家、政治家和教育思想家。他曾做過東周守藏史，掌管王室圖書典籍，見聞廣博，熟諳史典，通曉天文歷法，相

傳孔子青年時曾向他學習過周禮。晚年隱居，著「道德」經五千言，即今流傳的《老子》一書，分上、下兩篇，共 81 章，是用韻文寫成的哲學詩，漢以後被稱為《道德經》。據后人考證，《老子》可能是戰國時期道家后學根據老子思想言論記述而成，基本為老子本人的思想。對《老子》的註釋，最早有韓非的《解老》《喻老》兩篇。漢魏以後迄今，註釋《老子》之多，不遜於《論語》，在國外也有很多種譯本，具有廣泛的影響。

(一) 教育作用論

老子思想的核心範疇是「道」。他認為道是宇宙的根本，萬物的本源，是「天下母」，萬物由道而生：「道生一，一生二，二生三，三生萬物。」他又指出，在宇宙間，「人法地，地法天，天法道，道法自然」。即人應效法天地，而天地之道就是自然法則，人應當服從自然。與儒墨強調人是社會的人不同，老子強調人是自然的人。老子認為儒家的禮義之教強調「人為」，以外在的知識、經驗、道德等傷害自然的真樸，機巧日生，文飾益偽，社會文明反而帶來人類的墮落。因此，老子主張「絕仁棄義」，「絕聖棄智」，「絕巧棄利」，教育人們「為道日損」，「損之又損，以至於無為，無為則無不為」。老子把「無為」看作是道的本質特徵，它包含「無知」「無欲」「無事」「無情」「不爭」等內容，只有依據道自身發展變化規律，使人「無知無欲」，「虛其心，實其腹，弱其志，強其骨」，才能保持人的「見素抱樸」的本質。由此，老子提倡自然主義的教育，主張實行「無為而治」的教育模式。這種教育觀與儒墨積極有為的教育觀形成很大差別，它反對用仁義等外在道德束縛人的天性，反對壓抑人的個性的教育，強調順應萬物自然發展，順應教育對象的自然本性，使人「復歸於樸」，這也具有一定的合理因素。

(二) 教育目的論

道家出於隱士。春秋戰國之際，由於社會劇烈變動，出現了一批隱者，一方面具有較高的文化知識，另一方面又不願從政做官。這些「隱士」多來自沒落貴族，周衰以后，明哲保身，隱於鄉野。老子就是一個「隱君子」。老子之隱，是隱於「道」。他所希望培養的人，就是認識、追求、實現「道」的「上士」或「隱君子」。老子說：「上士聞道，勤而行之。」由於道的本質是「無為」，它包含著「無事」「無欲」等方面的意義，所以老子所希望培養的「上士」或「隱君子」，就是一個具有「無事」「無欲」等「無為」品質的人。值得注意的是，老子教育的最高目的，也是培養聖人。但他的聖人與孔、墨所推崇的聖人有質的不同。老子在社會管理方面把人分為理想人與現實人。聖人，是老子的理想人；君子、士、民，則是現實人。老子用理想人——聖人的概念來確定現實人自我的方向。《老子》一書中論及「聖人」的多達二十幾處，他從多方面描述了聖人的各種品質和特點。按照老子的描述，聖人在人格上是一個揚棄了異化的自主體，不為外物所誘惑，無知無欲，精神上得到超脫；聖人無私心，把人民放在自己之上，雖管理人民卻不專斷人民自己的事務，實行無為之治；聖人標新立異，大智若愚，「獨異於人」，有自知之明而決不顯示炫耀自己，「功成而弗居」，終不自大；聖人舉事，必審時度勢，不走極端，不存奢望，不要過分。《老子》第三十二

章說：「聖人抱一，為天下式。」即把這種具有獨立人格，全面發展的聖人看作是天下人做人的範式或楷模，是社會領導者的理想模型。老子認為以這種聖人治世、救世，就可使社會進入自然無為的境界。他說：「天地不仁，以萬物為芻狗；聖人不仁，以百姓為芻狗。」意思是說，天地不表示什麼「仁」，只是讓萬物自然生長；聖人不表示什麼「仁」，只是讓百姓回到自然中生活。

(三) 教學原則與修養方法

為了實現「無為」的教育目的，老子提出了一套與之相適應的教學原則和修養方法。

1. 閉目塞聽

老子認為，人的私欲是萬惡的根源，而人的私欲是由外物引起的。外物通過人的感官，引起人的內心衝動，從而使人陷入私欲的深淵而不可自拔。因此，他主張閉目塞聽，在中間環節（感覺器官）上關掉引起私欲的邪惡之門。

2. 滌除玄覽

老子認為人心就像鏡子一樣，必須萬分潔淨，一塵不染，永遠保持虛靜的狀態。他說：「致虛極，守靜篤，萬物並作，吾以觀復。」由此，他把內心清虛作為教育的第一步。

3. 行不言之教

既然是「人法地，地法天，天法道，道法自然」，那麼就應該「行不言之教」，不折不扣地遵循自然規律，按自然規律去施教和管理。老子說：「聖人處無為之事，行不言之教，萬物作焉而不為始；生而不有，為而不恃，功成而不居。」即用「不言」去教導，「惟道是從」，任憑萬物生長發展而不人為地去為它確定起始點……在教育過程不要過多地強力施以行政教令，應該順應教育的自然規律，通過「不言之教」，進入教育管理的最佳境地。所以老子又說：「不言之教，無為之益，天下希及之。」

4. 無為貴柔

無為是老子教育管理原則的核心，他說：「道常無為。」又說：「我無為，民自化。」教育之道，就是要通過「致虛極，守靜篤」，守住無為之道，就能無不為，使天下萬物「自化」，從而產生最佳的教育效能。關於「貴柔」，也是老子重要的教育原則。他總結自然和社會現象盛衰之理，認為如能保持「柔」的姿態，就會充滿活力，生機益然。

5. 知足不爭

老子認為要保持人的自然樸素的本性，就要不斷地減少私心，降低欲望，抵制物欲的誘惑，使人們處於安足的狀態。因此，他提倡「知足」的管理原則。他說：「罪莫大於可欲，禍莫大於不知足，咎莫大於欲得。故知足之足，常足矣。」一個人如果不知道滿足，拚命追求個人欲望，最終必然會招災惹禍。如果知道滿足，什麼都適可而止，不拚命追求，反而會得到滿足。與「知足」相一致的是「不爭」。

6. 不敢為天下先

老子對承擔社會管理職責的人，提出了一個處世原則：不敢為天下先。他說：「我

有三寶，持而保之：一曰慈，二曰儉，三曰不敢為天下先。夫慈，故能勇；儉，故能廣；不敢為天下先，故能成器長。」

7. 反者道之動

老子認為，世界上的事物都是對立的統一，各以對方的存在為自己存在的依據，所謂「有無相生，難易相成，長短相形，高下相傾，聲音相和，前後相隨」。在《老子》一書中，提出了許多諸如有無、生死、長短、高下、剛柔、強弱、美醜、難易、進退、損益、禍福、榮辱、智愚、勝敗等對立統一的範疇，並強調對立雙方的相互轉化。在此基礎上，老子在教育實踐上提出了「用反」的原則，即運用事物的對立統一與轉化法則，打破常規，處處從反面著手，去探求解決問題的辦法。

二、韓非的教育思想

韓非（約前280—前233），韓國的諸公子，戰國末期新興地主階級卓越的思想家，先秦法家思想的集大成者。早年與李斯同為荀子的學生，繼承了荀子重法的思想，同時也吸取了商鞅、申不害、慎到的法、術、勢三家之說，建立起完整的法家思想體系。他看到韓國日益貧弱，曾多次上書韓王，陳述富國強兵之道，未被採納。於是他寫下了《孤憤》《五蠹》《內外儲》《說林》《說難》《顯學》等十餘萬言，系統地闡述了自己的政治主張和學術思想。他的著作流傳至秦。秦王嬴政讀后十分喜愛，經李斯介紹，秦王得知韓非是韓國人，便竭力招致，甚至對韓國迫以兵戎。韓國乃派韓非出使秦國。韓非到秦不足一年，秦王雖悅其說，但未信用，后終被李斯、姚賈進讒，死於獄中。韓非雖被害，但其「法后王」、倡「耕戰」、禁遊說之士、非詩書禮樂之教的理論，卻成為秦始皇完成統一大業的思想武器，並為后來幾千年統一的中央集權制的封建帝國奠定了理論基礎。

（一）人性自私說與法制教育論

教育是以人為對象來進行的社會活動，先秦諸子在探討教育的理論依據時，往往把對人性的假設看作是其中重要的依據之一，法家也不例外。韓非吸取了前期法家「人心悍」的觀點，發展了荀子的「人性惡」的理論，提出了人性自私說，並以此論證推行法治的合理性和實行法制教育的必要性。韓非認為人性有這樣幾個方面的特點：第一，人都有好逸惡勞的特性。他說：「夫民之性，惡勞而樂佚，佚則荒，荒則不治，不治則亂。」第二，人性都有「趨利避害」「喜利畏罪」的特點。他說：「夫安利者就之，危害者去之，此人之情也。」又說：「喜利畏罪，人莫不然。」第三，人與人的關係是一種利害關係，離不開「計算之心」。他舉例說，制車的人希望人們富貴，而做棺材的人卻巴望人早死。官場上也是如此，「君臣異心，君以計蓄臣，臣以計事君。君臣之交，計也」。甚至父母子女之間也無非利害關係。根據人性的這些特點，韓非確定了教育和社會管理的基本模式：其一，「不務德而務法」，實行法制教育。韓非從人性的喜厭、好惡出發，以「因人情」為依據，強調揚善去惡、安民治國必須靠法治，必須進行法制教育。他說：「故治民無常，唯治為法。」其二，「信賞必罰」，取信於民。韓非認為實行教育和社會管理必須「明吾法度，必吾賞罰」，先要「設利害之道以示天

下」，讓廣大民眾都知道「正直之道可以得利」，人人可努力建功立業，獲得重賞，適應民眾「趨利避害」「喜利畏罪」的心理，使之得到「求善而賞之，求奸而誅之」的法制教育。其三，嚴刑峻法，實行懲罰主義教育。韓非認為既然人性是自私的，就無法指望人自覺為善，而只能設法令人不得為非。他以家庭教育為例，說明只有嚴格教育，對兒童施加懲罰和威嚇，才能使之成才。

(二)「壹教」的文教政策

「壹教」是商鞅提出的教民的根本性的方針政策，也是治國的根本。所謂壹教，就是剝奪私學和私家學派的存在權利，由國家全面控製，對全民實施統一的教育。韓非繼承和發展了商鞅「壹教」的思想，極力主張國家要統一法教，立法令來杜絕「私道」。因為允許私家學派存在意味著思想的紛亂不一，結果一定是與君主產生二心。韓非將這些私家學派稱為「二心私學」。他說：「私者，所以亂法也。……凡亂上反世者，常士有二心私學者也。」如果諸子各家都辦私學，都來傳播「私道」，議論時政，甚至「誹謗法令」，就會給社會帶來混亂。因此，對易於導致「二心」的私學和學派要堅決「禁其行」「破其群」「散其黨」，以造成一個「事在四方，要在中央，聖人執要，四方來效」的政治上、思想上高度統一的局面。顯然，韓非的「壹教」的文教政策，是戰國末期在走向統一的道路上，要求思想的統一和君主權力的集中與至尊的法家教育思想。這一教育思想為以后秦王朝的專制主義教育政策提供了理論依據，在中國教育史上產生了許多不良的影響。

(三) 培養智術能法之士的教育目標

韓非在教育培養目標上反對「所養非所用，所用非所養」，他從推行封建「法治」的需要出發，明確提出教育要培養「智術之士」「能法之士」「耿介之士」。他對「智術」「能法」「耿介」之士的培養，分別提出了不同的具體要求。他說：「智術之士。必遠見而明察，不明察不能燭私；能法之士，必強毅而勁直，不勁直，不能矯奸……智術之士明察、聽用，且燭重人之陰情；能法之士勁直、聽用，且矯重人之奸行。故智術、能法之士用，則貴重之臣必在繩之外矣。」韓非認為，智術之士必須要有遠見卓識，能明於事理，諳於世故；能法之士必須剛正不阿，立場堅定，敢於鬥爭；耿介之士必須是光明正大、襟懷坦白、無私無畏之人。如果一個國家的教育，不以培養這樣的人才為宗旨，這個國家必然破敗衰亡。

(四)「以法為教」「以吏為師」的教育管理模式

韓非為了在全社會廣泛實施法制教育，提出了「以法為教」「以吏為師」的教育管理模式。他說：「故明主之國，無書簡之文，以法為教；無先王之語，以吏為師。」這是對法家教育思想和教育實踐的一個基本概括，它要求對社會實行普遍的法制教育，但不以其他諸子各家的書冊作教材，僅允許以法律、律令為教學內容；也不准許各派學者作教師，而必須由各級官吏來承擔傳播法律知識的職責。這一管理模式是韓非為封建統治者設計的用以治國以達到富國強兵的根本大計。

第八節　戰國后期的教育論著

在經過500多年的割據與徵戰之后，到戰國末期，建立一個專制主義的中央集權的全國性政權已成為大勢所趨。與此相適應，總結春秋以來思想學術的百家爭鳴也成為需要。當時的幾大學術派別紛紛依據自己的立場與觀點做了這一工作，如儒家荀況著《非十二子》，道家著《莊子》中的《天下篇》，法家韓非著《顯學》與《五蠹》，以及雜家著《呂氏春秋》。教育在經過春秋戰國時期的大發展之后，也累積了豐富的材料。對教育歷史經驗作系統的理論總結，同樣成為教育進一步發展的需要。因此，戰國末期開始出現了一批集中論述教育問題的教育理論著作。這些論著幾乎論述了中國古代教育的所有基本問題，對此后中國封建教育的發展影響深遠。這些教育論著理論價值甚高，實際上形成了中國古代教育理論發展的一個高峰。而儒家經典《禮記》中的諸多篇什，是這些教育論著中的代表。

一、《大學》

《大學》是《禮記》中的一篇。《禮記》則是儒家重要典籍之一，它是對據說是孔丘刪定的周代典籍《儀禮》各篇的傳解，故名之曰「記」。《漢書‧藝文志》認為是「七十子后學者所記也」，即與孔丘學生的學生有關。《禮記》寫作年代大約在戰國后期到西漢初期。通常，先秦禮學家在傳習《儀禮》時，都附帶傳習一些參考資料，作為對經文的解釋、說明和補充，這就是「記」。經長期流傳增刪，逐漸形成兩個本子，即漢宣帝時戴德所傳85篇的《大戴禮記》和其侄戴聖所傳49篇的《小戴禮記》。《小戴禮記》在唐代列於五經，即通常所稱的《禮記》。

《禮記》是一部內容豐富而雜駁的叢書。它收集了儒家學者論禮的作用與意義的論文，涉及眾多方面的問題，包括教育問題。其中的《王制》《文王世子》《內則》《少儀》等篇，保存了不少古代教育資料。就教育理論闡發的集中與其歷史影響而言，當推《大學》《中庸》《學記》《樂記》等篇。

《大學》是儒家學者論述大學教育的一篇論文，它著重闡明「大學之道」——大學教育的綱領，被認為是與論述大學教育之法的《學記》互為表裡之作。中國古代所謂「大學」，是指「十五成童明志，入大學，學經術」，或者說是「束發而就大學，學大藝焉，履大節焉」。所以，大學從年齡階段上看，是15歲以上的教育；從內容上看，是在初步文化知識（小藝）和道德品質（小節）教育之后的儒家經術教育和儒學思想教育。一般認為，《大學》是儒家思孟學派的作品，但其中也有荀況學派的影響，反映了《禮記》一書綜合、總結的總體特點。

《大學》在宋代受到理學家的高度重視。朱熹親加整理，編定為「經」一章和解釋經文的「傳」十章，並與《中庸》一起從《禮記》中抽出，與《論語》《孟子》合稱《四書》，成為宋以后中國封建教育的基本教科書。

宋代理學家對《大學》有一個基本估價，認為它是「初學入德之門也」。朱熹認

為，只有它揭示了「古人為學次第」，故「學者必由是而學焉，則庶乎其不差矣」。這就是理學家把《大學》列為《四書》之首的原因。而《大學》也確實對大學教育的目的、程序和要求作了完整、扼要、明確的概括，以其對為學過程表述的嚴密邏輯性和程序的一定合理性，對后人的為學、為人產生了莫大影響。

(一)「三綱領」

《大學》開頭就說：「大學之道，在明明德，在親民，在止於至善。」這是儒家對大學教育目的和為學做人目標的綱領性表達，「明明德」「親民」「止於至善」被稱之為「三綱領」。

「明明德」，就是指把人天生的善性——「明德」發揚光大，這是每個人為學做人的第一步。個人的完善從來就不是儒家的目標，他們要求凡事都須由己及人，把個人自身的善轉化為他人，尤其是民眾的善，於是高一步的目標是「親民」。朱熹認為，「親民」應改作「新民」，解釋為推己及人，使人們去其「舊染之污」，也臻於善的境界。

大學教育的終極目標是「止於至善」。《大學》對此的解釋是：「為人君止於仁，為人臣止於敬，為人子止於孝，為人父止於慈，與國人交止於信。」每個人都應在其不同身分時做到盡善盡美。

「三綱領」從「明明德」到「親民」到「止於至善」，是一個要求由低到高、內涵由簡單到複雜、活動由自身到他人以至群體社會的過程，表現了很高的道德要求、較強的邏輯性、易解性和可行性。人的「止於至善」需要「明明德」和「親民」作鋪墊，而唯有「止於至善」，「親民」和「明明德」才能真正得到實現。「三綱領」雖是三步要求，但又是層層遞進、渾然一體的整體要求，舍一而不能完成其他。「三綱領」表達了儒家以教化為手段的仁政、德治思想。

(二)「八條目」

為了實現「三綱領」，《大學》進一步提出一系列具體的步驟：

「古之欲明明德於天下者，先治其國；欲治其國者，先齊其家；欲齊其家者，先修其身；欲修其身者，先正其心；欲正其心者，先誠其意；欲誠其意者，先致其知；致知在格物。物格而后知至，知至而后意誠，意誠而后心正，心正而后身修，身修而后家齊，家齊而后國治，國治而后天下平。」

《大學》以為人的完善是一個過程，又可細分為八個步驟：格物、致知、誠意、正心、修身、齊家、治國、平天下。這就是「八條目」。八條目前後相續，逐個遞進而又逐個包含，體現了階段與過程的統一。

1. 格物、致知

格物、致知被視為「為學入手」或「大學始教」，尤其是格物，《大學》將「八條目」作為環環相扣的完整過程作了順推和逆推，即「……致知在格物」（逆推），「物格而后知至……」（順推），格物都是處在起點階段。但是，由於《大學》中缺失對格物、致知的詮釋，造成后人對其理解的眾說紛紜。整個宋明理學的教育和哲學思想的爭論，就導源於對「格物」二字的不同解釋。實際上，《大學》所謂格物恰如孔穎達

所言：「致知在格物者，言若能學習，招至所知。」

2. 誠意、正心、修身

如果說格物、致知的工夫著重於對客觀準則的體會與把握，誠意就更進了一步，深入人的意志與情感之中了。《大學》解釋說：「毋自欺也，如惡惡臭，如好好色，此之謂自謙。故君子必慎其獨也！」這要求人即使閒居獨處，也要像有「十目所視，十手所指」一樣，謹慎小心，不敢有一念差池。因為只有「誠於中」，才能「形於外」，有良好的行為表現。

「意誠而后心正」。所謂正心，就是不受各種情緒的左右，始終保持認識的中正。誠意與正心的區別在於：誠意主要指人的意念、動機的純正；正心則要求擺脫情緒對人認識和道德活動的影響。它們的共同特點在於：都是行為發生前的心理活動。作為個人的學習活動，誠意與正心還局限於自我。

修身的要求則不同了。《大學》認為，人們往往會因為偏愛偏憎而不能公允地處事待人，更不用說「好而知其惡，惡而知其美」了。修身與正心的不同在於，它是「由內及外、由己及人、由『明明德』到『親民』的轉折點」。作為一種學習，修身不再局限於個人內心的自省與自律，開始走出自我，在與他人的相互關係中再認識、要求和提高自我。《中庸》假孔丘之口說：「好學近乎知，力行近乎仁，知恥近乎勇。知斯三者，則知所以修身。」可見，修身是人的一種綜合修養過程，是人品質的全面養成，所以就成為齊家、治國、平天下之本了。

3. 齊家、治國、平天下

齊家、治國、平天下是個人完善的最高境界。齊家是從修身自然引出的，因為修身的主要內容是正確處理人我關係，而齊家無非是完善起碼的人際關係。齊家是一個施教過程，即成為家庭與家族的楷模，為人效法。所以朱熹說：「身修，則家可教矣。孝、弟、慈，所以修身而教於家者也。」只有自己做到了，然後可以去責人做到；只有自己不做，然後才可以責人不做。齊家重複了儒家的一貫主張：教人不過是學在人先，善在人先。而且，齊家這種教是「成教於國」——實現政治的準備。所謂「宜其家人而后可以教國人」，甚至可以「不出家而成教於國」了。就這樣，在儒家思想中，個人的學習、教人、政治等幾個過程非常自然地聯繫、轉換和發展著，使得「八條目」實際上成為一個過程和整體。

《大學》的特點首先在於強烈的倫理性和人文色彩。無論是作為「大學之道」的「三綱領」，還是作為「為學次第」的「八條目」，都著眼於人倫，以個人道德和社會政治的實現為目的，而社會政治的實現也被看成是道德過程。其次表現出較強的邏輯性。無論「三綱領」還是「八條目」，都環環緊扣地加以推演。尤其是通過順推和逆推說明了「八條目」的實現程序，加之表述的概括，極易為人理解、接受和實行。《大學》之能對中國古代知識分子和一般國民的處世立命產生影響，原因就在於此。

二、《中庸》

《中庸》也是《禮記》中的一篇，司馬遷肯定是孔丘之孫子思「作《中庸》」。根據《中庸》內容，可信是儒家思孟學派的作品。《中庸》共 33 章，主要闡述先秦儒家

的人生哲學和修養問題，提出了「中庸之道」，與《大學》互為闡發。到宋代，經朱熹整理，亦列為「四書」之一，對后世中國知識分子、一般民眾的個人修養、精神生活和為人處世之道均有影響。

(一) 性與教

《中庸》劈手就指出：「天命之謂性，率性之謂道，修道之謂教。」意謂：天所賦予人的就叫作性，循性而行就叫作道，修治此道就叫作教。首先，它指出人性是與生俱來的秉性，既然說要循性而行，就表示這種天賦秉性具有某種趨向性，或者可以說就是趨善性，即如孟軻所說「人性之善也，如水之就下」，或者如《大學》所說，這是一種「明德」。因此，所謂「率性」，也就是要遵循人性中潛在的本然之善，使之得以發揚和擴充。其次，《中庸》繼而提出「修道之謂教」——教育與人性發展的問題。從「修道」一詞可見，《中庸》以為人性的真正得到保存與發揚，還要靠教育來修治。因此，對《中庸》開宗明義的篇首語就可以作此理解：人生來就有善的本性；人應當對此加以保存和發揚；人的善性的真正保存和發揚有待於教育的作用。《中庸》的許多論述都可以用來說明這一點。

如說：「唯天下至誠為能盡其性，能盡其性則能盡人之性，能盡人之性則能盡物之性……則可以與天地參矣。」人應當不斷追求誠的境界，充分發揚自身的善性，又由己及人而至天下，使自己變得像天地一樣高遠博大。這與《大學》「三綱領」異曲同工。

《中庸》還認為：「或生而知之，或學而知之，或困而知之，及其知之一也；或安而行之，或利而行之，或勉強而行之，及其成功一也。」雖與孔丘的生知、學知、困知之說如出一轍，但它強調了一點：「及其知之一也」。既然是「一也」，實際上強化了學習與教育對於人的作用，而淡化了「生知」的意義。這也就是《中庸》在指出「天命之謂性，率性之謂道」之后要加上「修道之謂教」的原因。

(二) 中庸

中庸的思想，孔丘已經提出。他曾說：「中庸之為德也，其至矣乎！」孔丘以為中庸是最高的道德準則。《中庸》進而對中庸作了闡發，其意為既無過，也無不及，不偏不倚，「兩端執其中」。在政治和道德實踐中，杜絕一切過激的行為，以恰到好處為處事原則。《中庸》還賦予中庸以「中和」的新義。鄭玄曾解釋說：「名曰《中庸》者，以其記中和之為用也。」這說明了所謂中庸就是以中和為用。

何為中和？《中庸》說：「喜怒哀樂之未發，謂之中；發而皆中節，謂之和。中也者，天下之大本也；和也者，天下之達道也。致中和，天地位焉。萬物育焉。」喜怒哀樂一類情感是人性的外發表現，當其未發時，人性就處在無情欲之蔽的「無所偏倚」狀態，這就是中。當情感一旦外現，就要使之合乎節度，處於和諧狀態，這就是和。《中庸》以為，這種無偏無倚與和諧的狀態，是天下根本和共同的法則。如果能發揚本性的無偏無倚以達於和諧，不僅個人的道德品質能達於理想境界，還能推而廣之，使「天地位焉，萬物育焉」（天地安寧了，萬物茂盛了）。

因此，中庸既是世界觀，又是方法論，在此是一種道德修養、為人處世的準則與方法。《中庸》反覆強調應「擇乎中庸」，「中立而不倚」，以為「君子中庸，小人反中

庸」，要求君子時時處處不偏不倚，做與自己身分地位相稱的事，不有非分之想，既不犯上，也不凌下。這樣就能像孟軻所言：「中道而立，能者從之。」君子執中了，不僅賢能者會來追隨，民眾也會擁戴，平天下有何難？

(三)「自誠明」與「自明誠」，「尊德性」與「道問學」

依《中庸》之見，人們可以從兩條途徑得到完善，其一是發掘人的內在天性，進而達到對外部世界的體認，這就是「自誠明，謂之性」，或者「尊德性」；其二是通過向外部世界的求知，以達到人的內在本性的發揚，這就是「自明誠，謂之教」，或者「道問學」。

《中庸》將「誠明」——性、「明誠」——教，以及「德性」與「問學」並提，無非是說明學習與教育的實現需要人性的依據，而人性的完善又依賴於學習與教育。在《中庸》中，「自誠明」與「自明誠」「尊德性而道問學」可以屬於每一個人，並為每一個人所需要。它說：「故君子尊德性而道問學，致廣大而盡精微，極高明而道中庸，溫故而知新，敦厚以崇禮。」這要求人們注意，在學習中相反的兩個方面是相成的，不能偏執一方，而應互補、互制、互進。

「誠」與「明」、「德性」與「問學」是宋代以後思想家討論較多的一些範疇。在他們那兒，強調乃至誇大了「誠」與「明」、「德性」與「問學」的區別和對立，以至以此為標準，形成了相對立的學派和思想。

(四)「博學之，審問之，慎思之，明辨之，篤行之」

《中庸》對古代教育理論的另一貢獻，在於它對學習過程的闡述。《中庸》中的「博學之，審問之，慎思之，明辨之，篤行之」，把學習過程具體概括為學、問、思、辨、行五個先後相續的步驟。這一表述概括了知識獲得過程的基本環節和順序，它是對從孔丘到荀況等先秦儒家學習過程思想——學、思、行的發揮和完整表述。

《中庸》強調，五個步驟是一個完整的過程，只有每個步驟的充分實現，才能有個人學習的進步。它說：「有弗學，學之弗能弗措也。」意謂不學則已，學就一定要學透，不然就不能中止。同理，問就必須知，思就必須得，辨就必須明，行就必須篤。如果這樣，「雖愚必明」，人沒有什麼做不到的。所以，《中庸》也同樣強調了人的造就必須借助於學習過程。

如果將《中庸》的五步驟與《大學》的「八條目」作一比較，那麼可以看出：學、問、思、辨、行著重於闡述求知意義上的學習過程，列舉了知識獲得過程中一些基本的學習環節，比較局限；而「八條目」則著重說明為學、為人、處身、立命的完整過程，內涵更為豐富，過程更為漫長，要求更高。但兩者也有共同點，即都把學習過程視為學習、思索和行動諸環節前後相續、缺一不可的完整過程。這反映了中國古代學習思想的基本特徵。

學、問、思、辨、行被後世學者引為求知的一般方法與途徑，朱熹曾稱之為「為學之序」，列為《白鹿洞書院揭示》的重要規定，因此產生了很大影響。

《中庸》的基本精神與《大學》是一致的，即要求從人的天賦善性出發，借助學習與修養，充分發揮這種本性，又進而由己及人，推行於天下，即所謂：「知所以修身

則知所以治人，知所以治人則知所以治天下國家矣。」

三、《學記》

《學記》也是《禮記》中的一篇，是中國古代最早的一篇專門論述教育、教學問題的論著。因此，有人認為它是「教育學的雛形」。《學記》是先秦時期儒家教育和教學活動的理論總結，它主要論述教育的具體實施，偏重於說明教學過程的各種關係。從教育理論闡發的集中與專門而言，先秦諸子的論著中當首推《學記》。即使在《學記》誕生之后的漫長年代裡，像《學記》這樣專論教育並達到較高理論水平的教育論著也不多見。

《學記》的作者一般認為是思孟學派，甚至可以具體說是孟軻的學生樂正克。但是，《學記》也吸取了儒家內外其他派別的思想。《學記》全文不過 1,200 多字，但內容卻頗為豐富，主要包括關於教育作用與教育目的，教育制度與學校管理，教育、教學的原則與方法等幾大部分。

(一) 教育作用與教育目的

《學記》本著儒家的德治精神，認為實現良好政治的最佳途徑是「化民成俗」，即興辦學校，推行教育，以教化人民群眾遵守社會秩序，養成良風美俗。因此，它用格言化的語言說道：「建國君民，教學為先」「君子如欲化民成俗，其必由學乎」。《學記》承襲了先秦儒家的一貫思想，把教育視為政治的最佳手段，表現了對教育作用與目的的基本看法。

為何說「建國君民，教學為先」呢？《學記》認為：「玉不琢，不成器；人不學，不知道。」玉材不會自然成為美器，人也不會自然懂得立身處世之道。如同對玉的雕琢一樣，教育通過對人有目的、有計劃的培養，使每個人都形成良好的道德和智慧，懂得去維護國家利益和社會安定。

(二) 教育制度與學校管理

《學記》關於教育制度和學校管理的設想包括兩部分內容。

1. 學制與學年

關於學制系統，《學記》說：「古之教者，家有塾、黨有庠、術（遂）有序，國有學。」它以托古的方式，提出了從中央到地方按行政建制建學的設想。這個設想產生於古代學校制度的傳說，但對后世封建國家興辦學校有很大的影響。有些重大的教育改革和發展計劃，就以此為歷史根據。

關於學年，《學記》把大學教育的年限定為兩段、五級、九年。第一、三、五、七學年畢，共四級，為一段，七年完成，謂之「小成」。第九學年畢為第二段，共一級，考試合格，謂之「大成」。由此，可以看到古代年級制的萌芽。

2. 視學與考試

《學記》十分重視大學開學和入學教育，把它作為教育管理的重要環節來抓。開學這天，天子率百官親臨學宮，參加開學典禮，祭祀「先聖先師」。還定期視察學宮，體現國家對教育的重視。

新生入學，「官其始也」，便為學生指明了為日後從政而學習的目的。學校還重視學業的訓誡儀式：聽見鼓聲，打開書篋上課，以示敬業；備有戒尺，以作訓誡，維持嚴肅秩序。

學習過程中，規定每隔一年考查一次，以表示這一階段學業的完成。考查常由主管學校的官員親臨主持。考查內容包括學業成績和道德品行，不同的年級有不同的要求。

第一年「視離經辨志」，考查閱讀能力方面能否分析章句，思想品德方面是否確立高尚的志向。

第三年「視敬業樂群」，考查對學業的態度是否專心致志和與同學相處能否團結友愛。

第五年「視博習親師」，考查學識的廣博程度和對老師是否親密無間。

第七年「視論學取友」，考查學術見解和交遊擇友。合格者為「小成」。

第九年要求「知類通達，強立而不反」，考查學術上的融會貫通和志向上的堅定不移。合格者為「大成」。

整個考試製度體現了循序漸進，德智並重的特點。

(三) 教育、教學的原則與方法

《學記》這一部分內容的價值很大，在整篇《學記》中所占篇幅最多，敘述了教育實施過程中的一系列問題，涉及教育教學原則、教學方法和教師等方面。

1. 教育教學原則

主要是預防性原則。《學記》說：「禁於未發之謂預。」要求事先估計到學生可能會產生的種種不良傾向，預先採取防止措施。

2. 教學方法

《學記》對一些教學方法也有精當的闡述。

如講解法，它提出：「約而達」（語言簡約而意思通達），「微而臧」（義理微妙而說得精善），「罕譬而喻」（舉少量典型的例證而使道理明白易曉）。

3. 教師

《學記》十分尊師。它說：「三王四代唯其師。」為什麼夏、商、周都要重視擇師呢？首要的，社會上每個人，從君到民，都是教師教出來的，尤其是以教育為治術就離不開好老師。所以要能夠「師嚴」——尊師，「師嚴然后道尊，道尊然后民知敬學」。社會要尊師，君主應當帶頭。當人成為教師時，君主就不能以臣下之禮待之。

教師的作用既然如此重要，《學記》也就對教師提出了一些要求，如上述種種教學原則與方法，此外，它還概括出一條教師自我提高的規律——「教學相長」。它說：「雖有佳肴，弗食不知其旨也；雖有至道，弗學不知其善也。是故學然后知不足，教然后知困。知不足，然后能自反也；知困，然后能自強也。故曰教學相長也。」

《學記》為中國教育理論的發展樹立了典範，其歷史意義和理論價值十分顯著。它的出現，意味著中國古代教育思維專門化的形成，是中國教育理論發展的良好開端。

四、《樂記》

《樂記》也是《禮記》中的一篇，是先秦儒家專門論述樂教的論著。它論述了音樂的起源和作用等問題，表明儒家學者對樂教的注重。

一般認為，《樂記》的作者是孔丘的再傳弟子公孫尼子，時當戰國初期。現保存下來的《樂記》基本上是其原作，但也經漢儒的雜抄雜纂。西漢劉向整理古籍，曾得《樂記》全本，共23篇，篇目全載入《別錄》。唐代孔穎達作《禮記正義》時，《別錄》已佚，而《樂記》篇目「總存焉」。今見《樂記》僅存前11篇。這11篇是論述儒家樂教理論的，故可稱為「務虛」；而失落的后12篇可能是記載具體的藝術實踐的，故可稱為「務實」。因此，今存《樂記》主要是論述藝術的一般問題和樂的教化問題。由於《樂記》與《荀子·樂論》有成段文字的基本相同，故孰先孰后、孰著孰襲歷來成為紛爭。這也說明，作為《禮記》中一篇的《樂記》，實際上是先秦儒家樂教理論的總結。孔丘整理的《六經》中，原有《樂》，但據說失傳於秦始皇焚書坑儒。因此，《樂記》就成為我們認識先秦儒家樂教思想的重要材料。

（一）樂的產生

《樂記》對樂的產生有比較正確的闡述。它說：「凡音之起，由人心生也。人心之動，物使之然也。感於物而動，故形於聲。」這指出了音樂產生於人的心理活動，產生於人的情感，是「人情之所以必不免也」。但人的情感又是受到外物的刺激而引發變化，形諸聲音而成為樂的。所以說：「凡音者，生人心者也；情動於中，故形於聲。」樂「其本在人心之感於物也」，是人的情感、思想等心理活動對外部世界的反映。《樂記》關於樂的產生的這一論點，既指出了藝術內容的真實性特點，也說明了藝術對人的感化作用。《樂記》所闡明的一系列主張，都是以此為基礎的。

（二）樂的作用

《樂記》作者對樂的作用有很高的估價，認為樂的作用是多方面的。首先，《樂記》通過對《武》這一古代樂曲的分析，說明「樂者，象成者也」的道理。也就是說，藝術形象地表現現實中的「事」。它的內容具有真實根據，所謂「唯樂不可以為偽」。再則，樂具有可以為人們所感知的外部形式，也即「度數」「節奏」「文採」等。因此，「樂觀其深矣」，它具有深刻的認識意義。

《樂記》對樂教的闡述，從一個方面反映了儒家「仁政」「德治」的政治理想。從孔丘到《樂記》，重視樂教一脈相承，而《樂記》的出現則意味著儒家樂教思想的成熟。儒家重視樂教成為一種傳統，為后世無數教育家和統治者所注重並認真實踐。先秦儒家的倡導樂教也是一個值得分析的問題。一方面，它體現了教育過程中對人的陶冶、感化的注重，既與現代美育思想有某種一致，也比當時墨家的「非樂」、法家的以刑法為教顯得更為進步；另一方面，這種樂教實際上處在從屬的地位，服務於政治與倫理，出於君子學道則愛人，存天理、節人欲的重要手段。因此，對其意義的估價就應當有所限定。

《大學》《中庸》《學記》《樂記》等著作是對先秦教育的理論總結，它們從不同側

面闡述儒家學者對人、對政治、對社會尤其是對教育的理解。這幾篇教育論著是先秦教育思想不可缺的組成部分，從某種意義上說可視為先秦教育思想發展水平的標誌，而且它們給儒學和中古代教育思想的發展提供了豐富而重要的思想材料。

思考題

1. 春秋時期歷史性的教育變革有何表現？
2. 孔丘在教育史上有哪些貢獻？
3. 法家的主要教育內容有哪些？

第三章　秦漢時期的教育

【導讀】

　　本章敘述了秦漢時期文化教育政策的演變和實施情況。應注意掌握的內容有：秦代統一文字、禁私學、焚書坑儒、吏師制度等文化教育政策與措施。漢初的文教政策，漢武帝「獨尊儒術」文教政策的形成過程、內容及實施。漢朝的學校教育，包括官學中的太學、鴻都門學、宮邸學，以及文翁興學和地方官學的發展；私學的書館、經館。今文經學與古文經學之爭，及兩漢經學教育的特點。董仲舒的《對賢良策》與三大文教政策，論人性與教育作用，道德教育思想，關於教學內容和教學方法的觀點。

【教學目標】

1. 理解秦代教育的特色及其原因。
2. 掌握漢代「三大文教政策」的主要內容。
3. 掌握漢代太學的教學特點。
4. 理解董仲舒道德教育思想的理論基礎。

　　自公元前 221 年，秦王嬴政統一六國，建立統一的封建中央集權專制國家開始，到公元 220 年漢朝滅亡，在近四個半世紀中，中國社會的各個方面都發生了重大變化，教育的發展亦然。在教育的發展歷程中，秦、漢兩朝的教育有所不同。如果說秦的教育是政治變革要求下的教育，政、教密切合一，那麼，漢朝的教育作為鞏固政權的重要形式，有著自身完備的發展。

第一節　秦朝的教育政策及其措施

　　秦是中國歷史上第一個統一的中央集權的封建國家。秦朝的教育政策遵循著一個中心原則，即維護國家的統一和君主集權的封建統治制度，以法治思想指導教育實踐。為了實現這個目標，秦朝在文化教育上採取了一系列措施。

一、統一文字

秦統一六國以前，各國文字很不統一。正如漢朝許慎所言：「言語異聲、文字異形。」例如，「馬」字在七國有九種字形。這種現象的產生是社會長期演變的結果，與戰國時期諸侯割據以及由此而形成的區域文化風格有著密切的關係。國家統一后，這種文字混亂的狀況嚴重阻礙了統一政令的推行，而且也阻礙了各地區間的文化交流。為順應客觀需要，秦始皇採納了李斯的建議，進行文字的整理和統一工作，下令「書同文字」。據文獻記載，李斯以秦國字形為基礎，吸收六國字形，總結出一種新的字體——小篆（又稱秦篆），編成字書頒發全國。這部名為《倉頡篇》的字書，成為兒童習字的課本。由於小篆書寫比較困難，所以在實踐中又產生了一種便於書寫的草體秦篆。后來，獄吏程邈又對小篆進行改進，簡化成為隸書，隸書的字形和現在通行的楷書已經很接近了。漢字的演變如圖3-1所示。而漢字演變成當今的楷書，則大體經歷了如下的過程（見圖3-2）。

圖3-1　漢字的演變

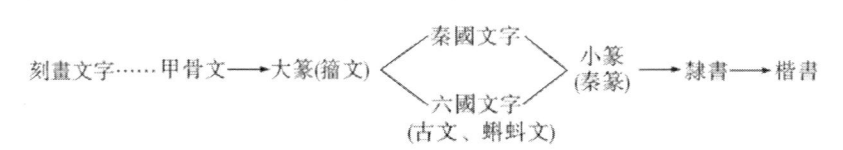

圖3-2　漢字演變成楷書的過程

秦朝對文字所做的整理和統一工作，是使漢字走向統一、規範化、定型化過程中邁出的關鍵性一步。在秦漢年間，儘管各種不同的字體仍然在不同的地域、不同的程度上使用著，但隸書已成為一種普遍通行的字體。文字的統一，對中國文化和教育的發展無疑具有重大的貢獻，對維護中國的統一，形成中華民族統一的文化心理也有不可輕視的作用。作為文字統一工作的推動者，秦始皇、李斯等人具有不可磨滅的歷史功績。

二、嚴禁私學

在中國教育史上，春秋戰國時期是私學發展的鼎盛時期。秦始皇統一六國后，出於加強中央集權的君主專制政治的需要，對私學採取了嚴厲禁止的政策。

秦始皇一開始就採納李斯的建議，實行便於中央集權的郡縣制。但統治集團內部

對實行分封制或郡縣制，思想上並沒有達到高度的統一。反映這種思想分歧的典型事件，發生在秦始皇三十四年（前 213 年）的一次宴會上。當時，僕射周青臣把設立郡縣製作為秦始皇的功德之一加以歌頌，遭到博士淳於越的非議。秦始皇讓大臣們就此事展開討論，丞相李斯堅持主張郡縣制，再一次得到秦始皇的肯定。此時，李斯已經敏銳地感覺到，統治集團內部思想觀點的不一致，是加強中央集權、推行郡縣制的障礙。因此，他在批駁淳於越的同時，矛頭直指傳播各種學術思想的私學。他明確指出：「今皇帝並有天下，別黑白而定一尊。私學而相與非法教，人聞令下，則各以其學議之，入則心非，出則巷議，誇主以為名，異取以為高，率群下以造謗。如此弗禁，則主勢降乎上，黨與成乎下。禁之便。」

講學是傳播學術思想的途徑之一，書籍同樣是知識的載體，於是李斯同時提出了「焚書」的主張。除秦國的歷史、卜筮用書、農書不燒之外，其他文史書籍一律燒毀。敢於私下議論《詩》《書》者殺頭，「以古非今者」滿門抄斬。這一建議得到秦始皇認可后在全國執行，於是中國文化遭到了一次空前的浩劫。歷來以《詩》《書》為教，具有濃厚懷古思想的儒家學者，則成了主要的打擊對象。

國家統一后，需要有統一的政治指導思想，這是毋庸置疑的。但是，秦為了達到思想的統一，簡單粗暴地採取禁學、燒書的手段，罔顧民眾基本的精神自由和文化需求，這不僅是文化專制的反映，也是愚民政策的反映。秦禁私學以後，「百家爭鳴」的風氣從此結束。這種思想專制的主張本由韓非提出，秦始皇、李斯則將其付諸實施，而且在執行中有過之而無不及。

「焚書」的第二年，爆發了更為殘暴的「坑儒」事件。「坑儒」事件的起因十分荒謬。秦始皇處在至高無上的君主地位，可以隨心所欲，但他仍然逃脫不了死亡的威脅，他曾派遣所謂的神仙家到處謀求長生不老之藥。其中有方士侯生、盧生，因長期求藥未得，便在散布了對秦始皇大為不恭的言論之后逃之夭夭。一貫剛愎暴戾的秦始皇對此十分惱火，遷怒於在都城咸陽的士人，下令嚴加查究，無情懲處，活埋諸生 460 餘人，其中包括一大批儒家知識分子。「坑儒」事件表面上似乎出於偶然，但其背景仍然是秦始皇一貫奉行的文化專制和愚民政策。禁私學、焚書是毀滅文化的載體，堵截文化的傳播途徑，「坑儒」則是對人——文化活動主體的毀滅。

三、吏師制度

為了達到思想的高度統一，使法家思想深入人心，同時也是為了培養一大批知法、執法的封建官吏，實現以法治國的目的，秦採取了以法為教、以吏為師的教育政策。韓非說：「明主之國，無書簡之文，以法為教；無先王之語，以吏為師。」這是秦制定教育政策的思想基礎。李斯曾明白地說：「今天下已定，法令出一，百姓當家則力農工，士則學習法令闢禁。」政府規定教育的內容限於法令，其直接目的是使人成為知法守法、服從統治的順民。為了保證這項規定不至於落空，李斯在提出「焚書」的主張之後，緊接著提出「若有欲學法令，以吏為師」的建議，得到了秦始皇的認可，並付諸施行。政府機關附設「學室」，由史對弟子進行教訓，以培養刀筆小吏。不言而喻，

私學的禁止和「吏師制度」的執行，必然會在教育上出現一種法律之外無學、官吏之外無師的局面。眾所周知，夏、商、西周時期的教育，官師是合一的，后來由於私學的發展，才出現專門以傳授文化知識為職業的教師。專職教師的出現，是教育發展史上的一大進步。秦又一次人為地將官與師結合起來，取消了專職教師，無疑是教育發展史上的一次大倒退。

此外，為了移風易俗，鞏固統一政權，秦統治者還利用行政權力，制定了一些「行同倫」的新法令，以形成新的道德習俗，「尊卑貴賤，不逾次行。奸邪不容，皆務貞良」。這種憑藉法令進行的社會教育，在實現「黔首改化，遠邇同度」的政治要求方面有重大的社會效果。

第二節　漢代文教政策

漢（前206—公元220年）是繼秦朝而出現的統一王朝，包括西漢和東漢，分別建都於長安和洛陽。漢承秦制，但在教育上則轉而採用儒家的主張，重新肯定教育在育才和化民兩方面的作用，把教育作為鞏固「大一統」的重要工具。漢武帝時期，隨著政治經濟和思想條件的成熟，在文教方面，逐步實行了「獨尊儒術」的文教政策。

一、黃老政治與漢初文教政策

從漢代建立（前206年）到武帝即位（前140年），歷史上一般稱為漢初。在漢初統治階層中流行的「黃老之學」，對漢初政治與文教事業產生了深刻的影響。

「黃老之學」依託傳說中的黃帝及道家創始人老子，以道家思想為核心，融會了先秦各家學說，主張「無為而無不為」，強調「循名復一，民無亂紀」。司馬談將其概括為「以虛無為本，以因循為用」，基本上反映了黃老之學的本質。

「黃老之學」在政治上的體現，也是以「無為」求安定。「無為」不等於無所作為，而是要以固定的制度和職守為基礎，恪守因循，做到弘大體、任群僚而不躬親細末，對百姓則實行與民休息、輕刑薄賦等措施。黃老政治對漢初文教政策的影響主要有以下幾方面：

第一，廢除挾書令。惠帝四年（前191年）允許民間自由收藏、攜帶、討論《詩》《書》，由於秦焚書的結果，漢初藏於官府，流於民間的書籍很少。挾書令的廢除，為漢初文化的繁榮和教育的發展撤除了人為的障礙。政府還採用給獻書者一定獎勵的方法鼓勵私人獻書，故社會、國家擁有的圖書量大增。

第二，開放私學。秦代嚴禁私學，使春秋戰國發展起來的私人講學之風受到嚴重摧殘。漢興以後，解除了秦對私學的禁令，私學得以發展起來。傳授學術的除黃老學派外，儒、法、刑、名等家都得到恢復和傳播，民間教學活動也得以恢復。如申公傳《魯詩》有：「弟子自遠方至，受業者千餘人。」其弟子趙綰、王臧皆為武帝時重臣。伏生口誦《尚書》29篇，文帝曾派晁錯受其業。

第三，改變了對知識分子的態度。黃老學派主張君臣異道，人君無為，人臣有為，「主道圓，虛無因循」「臣道方，守職分明」，君主無為目的在於不憑一己之力，而用眾智之長，「無為」與「尚賢」結合，故漢朝諸帝對知識分子都比較重視，屢下求賢詔書，徵招賢士，封官賜祿。漢初較為寬鬆的文化政策所產生的效應是知識分子群體及文化活動的再度興盛，有「百家爭鳴」之遺風，其中特別是儒家學派得以發展起來，為武帝時儒學獨尊奠定了基礎。

二、「獨尊儒術」文教政策的確立

「無為而治」雖使社會從秦末戰亂狀態下復甦過來，但面對日益增多的社會問題束手無策，景帝時曾有「七國之亂」，北有匈奴不斷侵犯。故黃老政治只能是權宜之計。漢武帝即位后，開始重視儒家思想，且改弦更張的條件已基本成熟，但此時篤信黃老之學的竇太后依然健在，於是一番激烈的鬥爭隨即展開。

建元元年（前 140 年），漢武帝詔舉賢良方正能直言極諫者。衛綰奏言：「所舉賢良，或治申、商、韓非、蘇秦、張儀之言，亂國政，請皆罷。」漢武帝批准了這一建議。這是首次在選拔賢才的標準中明確了學派方面的限制，即法家、縱橫家人士不得參選，開始了罷黜百家的先聲。當然，當時所要罷黜的學派中還不敢涉及道家或黃老學派。

建元五年（前 136 年），竇太后已到生命垂危之際，漢武帝在尊儒方面又採取了一項重要措施，即「置五經博士」。這一舉措，確立了經學整體在官方學術代表博士中的主導地位。建元六年（前 135 年），竇太后去世，尊儒的最大阻力終於消失了。次年，漢武帝改年號為元光，策問賢良，「於是董仲舒、公孫弘出焉」。

董仲舒《對賢良策》以儒家學說為理論基礎，廣採《詩》《書》《易》《春秋》之義，引用孔子的言論和事跡達 19 處之多，其宗旨在於「更化」。董仲舒呼籲統治者改弦更張，實現指導思想和政策的根本轉變，以儒家的「德教」作為治國之道。他在對策中反覆強調要「任德教」，教化必由賢才來實施。董仲舒沒有停留在籠統贊頌古聖王尚賢明德上，而是設計了求賢的具體方案：一是「興太學，置明師，以養天下之士」，即由政府興辦教育以培養賢才；二是使「諸侯、二千石皆盡心於求賢，天下之士可得而官使也」，即建立選士制度以選拔任用賢才；三即「獨尊儒術」。所謂「儒術」，實際上是運用儒家學說來解決現實問題的方法和技能。培養和選拔賢才都必須統一思想、確立標準，這個思想和標準應當歸結到孔子之道上。因此他得出結論：「春秋大一統者，天地之常經，古今之通誼也。今師異道，人異論，百家殊方，指意不同。是以上亡以持一統，法制數變，下不知所守。臣愚以為諸不在六藝之科、孔子之術者，皆絕其道，勿使並進。邪闢之說滅息，然后統紀可一，而法度可明，民知所從矣。」這就是「獨尊儒術」的經典式論述。

董仲舒從理論的層面上闡發了「獨尊儒術」的意義，而且提出了切實可行的具體建議，因而具有強烈的說服力和感召力，並且奠定了「獨尊儒術」的基本國策及模式。故班固說：「武帝初立，魏其、武安侯為相而隆儒矣。及仲舒對冊，推明孔氏，抑黜百

家,立學校之官,州郡舉茂才、孝廉,皆自仲舒發之。」

三、「獨尊儒術」對漢代教育的影響

董仲舒在《對賢良策》中提出的「獨尊儒術」的建議,為培養和選拔人才確定了方向和標準。漢代教育制度,包括與教育制度密切相關的選士制度,正是在「獨尊儒術」政策的指導下建立和發展起來的。具體有以下幾點:

第一,確立了教育為治國之本的地位,自此以後,國家政策和文化教育皆以儒術為本,儒學成為統一的指導思想,並據這個指導思想培養人才、選拔人才,對人民加強思想教化。

第二,儒家經學成為教育的主體內容。在這個政策指導下,儒經受到了極大的尊崇,儒家五經占據了博士官學的全部位置,遂壓倒其他一切學科,成為主體教學內容。

第三,形成了群士歸宗攻讀儒經的社會風尚。在儒學實際上已壟斷教育的形勢下,儒學得到了廣泛的傳播。漢代社會上攻讀儒經蔚然成風,乃至起初與儒學無涉的各類士人後來也紛紛歸宗儒學。

總的來看,「獨尊儒術」使教育在社會政治和社會生活中的地位空前提高,使儒學在教育觀念和教育實施方面都處於主導和支配地位。儘管為客觀經濟、政治和社會生活條件所限,漢代教育活動尚不可能完全達到儒家理想的目標和實施層面,但畢竟基本上符合儒家構建的模式,並以此全方位地影響著社會政治和文化的發展走向,其作用可謂是極其深遠。

第三節　漢代的學校教育制度

西漢初期,官學系統不夠健全。漢武帝實施「獨尊儒術」政策後,引發了對學校教育的高度重視,使西漢的學校教育系統趨於完善,並為整個封建社會的學校教育制度奠定了基礎。

一、漢代的學制系統

漢代學校可分為官學和私學兩大系統。官學又可以分為由中央政府直接主辦的中央官學和由地方政府辦理的地方官學。中央官學主要有三種類型:一是由太常選拔學生並通過博士直接管理的太學,太學為國家的最高學府和全國學校的典範;二是由宦官集團辦理的鴻都門學,為具有專科性質的特殊的高等教育機構;三是專為皇室和外戚設置的宮邸學(四姓小侯學等)。地方官學有學、校、庠、序等,其中由郡國所舉辦和管理的稱「學」,由縣道邑所設置和管理的稱「校」,由鄉與聚設置和管理的分別稱「庠」和「序」。私學按其程度與學習內容也可分為經館與書館兩類。其中一類是由經師講授專經的經館,稱「精舍」「精廬」,其程度相當於太學;一類是教授讀、寫、算基礎知識的書館,屬於初等文化啟蒙性質的蒙學。漢代的學校系統如圖3-3所示。

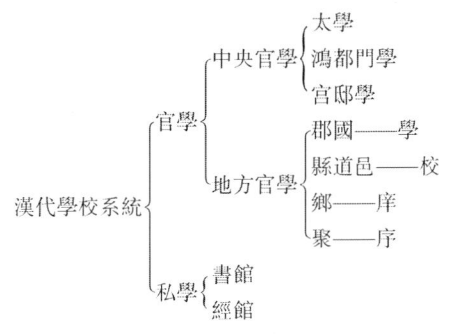

```
                              ┌ 太學
                   ┌ 中央官學 ┤ 鴻都門學
                   │          └ 宮邸學
           ┌ 官學 ┤          ┌ 郡國——學
           │      │          │ 縣道邑——校
漢代學校系統┤      └ 地方官學 ┤ 鄉——庠
           │                 └ 聚——序
           │      ┌ 書館
           └ 私學┤
                  └ 經館
```

圖3-3　漢代學校系統圖

漢代學校教育形成了中央官學與地方官學並舉，官學與私學競相發展的教育框架，為以後歷代封建王朝的學校教育制度奠定了初步的基礎。

二、太學

中國封建社會的中央官學始於漢代的太學。「太學」一詞最早見於史冊的，是賈山於漢文帝年間提出「定明堂，造太學，修先王之道」。到武帝時，董仲舒在其《對賢良策》中建議興太學，武帝從其議，於元朔五年（前124年）詔令在長安設太學，置博士弟子。此后，太學規模不斷擴大，管理制度逐漸完備。

（一）太學的建制與沿革

太學創建於漢武帝元朔五年（前124年），它以官方的博士置弟子員為標誌。漢武帝採納董仲舒建議，詔令丞相公孫弘等人共擬興建太學的方案，內容有：依原有博士官基礎，正式建立博士弟子員制度，規定了博士弟子的限額、身分、選送方法，太學的管理及博士弟子的出路等。從此，博士從一種朝廷備顧問之官轉化為一種以教授為主要職能的學官，太學由此建立。

西漢初建太學時博士弟子僅50人，五經博士僅需各自傳授，分散進行，因而沒有統一固定的施教授經的校舍。后學生規模不斷擴大，至元帝時擴為1,000人，成帝時發展為3,000人。平帝時，王莽輔政，於元始四年（4年）大規模修築太學校舍，「起明堂、辟雍、靈臺，為學者築舍萬區」，能容納學生萬人以上。東漢遷都洛陽，於建武五年（29年）重建太學，築太學博士舍，修內外講堂，形成「諸生橫巷，為海內所集」之盛況。章帝后，東漢政綱紊亂，太學教育也一度衰落，出現「博士倚席不講，朋徒相視怠散」的低谷狀態。至順帝時重修太學，擴建校舍，「凡所造構二百四十房，千八百五十室」，太學重新成為儒林薈萃之地。此后太學日見發達，至質帝本初元年（公元146年）太學生竟增至3萬多人，京師形成了太學區，連匈奴等少數民族也遣送子弟入學，成為太學創建以來的極盛。

（二）太學的教師與學生

太學的教師即五經博士。博士皆一世經師碩儒，以專治一經教授生徒為其終身職責，他們之間不相統轄。隨著太學的發展，博士的選擇、任用日趨嚴格並制度化。西

漢時，博士多為社會學術名流，由皇帝徵召或由官員薦舉，無須考試。東漢則以考試和薦舉相結合的方式擇取博士，要求博士精通經學、博通百家、德操堅貞、行為正直、身體健康，年齡在50歲以上，且有教授門徒50人以上的教學經歷。博士任職標準相當嚴格，其禮遇也較優，受到社會的普遍尊重。博士的官職雖不高，官秩為年俸400石，宣帝時增為600石，相當於中級官吏，但在某些禮儀待遇上可與高級官員同列。博士除教授弟子外，還以介入政治活動為己任。此外，博士的升遷途徑也較優越：「博士選三科，高為尚書，次為刺史，其不通政事，以久次補諸侯太傅。」由博士升到公卿者眾多。

漢代太學學生在西漢時稱「博士弟子」，東漢時稱「諸生」或「太學生」。他們入學的資格和年齡，據《史記》和《漢書·儒林傳》的記載：一是由太常於京師、地方直接挑選「民年十八以上，儀狀端正者，補博士弟子」；二是由地方貢舉，凡「好文學，敬長上，肅政教，順鄉裡，出入不悖」者，可被選送入太學。東漢時還允許各地選拔入京參加「明經」考試的落選者補為太學生，這一做法為後世所承襲。漢代太學生年齡上雖有規定，但不甚嚴格，所以有12歲就顯名於太學的「任聖童」，亦有60歲以上的白髮老人。太學生的待遇比較優厚，他們享有免除徭役賦稅的權利，無須繳納學費。正式的學生享有俸祿，非正式生費用自給。

太學對學生的日常管理並不很嚴格。供太學生居住的有太學房舍，太學生有的分室而居，有的還可偕同家屬一起住校。家在京城的太學生可以「走讀」。學生在校白天可以接待賓客，夜晚甚至可以留客過夜。

(三) 太學的教學制度

漢代太學博士研究的是五經，教學內容自然以儒家經典為歸，學生學習目的也就以明經為主。太學教材經過幾番周折後，實行統一管理。因為經書各有所傳以及今古文學派之爭的紛起，使經學本身趨於多元，其說各異，這既不利於太學教學的常規，也有礙於政治思想的穩定。漢代統治者為此多次召集名儒學者開會討論經學文本，著名的有「石渠閣議經」和「白虎觀議經」，目的就是要使官方教材獲得統一。為了統一經學教材，東漢熹平四年（175年）蔡邕等人奉命鐫刻石經，立於太學門外，在46塊石碑上刻有《尚書》《周易》《春秋公羊傳》《禮記》《論語》等經的本文，作為太學規範的經學教科書，史稱「熹平石經」。

太學的教學形式因時代的變遷而有所發展。太學初建時，學生名額較少，每位博士僅教十名左右弟子，多採用個別教學或小組教學。后來學生規模迅速擴展，為了容納相當數量的學生同時聽講，東漢時建的太學講堂「長十丈，廣三丈」，出現了一種稱為「大都授」的集體上課形式。太學博士傳授經學，一般在講堂會集諸生作大型講演，稱為「都授」。這表明太學已形成集體講經的教學形式。除了經師主講，也有高足弟子轉相傳授和學生自學兩種形式。以高業生教授低業生，這種形式早已在私學中流傳，太學借鑑此法，在一定程度上緩解了教師不足的矛盾。太學學生有較充裕的時間用於自學，學生之間也常相互討論，彼此切磋，有時還可向社會名流大師求教。

漢代太學教學嚴守師法家法。師法家法指經學的師承體系和經師的學說內容，后

代弟子必須嚴格遵守。某一經的大師，如得朝廷尊信立為博士，這個經師的經說便成為師法。弟子相傳，又別為章句，便成為家法，故一經有數家。西漢朝廷規定博士只能依師法家法傳授，違者罷用。西漢時重師法，師之所傳，弟之所受，一字不敢出入，背師說即不用。如學《易》的孟喜，即因改師法而不能作太學博士。東漢時重家法，如果經學大師的弟子對師說有所發展，能夠形成一家之說，被學術界和朝廷承認，便形成家法。「先有師法，而后能成一家之言。師法者，溯其源；家法者，衍其流也。」恪守師法家法體現了學有所本，促進了各經學流派逐代延續不斷的定向發展，但同時也造成經學教育中宗派性和封閉性加強，使士人思想僵化，知識面狹窄，崇拜書本和權威，影響了學術交流，束縛了學術創新。

（四）太學的考試與視學

由於太學沒有嚴格的授課和年級制度，考試作為一種督促、檢查學生學習，衡量學生掌握經學程度的手段尤受重視。同時，兩漢太學的考試還是決定學生入仕與否的重要選拔制度，是一種強有力的管理措施。因此，從某種意義上講，考試是漢代太學的命脈。

太學考試常使用的是「設科射策」的形式。所謂「射策」，就是由學官將疑難問題書於簡策，將它並列排放，覆蓋試題，考生隨意抽取其中一策進行解答，類似於現今的抽簽考試。所謂「設科」，就是依據試題的難易程度分出甲、乙兩科，西漢末時則分甲、乙、丙三科。甲科（上第）合格者授郎中，乙科（中第）為太子舍人，丙科（下第）為文學掌故。隨著時間的推移，太學考試的年限和設科的標準也有所變更。西漢時考試通常每年舉行一次。東漢桓帝永壽二年（156年）實施新的課試錄用方法。考試時間由一年一試改為二年一試，設科標準也以通經多少來定等第高下，即以通二經、三經、四經、五經來分別次第授予官職。以考試取吏，源於秦代；以考試作為教學管理手段，則起自漢代太學。太學考試以功名利祿獎勵學習優秀者，引誘學生專心攻讀，潛心於儒家經典，強化了「獨尊儒術」的意識，對太學的發展曾經起過積極的促進作用。但是，視考試為萬能，一味依賴考試來管理學生，激勵學生，也產生了許多弊病。

太學作為兩漢最高學府，其興辦由中央朝廷主持，最高統治者十分重視，定期前往視察。尤其是東漢諸帝，視察太學成為一種慣例。他們到校或聽博士講經，或與博士討論經義，或訪問養在太學裡的「三老五更」，或觀看太學舉行的習禮儀式，或親自講誦經義，或出題考問弟子。視學結束，皇帝通常要拔擢俊異，勞賜祭酒、博士等，以示天子尊師重道的態度。

漢代太學的管理模式為以后歷代統治者所繼承，在教育目標、教學內容、教學組織形式、教師與學生管理、考試製度、視學制度等各方面為后世的官辦大學提供了典範。

三、鴻都門學和宮邸學

漢代中央官學除太學之外，還有鴻都門學和宮邸學，雖然它們辦學規模較小，存

在時間不長，其影響不能與太學比擬，但在教育管理上亦有自己的特色。

(一) 鴻都門學

作為中國最早的文學藝術專科學校，鴻都門學創辦於東漢靈帝光和元年（公元178年），因校址位於洛陽鴻都門而得名。鴻都門學的創辦是當時統治階級內部宦官集團與官僚集團的較量在教育上的反映，同時也與漢靈帝的個人嗜好有密切關係。宦官集團利用漢靈帝對文學藝術的愛好，慫恿靈帝辦鴻都門學，以此與太學相對抗。學生由地方長官或朝中三公舉薦，招收「能為尺牘、辭賦及工書鳥篆者」，經考試合格方得入學，史稱當時所招學生「至千人」，可見其規模亦不小。鴻都門學把儒家經典摒棄於教學內容之外，學生專習辭賦、小說、尺牘、畫、書法等。這些學生畢業后「或出為刺史、太守，入為尚書、侍中，乃有封侯賜爵者」。其仕途捷徑比之當時太學學生還要優越。這就不能不引起朝臣和太學生們的非難。議郎蔡邕指出：「孝武之世，郡舉孝廉，又有賢良文學之選，於是名臣輩出，文武並興」，如今的書畫辭賦，都是「才之小者，匡國理政未有其能」「連偶俗語，有類俳優」「違明王之典」「士君子皆恥與為列」。尚書令陽球斥責鴻都門中人「皆出於微蔑，鬥筲小人」，是「依憑世戚，附托權豪，倪眉承睫，徼進明時」，要求「罷鴻都之選，以消天下之謗」。鴻都門學存在的時間雖短，但它打破了以儒家經典為國學唯一教學內容的舊傳統，不僅為漢代建立了嶄新的教育體制，也為中國和世界教育史開闢了專科學校培養文學藝術人才的新紀元。

(二) 宮邸學

宮邸學也屬於由朝廷直接管轄的中央官學，這是漢統治者為皇室、外戚、功臣子弟創立的貴胄學校。東漢明帝永平九年（公元66年），專為外戚樊氏（光武帝母族姓）、郭氏、陰氏（光武帝妻族姓）、馬氏（明帝母族姓）四姓子弟設立學校於南宮。因為四姓不曾列侯而稱小侯，故稱其學校為「四姓小侯學」。四姓小侯學的辦學目的是為了使貴胄子弟自小接受儒術的熏陶而成為德才兼備的治術人才，因而教學內容與太學相似，都以五經為歸。這種與太學分立的貴胄學校，其辦學條件優越，所聘經師的學術水平和地位都高於太學。如當時以治《尚書》而聞名的張酺，就被選為《尚書》教授，還充當皇帝老師，「教講於御前」。四姓小侯學開始只招收四姓子弟，后來招生對象擴大：只要是貴族子弟，均可入學學習，甚至接受匈奴子弟為留學生。這種貴族化的學校后來另有開設。安帝元初六年（公元119年），鄧太后臨朝施政時「詔徵和帝弟濟北、河間王子男女年五歲以上四十餘人，又鄧氏近親子孫三十餘人，並為開邸第，教學經書，躬身監試」。鄧太后在解釋辦這所學校理由時說：「永平中，四姓小侯皆令入學，所以矯俗勵薄，反之忠孝。先公既以武功書之竹帛，兼以文德教化子孫，故能束修，不觸羅網。誠令兒曹上述祖考休烈，下念詔書本意，則足矣，其勉之哉！」可見其深受「四姓小侯學」的影響，通過創辦宮邸學校用儒教對貴胄子弟進行約束，同時也反映了貴胄子弟在教育上享有的特權。

四、地方官學

漢代的地方行政區劃，有郡國、縣、道、邑、鄉、聚。郡國為最大的地方行政單

位,「皇子封王,其郡為國」。漢代郡國學的首創者是景帝時蜀郡守文翁。漢武帝即位后,對「文翁興學」一事極為讚賞。下詔令天下郡國仿效,設置學校官。從此,主持地方的官吏,漸次重視設學官。平帝時,王莽秉政,郡國、縣、邑、鄉、聚都分別設立學、校、庠、序,添置經師,出現「學校如林,庠序盈門」的盛況。

漢代地方政府中從事教育的官員,稱郡國文學,又有文學官、文學博士、文學祭酒、文學掾、文學掾史等稱謂。文學是地方學術官,職責與中央政府中的博士類似,除作為地方長官的學術顧問外,在建立起地方官學之處,文學還負責進行教學活動,並向上司薦舉「通明經術者」,推廣教化等。漢元帝時開始在各郡國設置五經百石卒史,是為地方學官立品佚之始。文學的「百石」之俸祿雖屬太低,但其地位要比同品佚的其他地方屬官高。郡國學的學生稱「文學弟子」「學官弟子」「校官弟子」「郡學生」等,多為當地官吏的子弟,也有一些平民子弟。地方官學沒有直接向國家輸送人才的職能,但優秀的學生可以由地方長官薦舉到朝廷任官,或補為太學生。

郡國學的教育活動主要是傳授經學和實施教化。一些發達的郡國學也仿效太學分經立官,進行專經教授。授經目的在於培養通曉儒家經典的郡縣屬吏,貫徹以「儒術飾吏事」的統治策略。郡國學還是地方實施教化的得力工具。它不僅教授生徒,而且面向社會推廣教化,移風易俗。郡國學經常通過「饗飲酒」「饗射」等傳統典禮活動,向百姓宣揚封建倫理道德,以達到「教化萬民」的目的。

與天子視察太學相對應,地方長官視察當地學校在漢代也是常例。例如何武為揚州刺史時,每巡視下屬郡縣必先到學校召見諸生,檢查他們的學業,徵求他們對地方政務的意見等。總的說來,漢代的地方官學雖然尚未形成統一的要求和管理措施,學校的興衰在很大程度上取決於地方長官的意志,但它在培養基層官吏隊伍、促進地方文化發展、推廣禮教等方面都起了極其重要的作用。

五、私學

西漢初期,朝廷無暇顧及建學立制,此時學術發展、文化傳播全賴私學。因此,兩漢私學較官學發達,在教育制度上亦有新的建樹。

(一) 私學發展概況

漢代私學極為發達,當時一些名儒碩學在未任官職之前堅持私人講學,或於罷官之后還家講學教徒,也有一面做官一面收徒者,史稱「居官教授」;也有終身不仕以私人授徒為業者,史稱「隱居教授」。東漢時期經師授徒更盛。尤其這時出現一種叫「精舍」或「精廬」的學舍,成為一種較為固定的講學場所。許多名儒碩學弟子眾多,如東漢楊倫、杜撫「門徒常千餘人」,曹曾「門徒三千人」,丁恭有「著錄數千人」,蔡玄「學通五經,門徒常千人,其著錄者萬六千人」。有的私學也形成「車馬填街」,「所居成市」的盛況。

漢代私學就其程度說可分為三個階段:一是以識學為主的啟蒙教育,二是以學《孝經》《論語》為主的初習經書教育,三是以研習五經為主的專經教育。

(二)「書館」「學館」等的教學

漢代私學以「書館」「學館」等蒙學設置最多，分佈最廣。書館是漢代啓蒙教育的主要場所，其教師一般稱為「書師」。書館教育可分為兩個階段：第一階段主要是識字教育，也傳授一些數學常識；第二階段是兒童學完字書之后，學習《論語》《孝經》，是專經前的準備階段。

書館書師施教有「坐館」和「家館」兩種形式。所謂「坐館」，就是書師執教家中或在公共場所開館授徒，學童入館受教。所謂「家館」，即由貴門富戶聘書師到家施教，受教者為本家乃至本族子弟。

書館一般實行個別教學，重視口授和背誦。

書館的教學內容以識字、習字為主，兼習算學。書館所用「字書」，種類較多，主要有《倉頡篇》《凡將篇》《急就篇》等。算學則以《九章算術》為基本教材。

書師常採用體罰來管理和督促學生。學生若違反私學管理規定或誦書、習字未能達到標準，均要受罰。據王充記載，他「八歲出於書館，書館小僮百人以上，皆以過失袒謫，或以書醜得鞭」。這是古代蒙學教育的傳統弊端。

(三)「經館」的教學

經館又稱精舍或精廬等，是較書館更高一級的私學，以傳授儒家經典為主，專習一經或數經，程度與太學相當。經館在教學上體現以下幾個特點：

第一，教師多為名士碩儒。漢代專經教育興旺發達，從事傳授高深學問的學者多為當時的名士碩儒。他們或亦仕亦教，或辭官致仕后閉門授業，或終身隱逸山澤間聚徒授經。如西漢今文《尚書》最早的傳授者伏生執教於齊、魯之間，「齊學者由此頗能言《尚書》，諸山東大師無不涉《尚書》以教」。胡毋生景帝時立為博士，后以年老歸教於齊，為齊治《春秋》的學者所推崇。

第二，私學規模大，學生眾多。漢代經館通常只有一名經師主持，但弟子卻有成千上萬。如東漢名儒馬融，教養諸生，常有千數。鄭玄遊學歸裡，學生相隨常數百千人，晚年遠道來學者數千人。如此眾多的弟子，不可能個個當面傳授，因此經館學生常分著錄弟子與及門弟子兩種進行管理。所謂「著錄弟子」，即在名儒學者門下著其名，不必親來受業，類似后世的「拜門」，所以著錄弟子能多至萬人。「及門弟子」或稱「授業弟子」，是直接從師受教的，往往有數百千人，其中許多人是私學大師的高足，直接聆聽老師的教誨，甚至和教師一起辯論經義，商討學術。

第三，經館中常採用次相傳授的方法進行教學。教師只對從業時間較長、有一定學問根基的高業弟子進行直接傳授，再由高業弟子轉相傳授初學弟子。如鄭玄拜馬融為師，雖在門下，但「三年不得見，乃使高業弟子傳授於玄」。這既是一種教學方法，又是一種學生參與教學管理事務的管理措施。這種方法有利於提高辦學效率，也使部分學生在參與教學實踐的同時對自己的學業有所促進。

第四，形成獨特的辦學風格和良好的學風。漢代的經館雖然尚不具備大量藏書的條件，但它多以山林勝地為址，既是經師治學之所，又是教授生徒研習儒經之地，許多私學大師在辦學過程中逐漸形成自己的教學和管理風格。如馬融「善鼓琴，好吹笛。

達生任性，不拘儒者之節。居宇器服，多存侈飾。常坐高堂，施絳紗帳，前授生徒，后列女樂」。如此生動活潑的課堂教學場面，是官學所不可能有的。有的私學大師以其勤勉學問、崇尚氣節、不慕名利等對學生產生積極影響，形成良好的學風。如桓榮避世亂「抱其經書與弟子逃匿山谷，雖常饑困，而講論不輟」。張玄「專心經書，方其講問，竟至終日不食」。楊倫前后三次被徵召，「皆以直諫不合」，后來「閉門講授，自絕人事」。又如孫期「家貧，事母及孝，牧豕於大澤中，以奉養焉，遠人從其學者，皆執經壟畔以追之，裡落化其仁讓」。

第四節　漢代察舉制度

一、察舉制的建立

漢代統治者十分重視人才的選拔和任用，漢高祖十一年（前196年）二月，就曾下詔求賢，要求郡守親自勸勉賢士應詔，並書其行狀、儀容、年紀，以待擢用；郡守如遺賢不舉則免官，這可謂漢代選士制度的先聲。漢文帝二年（前177年）下詔「舉賢良方正能直言極諫者，以匡朕之不逮」，皇帝親自出題策問，文帝十五年（前165年）下詔「諸侯王、公卿、郡守舉賢良能直言極諫者，上親策之」。策問的內容是：「朕之不德，吏之不平，政之不宣，民之不寧，四者之闕，悉陳其志，毋有所隱。」對策者「百餘人，唯（晁）錯為高第，由是遷中大夫」。這是漢代察舉取士的開端。但文帝時的察舉仍有較大的隨意性，即往往是在遇到特殊的自然災害或者特殊天象時才舉行。在漢代，統治者十分重視「天人感應」，並據此檢討自己的政治，而舉士往往是為了找到施政的過失。

到漢武帝時，察舉開始制度化，主要體現在兩個方面：一是設立常科，即孝廉科，每年進行一次，時間是漢武帝元光元年（前134年），「初令郡國舉孝廉各一人」。二是確立察舉責任制。規定選任得人與否，選任者與被選任者要負連帶責任。功罪賞罰相同，但由於選令嚴苛，以致有「闔郡不薦一人者」。故元朔元年（前128年），又規定：「不舉孝，不奉詔，當以不敬論；不察廉，不勝任也，當免。」有才不舉，輕則免官，重則以「不敬」論處，這是重罪，法當斬首，乃至誅族。

西漢末王莽執政時，為拉攏各地官員，遂下詔放寬對選舉的督察，以「赦小過，舉賢才」為幌子，對「諸有臧及內惡未發而薦舉者，皆勿案驗，令士厲精向進，不以小疵妨大材」。也就是說，只要被舉薦者的惡行是暴露於薦舉之後，就不再追究舉主的責任，這樣一來，舉主實際上無須對自己舉薦的人負責，朝廷監督也不復存在，於是察舉風氣急遽敗壞，導致濫舉之事，屢有發生。但總的說來，漢代察舉獎懲嚴明，有才不舉，舉而不實坐罪；有才即舉，舉而得人者受獎，這就保證了察舉制度的正常進行。

二、察舉科目

察舉科目大體有兩類，一類是常科，如孝廉為歲舉，茂材在西漢為特舉，東漢定

為歲舉；二是特舉，臨時需要或統治者個人興趣偶一為之，如賢良方正科、明經科、童子科等。

孝廉是漢代察舉中最重要的科目，以孝行廉舉為基本條件，主要是察舉孝子廉吏。儒家強調為人立身以孝為本，任官從政以廉為方，被舉孝廉者多為州郡屬吏或通曉儒經的儒生，被舉后，無官者授官，原為小官者升為大官。漢代孝廉為歲舉，即每郡每年按規定名額舉人，送至朝廷，最初為每郡每年1~2人，但由於各郡區域、大小不等、人口多少不同，於是東漢和帝時改以按人口為標準，大致每20萬人歲舉1人，大郡可舉2人以上，人口不滿20萬的郡每兩年舉1人，人口不滿10萬的郡每3年舉1人。兩漢從地方官吏到朝廷的名公巨卿，有不少是孝廉出身，對漢代政治影響很大，對社會也有影響，通過舉孝廉，形成了「在家為孝子，出仕做廉吏」的風尚。

茂材也是漢代察舉的一個重要科目，始於武帝元封五年（前106年），原稱為秀才科，屬於特舉，東漢時，為避光武帝之諱，改稱茂材，或作茂才，並改為歲舉，主要選拔奇才異能之士，故亦稱「茂材異等」「茂材特立之士」，與孝廉相比，茂材科側重才干方面，當然也並非不問德行。茂材科的地位居於孝廉科之上，主要體現為選拔較高水平的人才。此外，與孝廉不同的還有：茂材是州舉，孝廉為郡舉，故茂材數目遠少於孝廉；以茂材被舉者多為現任官吏，屬於對有特異才能品行和突出貢獻的官吏進行升遷提拔；茂材多被舉為縣令，而孝廉一般授以郎官；已舉孝廉者可以再被舉為茂材。

賢良方正（文學）雖屬特科，但自西漢起就經常舉行，影響較大，晁錯、董仲舒、公孫弘等皆以賢良得舉，此科目在於得直言極諫之士，廣開言路，匡正過失。一般由公卿、諸侯王、郡守等高級官吏舉薦，皇帝親自策問，分別高下，授以官職，有時一策即畢，有時還有二三策，如董仲舒連對三策，授以江都相。每詔賢良對策者常達百餘人，皇帝十分重視，故論輕重以賢良為重，論得人以孝廉為多。

明經科主要察舉通曉經學的人才。自武帝「獨尊儒術」后，兩漢察舉均重經學。西漢時不少人以明經舉為高官，如孔安國、貢禹等均以明經舉為博士；龔遂以明經舉為昌邑郎中令，韋賢、韋玄成父子以明經先后官至丞相。但作為察舉科目，明經科在西漢並不明確，明經科專置是在東漢，由於經學的發展，不同學派對《五經》的解釋相悖甚多，特別是古文經與今文經兩派之間的激烈鬥爭，為此，漢章帝為統一儒學，以求其真，不失古義，特下詔書，強調明經，旨在統一對經學的解釋，並於元和二年（85年）正式詔舉明經。舉明經者得授官職較高，使漢儒習經成風。

童子科主要選拔15歲以下「博通經典者」。考試內容一般是「諷」，即背誦，要求背誦9,000字。另外，還要考「六體」或「八體」（字體）。通過者拜童子郎，破格錄用，由此便湧現出一批少年人才。這種重視有特殊才能的青少年的推舉和任用，在中國古代教育史上也是有意義的。但弊端也很明顯：一是容易導致青少年早熟速衰，影響其健康；二是利益驅使一些人在察舉中隱瞞年齡，作弊應舉。

三、察舉方式

察舉科目繁多，最初並沒有統一的標準，每科要求有時籠統，有時具體，執行時

較難掌握，也不便於考查，后來就形成了察舉和考試相結合的體制，察舉是否得人，還要經過考試，量材錄用。無論是詔令特舉的賢良方正，還是州郡歲舉的孝廉、茂材，均須經中央復試。在西漢，仍以察舉為主，考試只作區分高下、授官大小的參考，這與后世的科舉不同，西漢末也有不經考試而直接授官的。

東漢順帝陽嘉元年（132年），尚書令左雄建議舉孝廉限年四十以上，且要經嚴格考試，郡國歲舉的孝廉、茂材，到京師之後，依科目與被舉人的情況，由公府分別考試，「諸生試家法，文吏課箋奏」，原屬儒生的按所習學派的章句考試經學，原屬官吏的考試公文奏章的寫作，最終由上述綜核，對不按規定察舉者要按律懲治。在察舉的基礎上加強考試，這是漢代察舉制度的一個重要特點。

四、評析

漢代察舉制度推行近400年，於當時，有利有弊，有得有失；於后世，留下了豐富的經驗和教訓。總體看，西漢優於東漢，前期優於後期。兩漢之所以成為強盛的封建王朝，與當時人才輩出有關，而人才輩出，又與察舉得人相關。

其一，使孔子「舉賢才」和「學而優則仕」的觀念在漢代開始得到制度上的落實。根據董仲舒的建議，在「獨尊儒術」的政策指導下，漢代學校教育體制和察舉制度大體上同時建立，儒家倫理道德和經學造詣成為賢才的基本標準，學校教育培養賢才，而察舉制度選拔賢才，三者之間結成了密不可分的關係。官方最高學府太學本身就有選士功能，而賢良方正、孝廉、茂才、明經等察舉科目又為社會上的儒生廣開了進升之路。

其二，選士制度給教育帶來巨大的利益驅動。從原則上看，無論貧富貴賤，也無論是通過官學、私學，任何人都有可能經由察舉而獲得官祿，這樣就大大激發了人們接受和從事教育的積極性。西漢時鄒魯一帶流行有「遺子黃金滿籝，不如教子一經」的俗諺，漢代以平民通過察舉任高職的事例很多，此類故事最為儒生所津津樂道，也是激勵他們發憤讀書的活生生的典範。

其三，漢代察舉與學校教育各為一途，它們之間尚未建立制度上的聯繫，更談不上銜接關係。察舉無須依靠學校，在校學業也不能成為察舉的前提或資歷，這不利於鼓勵士人入學求教。同時，由於察舉制尚屬選士的初級階段，只是多種任官途徑之一，察舉本身又有多科，選人標準也有多種，尚不足以吸引士人朝著同一目標努力。總的看，漢代察舉對教育的影響，還遠不能與后世科舉相比。

由於察舉的決定權在主管官員的手裡，察舉標準又不是很具體，主觀隨意性較強，就產生了諸多弊端。

其一，貴戚高官橫加干擾取士。人們為了獲得舉薦，必然採取各種手段對主管官員施加影響，其中最有力量的自然是那些朝中權貴與地方豪強勢力。

其二，賄選成風，尤其是東漢后期更甚。徐干《中論·譴交》中對「奉貨而行賂」的行為予以揭露，察舉的敗壞與東漢政治、吏治敗壞交織在一起，形成惡性循環，是東漢滅亡的一個重要原因。

其三，主管官員察舉不力。由於識別一個人的賢否需要全面、細緻和長期考察，

短時間不可能有可靠的結論,而負責察舉的官員都是中央部門長官和地方郡守,主管全面事務,不大可能將較多的精力用在考察賢才上,且地位高高在上,更難以親身去接觸、考察本人,因此經常出現失察現象,名實不符,「舉秀才,不知書;察孝廉,父別居。寒素清白濁如泥,高第良將怯如鷄」。

其四,沽名釣譽成風。除了能有機遇被主管官員直接看中的人外,選士通常是取決於個人的聲望。稱贊的人越多,稱贊的事跡越突出,對主管官員的影響力度就越大,就越有可能獲得察舉。默默無聞的人即使德行再高,也不會有什麼前途。東漢士人竭力追求聲譽,想方設法干出一點不尋常的驚人之舉來,以求獲得轟動效應。

綜上所述,察舉作為古代早期的選士制度,體現了舉賢才的宗旨,為學行有成的士人提供了入仕為官的前程,改善了國家權力分配的機制,有助於中央集權的官僚政治體制的鞏固和發展。但察舉在選拔標準和方式上尚不完善,尤其是以主管官員的薦舉為關鍵環節,造成舉士的主觀隨意性很強,而難以保證公正性和公平性。於是導致種種弊端滋生,嚴重敗壞了士風和學風。察舉制到東漢后期已走到窮途末路,必將有新的選士制度來取代它。

第五節　董仲舒的教育思想

一、生平與教育活動

董仲舒(前179—前104年),西漢廣川(河北省景縣境內)人,是漢代最大的思想家和教育家。

董仲舒出生在一個詩書之家,從小便受到良好的儒學教育,他學習刻苦,史載「三年不窺園」。30餘歲時,因專精《春秋》,被景帝任為博士。之后,隨著他聲譽日隆,士人「皆師尊之」。由於學生眾多,他創立了「次第相傳」的方式以教授弟子。

漢武帝時,董仲舒通過「對策」形式被選用,先后任江都王劉非和膠西王劉瑞的國相。劉非和劉瑞依仗是皇室,驕橫殘暴,且有篡奪朝廷政權的野心。作為一個對儒學有著深入研究和理解的政治家,董仲舒堅守《春秋》「大一統」的立場,以儒家仁義之說,先后對劉非和劉瑞進行告誡、勸說,並上疏諫爭。

所謂「大一統」,即反對諸侯的自主,主張建立以君權為核心的中央集權,以實現國家政治和意識形態的高度統一。然而,董仲舒所潛心追求的這種政治理想,卻不為劉非、劉瑞等人所接受,最終,他遭到排擠,於公元前121年托病棄官回鄉,「以修學著書為事」,從此結束了他的仕宦生涯。

回到家鄉后,董仲舒一心著書立說。據傳,他著述頗豐,所著「皆明經術之意,及上疏條教,凡百二十三篇。而說《春秋》事得失,《聞舉》《玉杯》《蕃露》《清明》《竹林》之屬,復數十篇,十餘萬言,皆傳於后世」。但流傳至今的僅有《春秋繁露》一書。「繁,多,露,潤。為《春秋》作義,潤益之處多。」

公元前104年,董仲舒病卒,葬於京師長安西郊。據說,一次漢武帝路過時,特

地下馬致意,「一時文士莫不下馬」,由此墓地得名「下馬陵」。漢代以後,歷代封建帝王多以董仲舒從祀孔子。此外,在唐代,曾建有「董子祠」;南宋時,稱他的學說為「董子之學」;明初,更封他為「廣川伯」。

董仲舒的教育思想,主要反映在《春秋繁露》一書中,另外也見於《漢書‧董仲舒傳》等。

二、教育思想的理論基礎

(一)「天人感應」與「君權神授」

為了確立儒家思想的正統地位,保證儒學的貫徹實施,進而維護統治,董仲舒創立了「天人感應」說,給儒學披上了「天意」的神聖光環,這樣,先秦原本樸素的儒家思想就被神學化了。按照「天人感應」的神學觀點,天是有意志的最大的神,能創造萬物。而儒家所主張的封建倫理,如「君臣、父子、夫婦、兄弟、朋友」等五倫和「仁、義、禮、智、信」(董仲舒謂之「五常」),更是出自天意而不能改變的永恆道德。人們若遵守「三綱五常」,天就會降祥瑞;反之,就會有災異。

為了加強統一,提高君權,董仲舒從《春秋》「大一統」出發,認為「大一統」是「天地之常經,古今之通誼」,皇帝的權力即君權是神授的,所以是「承天意而從事」,是「奉天承運」。皇帝如按照儒家思想行仁政,施德治,則政治清明,風調雨順;反之,則天就會發怒,頻降災異。而老百姓也要遵守儒家思想,不許反抗,否則就是反抗天。

(二)「性三品說」

既然人受命於天,那麼,人性也是由天而來的。所以,在董仲舒看來,人性來自天意,是上天賦予了人們「聖人之性」「中民之性」和「鬥筲之性」。「聖人之性」即先天就是善的,故不必受教育;「鬥筲之性」即先天就是惡的,不能受教育;唯有「中民之性」是因為具有一定的善質,但必須在接受教育後才能成為善性之人。可見,由「性三品說」出發,董仲舒的教育對象就是廣大的「中民」階層。這同樣是為維護大一統政權服務的。

三、「道德教育」論

董仲舒繼承了陸賈和賈誼關於「教化」的思想,將之視為實現仁政和德治的手段。他說:「夫萬民之從利也,如水之走下,不以教化(堤)防之,不能止也。是故教化立而奸邪皆止者,其(堤)防完也;教化廢而奸邪並出,刑罰不能勝者,其(堤)防壞也。」從「獨尊儒術」思想出發,為保證教化的實施,董仲舒繼承賈誼的思想,認為「吏為民之師帥」,改革吏治是落實教化的前提所在。在他看來,「經明」與「行修」的官吏乃是「教化萬民」的根本與保證。獲得這樣的官吏的途徑,一為「察舉」,二為「興太學」。

由於董仲舒強調教化萬民,所以,他自然重視道德教育。道德教育是董仲舒整個教育思想體系的核心。他十分重視德教的意義,要求「以德善化民」;並以「天命」

「人性」為理論依據,將倫理道德教育看作是道德教育的中心,力圖弘揚儒家傳統的倫理道德思想,並將道德教育的內容確定為「三綱」「五常」,進而提出了與之對應的道德教育內容,及實施的原則和方法,以期更好地維護封建專制和等級秩序。

董仲舒關於道德教育的原則和方法,主要有以下幾個方面:

(一) 明道重志,不計功利

董仲舒說:「夫仁者,正其誼(義)不謀其利,明其道不計其功。」也就是說,對一個人來說,不僅要重視他的道德認識和道德意志的培養,更要在道德修養上,強調儒家一貫的重義輕利的思想——道義重於功利。這種道德修養,對於統治者來說,是為了「修己以安人,修己以安百姓」;對廣大民眾而言,則是為了對封建統治逆來順受。

(二) 以仁安人,以義治我

這是處理個人與他人關係的原則。董仲舒認為,仁是用來待人的,義則是用來律己的,也就是說,對待別人要寬容大度,對待自己要嚴格要求。顯然,董仲舒的這一主張,也是對孔子「躬自厚而薄責於人」和孟子「反求諸己」思想的繼承。實際上,以仁安人、以義治我既是一種難能可貴的美德,又是一種道德修養的方法,其所包含的寬以待人、嚴於律己的思想,即使在今天處理人際關係時,仍具有普遍意義。

(三) 積習漸靡,以微致顯

在德行的培養上,董仲舒重視「積習漸靡」的作用。他指出:「積習漸靡,物之微者也,其入人不知,習忘乃為,常然若性,不可不察也。」這其中明顯含有孔子「習慣成自然」的教育思想。對於消極的思想或錯誤的苗頭,董仲舒要求防微杜漸,即要預見、明察和防止一切不良習慣和不利於美德養成的兆端;同時又要從一點一滴做起,日積月累,養成良好的行為習慣。

(四) 經權結合

「經」為原則性,「權」是靈活性。在進行道德教育時,關於正確處理原則性和靈活性的問題,董仲舒認為應「經」「權」結合,以「經」為主。如按照儒家道德規範,「男女授受不親」,可是當嫂嫂溺於水中時,應當施以援手,這就是「權」,也就是說只有在生死關頭這種時刻才可以行權;在涉及大德時,即使是生死攸關,也必須維護大德,這就是「經」。

四、教學思想論

(一) 教學內容

從造就經國治世的人才出發,董仲舒主張教育內容應該是內容豐富、適宜治國的「六經」。在他看來,「六學皆大,而各有所長。《詩》道志,故長於質;《禮》制節,故長於文;《樂》詠德,故長於風;《書》著功,故長於事;《易》本天地,故長於數;《春秋》正是非,故長於治人。」由於六部教材各有其價值所在,故學者應「兼其所

長」。由於尊崇儒家經典，董仲舒鄙視對自然知識和科學技術的學習，所以在談到自然事物時，他說「傳於眾辭，觀於眾物，說不急之言，而惑后進者，君子之所惡也」。這是其培養從政人才的思想所致。

(二) 教學原則和方法

在長期的教學實踐活動中，董仲舒累積了豐富的經驗。突出表現在他提出了一些有特色的教學原則和方法。

1. 教學的「聖化」之功

董仲舒要求教師要努力提高自己的教學水平，綜合實施各種教學原則，使自己的教學具備相當的教學藝術水平，達到所謂「聖化」的程度。他說：「善為師者，既美其道。有（又）慎其行；齊（劑）時蚤（早）晚，任多少，適疾徐；造而勿趨，稽而勿苦；省其所為，而成其所湛，故力不苦而身大成，此之謂聖化，吾取之。」在他看來，一個好的教師首先必須有端正的態度，並在教學過程中不急不緩地引導學生學習。

2. 強勉學習，聞博知明

在教育教學中，董仲舒十分重視學習的意義。對於人才的培養，他既重視教的作用，也強調學的作用。同時，他還強調在學習中，必須狠下功夫，要求學生強勉學習，他說：「事在強勉而已矣。強勉學問，則聞見博而知益明。強勉行道，則德日起而大有功。」在他看來，只有這樣，才能做到「不知則問，不能則學」。

3. 博節適度，貴一守常

在「六藝」的學習上，董仲舒要求人們要能掌握各門學科的主旨大意，不能事無鉅細地全面學習；同時，也不贊成狹隘孤陋，抱殘守缺。他認為，學習必須要博節適度，所謂「太節則知暗，太博則業厭」。此外，他還強調學習行事要集中注意力，言道「目不能二視，耳不能二聽，一手不能二事。一手畫方，一手畫圓，莫能成」，告誡人們學習既要專心致志，更要持之以恒。

總之，作為中國教育史上有深遠影響的儒學大師和教育家，董仲舒適應漢代封建「大一統」的要求，倡行儒學，並將先秦樸素的儒學改造為漢代新儒學，以之作為封建政治的指導思想和理論依據。在中國教育史上，董仲舒有著重要的地位。當然，也應看到，他的教育思想是精蕪雜具的。因此，我們要去粗取精，批判地繼承和吸收。

思考題

1. 試述漢代察舉制的主要科目。
2. 分析察舉制選拔人才的優劣。
3. 試述漢代「獨尊儒術」文教政策形成的過程。

第四章　魏晉南北朝的教育

【導讀】

本章主要概述魏晉南北朝時期各主要王朝學校教育發展的重要史實，側重敘述在學校教育制度方面的獨創之舉；介紹和論述玄學的教育思潮，嵇康的教育思想。應注意掌握的內容和概念有：曹魏時期推行的九品中正制和「五經課試法」。西晉創立國子學的原因及其目的。魏晉時期經學教育內容的變化。南朝宋時設立的四館、總明觀和梁時設立的五館。北魏設置的中書學。孝文帝漢化改革中的教育改革措施，北魏確立的地方教育制度及其意義。北齊設立的國子寺、孔廟。南北朝經學教育的異同。魏晉南北朝私學教育的主要特點。

【教學目標】

理解魏晉南北朝時期官學的特色。

東漢末年農民起義動搖了漢王朝。公元 220 年東漢政權正式禪讓曹丕，是為魏文帝。自此，中國進入一個王朝更迭頻繁、割據政權林立的離亂時代，史稱魏晉南北朝。在這約 370 年間，經濟、文化的重心逐漸南移，學術思想、文學藝術相當活躍，學校教育雖從總體而言呈衰落趨勢，但在學校類型、教學內容和方法上發生了重大變革，教育制度上也出現多彩畫面。

第一節　魏晉南北朝的文教政策

一、三國兩晉的文教政策

三國兩晉時期是中國歷史上戰亂頻繁的年代。魏、蜀漢、吳三國相繼於公元 220 年（曹丕稱帝）、221 年（劉備稱帝）、229 年（孫權稱帝）完全確立，鼎足之勢繼而告成。社會的動亂，也衝擊了當時的文化教育秩序。在這個時期，中國的文教領域增加了新的成分。繼兩漢章句繁瑣、陰陽讖緯的經學而產生了談玄說無的玄學，開創了一代新學風。所謂「玄學」，是因為研究、傳播《老子》《莊子》和《周易》這三本書（號稱「三玄」）而得名。老、莊為先秦道家，而《周易》是儒家六經之一。這表明此時學術已處於分化和重組的歷史進程。與此同時，從西漢末年開始傳入的佛教，也逐漸興盛起來，開始在文教領域中嶄露頭角。佛教宣傳精神不滅、因果報應等宗教思

想,正好填補戰亂痛苦中人們的心靈空虛。其中「大乘佛教」以其思辨性的哲理,受到士人的歡迎。在玄學、佛教風行之時,儒家的經學教育也在適應時代變動的基礎上堅持發展。儒家經學作為維護綱常名教的主要工具,仍然受到統治者的重視。但獨尊儒術的局面已被打破,儒、佛、道三教孰優孰劣的思想爭論由此展開,文化教育領域又迎來了一個各種文化相互競爭的多元化的時代。

三國鼎立時代,魏的文教政策是崇儒尚玄,儒的地位尚未動搖。魏文帝曹丕立國不久就提倡儒家經學,以孔子為「命世之大聖,億載之師表」,並制定了五經課試法,以讀經多少為太學生官職的依據。玄學的任務是以道家的思想來解釋儒家經典。魏明帝時的吏部尚書、玄學大師何晏在解釋《論語》中的「志於道」的「道」時說:「自然者,道也。」這就把孔子之道與老子的自然之道結合起來,初步論證了「名教出於自然」的說法。為了重振封建名教,魏也提倡名理之學或刑名之學。名理之學也是當時玄學的一個組成部分,注重正名,注重循名責實。正名以加強封建名教的實施,循名責實則表現了法家的信賞必罰的精神。

西晉政權建立后,門閥士族逐漸把持政權。門閥士族大多是靠儒家名教起家的。因此,司馬集團在建立西晉王朝之初,一度又掀起了崇儒的熱潮。晉武帝於泰始四年(268年)發布詔令,強調指出:「敦喻五教,勸務農功,勉勵學者,思勤正典,無為百家庸末,致遠必泥。」荀崧也說:「世祖武皇帝應運登禪,崇儒興學。」雖然晉武帝倡導儒學,但由於當時談玄說無的學風已經形成,「名理」與玄談相結合,擯棄世務,專言本末、有無、體用、性命等抽象玄理,玄學由是暢行。正如《晉書·儒林傳》所言:「有晉始自中朝,迄於江左,莫不祟飾華競,祖述虛玄。」而江左,即東晉,「玄風獨振,為學窮於柱下,博物止乎七篇」。此時的玄學也吸收佛教思想,而佛家對玄學和道教的始典也加以深入鑽研。兩派教育思想因具有共通性,更易於相互補充和吸收。東晉的文教政策中也浸入佛教的成分。

二、南北朝的文教政策

公元420—589年的中國南方,被稱為南朝時期。這期間,在建康(今江蘇南京)先後出現了依次更替的四個軍人政權——宋、齊、梁、陳。南朝各個王朝的文教政策與兩晉相比,除了有儒、佛、玄三種成分外,還增加了道教的成分。雖然在東晉時葛洪就建立起金丹派貴族道教體系,但是還不普及。到了南朝,道教開始在文教領域中活躍起來。在南朝的宋,有陸靜修、顧歡等著名的道士。顧歡著《夷夏論》,從民族立場上批評佛教。南朝的梁武帝曾一度崇奉道教,自稱「舊事老子,宗尚符圖」。然而佛教在梁武帝時也曾定為國教,玄學在南朝也繼續流行。因此,儒、佛、道、玄在南朝各王朝都起一定作用。

公元439年,北魏的太武帝消滅了最后一個割據政權北涼,結束了十六國分立的局面,中國北方進入了北朝時期。北朝是少數民族統治時期,先後出現的政權除北魏外,還有東魏、西魏、北齊、北周,直至隋朝的建立,共延續了一個半世紀。在北朝的歷史中,先後出現了北魏孝文帝、西魏和北周宇文氏的改革。這些改革,使比較落后的少數民族在政治、文化和風俗習慣方面進一步漢化。漢化的關鍵在於教育。北朝

統治者在推行漢化教育中，始終把尊奉儒學置於首位。北魏道武帝時期，「初定中原，雖日不暇給，始建都邑，便以經術為先」。北魏孝文帝更是熱心推行儒教，他強調「營國之本，禮教為先」。太和十三年（489年）「立孔子廟於京師」。儒教在北朝的各個朝代都居於首要地位。北周武帝於天和四年（569年）組織群官討論儒、道、佛三教優劣時，確定了「以儒教為先，道教次之，佛教為后」的原則。北朝的文教政策中沒有玄學的成分。但佛、道都在北朝教育領域中發揮過作用。北魏世祖信奉道士寇謙之，「崇奉天師，顯揚新法，宣布天下，道業大行」。此后諸帝即位，都要到道壇受符籙。北魏太祖在天興六年（403年）也下詔承認佛有「濟益之功」，為佛教立寺院。到了北魏末年，竟有佛寺三萬餘所。因此，北朝的文教政策為儒、道、佛並存，而以儒為主。

第二節 魏晉的學校教育

魏晉是封建門閥制度高度發展時期，士族地主把持朝政大權，為維持其特權，在地主階級內部「嚴士庶之別」，選士制度保證士族優先做官的權利。魏文帝曹丕採納吏部尚書陳群的建議，實行「九品中正制」（或稱「九品官人法」），即郡設小中正，州設大中正，由地方上有聲望的人充任，將士人按「才能」評定為九等，實際上是按門第高低列等，政府按等選用。九品中正制選舉法全為世家大族所操縱，限制庶族地主的政治權利。門閥制度的膨脹對學校教育產生極大的消極影響，士族享有受教育的特權和優先選官的特權，挫傷了人們求學的積極性。

魏晉時期的儒學日漸衰微，佛教、玄學以及史學、書學、文學等進入了大發展時期。在這種社會影響下，學制體系也發生了變革。

經學仍為士族地主階級統治思想的依據。傳授經學的學校，在學制系統中始終處於主要地位。經學注重義理，吸收佛、玄思想，註經力求簡潔明瞭，標舉大義，形成「魏晉經學」。這對學校教育影響頗大。

一、三國時期的官學教育

(一) 魏的學校教育

魏（220—265年）政權建立初年，對文教事業比較重視。其官學設置，基本上承襲漢制。

1. 太學

曹魏統治者重視儒術，使其為維護統治服務，相繼採取了一系列崇儒措施：修葺孔廟，加封孔丘后裔，興修太學。黃初五年（224年），魏文帝下令「掃除太學之灰炭，補舊石碑之缺壞」。設太學於洛陽，置經學博士，詔令各州郡，有欲學者，皆遣詣太學。這些措施，使太學得到初步恢復。同時又制定「五經課試法」，使考試與選拔統一起來，規定初入學者稱為門人（預備生）；學滿兩年並考試能通一經者稱作弟子（正式生），不通者罷遣；弟子學滿兩年考試通二經者，可補文學掌故的官缺，未能通過考

試者，可隨下班補考，補考通二經者，亦得為文學掌故；文學掌故滿兩年並能通三經者，擢其高第為太子舍人，不得第者，也聽隨下次復試，復試通過者亦為太子舍人；太子舍人滿兩年並試通四經者，擢其高第為郎中，未及格者，亦隨下次復試，復試通過者亦為郎中；郎中滿兩年並能通五經者，擢其高第而隨才叙用，不通者亦聽再試，試通亦叙用。此項法令，規定了太學生的學習內容，定期的考試製度，安排了仕進的梯級，對於太學的穩定和發展，起了積極作用。以通經多少來決定官員升遷的考課制度，雖在東漢就已制定，但當時它純為一種選舉制度。魏的「五經課試法」是在此基礎上把它的功用已擴充為學校中的一種考課制度。把學校教育與文官選拔考試統一起來，這是魏與東漢的不同之處。

文帝之後的明帝、齊王芳等仍然奉行崇儒的政策，明帝發布詔書宣稱「尊儒貴學，王教之本也」。要求太學選博士要堅持高標準，地方貢士能通經學的優先。他們時有臨幸太學、祭祀孔丘等舉動。正始年間（240—249 年）又鐫刻古、篆、隸三體石經碑，並立於太學門外，作為政府審定的標準教材。

在曹魏統治的 60 年間，太學一直處於興辦階段，太學生員黃初年間（220—226 年）為幾百人，到景元年間（260—263 年）則增至 3,000 人。

太學的教學內容以儒家經典為主，但與兩漢太學中今文經學壟斷教學不同，此時是古文經學占據優勢，太學所置的 19 個博士中，古文經學博士數量上占據優勢，傳授鄭學、王學經說的博士占 15 名。今古文經學地位的倒置，是魏太學的特點之一。

魏太學雖興辦數十年，但未能革除衰頹之態。魏正始中，衛尉劉靖就上疏指出：自黃初興學以來 20 餘年，「寡有成者」，太學備員而已。又據史書記載，當時朝堂公卿以下 400 餘人，其能操筆者未有 10 人。可見太學始終未能較大地發揮其育才的功能。

魏太學辦理不善，原因是多方面的：①學官遴選不精，生員擇取不嚴。魏太學博士大多並非經明行修、博綜經典之輩，雖「有博士十餘人，學多褊狹，又不熟悉，略不親教，備員而已」。一般學子入學只為避役而至，並不以求學問為目的。而那些士族子弟又「恥非其倫」，不願入太學受教。正是由於太學博士選拔不精，諸生入學動機不純，士族階層輕視太學建設，魏太學呈現衰敗是不難理解的。②學官升遷及官員考選制度有弊。當時太學不論學官優劣，在升遷上一律論資排輩。結果，不僅未能弘揚儒學，反而挫傷了教師的積極性，造成教師怠惰。227 年，高柔上疏，主張對博士「宜隨學行優劣，待以不次之位。敦崇道教，以勸學者」。但這項建議並未真正受到重視。在官員考選方面，由於舉官標準過高，考試不得法，「不念統其大義，而問字指墨法點註之間」。因此，魏太學中能通過補官考試者百不及十，絕大多數學生的前途渺茫，因而學習積極性也受到影響。

2. 地方學校

曹操「挾天子以令諸侯」之時，就於建安八年（203 年）頒布了《修學令》，要求「郡國各修文學，縣滿五百戶置校官，選其鄉之俊造而教學之」。曹魏政權建立後，州設文學從事，郡設文學掾，縣設校官掾，以主持地方學校。地方官員中，熱心者仍然興學，如王基為荊州刺史時，就整頓軍農，兼修學校。不熱心者，學官及學校均為虛設，有名無實。

3. 律學

曹魏在教育制度上的新發展是律學的創辦。227 年，尚書衛覬上書剛即位的明帝，認為「百里長吏，皆宜知律」。請求置律博士，轉相教授各官吏法律訴訟之學。明帝依其所請，於廷尉屬下設律博士，這是中國律學設置的開端，打破了經學一統的局面。

(二) 蜀漢與吳的學校教育

蜀漢劉備在 221 年登帝位后，「乃鳩合典籍，沙汰眾學」，立太學，置博士學官，許慈、胡潛、尹宗任博士，教授生徒。州設州學，以勸學從事為學官，名儒尹默與譙周曾先後為益州勸學從事。吳主孫權在即位之後，於黃龍二年（230 年）詔立國學，設都講祭酒以教學諸子。吳景帝孫休永安元年（259 年）下詔按古制置學官，設五經博士，加以寵祿。文武官吏子弟有志好學者，各令入學。一歲課試，按其成績加以位賞。在地方也有熱心者興學，例如孫瑜領丹陽郡時，厚禮款待篤學之士馬普，使二府將吏子弟數百人就其門下受業，「遂立學官，臨饗講肆」。

魏、蜀漢、吳三國，各就其國情，採取一些發展教育事業的措施，所取得的成就都非常有限，這是繼兩漢教育發展高峰期之后轉入低谷期的實際狀況。

二、兩晉時期的官學教育

兩晉（西晉，265—316 年；東晉，317—420 年）建朝 150 餘年，其中西晉雖然短命，僅存 50 多年，但是，西晉的和平時間卻長於東晉，國學教育也較東晉發達。

(一) 西晉的中央官學

1. 太學

西晉太學是曹魏太學的繼續與發展。西晉初期，太學置博士 19 人，由太常總理之。魏末時太學生員為 3,300 人，到武帝泰始八年（272 年）時已增至 7,000 餘人，后雖詔令以通經考試來裁減生員，但仍有 3,000 人之多。而且據咸寧四年（278 年）所立《晉闢雍碑》載，當時參加行禮的學生來自 70 餘縣，幾乎遍及西晉初期所屬各州郡，甚至有來自西域的學生（如表 4-1 所示）。可見生員人數之多，來源之廣，如就此而論，其規模也不遜色於兩漢太學。此外，太學生中還有門人、弟子、散生、寄學、寄學陪位等不同稱謂，這可能是一種程度差異的標誌。

表 4-1

地區	司州	兗州	豫州	冀州	幽州	平州	并州	雍州	涼州	秦州	梁州	青州	徐州	荊州	西域	其他	合計
人數	40	41	27	141	11	2	7	46	2	1	29	7	3	4	16	384

2. 國子學

西晉專門創辦培養貴族子弟的學校，這是其教育制度的一個主要特點。咸寧二年（276 年）晉武帝下令立國子學，咸寧四年（278 年）確定了國子學的學官制度，定置國子祭酒、博士各 1 人，助教 15 人，以教國子學生。博士取「履行清淳，通明典義」者任之。惠帝元康三年（293 年）明確了國子學的入學資格，規定官品第五以上的子

弟方能入學。國子學設立初期，隸屬太學，國子學的國子祭酒實由太學博士祭酒兼任。這是國子學發展初期的必然現象。

西晉是一個以士族為政治基礎的政權，它的一切政策旨在維護門閥士族的利益和尊貴。國子學的設立，正是為了滿足士族階級享有教育特權，嚴格士庶之別的願望。南齊曹思文指出：「太學之與國學，斯是晉世殊其士庶，異其貴賤耳。」國子學的設置，使中央官學多樣化，等級性更明顯。

晉武帝當政時期（265—290年）是社會安定、經濟獲得恢復發展的時期，也是學校教育發展的鼎盛時期。然而繁榮只是曇花一現，惠帝即位不久，就相繼爆發了賈后亂政、八王之爭等內訌。永康二年（301年）春，趙王司馬倫逼惠帝「禪讓」，登位后，為收買民心，令「郡國計吏及太學生年十六以上皆署吏」。例外的獎賞，打破了正常的教學秩序，使太學大傷元氣。不久，八王之爭進入了白熱化，洛陽城也成為屠場，國學已是名存實亡。懷、愍二帝即位又都正值永嘉之亂（307—313年），根本無力興學。永嘉三年（309年），王彌、劉聰以萬騎至京師，焚毀國子學與太學，國學名實俱亡，戰爭對教育事業的破壞極其慘重，這是歷史的教訓。

(二) 東晉的中央官學

中原淪落后，317年司馬睿偏安江左，建立了東晉。

晉元帝司馬睿號稱中興之主，他在謀士們推動下對立學頗為熱心。建武元年（317年），驃騎將軍王導、徵南軍司戴邈先后上疏要求立學，從之，同年於都城建康設立了太學，這是東晉於江左立太學的開始。成帝即位后，由於蘇峻叛亂（327—328年），在都城燃起戰火，剛建立不久的學校即遭毀壞。亂平之后，國子祭酒袁瓌有感於「儒林之教漸替頹，庠序之禮有闕，國學索然，墳籍莫啓，有心之徒抱志無由」。上書求立太學，於是咸康三年（337年）立太學於秦淮水南，史書稱贊「國學之興，自瓌始也」。然而永和八年（352年）又因軍興廢學。孝武帝當政時（372—396年），是東晉國學建設的一個高潮，除興復太學外，還復置國子學。太元九年（384年）在尚書令謝石的請求下，選公卿2,000名子弟為生，增造廟屋155間，建國子學於太廟之南。至此，兩學並存於東晉官學系統中。

東晉學官與生徒人數大為減少。西晉太學設19個博士，而東晉元帝時所設博士只有9人，后增為11人，但最多也不過16人；西晉的國子助教設15人，東晉減為10人；西晉的太學生員多達數千人，而東晉兩學生員總共不過200多人。然而不論西晉、東晉，他們都是有育才之名，而無養賢之實。西晉範寧曾言：「國學開建，彌歷年載，講誦之音靡聞，考課之績不著。」東晉統治者興學只是用以粉飾太平，像王導就認為興太學能通過禮教使「蠻夷服」「天下從」。

兩晉官學的教學內容，以儒家經學占據主導地位。西晉時19個博士，以傳授經朝廷認可的各家經說：《周易》有鄭氏、王氏；《尚書》有鄭氏、王氏；《毛詩》有鄭氏、王氏；《周官》有鄭氏、王氏；《儀禮》有鄭氏、王氏；《禮記》有鄭氏、王氏；《左傳》有服氏、王氏；《公羊》有顏氏、何氏；《谷梁》有尹氏；《論語》有王氏；《孝經》有鄭氏。東晉時9個博士，以傳授經朝廷認可的各家經說：《周易》有王氏（王

弼）；《尚書》有鄭氏；《古文尚書》有孔氏；《毛詩》有鄭氏；《周官》有鄭氏；《禮記》有鄭氏；《左傳》有服氏；《左傳》有杜氏；《論語》《孝經》有鄭氏。兩晉相比可以看出：西晉博士人數多，東晉博士人數減少；西晉注重王肅的經說，而東晉則以鄭玄經說占絕對優勢；東晉經學則受到玄學影響，採用王弼的《周易註》就表明了這種情況。兩晉所設博士，沒有漢所傳的今文經說，教育領域幾乎為古文經學所覆蓋，而今文經學的師法遂歸於消亡。

兩晉國學不振突出表現在：第一，學校管理鬆弛。兩晉的國學雖然對博士的選拔與生徒的入學資格規定非常嚴格，但在入學後的管理方面卻是「考課不厲，賞黜無章」。像太元十年（385年）國子學學生放火焚燒學堂一事，事后竟也不嚴肅追究肇事者的責任。第二，學官中缺乏名師，東晉尤甚。蕭子顯就指出：「江左儒門，參差互出，雖於時不絕，而罕復專家。」學官是「官師合一」，國子學博士、祭酒等大多以侍中、散騎常侍等兼領之，並不重視學官的學術成就和教學工作。

（三）兩晉的地方學校

兩晉地方學校的開辦主要得力於某些熱心的地方長官。地方長官在興學方面有影響的不乏其人，像西晉的虞溥為鄱陽內史時，開辦了鄱陽郡學，學生達700餘人。張軌永定年初（301年）出為護羌校尉、涼州刺史后，就在儒生宋配、氾瑗等人的輔助下，徵召九郡胄子500人，立學校，並置儒林祭酒。又如東晉的庾亮在咸和九年（334年）鎮武昌后，於武昌設置學官，起立講舍，亮家及文武官員的子弟，悉令入學，又建儒林祭酒，厚加款待。範寧在373年至378年的6年內任餘杭令，在縣興學校；又在太元十一年（386年）出為豫章郡守時，大設庠序，生員遠近有者千餘人。由於兩晉地方學校絕大多數為地方官員自動設立，因而沒有統一規劃，經費也無固定來源，沒有得到國家制度的保障，一旦熱心者調離或去世，這些盛極一時的學校就難逃衰廢的厄運。像庾亮設置的學館，初時轟轟烈烈，然而在庾亮去世後不久即廢。

（四）十六國的學校

東晉時期，北方的十六國雖處於兵戎交接之時，但仍從各自目的出發審視崇儒興學，學校教育獲得了局部的、暫時的恢復和發展。例如前趙劉曜，遷都長安，於太興三年（320年）市太學於長樂宮東，樹小學於未央宮西，選百姓子弟13~25歲「神志可教者」1,500人入學，聘請明經篤學的賢儒教之。后趙石勒在繼位之前，便在襄國（今河北邢臺西南）設立太學，選將佐子弟300人受業，不久又增置宣文、宣教、崇儒、崇訓10餘所小學於襄國四門，並置小學博士，選文武官員及豪姓大族子弟受教，並備擊柝之衛。石勒稱趙王後，又命郡國立學官，每郡置博士、祭酒各1人，弟子150人，同時加以利祿，令學生若「三考修成，顯升臺府」。石虎即位後又復置國子博士、助教。前燕的慕容就遷都龍城（今遼寧朝陽），立東序於舊宮，親自講授，學徒甚盛，達千餘人。其次子儁承位后，又立小學於顯賢裡以教胄子。前秦的苻堅於國都長安廣修學校，博延學子，每月一臨太學，考學生經義優劣，評定等第。后秦姚萇即位前，就立太學，並禮待先賢之後，其子姚興繼位後，除特許諸生到洛陽求學外，又立律學於長安。其他諸如南涼、北燕、南燕、成漢、前涼、后涼、西涼等政權亦有興學之舉。

總之，十六國時期的學校教育事業由於各少數民族統治者的倡導，仍然處於恢復和發展中。雖然它們大多沿襲魏晉的教育模式，並無多大獨特性，而且由於戰爭和佛教的興盛影響了學校教育，但它們為后來北魏教育的發展奠定了基礎，推進了各民族的封建化過程，加速了各少數民族提高文化水平的步伐，在促進各民族的大融合中起了積極的作用。

三、魏晉時期的私學教育

魏晉時期官學教育的發展極不正常，私學成為占主導的教育形式。當時在職官員或退職失意官員以及隱居不仕的學者們開辦私學的熱情似乎並未減退。

三國時期東吳的步騭為相，「猶誨育門生，手不釋卷，被服居處有如儒生」，這是在職官員開辦私學者；魏國樂祥正始年間「以年老罷歸於舍，本國宗族歸之，門徒數千人」。蜀國向朗被免官后，潛心典籍，同時「開門接賓，誘納后進」。吳國的虞翻雖被貶官，仍在流放處講學不倦，門徒常數百人。這些均為失意或退職官員興辦私學的事例。避地山林，聚徒講學的學者更是不勝枚舉，如當時為戰亂所迫，中原一批賢良高士避居遼東，管寧、邴原、王烈號稱遼東三杰，他們都於襄平城北設館授課，從事文化教育。像「（邴）原在遼東，一年中往歸原居者數百家，遊學之士，教授之聲不絕」；管寧到遼東，「因山為廬，鑿坯為室，越海避難者，皆來就之而居，旬月而成邑。遂講《詩》《書》，陳俎豆，飾威儀，明禮讓，非學者無由見。」

兩晉統治者控製政局時間短暫，對於此時私學發展的影響並無大礙。《晉書》的《儒林傳》《隱逸傳》中記載有諸多潛心學術的學者創辦私學、教授生徒的史實，如杜夷「少而淡泊，操尚貞素，居甚貧窘，不營產業，博覽經籍百家之書，算歷圖緯靡不畢究。寓居汝穎之間，十載足不出戶。年四十餘，始還鄉裡，閉門教授，生徒千人」；又如霍原，「隱居求志，篤古好學，學不為利，行不要名，絕跡窮山，韜韞道藝……縉紳慕之，委質受業者千里而應，有孫孟之風，嚴鄭之操」。

總體而言，魏晉時期私學一方面承繼了漢代私學的傳統，但另一方面也呈現出時代特色。

第一，私學設置範圍延伸至邊陲。如酒泉人祈嘉，「出遊海渚，教授門生百餘人。……在朝卿士、郡縣守令等受業獨拜床下者千餘人」。敦煌效谷人宋纖，「隱居於酒泉南山，明究經緯，弟子受業三千餘人」。這些私學的開辦，推動了當地文化教育事業的發展。

第二，授業內容不限於五經，百家之言、文史之學皆在教授之列。如《三國志·蜀書·李撰傳》介紹，其父李仁「與同縣尹默俱遊荊州，從司馬徽、宋忠等學。撰具傳其業，又從默講論義理，五經、諸子，無不該覽，加博好技藝，算術、卜數、醫藥、弓弩、機械之巧，皆致思焉」。晉時大儒皇甫謐，「博綜典籍百家之言……所著詩賦誄頌論難甚多」，名臣摯虞、張軌等皆出其門下。即使是經學教育，也突破兩漢章句之學藩籬，而注重義理的探討。

第三，開辦的私學多元化，道家、天文、占卜等均有私學。如張忠在永嘉之亂時隱居於泰山，修導養之法。「無琴書之適，不修經典，勸教但以至道虛無為宗。」在教

學方法上，採取以形不以言，弟子受業，觀形而退。步熊「少好卜筮數術，門徒甚盛」。

總之，魏晉時期私學處於相對發展階段，雖然沒有兩漢時那樣體系完備，但是它在教學內容的廣博、設置地域的廣袤以及性質多元化方面均為兩漢所不及。

第三節　魏晉南北朝時期的選士制度

魏晉南北朝時期長期分裂動亂、戰爭頻仍，士人流散各地，鄉、亭、里等地方組織遭受嚴重破壞，致使漢朝以來的「鄉舉裡選」為主的察舉制度，事實上難以完全實行。這時期豪強地主壟斷政權，形成了勢力強大的門閥士族集團。這一特權地主集團當然要把持控製做官的權力。士族有門閥高低的不同，怎樣按照門閥的高低來分配政治權力？這就必須改革選士制度。

一、九品中正制的產生

東漢末，察舉制度已走向窮途末路。選士大權落在世家大族手裡，他們朋黨勾結，互相招舉，被推薦出的人，除極少數博學之士外，絕大多數是無德無才的紈絝子弟。針對這種情況，當時的思想家、教育家大都主張「綜核名實」，改革選士制度。

三國時期，曹操的用人政策是「唯才是舉」。他在七年中連續三次下令求賢，認為：對士人不能求全責備，更不能視其短而廢棄不用，甚至對那些不篤行、不守信的人，不忠不義、不仁不孝者，只要有治國安邦之才，也予以重用。不拘一格舉人才，因有魏國「猛將如雲、謀臣如雨」之稱。

曹操重才輕德，與漢時重德輕才大不相同，這是選士制度的一變。為貫徹「唯才是舉」政策，曹操在各州郡縣俱置大小中正官，專門負責選拔人才，察考士庶人物，將人物評為九品。應該說，這時九品中正制事實上已經產生，只是屬於臨時性的政策措施。

建安二十五年（220年），曹操卒。曹丕尚未登上皇帝寶座，為取得士族支持，由吏部尚書陳群重申和修訂了九品中正官人之法，明令推廣，這時才作為選士法確定下來，在此后的三百多年中，遂成為魏晉南北朝的主要選士制度。

二、具體程序

各州置大中正，郡設小中正，由司徒選擇「賢有識鑒」的現任中央官員兼任其原籍的郡中正或州大中正，負責選拔人才。中正由現任中央官員兼任，顯然是為了避免他人干預中正事務，保證中央對選舉的直接控制。其程序如下：

（一）品第人物

中正官直接或派人察訪本地士人的言行表現及道德才能情況，即瞭解士人的「行狀」，或稱「狀」，並作出行狀評語。評語往往比較簡練、概括。如王嘉為吉茂作的狀

只有「德優才少」四個字。此外，中正官還要察訪本地士人的家世，即察「品」，這與曹操「唯才是舉」的做法是相違背的。中正官必須調查士人牒譜、父祖資歷、做官情況、爵位高低，即瞭解士人出身門第。這是為了迎合士族地主的要求而定的。

根據士人的行狀和家世，由中正官來評定品級，將士人分成九個品級：上上、上中、上下、中上、中中、中下、下上、下中、下下，故稱九品。前三品為上品，后三品為下品。這是關鍵環節，難度亦相當大，因為當時對人物行狀的品評沒有標準和原則，且行狀與家世常不一致，有的行狀在上，家世卻在下，有的正相反，如吉茂，品在上第，而狀甚下。

(二) 按品授官

中正將品第士人的有關材料造成表冊，逐級上報：小中正報送大中正，大中正核實后將定案材料寫在黃紙上，送交司徒，司徒再核實，呈吏部待用。這就為被選者累積了系統的檔案資料，可謂中國人事檔案制度之緒。吏部根據中正所定的品級授官。通常是品第越高，官職越大。可見，中正官雖然只有品第之責，無任官之權，但其品評，往往決定著士人任官的高低。

(三) 清定品級

吏部對所定品級還負有「清定」之責，即中正官所定品級，並非一成不變，一般是三年一清定，依其行狀再給予升降，有時變動還很大，如南陽韓氏「居妻喪不顧禮義，三旬內成婚」，且新婦家亦逢喪事，被視為傷風敗俗，中正官張輔因此將其從二品降至四品。

三、評價

(一) 積極作用

第一，九品中正制是選士制度的革新，是察舉制的發展。負責選士的官職，不再由地方長官兼任，而由中正專任，這有利於選士工作正常、有效地進行，而且品評人物的導向由民間輿論轉入官方定奪，朝廷對選士工作的控製力度進一步加強，可以加強中央對選士權的控制。從選士制度發展的角度來看，它顯示出九品中正制比察舉制多了一份成熟。

第二，九品中正制的創立、實施，使選士制度向「綜核名實」前進了一大步。中正品第士人，不僅看門第，而且視品德才能，尤其是曹魏初期，重狀輕品，有利於激勵士子積極進取。而且也確曾選拔了不少優秀之士。可以說，九品中正制為糾正察舉名實不符的弊端，進行了一次可貴的探索。

第三，九品中正制的清定制度，比只能升不能降的積資制和一生不變的「終身制」要好得多，也有助於士人進取和仕宦者忠於職守、廉潔奉公。

(二) 消極影響

從九品中正制的實施來看，它是以中正為核心的選士制度，中正官是否中正是能否選拔賢才的關鍵。曹魏初期，中正認真負責，多數中正符合德充才盛、賢有識鑒的

標準。但自魏末晉初起，世家大族勢力幾乎把持了所有的中正之職，而且中正官還總攬了品第及選拔官吏的雙重權力，吏部被架空，致使九品中正制偏離了選拔人才的方向。原本由德才、家世並重的制度演變成以家世出身為品評士人唯一標準的貴族化制度。

第一，九品中正制影響了知識分子學習的積極性。九品中正制使「上品無寒門，下品無士族」，士族子弟僅憑顯貴門第便可「平流進取，坐至公卿」，往往不屑讀書，因而形成了奔走造請之風，大大影響學習積極性，公卿不學無術，學校廢弛無常。

第二，魏末晉初后，中正官逐漸為士族壟斷，這樣，選舉權、被選舉權及用人大權，均為其把持，品第遂成門第的代名詞，更無「中正」可言。弊病愈來愈多，齊毅曾力陳流弊危害，指出在選士任官上有「三難」，即人物難知、愛憎難防、情偽難明。這些批評意見甚至深受皇權的認同，兩晉統治者出於鞏固皇權的考慮，對門閥士族過分侵奪皇權行為自然存有戒備心理，但他們在九品中正制士族化趨勢面前徒喚奈何，因為他們的統治必須得到門閥士族的支持。這就決定了他們不得不屈從現實。因此在魏晉南北朝三百餘年中，九品中正制始終處於支配地位，直到隋朝，才由科舉制所取代。

第四節　嵇康的教育思想

魏晉南北朝三百多年間，玄學、佛學與儒學爭雄長短，教育思想領域出現了中國歷史上第二次「百家爭鳴」的繁榮局面。玄學家以其獨特的哲學觀和方法論，從新的角度對許多教育問題進行一番理論探索。與玄學思潮不同，儒家教育思想也針對新時期的時代特點進行自我調整，以求重振雄風。

嵇康的教育思想

嵇康（223—262年），字叔夜，譙郡銍縣（今安徽宿州西南）人。魏晉之際著名的思想家、文學家，是玄學家中反對儒家禮法教育的一個代表人物。他自幼不涉經學，好讀老莊，傾向玄學。曹魏時期作過「中散大夫」。司馬氏當政后，他隱居不仕，與阮籍、劉伶、向秀、山濤、阮咸、王戎結成「竹林之遊」。嵇康曾在太學中評議時政，對太學生產生很大影響。當他下獄時，「太學生三千人上書，請以為師」。最后仍為司馬氏所不容而慘遭殺害，死時僅40歲。

嵇康留給后世的有詩60首及論著10卷，現在流行的有魯迅輯校的《嵇康集》。他沒有從事過專門的教育實踐活動，因而也沒有形成比較系統的教育思想。他在中國教育史上的意義則在於運用玄學思想武器抨擊了儒家名教，否定經學教育的必要性，提出了個性解放的自然主義的教育觀。

（一）對經學教育的批判

魏晉之際，一些經學博士打破兩漢師法家法的束縛，在註經時廣採眾說，自出新意，逐步向玄學化發展。而有些玄學家為恢復、改造經學教育，也大造「名教出於自然」的輿論，極力維護禮法名教，從而論證經學教育的必要性。如作《自然好學論》

的張遼叔就提出「六經是太陽，不學為長夜」的論調。為了在理論上徹底批判經學教育，嵇康在《難自然好學論》中從三個方面批判了「名教出於自然」的論點。其一，從人類發展史來論證。原始人類時期，並沒有什麼「仁義」和「禮律」。只是原始文明被破壞后才有人為的「仁義」「名分」「勸學講文」，也才有六經教育。可見人非自然好學的，相反，是經學教育破壞了人的自然美本性。其二，從人性論來論證。嵇康以為經學教育違背了人的自然性：「六經以抑引為主，人性以從欲為歡，抑引則違其願，從欲則得自然。」六經壓抑人性的發展，后天人為扭曲人性的經學教育，決非自然人性的需求。其三，從價值觀上論證。嵇康指出，「自然好學論」的價值標準是錯誤的，其認為「六經是太陽，不學為長夜」完全錯估了經學教育的功能。相反，嵇康認為六經是蕪穢，仁義是臭腐，對於它們，應當堅決地全部拋棄。至於有些人借助經學教育，養就了一批求安、貪生的榮利之徒，他們打著「自然好學」的幌子，卻「計而后學」，干著營利求榮的勾當，更是可鄙之極。

嵇康對經學教育的深刻批判，對於當時人們擺脫儒家思想的禁錮，衝破世俗名教的束縛，探索教育發展的新路子，起到了思想解放的積極作用。

(二) 自然主義教育觀

嵇康在批判經學教育的同時，創立了「越名教而任自然」的自然主義教育理論。他認為人性是「好安而惡危，好逸而惡勞」的，因此不能用人為的教育去扭曲人的自然本性。他構想了一個自然主義教育的理想模式：「古之王者，承天理物，必崇簡易之教，御無為之治。君靜於上，臣順於下；玄化潛通，天人交泰，枯槁之類，浸育靈液，六合之內，沐浴鴻流，蕩滌塵垢，群生安逸，自求多福，默然從道。懷忠抱義，而不覺其所以然也。」所有這一切，完全是一幅自在自為的人類生活畫卷。

自然主義教育就是教人順人性情，循自然之法則去認識和得「生生之理」和「自然之理」，培養「以無措為主，以通物美」的「君子」。所謂「無措」，就是排除私心雜念而符合自然公心，不理會世俗名教褒貶的條條框框。所謂「通物」，就是超脫自我，投身於宇宙本體並與之合二為一，身心無拘無束，不為個體私心私欲所累。嵇康為此專門寫了《養生論》和《答難養生論》，系統地論述君子如何從身心兩個方面獲得自然的發展。認為人的精神和肉體是相互依存、相互影響的，身體必須借助神才能立足於社會，精神必須依賴身體才能存在。只有「清虛靜泰，少私寡欲」，「守之以一，養之以和」，才能獲得身心自然和諧的發展，人性也才能復歸自然。

總之，嵇康批判經學教育，主張「越名教而任自然」，以全自然和實現自我生命、生活意義為目的。這種新的教育價值也給當時的教育開啓了一些新思維。

思考題

1. 試述魏晉南北朝時期教育制度方面出現的新變化。
2. 比較南北朝學校教育之異同。
3. 試論玄學的自然主義教育思想的價值。

第五章　隋唐時期的教育

【導讀】

　　隋唐時期教育發展進入一個新的歷史階段。重新統一的封建國家，實行中央集權的行政制度。生產的恢復和發展帶動了經濟繁榮，為文化教育的發展提供了條件，京都長安成為東方文化會合交流的中心。統治集團的文教政策在調控教育事業的發展方面起著重要的作用。儒、道、佛三教在文教領域裡各有積極的表現，比較起來，還是世俗化的儒學歷史貢獻較大。隋唐文教發展值得重視的是有些歷史性的創新：科舉考試選官制度建立，並進而支配學校教育；學校教育制度實行官學與私學並舉，地方官學與中央官學銜接，形成學校系統；培養人才的教學內容得以貫徹，人文理論與應用科技兼備；學校內部管理在總結歷史經驗的基礎上，形成了一套較完整的制度。

【教學目標】

1. 理解唐代「儒佛道並舉」的文教政策。
2. 掌握唐代官學教育制度的特點。

　　公元 184 年，爆發了黃巾起義，隨之而來的軍閥混戰導致百姓流離失所，甚至出現「千里無菸爨之氣，華夏無冠帶之人」的淒慘景象。自公元 220 年曹丕代漢稱帝，到公元 589 年隋滅陳，史稱魏晉南北朝的 370 年間，先後出現過 33 個王朝。政治上，世家大族把持做官的特權「高門華閥，有世及之榮，庶姓寒人，無寸進之路」；經濟上，他們肆意擴大領地，建立起龐大的莊園經濟，且擁有私人武裝，儼如一獨立王國，如江南的許多世家大族都是「僮僕成軍，閉門成市，牛羊掩原隰，田池布千里」；生活上，貴族子弟縱欲享樂，極盡奢靡。門閥士族政治的形成，導致了士庶之間、貧富之間，以及世族與皇室之間等社會矛盾空前尖銳。

　　戰亂頻仍，造成了人口大遷徙。公元 265 年，司馬炎代魏稱帝，建立西晉，並在 280 年統一全國。317 年，北中國陷入各族的混戰之中，中原漢族地主政權被迫偏安江南，史稱東晉。其後又有宋、齊、梁、陳王朝建立，是為南朝。在漢族政權南移之時，許多中原漢族百姓也隨之南遷江南或徙居巴蜀等地。而在北方先後建立起大小不等的十六個王朝，匈奴、鮮卑、羯、氐、羌等北方少數民族入居中原。386 年鮮卑族拓跋氏建立北魏，439 年統一了中國北方，形成了南北對峙的局面。其後又有東魏、西魏、北周、北齊少數民族王朝的建立，是為北朝。政權變遷、重心轉移帶來的人口遷徙，同時也促進了民族大融合、文化大交流以及經濟大開發，如北方遊牧民族進入中原，接

受漢文化影響，迅速完成了封建化過程。中原漢族的南遷西移，將中原地區先進的生產技術傳到這些地區，有助於該區域的經濟大開發。

第一節　隋唐的文教政策

隋唐統治者出於政治統治的需要，相繼採取了儒、佛、道並舉的文教政策，在很大程度上發展了經學教育，促進了學術、文化的繁榮，也為學校教育的發展奠定了一定基礎。具體而言，這一時期的文教政策有三：

一、尊崇儒術

漢武帝時期，確立的「獨尊儒術」政策，曾形成了「唯儒獨尊」的局面，但是，到了魏晉南北朝時期，隨著玄學的興起，佛教和道教的興盛，儒學獨尊的地位受到了挑戰，並一度衰微。自隋統一中國后，實行儒、佛、道三教並舉，才使得儒學原有的地位又開始得到了恢復。開皇元年（581年）隋文帝即位后，鑒於儒學在思想統治中的作用，為加強思想統治，採取過一些發展儒學的措施：採納牛弘建議，徵集儒學經典；以重禮和高官厚祿相許，搜羅天下儒學人才，將著名儒士召至京都；令建置學校，勸學行禮，以恢復禮樂，從而達到「以德代刑」的政治目標。此外，開皇三年（583年），自京都至州、縣均設有學校，傳授儒家經典，並積極促進南北儒學的融合，使儒學「南人簡約，得其英華，北學深蕪，窮其枝葉」的南北差異逐漸彌合。隋煬帝繼位后，仍強調儒家思想的正統作用，並肯定了網羅儒術人才對治理國家的積極意義。不過，他雖選用儒生，恢復學校，但是，即使是到了隋朝末年，儒生在統治者心目中政治地位並沒能得到真正的提高。

唐沿隋制，對儒學也加以提倡和尊崇。高祖李淵，向來對儒學頗有好感，重視儒臣，即位后不久，即於武德元年（618年）下令恢復國子學、太學、四門學，學生達300多名；同時，在地方州縣學校亦各置生員，並親臨國子學釋奠，聽諸生講解經義，一時間「學者慕響，儒教聿興」。太宗李世民，更是「銳意經籍」。早在即位前，他就在秦王府設文學館，召集房玄齡、杜如晦等名儒一同商議國家大事；即位后，他更視儒學為統治階級的主要工具，力求尊崇儒學，以達到政治統治的目的。他說：「朕今所好者，唯在堯、舜之道，周、孔之教，以為如鳥有翼，如魚依水，失之必死，不可暫無耳。」為此，他令設弘文館，選拔虞世南、褚遂良等著名儒者，講述儒學義理，商討政事。鑒於「儒學多門，章句繁雜，訓釋不一」，為解決「五經」歧義問題，貞觀四年（630年），又命前中書侍郎顏師古等考訂「五經」、國子祭酒孔穎達等加以疏證，他們綜合各種解釋，消除繁雜的章句，並對訛謬之處「多所厘正」，使之盡可能地「符聖人之幽旨」，最終，由孔穎達負責編成《五經正義》。貞觀十五年（641年），編成《周易》義疏十四卷、《尚書》義疏二十卷、《毛詩》義疏四十卷、《禮記》義疏七十卷、《春秋》義疏三十六卷，計一百八十卷，奉命名為《五經正義》，並於永徽四年（653年）頒行全國，令士人誦讀，而明經科取士，也遵此本。太宗后，唐朝的其他皇

帝，基本上也是把儒術作為思想統治的武器。如唐玄宗即位後，就多次詔令各州縣推舉儒術人才，並於開元二十七年（739年）追封孔子為「文宣王」，將孔子推到了王的高位。除此之外，唐朝的文教政策還體現在《唐禮》和《唐律》上面，《唐禮》中體現的政教思想，就是孔子「道之以德，齊之以禮」的反映。

二、倡導佛道

隋朝在肯定儒學的同時，卻也不放棄對佛、道的提倡。文帝由於幼年時深受佛教文化的影響，使得他對佛教有著深厚感情，並深信「我興由佛法」。為重新復興被北周武帝禁止的佛教，他即位後，將佛教看作是「為國行道」，採取多種措施發展佛教。開皇元年（581年），「普詔天下，任聽出家」；令廣泛立寺，並要求大臣信佛，以樹立榜樣。晚年，文帝更是尊崇佛教，甚至助佛反儒，嚴令禁止毀壞、偷盜佛道神像，甚至公開反儒，下令關閉京師和州縣的大小學校，裁減國子學人數。最終，國子學僅留有學生72人，太學、四門學及州縣學校被廢除。據記載，在隋文帝在位的20年間，「度僧尼20萬人，立寺3,792所，寫經46藏，13,286卷，治故經3,853部」。佛教在較短的時間裡，幾成國教。隋煬帝即位後繼續興佛，他在位時，命令人士翻譯經典，修治舊經，為發展佛教創造了條件。

唐朝文教政策一個最大的特點，就是在尊崇儒術的同時，兼重佛道。統治階級根據利益的需要，尊崇佛教，但同時也限制其發展。

唐高祖時，於武德三年（620年），下令大建佛寺，興造經像；武德七年（624年）召集儒生、僧徒和道士一同辯論。太宗時於貞觀三年（629年），下詔翻譯佛經，當時的僧徒從西域取經歸國時，太宗特赦迎接，還下令翻譯所取佛經，為新經作《大唐三藏聖教序》，後來，高宗曾為之作《大唐皇帝述三藏聖教記》。但是在太宗在位後期，出於對統治階級利益的考慮，對佛教的態度有所轉變。當時的太史令傅奕認為佛教的存在「於百姓無補，於國家有害」，故反對過分發展佛教，唐太宗對此深以為然，並將佛教的發展限制在一定範圍內，抑制佛教勢力的過分膨脹。

唐高宗宣揚佛法，曾派法師前往印度取經。天授元年（690年），武則天革唐為周登上皇帝寶座後，視佛教為政治統治的工具，於次年即明令佛教的地位在道教之上，於是，社會上「鑄浮屠、立廟塔」之風更盛。由於武則天深信佛教，對之大力扶植，其在位期間，竟不顧佛教的一度膨脹發展，使佛教發展與國家利益之間的矛盾衝突日益凸顯。唐玄宗即位後，鑒於佛教勢力的無限發展會危害國家利益，威脅中央集權的政治統治，開始嚴厲限制佛教的發展，命令數萬僧尼還俗，以限制僧尼數量，並嚴禁私度僧尼；此外，還從財源和活動範圍上限制佛教的發展，從而降低其社會影響。此後，肅宗、代宗在宮內設道場，供數百和尚在裡面早晚念佛。憲宗時，迷信佛教，曾派人赴鳳翔法門寺迎佛骨，佛教盛行一時。由於佛教滲透到社會生活領域，一定程度上妨礙了生產的正常發展，也嚴重影響了中央集權的統治。會昌三年（843年），武宗再次限制發展佛教，下令拆廟毀佛，命令僧尼還俗，分散寺院財產，佛教的發展一度被抑制。但武宗之後的宣宗卻反對禁佛，在其即位後就廢除了禁佛令，佛教再次復甦。在唐朝，佛教的命運可謂曲折，但總體來說，還是取得了很大發展，且與本土宗教有

不斷融合之勢。

　　道教是中國土生土長的宗教，隋朝統治者對佛、道採取調和的態度。事實上，隋文帝已經認識到儒、佛、道三教可並用作為思想統治的工具，他在推崇儒學、發展佛教的同時，也容許道教的存在。隋朝形成了儒、佛、道三教並存的局面，但三者排序不一，從當時隋朝保護宗教的詔令來看，佛教在先，道教次之，在容許道教存在的同時，卻在一定程度上對道教存有戒心，抑制其發展。

　　在唐朝，道教一度受到尊崇，幾近成為國教。唐統治者認定道教鼻祖李耳為其始祖，李淵稱帝后，出於鞏固皇權的需要，推崇道教。「武德八年（625年），他親自前往國子監，並對三教依次排序為：道教第一，儒教第二，佛教第三。」唐太宗即位后，為維護其統治地位，繼續尊崇道教。此后的唐朝皇帝，除武則天外，大都推崇道教。高宗上元元年（674年），令百官習《老子》；上元二年（675年），令明經和進士加試《老子》策。

三、儒、佛、道趨於融合

　　隋唐結束了中國數百年來分裂動盪的局面，實現了大一統，到唐朝，中國封建社會已經發展到了鼎盛階段，國泰民安，經濟發展，文化繁榮。隋唐統治者出於個人好惡和思想統治的需要，對儒、佛、道採取不同的態度。如果說隋唐之前的東漢至南北朝時期，佛教的貢獻主要是翻譯經典，闡發義理，那麼，隋唐時期，則是佛教發展的融合時期。佛教追求來世幸福，道教則要人得道成仙，統治者利用這些宗教思想麻痹人民，以達到穩固統治地位的目的，相比之下，作為中國傳統主流文化思想的儒家學說則備受統治者推崇。隋唐統治者將儒家學說作為統一的國家指導思想，使隋唐的文教政策逐漸形成了以儒家思想為主，佛、道為輔的三教融合的趨勢。隋代的文教政策，主要是調和儒、佛、道三教之間的關係，隋文帝雖也意識到三教可並用，卻認為三教的作用不同，若要達到思想統治的目的，就要推崇儒學，而在其晚年，他卻崇佛排儒，這也導致了隋朝缺乏正統的意識形態，一定程度上加速了隋朝統治基礎的崩潰。唐朝統治階級吸取隋朝的經驗教訓，對三教採取調和態度，在尊崇道教的同時，對其他宗教並不排斥，採取兼容並蓄、三教並行的政策，最終形成了儒、佛、道三教鼎立的局面，使三教相互促進，相互發展，相互融合，對促進思想文化繁榮具有十分積極的意義。

第二節　隋唐學校教育制度

一、隋代學校教育制度

　　隋文帝時提倡學校教育，從中央到地方廣泛建立了學校，號召人們學經習禮。他親臨國學視察，獎勵學業優敏的學生。為了加強對教育事業的管理和領導，在中央設置了國子寺。內設祭酒一人，總管教育事業，下有屬官主簿、錄事各一人。國子寺負

責管理國子學、太學、四門學等。國子寺及國子祭酒的設置是中國歷史上第一次設立專門管理教育的政府機構和設置專門教育行政長官的開始，標誌著中國古代封建教育已經發展到了能獨立於其他部門的時代，這在中國古代教育史上具有重大意義。書學和算學的創建也標誌著中國古代專科學校的多樣化。隋文帝還在太常寺下屬的太醫署和太卜署中分別設置了醫博士、助教各二人；按摩博士、咒禁博士各二人；太卜博士、助教各二人；相博士、助教各一人。另外在太僕寺中設有獸醫博士、大理寺中設律博士，這為以後唐朝醫學、律學的創建奠定了基礎。隋朝在地方上也設置了州縣學。

在隋文帝的扶持下，教育事業日漸興盛起來了，那時有「講誦之聲，道路不絕。中州儒雅之盛，自漢魏以來，一時而已」的說法，可見隋初的學校教育是相當發達的。但隋文帝晚年，「不悅儒術，專尚刑名」，借口學校生徒多而不精，下詔書廢除京師和郡縣的大小學校，只保留京師國子學一處，學生72人，國子學改稱太學。由於文帝時在教育政策執行上出現過大幅度的搖擺，使官學蒙受挫折。

隋煬帝復升庠序，學校再次得到發展，中央和地方官學之規模超過了隋文帝時期。大業三年（607年），改國子寺為國子監，在國子監中仍設有祭酒、主簿和錄事，增加了司業一人，丞三人。國子監的名稱一直沿用到了清末。國子學有博士和助教各一人，學生無定額；太學有博士和助教各二人，學生五百多人。后因煬帝傲慢而不聽勸諫，對內橫徵暴斂，對外窮兵黷武，也只空有興學之名，學校教育未能發揮應有的作用。

二、唐代學校教育制度

（一）唐代學制系統

唐代在崇儒尊孔的文教政策指導下，在政治統一、經濟繁榮、文化科學水平發達的基礎上，經過百餘年的經營與發展，學校教育制度已相當完備，在中國和世界學校教育發展史上都佔有重要的地位。

1. 由中央直接設立的學校

由中央直接設立的學校有「六學」「二館」。中央六學屬於直系，包括國子學、太學、四門學、書學、算學、律學。六學直隸於國子監，長官為國子祭酒。六學中的前三學屬大學性質，后三學屬專科性質。「二館」是崇文館和弘文館，屬於旁系。弘文館歸門下省直轄；崇文館歸東宮直轄。皇族子孫另立皇族小學。

醫學亦屬專科性質，另成一系，直轄於太醫署，不歸國子監管轄。玄學隸屬於祠部，亦似大學性質。集賢殿書院隸屬於中書省，實際上是中央圖書館。

中央所設的「六學」「二館」，開始學生人數為2,200人，到太宗貞觀年間，擴充學舍，增加到3,200人，后來學生數量猛增，加上鄰國派遣的留學生，「六學」「二館」共計八千多人。從貞觀至開元，國力最強盛，也是學校最發達的時期。

2. 由地方辦理的學校

在各府有府學，各州有州學，各縣有縣學，縣內又有市學和鎮學。所有府州縣市各學校統屬直系，由長史掌管。地方學校的實際發展，是在貞觀年代。貞觀三年（629年），唐王朝還命令州設醫學，這在中國歷史上也屬首創。到開元年間（713—741

年），府州縣學已具有一定的規模並形成相對完備的制度。府學可收儒學生50~80名，醫學生12~20名；州學可收儒學生40~60名，醫學生10~15名；縣學可收儒學生20~40名。這樣規模的學校網，不僅在中國歷史上是空前的，在世界上也可說是獨一無二的。

凡地方政府辦理的各學校，其性質似乎屬於中小學，畢業生可以應「鄉貢」，亦可以升入中央四門學。

唐代尊崇道教，不僅在中央設置了崇玄學，而且在各州也建立了崇玄學，設玄學博士一人，講授《道德經》《莊子》《列子》和《文子》等道教經典，學生畢業后可參加道舉考試。

(二) 唐代學校行政管理與制度

1. 師生來源

唐代教師分為博士、助教、直講三級，其中博士、助教既是教師，又是政府官員，國子學的博士必須具備五品以上的官職，助教也必須有七品以上的資格。唐代的學生入學資格是以社會地位為依據的，「二館」僅招皇親國戚及宰相等高級官員子弟，國子學招三品以上官員子弟，太學招五品以上官員子弟，四門學招七品以上官員子弟及地方學校之優秀者。

2. 入學制度

唐代學生入學時要行一種「束修禮」，初入學的學生均要向博士和助教交納束修，即使是皇太子和諸王也要來國子監交納束惰，其目的是尊崇儒學和維護師道。束修多少由國家統一規定，視學校等級不同而有區別，如國子學和太學學生每人送絹三匹，四門學學生每人送絹兩匹，律學、算學學生每人送絹一匹，地方的州縣學生亦送絹兩匹。此外，還須贈送酒肉，分量不限。其禮分為五份，博士得其三，助教得其二，學生送禮時，還有一套隆重的儀式。

唐代各級學校學生的入學年齡為十四至十九歲，年限九年，律學學生的年齡較寬，為十八至二十五歲，年限六年。然而在具體實施中卻並不是嚴格按此執行的。中央各學館及地方州縣學的生徒，學成之後，由國子祭酒申送禮部參加科舉考試，不中者，復歸本學館繼續學習，但總的學習期限不變。超過九年（律學生六年），則退歸州學。

3. 課程設置

唐代學校教學內容主要是儒經，唐初規定教材是《五經正義》，為唐代士人修習儒家經典的範本註釋，其五經為《周易》《尚書》《毛詩》《禮記》和《左傳》。后來五經演變成九經，《禮記》成「三禮」，即《禮記》《儀禮》《周禮》，《春秋》成「三傳」，即《左傳》《公羊傳》《谷梁傳》。唐代統治者為了教學的需要，把這九經分為大、中、小三類（以文字多少為依據），大經有《禮記》《左傳》，中經有《毛詩》《周禮》《儀禮》，小經有《易經》《尚書》《公羊傳》《谷梁傳》，其中大、中經是必修之課，小經是選修課。所謂通二經，指的是一大一小或二中。所謂通三經，指的是大中小各一。所謂通五經，則大經必須全習，其餘各選一經。唐代的儒學九經中，大經中的《禮記》、中經中的《毛詩》、小經中的《周易》和《尚書》，是學生選擇的熱門課。

因為《左傳》的卷軸文字比《禮記》多一倍，《公羊》《谷梁》比《尚書》《周易》多五倍，故以此為專業的修習者「十無二三」，其修課目的僅為出仕，已背離修身、治國之宗旨，潛伏著經學教育的危機，主管者雖採取措施，仍難補救。《論語》《孝經》則是公共必修課，《老子》也曾被作為公共必修課。

4. 學校管理制度

國子監設祭酒一人，是教育行政最高長官。設司業二人，助祭酒掌邦國儒學訓導之政令。設丞一人，管理六學學生的學業成績。設主簿一人，負責文書簿籍，掌管印鑒。具體制度有：

第一，淘汰與留級制度。學無所成、不堪教誨者，由監司擬定處分意見。凡六學學生，「不率教者，則申禮部。國子不率教，移為太學；太學之不變者，移之四門；四門之不變者，歸本州之學；州學之不變者，復本役，終身不齒。」這種制度類似於今天的留級性質，只是從國子學到州學，給學生提供了多次的機會，絕大多數的學生都不會遭到「復本役」的淘汰。

第二，制裁與解退制度。學生在校期間不得無故喧嘩，若是打架鬥毆、悖慢師長者，則要受到嚴厲制裁。唐代國子監學規規定：「無故喧嘩者，仰館子與業長，通狀領過，知館博士則準監司條流處分。其中事有過誤，眾可容恕，監司自議科決。自有悖慢師長、強暴鬥打，請牒府縣鋼身，遞送鄉貫。」這條制度表明，教師的地位在唐代是受尊重和保護的。此外，連續下第或九年在學無成的，違假期不返校或作樂雜戲的，都開除其學籍。

5. 休假制度

唐代學校的休假制度由中央政府統一制定，分為常假和制假兩種，各級各類學校均隨同政府部門一起休假。

（1）常假制度：唐代的常假有旬假、田假和授衣假。旬假每十天休息一天，相當於現在的星期日。屆時，皇帝輟朝，百官休息，學生放假，各校學生可根據自己的情況來安排事宜。田假在農曆五月，授衣假在農曆九月，假期各十五天。學生在這兩個假期中可歸鄉省親。凡路程在二百里以外的，還給予路程假。家中有婚喪嫁娶之事，或因其他事情不能按期返校者，可續假至一百天。親屬有病需膝下侍奉照料的，給假二百天。凡開學滿三十天而未報到者，或因請事假超過一百天者，及直系親屬有病而請假侍候超過二百天者，皆除其名，令其退學。

（2）制假制度：制假為傳統節日、祝日，如元日、上元節、寒食清明節、佛祖降生日、皇帝的誕辰日。元日為農曆正月初一，即現在的春節，全國放假三天。上元日是正月十五，皇帝、百官與民同樂，放假三日。寒食清明節在農曆四月初四，規定放假三至五日。其餘佛祖降生日、皇帝誕辰日等，全國統一放假一天。

6. 考試製度

各級學校的考試有旬試、歲試和畢業試三種。

旬試屬考查測驗性質，於旬假前一日進行。由博士主持，策問學生十天的學習情況，分讀和講兩種方式，學生可任選其中一種。選擇讀經者，要讀經文三千言，每一千言中試一帖，帖三言，共三帖九言，通二為及格。選擇講者，講經文六千言，每二

千言問大義一條，總三條，通二為及格。

歲試要考核學生一年的學習情況。在一年中所學的各門功課裡問大義十條，通十為上，通六為中，通五為下。連續三年不及格者，罷歸原籍。

畢業試也就是資格試，學生有通二經，四門學俊士通三經者，每年冬季上報監司。考試方法皆按禮部各科舉士情況模擬進行。報考明經者，要口試和帖經，先問大義十條，繼答時務策三道。然后，報哪一經則帖其經文。報考進士、明法、明書等情況亦同明經。畢業試是一次模擬科舉考試的考前練習，它是學生取得參加科舉資格的畢業考試。及格者，由國子監上於尚書省、禮部。地方州縣學生的畢業試由長史、丞等主持。

醫學考試與其他學校不同，分月試、季試和歲試。月試由博士主持，季試由太醫令、丞主持，歲終試由太常寺丞主持。若學生學業超群，醫術超過老師，則可以破格錄用，署為留校，聽候替補。

(三) 唐代的專門學校

1. 律學

培養熟識唐朝律令的行政官員。有博士三人，助教一人，學生五十人。八品官以下子弟或庶民中的俊秀青年可入學，入學年齡放寬至二十五歲。課程以現行的律令為主要內容，學習年限為六年。

2. 算學

訓練天文曆法、財經管理、土木工程方面的人才。有博士二人，助教一人，學生三十人，入學身分同律學，年齡限在十四至十九歲。分兩個專業：一是以學古典算術為主，如《九章算術》《孫子算經》等；二是以學當代算術、實用性強的算術為主，如《綴術》《緝古算經》等。各學習七年，在學時間以九年為限。這反映出算學教育水平是很高的。

3. 書學

訓練通曉文字並精於書法的官員。有博士二人，助教一人，學生三十人。儒學身分、年齡同算學。課程以《百經》《說文解字》《字林》為主，其他字書也兼習之，在學以九年為限。

4. 醫學

培養掌握傳統中醫藥知識技能的人才。唐太宗時，中央和地方都辦了分科較細的醫學，這比西方要早幾百年。醫學專業包括五科：體療（七年，相當於內科）；瘡腫（五年，相當於外科）；少小（五年，相當於兒科）；耳目口齒（四年，相當於五官科）；角法（三年，拔火罐等療法）。針學專業教學生瞭解經脈和穴位，熟識各種症候，掌握九種針法的運用。按摩專業教學生消息導引的方法，學會治療風、寒、暑、濕、饑、飽、勞、逸八項疾病，並兼習正骨術。藥學專業與藥園設在一起，教學生識別各種藥物，掌握藥材的種植和收採、儲存、製造等技術，教學與勞動相結合。總之，醫學重視精讀醫經，教學聯繫實際，注重學習，根據成績和療效來決定工作分配，這是優良的教育方法。

5. 獸醫學

教授治療牲畜疾病的知識和技術，邊學習邊參加治療，考試合格者補為獸醫。

6. 天文學

分三科教學：天文、曆法、漏刻。學生由博士帶領參加業務實踐，重視觀測，邊實踐邊教學。

(四) 唐代學校教育制度的特點

1. 建立了從中央到地方完備的封建學制體系

中央設國子監總轄各學，國子監具有雙重性質，既是大學，又是教育行政管理機構，這是適應教育的發展在管理體制上的變化；地方學校包括州府、縣兩級，作為統一的學制在全國普遍推行；專業學校逐漸定型，除律學、算學、書學外，醫學尤被重視，有了很大發展，這類學校比歐洲的實科學校約早一千年；學校形式多樣化，除正規學校以外，還在行政部門附設訓練機構或採用帶徒弟的方式進行專業訓練，在軍隊裡也派了博士去進行儒學教育；學校的各項制度、學校的行政管理和各項措施日趨健全；官學系統的封建等級性加強了，「六學」「二館」的入學資格，都嚴格規定了什麼品級的子孫才能進去；經學的傳授從文字到講解更嚴格要求統一和標準化。

2. 學校與科舉的關係極為密切

學校培養人才供科舉選拔，選才與育才的標準和要求一致起來，促進了教育的發展。學校逐漸成為科舉的預備機關或附庸，學校教育反過來又受到科舉的限制。學校培養人才供科舉考試選拔，是科舉賴以發展的基礎；而科舉是學校生員必經的出路，成為支配學校教育的重要力量。

3. 擴大了國際國內文化教育的交流

唐代的文化教育不僅對各民族產生了深刻的影響，而且與亞洲各國文化教育的交流也更加擴大。唐的京城長安，成了亞洲各國經濟文化交流的中心，亞洲許多國家曾派大批學生到長安留學。唐代各種學校中招收眾多的留學生及與外國進行頻繁的文化教育交流，使唐代的文化教育具有一種開放的性質。

日本是派留學生來中國學習次數、人數較多的國家。在隋代，隨同遣使團曾來過兩批留學生。在唐代，隨正式遣唐使來過十三批留學生，每批少則一二十人，多則二三十人，都進入國學學習，有的留學數年，甚至留學二三十年。如吉備真備、阿倍仲麻呂於唐開元四年 (716 年)，就學於長安太學，經過二十年的學習，吉備研究經史，學涉眾藝，陰陽曆算，天文算術皆能通曉，爾后回國，對於移植唐文化和開拓日本文化、文字與教育做出了卓越的貢獻。阿倍仲麻呂，漢名晁衡，學完后曾留在長安任職，官至秘書監，他同詩人李白、王維結下了深厚的友誼，他先後在中國生活了五十四年。

新羅也是不斷派來留學生的國家。如唐開成五年 (840 年)，僅一次從中國歸國的留學生就有一百〇五人。從 9 世紀到 10 世紀中葉約一百五十年間，新羅留學生在中國科舉考試及第的就有九十人。如崔致遠，十二歲來唐學習，十八歲舉進士，他的《桂苑筆耕集》直到現在還在中國和朝鮮流傳。新羅重視中國經史，留學生帶回經史書籍

皆譯為新羅語，廣為流傳。新羅因受唐文化教育的影響，還建立了以唐朝為藍本的教育制度和科舉制度，並以儒家經典作為考試的內容。

第三節　隋唐的科舉制度

隋唐科舉制度的創立與發展，將中國古代的選士制度推進到了一個新的歷史階段。科舉作為人才與文化的篩選器，不僅左右著當時的學校教育與教育管理，也給后世留下了深遠的影響。

一、科舉制度的產生和發展

集中選士大權，採用考試辦法，分科舉人，是隋代的一大創舉。隋初，圍繞著選士問題，曾經展開過激烈的爭論。隋文帝為了集中選士大權，於開皇三年（583 年）下詔舉賢良。開皇十八年（598 年）置志行修謹、清平干濟兩科。到隋煬帝大業二年（606 年）「始建進士科」。大業三年（607 年）又定十科舉人，包括孝悌有聞、德行敦厚、節義可稱、操履清潔、強毅正直、執憲不撓、學業優敏、文才秀美、才堪將略、膂力驍壯等，其中「文才秀美」一科，當為進士科。進士科的設置，標誌著科舉制度的正式產生。

科舉之制在隋代只不過初具雛形，國運短暫也使新生的科舉制度未能發揮出應有的作用，加之隋統治者多好佛老而不尚儒術，所以也不甚重視科舉取士。「隋雖有秀才之科，而上本無求才之意，下亦無能應詔之人，間有一二，則反訝之，且嫉之矣。」科舉在隋代雖還不居於主導地位，但它取代了九品中正制，從政治上、文化上削弱了士族豪門勢力，如《通典》所載，「隋氏罷中正，舉選不本鄉曲，故裡閭無豪族，井邑無衣冠」，在一定程度上限制了門閥士族把持選士的局面，為庶族地主參加政權開闢了道路，擴大了統治階級的社會基礎。

唐承隋制，逐漸形成了一套較為完備的科舉取士制度。唐立國之初，就將人才選拔列入國家重要政事。唐高祖武德四年（621 年）下令「諸州學生及早有明經及秀才、俊士、進士、明於理體、為鄉裡所稱者，委本縣考試，州長重覆，取其合格，每年十月隨物入貢」。明確規定了應試日期、對象、預選辦法等。次年三月選舉詔書指出，由於廣大寒士「岩穴幽居，草萊僻陋，被褐懷珠，無因自達」，而官府又常常「舉非其人，濫居班秩」，所以要求未得舉薦者「亦聽自舉」「潔己登朝，無嫌自進」。此詔確立了士人「自舉」「自進」的制度，規定了「懷牒自應」的自由報考辦法。這標誌著國家定時公開設科招考，士人憑才自由報考的科舉制度臻於完備。

唐太宗執政時實行偃武修文的國策，繼續推動科舉制度的發展。唐太宗時，「私幸端門，見新進士綴行而出，喜曰『天下英雄入吾彀中矣』」。他規定進士須讀一部經史，要求應試者每年 11 月 1 日赴省，3 月 21 日考試完畢。唐高宗以后，科舉取士名額有所增加，「求進者眾，選人漸多」。武則天執政時，為籠絡士林，鞏固政權，進一步敞開薦舉之門。她十分重視科舉，經常以自己的名義舉行制科考試，又親自策問貢士於洛

陽城殿，開創了科舉考試中殿試的形式。武則天又令人練武習功，以馬射、馬槍、長垛為考試內容，開創武舉選拔軍事人才的先例。到了開元、天寶時期（713—755年），參加科舉的人愈益增多，「一歲貢舉，凡有數千」，科舉制度中大部分考試科目已經形成，考試內容和形式基本確立，科舉制度漸趨成熟和完備。

二、科舉的程序、科目與方法

（一）考生來源與報考方法

唐代參加科舉的考生主要有兩個來源：一是生徒，二是鄉貢。由中央、地方官學經過規定的學業考試合格，選送到尚書省應試的，稱為生徒。不由館、學而學有所成的為士人，自己向所在州縣報考，經縣、州考試選拔報送尚書省應試的，稱為鄉貢。唐代對報考者的資格有嚴格要求，規定違犯法令者、工商子弟、衙門皂隸子弟不得參加科舉考試。開成元年（836年），中書門下省奏請凡參加科舉考試的人，須五人相保，如有缺孝悌之行，資朋黨之勢，行為不軌，言語多悖者，一律不得應試。占對當舉不舉、所舉非才、校試不實者，都要受到處罰。甚至在唐律中對此也有明文規定。

報考時間是在每年仲冬（約11月1日開始），考生會集京師，到禮部、戶部遞交履歷和推薦書，辦妥應試手續，並參加各種試前儀式，如拜謁孔子像等。第二年二月初春，考生赴尚書省、禮部、貢院應試。明經、進士考試分三場進行，每場一日。考試合格後，分等級給予及第、出身的資格。一般秀才每年取一二人，明經大約十取一二，進士則百取一二。考試錄取後尚不能直接授官，須經吏部考試合格，方能入仕。

（二）考試科目與內容

唐代科舉分文科舉和武科舉兩大類。文科舉又分常科和制科兩種。常科每年定期舉行，科目有秀才、明經、俊士、進士、明法、明字、明算、一史、三史、開元禮、道學、童子科等。其中經常舉行的有秀才、明經、進士、明法、明字、明算六科。秀才科注重選博識高才、出類拔萃的人物，隋唐皆以此科為最高、最難。明經科注重考核儒家經典，內容分大、中、小經，另加《論語》和《孝經》。進士科注重詩賦，唐初沿隋制，僅試策而已，後包括帖經、試雜文、時務策三場。明法科注重考核法律知識，選拔司法人才，規定試律七條，令三條。明字科注重考核文字理論和書法，先口試，再試以《說文解字》《字林》二十條。明算科注重考核算術，要求詳明術理。六科中後三科均為專門科目，雖列為常科卻不經常舉行，入仕後地位也難與前三科相比。秀才科雖最高但後來此科廢除，所以經常舉行的又受士人重視的，僅明經、進士兩科而已。

（三）科舉考試的方法

唐代科舉考試的方法有帖經、墨義、口試、策問、詩賦五種。

帖經是唐代科舉考試的一種主要方法，具體做法是由考官任揭經書的某一頁，將其左右兩邊遮住，露出中間一行，再裁紙為帖，貼蓋其中的數字，令應試者填出來。帖經是各科考試中普遍應用的方法，類似今日的填充考試，偏重考查考生的記誦能力。

墨義是一種對經義簡單的筆試問答。被試者按試題要求敘述經典中相關事實與大義。考生不需要發揮自己的思想，只需熟讀熟記經文和註釋就能回答。這種方法主要考查考生的記憶能力，也較為簡單，所以一問便是幾十條，甚至上百條。

口試的方法與墨義相似，只是讓考生當場口頭回答罷了。

策問較帖經、墨義高深，也較重要。策問的方法是設題指事，由被試者做文章，是針對當時社會經濟、政治、文化等方面的問題，發表評論，設想解決問題的辦法。它要求考生具有一定的經史知識、智慧謀略和寫作水平，所以是一種科舉的基本方法。

詩賦是后來加試的一種方法，它要求考生當場寫作詩賦各一篇。主要考察學生的文學修養和文學創作能力。詩賦考試在一定程度上推動了唐詩的興盛，不過這種詩格律體裁均有固定格式，語句用詞又必端莊典雅，以致后來形成注重形式不重思想內容的創作風格。

三、科舉制度對學校教育的影響

隋唐科舉制度的創立和不斷完善，對中國封建社會后期的政治文化以及學校教育都產生了巨大影響。科舉制度作為中國封建社會后期的選士制度，滿足了封建君主專制政治的要求，收到了集權中央、鞏固封建統治的效果。第一，官吏選用大權由中央朝廷來行使，這就加強了全國政權的統一和集中。第二，科舉考試使得選官有統一的標準，全國要想做官的人都須全力去適應這些標準，這就加強了思想的統一。第三，科舉考試向各地方的庶族地主、平民打開了門路，刺激、網羅了一批中下層知識分子，使他們有了參與政權的機會，這就調和了階級矛盾，擴大了統治階級的社會基礎。第四，科舉制度從形式上表現出公開和平等，好像任何人只要讀好書，就有資格應考做官，這樣不僅掩飾了官僚政治的階級實質，還可吸收全社會的知識分子，使他們埋頭讀書，養成極其馴服的性格，而有利於封建統治的穩定。這些就是科舉制度之所以能在封建社會裡維持1,300年之久的根本原因。

隋唐科舉制度的實施，更直接地影響和左右著封建社會后期的學校教育。其對學校教育的影響既有積極的一面，也有消極的一面。從積極方面來看：第一，科舉考試對學校教育具有巨大的導向作用，只要用科舉考試確定了全國統一的選才標準，那麼全國的教育設施——無論是官學還是私學，都將有比較一致的培養目標和辦學模式，這樣政府無須花多大力氣，就能有效地對全國教育事業實施宏觀調控。第二，由於科舉制度本身在形式上具有公開性和平等性，任何人只要進學讀書，都能參加科舉考試，以取得名位，改變自己的社會地位。因此，社會各階層人士都有強烈的求學願望。科舉制度在客觀上起到了刺激學校教育發展的作用。形成了「五尺童子恥於不聞文墨」的社會風氣。同時由於科舉考試主要是以儒家經典為內容，人們為了參加科舉考試，就必須接受儒家思想的教育，統一的科舉考試必然促使學校教育內容和教材的統一。而教育內容和教材的統一，又有利於教育的普及和發展。第三，科舉制度的實施也促使學校教育管理制度的不斷完善。科舉制度是一種直接調控學校管理的約束力量，科舉考什麼，學校就學什麼；科舉怎樣考，學校便怎樣教。科舉制度的不斷完善，也促使各級各類學校管理制度和考試製度日趨嚴密和完善。

從消極方面來說，科舉制度的實施對學校教育的健康發展也有一些不良影響，尤其是到了封建社會末期，科舉對學校的消極作用日趨明顯。科舉制度的消極作用主要在於：第一，科舉制度使學校成為其附庸。隋唐行科舉之后，學校教育的獨立性逐漸喪失，而完全成為科舉的預備機關，一切教育教學活動都圍繞著科舉考試來進行，社會也逐漸產生偏重科舉、輕視學校的風氣。第二，科舉考試的內容局限於儒家的幾部經典章句和華麗的詩賦，考試方法機械、呆板，偏重於死記硬背，這就使得學校的教學內容空疏無用，缺乏時代精神，教學工作重文辭少實學，重記誦不求義理，充滿了教條主義、形式主義的惡習。這既不利於選拔和培養具有真才實學的人才，又養成了空疏的學風。第三，科舉制度毒害了讀書人的思想，敗壞了士風。由於科舉考試把讀書、應試和做官三件事緊密聯繫在一起，科舉成為士人入仕的階梯，成為他們取得高官厚祿的最好門路。兒童從入學讀書的第一天起，就受到讀書做官的教育。「吃得苦中苦，方為人上人」「十載寒窗，一舉成名，富貴榮華，錦衣玉食」「萬般皆下品，唯有讀書高」「兩耳不聞窗外事，一心只讀聖賢書」的人生哲學支配著學校教育，嚴重影響著學校師生的思想。

第四節　隋唐的中外教育交流

　　隋唐是封建文化教育發達繁榮的時代，在 7 世紀至 9 世紀處於世界領先地位，統治者重視與東西各國的文化教育交流。

一、隋唐與新羅的教育交流

　　6~7 世紀中葉，朝鮮半島的新羅國力日漸強盛，完全統一弁韓、辰韓的領域，北與高麗為鄰，西南與百濟為鄰，到 562 年名副其實形成三國鼎立。新羅為了自身安全與發展的需要，展開與鄰國的邦交，派遣使者與隋朝（581—618 年）建立友好聯繫。

　　新羅當時未出現官學，實行的是「花郎教育」。花郎集團是由貴族十五六歲青少年男子組成，成員稱為郎徒，郎徒的領袖稱為花郎，集團的人數通常為數百以至數千。平時實施文武教育，「相磨以道義，或悅以歌樂，遊娛山水，無遠不至。」要求奉行三教：儒教，「入則孝於家，出則忠於國」。道教，「處無為之事，行不言之教」。釋教，「諸惡莫作，諸善奉行」。通過集團生活的考察，「知其人邪正，擇其善者，薦之於朝」。戰時自成一戰鬥團體，編制仿軍團，獨立參加戰鬥。這是一種特殊形態的教育組織，其教育目標是：「賢佐忠臣，從此而秀，良將勇卒，由是而生。」也就是要培養文武人才，為國家所用。花郎教育最盛行的時代是在 6 世紀中葉至 7 世紀的中葉。

　　581 年隋朝建立，589 年隋朝統一南北。《隋書》卷八一《東夷·新羅傳》載：開皇十四年（594 年），新羅金真平遣使來朝，隋文帝授其王上開府、樂浪郡公、新羅王。其文字甲兵同於中國。大業以來，使者來往不絕。

　　618 年，唐朝代隋而興，新羅不久也與唐朝建立友好關係。《舊唐書》卷一九九上《東夷·新羅國》載：武德四年（621 年），新羅遣使來朝，唐高祖遣庾文素為使者前

往，賜璽書及錦彩，自此新羅使者來往不絕。

(一) 新羅派遣學生留唐的教育制度

新羅由金真平當政時，特別重視與唐的友好聯繫，唐朝也有積極的回應，於武德七年（624年），又派遣使者前往新羅，冊金真平為柱國，封樂浪郡王、新羅王。史書只記載金真平繼續與唐通好，未提起新羅派遣留學生的事。中國史書明確記載新羅、百濟、高麗派遣留唐學生入國子監習業，始於唐太宗當政的貞觀年代。唐太宗採納魏徵的建議，實施偃武修文的政治路線，文治勃興，貫徹崇儒興學的政策，中央官學受到重視，擴建國子監學舍，廣納學生，發展規模達八千餘人，包括一部分留學生。《新唐書》卷一九八《儒學傳》載：新羅、百濟、高麗「並遣子弟入學」，附監讀書習業。此時金真平之女金善德已繼位為新羅王，她進一步加強與唐的聯繫，使者來往頻繁，留學生隨著使者來往，絡繹不絕，並形成一定的制度。

派遣留唐學生的條件：初期很重視政治身分，所以都選自王族子弟。后期較重視學習專業，多選取六頭品官的子弟。留學生的身分稱為宿衛學生或宿衛。

留學的年限：通常以10年為限，限滿申報歸還本國。

派遣人數：沒有固定名額，人數因年而異，最少2人，多則7人或8人，甚至近20人不等，10年間同時在唐國子監留學的學生曾達一兩百人。《舊唐書》卷一九九上《新羅國》載：「開成五年（840年）四月，鴻臚寺奏：新羅國告哀，質子及年滿合歸國學生等一百五人，並放還。」這一批迴歸新羅就100多人，而年限未滿的留學生，繼續在國子監學習，待年滿再分批迴歸。

留學費用：留學生受到唐政府的優待，在學期間的費用由唐政府供給。留學生到達長安，由鴻臚寺負責接待，然后安排到國子監學習。他們的服裝、糧食、住宿、經籍等費用，由主管部門鴻臚寺依照規定的標準供給。而準備返回時選購書籍的買書銀，則由新羅政府支付。

來往的組織：新羅的使者來唐，兼送一批新的留唐學生；使者返國時，接回一批完成學業年限已滿的留學生。當時新羅與唐朝聯繫密切，每年或兩年一次派遣使者來唐，留學生也就隨使者來，或隨使者回。有研究者統計，新羅自聖德王以後到景德王期間（702—765年）63年，共遣使入唐56次。來往較為頻繁，應該說送來與接回的機會較多。《三國史記》卷一一《新羅本紀》：景文王九年（869年，唐懿宗咸通十年）七月條云：「又遣學生李同等3人，隨進奉使金胤入唐習業。仍賜買書銀三百兩。」這是新羅使者兼送留學生的事例。此次所送留唐學生3名，每次累積起來，人數也不少。

學成之后的去向：多數留唐學生學成之后迴歸本國，為國家服務。留學生多半出身於王族、貴族或官僚家庭，有此政治背景，回國后常任政府部門要職。也有小部分學業優秀的留學生，參加唐科舉考試，考試及第者，可以在唐朝任職做官。如留學生金雲卿，就是參加科舉考試的一位，他也任職做官。《舊唐書》卷一九九上《東夷·新羅國》載：會昌元年（841年）七月敕「歸國新羅官、前入新羅宣慰副使、前充兗州都督府司馬、賜緋魚袋金雲卿，可淄州長史」。崔致遠，也是科舉考試及第，在唐任官

職位較高的一個。

(二) 新羅仿唐官學制度的形成

隨著新羅不斷派遣人數越來越多的留唐學生，促進了新羅文化的蓬勃發展。同時吸收了唐的教育經驗，結合新羅的國情，逐步建立起了適應新羅需要的官學制度。

新羅官學教育制度的形成，經過兩個階段。第一階段，先建置教育行政機構。真德王在平定慶州貴族毗曇之亂後，鞏固了王權，抓住時機實行中央集權，651 年仿效唐朝的政治制度，整頓中央官僚機構，為教育行政機構設中下層職官大舍 2 人，史 2 人。大舍一職在十七等官位制中居第十二位，相當於國子主簿，其職責是辦理國學事務，有官有職，進入起動的預備階段。675 年新羅完成半島統一后，國家管理領域擴大，需要行政機構相應地擴充。神文王於 682 年設立國學，置卿一人為國學長官，完成了形式意義上的學校制度。第二階段，建立教學機構。當時國家行政管理事務，需要國學設實用學科以培養實用人才，故在聖德王十六年（717 年）二月，設置醫博士、算博士各一員。經過 30 年，到景德王六年（747 年），國學才設置經學科，完成實質意義上的學校教育制度。

1. 新羅的國學制度

官學是為國家官僚機構提供所需的官吏，與傳統的地方貴族壟斷政治有直接的利害關係，所以官學的形成與地方貴族勢力的衰退、王權的鞏固、中央集權的實施、半島的統一、儒教為中心思想的確立等的變化過程是密切聯繫的。

新羅的官學制度以國學為主幹，國學制度效仿唐朝國子監，但並不照搬，而是根據自己需要有所選擇並加以簡化。《三國史記》卷三八《雜誌・職官上》國學條集中作了概述，現以此為依據略作介紹。

(1) 國學是在禮部管理下的教育行政機構，卿 1 人為長官，其品位與其他卿同。

(2) 國學行政機構人員有固定編制，卿 1 人，大舍 2 人，史 2 人，總共 5 人。

(3) 國學機構人員編制：根據本國需要，國學之內只選擇設置兩科，即經學科與算學科，兩科各設博士、助教，員額不定，學生名額也不限定，以便根據實際情況靈活調節。

(4) 學生入學資格：凡學生，位自大舍以下至無位，年自 15～30 歲，皆充之。此規定特別突出位階，似乎是將大舍以下的下級官員作為教育培養的重點，以提高青年官員的文化水平。

(5) 經學的課程教學及出身：課程為《周易》《尚書》《毛詩》《禮記》《左傳》《文選》《論語》《孝經》。這些課程和教材都是從唐朝引進的。《論語》《孝經》為共同必修，其他六項課程則分三組供選擇。三組的課程和學習的年限如下：①《禮記》（3 年）、《周易》（2 年）、《論語》與《孝經》（1 年），共 6 年。②《左傳》（3 年）、《毛詩》（2 年）、《論語》與《孝經》（1 年），共 6 年。③《尚書》（1 年半）、《文選》（3 年）、《論語》與《孝經》（1 年），共 5 年半。博士與助教分組負責教授，各有所專。

經學科學生以通經程度的高低，實行「三品出身」的辦法。上品：通三組課程中

的任何一組（只要有一組全通就是上品）。中品：通《曲禮》及《論語》《孝經》（《曲禮》是《禮記》中的一篇）。下品：通《曲禮》及《孝經》（《論語》作為必修被省略）。三品是為入仕任官而設置的標準。特品：通五經、三史（《史記》《漢書》《后漢書》）、諸子百家書。特品的標準特別高，能達到博通程度的人士很少，這是專為傑出人士而設的，一旦出現此類人士即提拔重用。

（6）算學科的課程及教學規定：課程都是專業的，如《綴經》（即《綴術》，祖冲之撰，用於計算天體運轉與歷法修訂）。唐算學有《三等數》、《九章》（即《九章算經》，撰者不明，用於行政或社會生活上的計算）、《六章》（高氏撰，六卷。未見《隋志》《唐志》著錄）。算學的課程以及教材，都是從唐引進的，根據需要作了選擇和精簡，以實用為原則。

（7）在學的年限：「限九歲，若樸魯不化者罷之」，令其退學；「若才器可成而未熟者，雖逾九年，許在學」，到了期限想要延期是有條件的，必須得到特別批准才可以。

（8）畢業的規定：「位至大奈麻、奈麻而后出學」。新羅的官制是實行十七等官位，大奈麻為第十位，奈麻為第十一位，大舍是第十二位。階位隨著學業合格或優秀而提升，要達到大奈麻或奈麻階位，才可以畢業而出學。

2. 新羅實行的附屬專科教育

新羅也仿效唐朝，在政府機構的一些部門附設專科學校，利用其人才資源和設備資源開展專業教育，史書中有些簡略的記載。

（1）醫學。《三國史記》卷三九《雜誌·職官中》：「醫學，孝昭王元年（692年）初置，教授學生，以《本草經》《甲乙經》《素問經》《針經》《脈經》《明堂經》《難經》為之業，博士二人。」醫學分為兩科，醫科、針科博士各1人。醫科課程為《本草》《甲乙》《脈經》；針科課程為《素問》《針經》《明堂》《難經》。課程與教材由唐引進，根據新羅本國的需要加以簡化而成。

（2）律令學。律令學以本國本朝現行的律令為課程內容。新羅於648年（貞觀二十二年）派金春秋為使者，赴唐進行一番考察，帶回唐朝貞觀律令格式，借此為參照，新羅制定自己需要的律令格式，也就為進行律令教育準備了一定的條件。《三國史記》卷三九《雜誌·職官中》：「律令典，博士六人。」有機構的名稱和學官的編制，但未寫明設立的時間，考察前后文，似乎在孝昭王元年（692年）建立醫學的同時，也建立律令典。又卷九《新羅本紀》景德王十七年（758年）四月「置律令博士二員」。

（3）天文學。《三國史記》卷三八《雜誌·職官上》：「漏刻典，聖德王十七年（718年）始置。博士六人，史一人。」這是制度建立，並未隨即開展教育活動。又卷九《新羅本紀》景德王八年（749年）三月「置天文博士一員，漏刻博士六員」。這次是有了制度后真正實施專業教育。據《三國史記》卷四三《金庾信傳下》記載：金庾信的后裔金巖於大歷中（766—779年）自唐返國，被惠恭王任命為司天大博士。這說明天文博士的名稱后來改稱司天博士，也證明天文教育在實施。

（4）通文學。新羅於內省設有詳文師，負責文翰書表之事。《三國史記》卷三九《雜誌·職官中》：「詳文師，聖德王十三年（714年）改為通文博士，二十年（721

年）置所內學生。學生選自貴族子弟，由通文博士教習文章，以培養文書人才。景德王又改為翰林，后置學士。」機構稱為翰林臺，所內學生稱翰林臺書生，其官位為大奈麻（第十位）。

3. 新羅的地方官學

地方官學的設立，以中央集權的地方行政體系的形成為基本條件。新羅的中央集權行政體系的確立，在朝鮮半島統一之後，即685年神文王完成五小京及九州制以後。

新羅國與隋、唐是近鄰，陸上海上都可以來往。新羅主動與隋、唐建立邦交，積極開展通商和文化交流，不斷派遣留學生，到長安國子監學習先進的唐文化，留學生回國後推動本國中央集權制的政治改革，根據本國的需要，建立官學制度，培養了成批人才，發展本民族的文化。由於移植和吸收唐文化，大大縮短了與唐文化的差距。

二、隋唐與日本的教育交流

中日的文化交流，早在西周就開始。漢王充在《論衡》中提到周成王時倭人曾經來獻鬯草，這表明先秦時期中國與日本列島上的人民已有交往。據《漢書·東夷列傳》載，日本列島上的部落國家，與中國保持著聯繫，東漢光武帝為表示友好，還授給倭奴國國王一枚刻有「漢倭奴國王」的金印。據《北史·列傳》載：「魏景初三年（239年）……卑彌呼（倭奴國的女王）始遣使朝貢。……江左歷晉、宋、齊、梁，朝聘不絕。」這表明在魏、晉、南北朝時期，中、日兩國的交往從未中斷過。

日本貴族對中國先進文化的追求，使中國古代儒學教育傳統直接影響到日本。日本的史書《古事記》和《日本書紀》記載：285年，日本為了學習中國文化，特地從朝鮮半島的百濟聘請了博士王仁。王仁是精通儒學的漢人，他帶去《論語》十卷、《千字文》一卷，日本從此以儒家經典為教科書，並有了記錄語言的文字。到了6世紀，日本貴族基本掌握了漢字的用法，對儒家思想有了比較系統的瞭解。有了共同的文字和共同的教育內容，兩國的教育交流會更加順暢。

隋唐時期，中國是世界上先進的文明國家，為世界許多國家所仰慕。隋唐對來訪使節都以禮優待，他們所到之處，飲食、住宿一概免費招待。唐朝的皇帝一般都要親自接見使者，而且盡量滿足他們的要求。如開元五年（717年），日本又遣使來中國，請求傳授經書，唐玄宗就命令四門助教趙玄默到使者住處傳授經書。日本對中國的優秀文化醉心於學習和模仿，形成一股學習的熱潮。

（一）隨同遣隋使遣唐使來中國的日本留學生

在隋唐時期的中日教育交流中，隨同遣隋使、遣唐使來中國的留學生和留學僧，以及中國東渡的僧人、學者及科技工作人員，為中日教育交流做出了重要貢獻。自公元600年（隋文帝開皇二十年）日本向隋派出了第一批遣隋使，一直到894年（唐昭宗乾寧元年），這294年間，日本朝廷共向中國派出4次遣隋使、19次遣唐使（實際成行的遣唐使為12次）。遣隋使的組織規模較小，而遣唐使的組織規模則越來越大，特別是第九次遣唐使的使船，由2艘增至4艘，人員增至500人左右，各色人員齊備，以後也依例派遣。據史籍記載，日本朝廷從607年開始，隨同遣隋使、遣唐使派遣留學

生和留學僧。留學生是從平素以有才華而聞名的人中各按專業挑選出來的，初期人數較少，后來漸次增加，每批有十多人或20人左右，留學生的人數少於留學僧，名留史籍的留學生有27名，而留學僧則有92名。留學生在隋唐學習的時間較長，可能是出於汲取中國文化教育的決心和熱情，他們用較長時間對隋唐文化作了較深入的研究。當時也有一些東渡日本的中國人，也對中日教育交流做出了大的貢獻。

(二) 唐朝的教育對日本奈良時期教育的影響

1. 對官學的影響

623年（唐武德六年，日本推古三十一年），在隋唐留學達15年之久的僧惠光、醫惠日等回到日本，向朝廷建議：「留於唐國學者，皆學以成業，應喚。且其大唐國者，法式備定，珍國也，常須達。」朝廷採納建議，陸續召回在唐的留學生和留學僧，並於630年（唐貞觀四年，日舒明二年）開始派出大批遣唐使隨員，包括留學生與留學僧，直接與全面地學習唐文化。先後應召回國的僧旻、高向玄理、南淵請安，他們熱情傳播唐朝先進文化，推動以唐朝為藍本的「大化改新」。在隨后的半個世紀裡，日本又依據唐朝的律令，先後制定了近江令（666年）、大寶律令（701年）、養老律令（718年），比較完備地建立了各項制度。

在《養老律令·學令》中詳細規定了學校制度，而在《職員令》《選叙令》《考課令》《醫疾令》《東宮職員令》《后宮職員令》《賦役令》《雜令》中，也對有關教育問題有所規定。按照《學令》的規定，官學分為中央與地方兩個層次。中央官學稱大學寮，另外還有典藥寮、陰陽寮、雅樂寮等。地方官學稱同學、府學，地方官學學生，凡學成而有志於深造者，可以申報式部省，經考試合格，可以補送大學寮。這表明日本的官學和唐朝的官學類似，也是使上下層相銜接，下層為上層輸送生員。

日本的官學，其性質和組織也與唐朝的官學相似，都具有雙重的職能，大學寮既是培養人才的學府，又是政府屬下的官府，兼有教育行政機構的性質。大學寮的首長稱為大學頭，其副手稱大學助，大學的教師也稱作博士或助教，依據階位的高低，給予不同的待遇。

對學生的入學資格，在《學令》中作了規定：「凡大學生，取五位以上子孫，及東西史部子為之。若八位以上子，情願者聽。國學生，取郡司子弟為之。並取年十三以上，十六以下，聰伶者為之。」當時日本等級嚴格，大學是按等級身分入學。而地方官學，地方官吏子弟優先入學，庶民子弟只有在學員不滿額的條件下，經申請被選中的才允許入學。這顯然是受唐朝等級性教育制度的影響。

在官學教育內容方面，仿照唐朝官學也很顯著。大學寮設有經學、文章、語音、書法、數學、律學等專業。《學令》規定以儒家經學為主要教育內容，並對教材限定版本，凡教授正業，則採用《周易》鄭玄、王弼註；《尚書》孔安國、鄭玄註等。課程教材分大、中、小經，不同要求不同程度有不同組合，有必修課與選修課。《學令》規定：「凡《禮記》《左傳》各為大經；《毛詩》《周禮》《儀禮》各為中經；《周易》《尚書》各為小經。通二經者，大經內通一經，小經內通一經；若中經，即並通二經。其通三經者，大經、中經、小經，各通一經。通五經者，大經並通。《孝經》《論語》皆

須兼通。」由此可見，日本官學裡的教育內容幾乎與唐朝國子監中三學課程一致，只是缺了《春秋公羊傳》《春秋谷梁傳》兩小經，但過了70年后又增補了這兩經，於是達到完全一致。

日本學校的考試製度，對旬考、歲考、畢業考有嚴格的規定。旬考包括讀與講兩種方式，其試讀者，每千言內，試一帖三言；講者，每二千言內，問大義一條。共問三條，答對兩條為及格，答對一條及全不通者，則酌情處罰。歲考要考一年裡所學的專業知識，考試要求是問大義八條，答對六條以上為上等，答對四條以上為中等，答對三條以下為下等。如連續3年下等，或在校學習9年而「不堪貢舉者」，都要作退學處理。大學寮的學生凡學業完成而願意為官者，要參加大學寮舉行的「推薦考試」，類似於畢業試，考試及格后，推薦給太政官，再受式部省的「登庸試」，類似於唐朝的科舉考試。登庸試分為四科：秀才科、明經科、進士科、明法科，其考試的內容、標準不同，合格者所授予的階位也不同。由此可見，日本官學的考試製度，除了要求的標準較低及項目簡化之外，幾乎與唐朝的學校考試一樣。學校考試還與科舉考試相銜接，成為選拔人才制度的組成部分。

唐朝的醫學教育制度對日本的影響較大，日本典藥寮仿照唐制設醫科、針科、按摩科、咒禁科、藥園科。在招生方面，先取藥部及醫藥世家的子弟，若名額不滿，也允許錄取庶民子弟，年齡限在13~16歲。教材採用唐朝醫學的教材，如醫科學生要學《甲乙》《脈經》《本草》，兼習《小品方》《集驗方》等；針科學生要學《素問》《黃帝針經》《明堂》《脈訣》，兼習《流註》《偃側》等圖，《赤烏神針》等經。

2. 對私學的影響

日本的私學先於官學存在，自發地進行小範圍的教育活動，未受當政者重視。與隋唐進行教育交流后，觀察到隋唐的私學發達、遍及城鄉，促使日本人逐漸重視私學。日本留學生由隋唐學成歸國之後，熱心創辦私學，引領發展私學的新潮流。私學招收的學生不分貴賤，上至貴族子弟，下至庶民子弟都接受。如640年歸國的高向玄理、南淵請安開設的私學，招收了中大兄皇子、中臣鐮足等人為弟子，向他們宣講儒家學說，這些貴族青年在外來新思想的啓發下，產生以唐朝為範本改革政治制度建立封建王朝的強烈願望，后來他們成為「大化改新」的中堅力量。

大化改新之后，私學與官學並行，私學蓬勃發展。日本律令規定，凡一品至四品的高官之家都要選派一名博士為家庭教師，專教這些官僚家庭的子弟，這是國家法令支持的私學。還有些不夠入中央官學規定品位的貴族官僚子弟，也有強烈的入學要求，希望得到機會。有一些已在大學寮或在朝廷任職的博士首先在家裡為本族子弟開設私塾。因辦學成效較好而聞名的，如菅原梶成辦的菅原家塾、氣廣世辦的弘文院、藤原冬嗣辦的勸學院、橘逸勢辦的學館院、在原行平辦的獎金院等，都培養了一些人才。但這些私學所教育的只是貴族與官僚的子弟。留學僧空海學成回國之後，他學唐朝民間辦學，為平民百姓辦了第一所民間學校，828年創辦綜藝種智院於京都東寺東郊，明確提出辦學目的就是要打破貴賤貧富僧侶平民的等級地位限制，為有志求學的青年提供學習場所。綜藝，指各種技藝；種智，指一切知識的智慧。兩者結合在一起，就意味著學習各種學問和技藝、一切知識和智慧。綜藝種智院提供食宿條件，以保證貧

窮學生能夠順利就讀。啓蒙教材是採用來自唐朝的《急就章》，進一步則提高學經史與文學。私學培養出的人才，政府以多種形式加以錄用，激發人們學習的積極性，客觀上也鼓勵私學的發展。

3. 對文字的影響

日本經歷了很長的只有語言沒有文字的階段，到285年才由漢人王仁提供了漢字，到了七八世紀才因留學唐朝的留學生、留學僧返回日本，借漢字而創造日本的文字。據說先由吉備真備根據漢字的偏旁部首，創造了片假名。后由空海根據漢字的草書創造了平假名。假，是借的意思；名，就是文字。所謂片假名，是借漢字的偏旁部首，取其音而形成的文字；平假名，則是在日本平安時期借漢字草書而創造的文字。這就使日本有了與本民族語言相應的文字，在日本文化發展史上是劃時代的一件大事，這是中日教育交流又一重大的成果。

思考題

1. 唐代文教政策的特點是什麼？
2. 唐代中央官學教育制度的特點有哪些？

第六章　宋遼金元時期的教育

【導讀】

　　宋朝以「興文教，抑武事」為國策，先後發生了三次興學運動，建立了中央和地方官學體系，設立了武學、畫學、道學等新型學校，創立了分齋教學制度、學田制度和地方教育行政管理機構。遼、金、元推行「漢化」政策，在發展教育的過程中重視民族學校的設立，促進民族文化和教育的發展。書院萌芽於唐，但作為一種教育制度的形成和興盛則在宋，其時不僅產生了著名的六大書院，而且形成了書院教育的重要特點。元朝對書院採取保護、提倡和加強控制的政策。書院在積極發展的同時，使自宋朝以來的官學化傾向更為明顯。宋元的蒙學取得了長足的發展，在教育內容、教育方法和教材編寫等方面累積了許多成功的經驗。宋元的科舉制度有許多新的變化和發展，對學校教育產生了嚴重的制約作用。王安石是北宋重要的教育改革家，領導了著名的「熙寧興學」。他以崇實尚用為特徵的教育思想和系統的人才理論，值得重視。朱熹是南宋最負盛名的大教育家，他精心編撰了《四書章句集註》等多種教材，制定了中國書院史上綱領性的學規——《白鹿洞書院揭示》。他的教育思想內容豐富，影響很大。

【教學目標】

1. 掌握北宋「三次興學」的基本內容。
2. 理解遼、金、元官學教育制定的特色。
3. 理解書院在宋代的演變及其教學內容。

　　宋朝分為北宋（960—1127 年）和南宋（1127—1279 年），共 320 年。差不多與此同時，中國北方少數民族契丹族和女真族，先後建立起了遼（916—1125 年）、金（1115—1234 年）政權。1279 年，中國北方的又一少數民族——蒙古族滅了南宋，建立全國統一的元朝（1271—1368 年），共 98 年。

　　宋朝的建立，結束了自唐「安史之亂」以後至五代十國長期的分裂割據局面，重建了統一的中央集權的封建國家。相對穩定的社會環境，為農業、手工業和商業的恢復和發展創造了有利條件。遼、金、元政權大力推行「漢化」政策，加速了封建化的進程，促進了封建政治和經濟的發展，也促進了各民族相互之間的融合。

　　在學術思想方面，理學的產生是宋遼金元時期的一個重要特點。理學產生於北宋，完成於南宋。北宋初胡瑗、孫復、石介三人，被稱為「理學三先生」。但是，理學的實

際創始人為「北宋五子」，即周敦頤（1017—1073年）、邵雍（1011—1077年）、張載（1020—1077年）、程顥（1032—1085年）、程頤（1033—1107年），至南宋朱熹（1130—1200年）始集大成，建立了一個比較完整的客觀唯心主義體系。后人稱為「程朱理學」。按理學家們講學的地域劃分，宋代理學又分為濂、洛、關、閩四個主要學派。濂學以周敦頤為代表，洛學以程顥、程頤兩兄弟為代表，關學以張載為代表，閩學以朱熹為代表。在南宋，與朱熹同時的還有陸九淵為代表的主觀唯心主義學派，提出「宇宙便是吾心」的命題；至明朝，王守仁發展了陸九淵的學說，形成了理學中的一個重要派別，后人稱為「陸王心學」。除理學之外，以王安石（1021—1086年）為代表的「新學」，以陳亮（1143—1194年）、葉適（1150—1223年）為代表的南宋事功學派，也是這個時期的重要學術派別。后者不僅在當時與心學、理學教育思想相抗衡，而且上承前者「經世應務」的教育思想傳統，下啟明清之際黃宗羲、王夫之、顏元等人的早期啟蒙教育思想，對中國教育思想的發展產生過積極的影響。

第一節　宋朝的文教政策和教育制度

一、文教政策

宋初的統治者在打敗割據勢力，基本上統一國家之後，在統治策略上作了重大改變，即由原來的重視「武功」，改為強調「文治」。太平興國七年（982年），宋太宗明確指出：「王者雖以武功克定，終須用文德致治。」與統治策略的這一轉變相適應，確立了「興文教，抑武事」的國策。

（一）重視科舉，重用士人

北宋統治者鑒於唐末、五代各地節度使擁兵自重，割據稱雄的危害，為了鞏固政權，一方面採用政治威懾和物質利誘的手段迫使將帥交出兵權；另一方面重用文人，讓他們充任全國各級政權的官吏，軍隊也受文官節制。開寶五年（972年），宋太祖對宰相趙普說：五代方鎮殘虐，人民深受其害，我今日選用儒臣百餘人，分治各大州，縱然他們都是貪婪昏庸之徒，其危害「亦未及武臣一人也」。正因為政治上迫切需要文人，於是便利用傳統的科舉考試，大量取士。對於取中者，又給予很高的地位和待遇。太平興國二年（977年），宋太宗對近臣說：「朕欲博求俊彥於科場中，非敢望拔十得五，止得一二，亦可為致治之具矣。」八年（983年），他又對大臣們表白：「朕親選多士，殆忘饑渴。召見臨問以觀其才，拔而用之，庶使岩野無遺逸而朝廷多君子耳。」由於朝廷對科舉考試寄予厚望，宋初每科錄取人數之多，大大超過了前代。開寶六年取士127人，以后愈益增多。太平興國二年，一次取士達500人。其中第一、二等進士及《九經》授官將作監丞、大理評事、通判諸州，同出身進士及諸科並送吏部免選，優等註擬。

（二）「三次興學」，廣設學校

宋初通過科舉考試，選拔了不少人才，基本上適應了當時統治策略的轉變以及用

人的需要，有利於中央集權的建立與鞏固，但卻忽視了興建學校培育人才。隨著時間的推移，統治階級內部一些有識之士，越來越清楚地認識到，僅僅依靠科舉考試選拔人才是遠遠不夠的，還必須廣設學校培育人才。如果說「興文教」的政策在宋初 80 多年主要表現為重視科舉選拔人才，在這以後，這個政策的側重點則在於興學育才。於是，自慶曆四年（1044 年）後，宋朝歷史上先後出現了三次著名的興學運動。

第一次興學運動是範仲淹在宋仁宗慶曆四年主持的，史稱「慶曆興學」。
第二次興學運動是王安石在宋神宗熙寧年間主持的，史稱「熙寧興學」。
第三次興學運動是蔡京在宋徽宗崇寧年間主持的，史稱「崇寧興學」。

這三次興學運動，雖然前兩次均未能取得預期的效果，但都不同程度地將宋朝教育事業向前推進了一大步。第三次興學，對宋朝教育事業發展所起的促進作用，更是超過了前兩次。因此，這三次興學運動是宋朝「興文教」政策最直接，也是最重要的體現。

（三）尊孔崇儒，提倡佛道

宋朝推行「興文教」的政策，勢必要尊孔崇儒。早在建隆三年（962 年）六月，宋太祖即命在國子監中「增葺祠宇，塑繪先聖、先師之像」，並親自撰文頌揚孔丘和顏淵。宋太宗即位后，也明確規定，選用人才「須通經義，遵周孔之禮」，竭力提高儒學地位。宋真宗以后，尊孔崇儒尤為突出。大中祥符元年（1008 年），加謚孔丘為「玄聖文宣王」，五年（1012 年），改為「至聖文宣王」。宋真宗親撰《至聖文宣王贊》，稱頌孔丘是「人倫之表」，又撰《崇儒術論》，贊揚儒學是「帝道之綱」。宋真宗還命邢昺、孫奭等人校定《周禮》《儀禮》《公羊》《谷梁》《孝經》《論語》《爾雅》等七經疏義。后來，邢昺又撰《論語正義》《爾雅疏》《孝經正義》，孫奭撰寫《孟子正義》，合唐人《九經正義》，共為《十三經正義》，頒於學校，成為法定教材。

在尊孔崇儒的同時，宋朝統治者也大力提倡佛教和道教。太平興國七年（982 年），宋太宗設立譯經院。翌年，賜譯經院匾額「傳法」，命選童子 50 人，入院學習梵文、梵學。他還手拿新譯佛經五卷，勸告宰相學佛，說：「方外之說，亦有可觀，卿等試讀之。」宋真宗更重佛教，咸平二年（999 年），即位不久即著《釋氏論》，明確認為「釋氏戒律之事，與周、孔、孟、荀，跡異道同」。全國僧徒增至近 40 萬，女尼近 6 萬，佛教盛行。南宋時，全國寺院林立，佛教極盛。宋朝對道教也極力提倡。早在宋太宗時，就在開封、蘇州等地建道觀，多方收集道教經典。宋真宗時詔天下遍建天慶觀。徽宗時提倡尤力。重和元年（1118 年），詔：「自今學道之士，許入州縣學教養；所習經以《黃帝內經》《道德經》為大經，《莊子》《列子》為小經」「州縣學道之士，初入學為道徒，試中升貢，同稱貢士。到京，入闢雍，試中上舍，並依貢士法」。還規定在太學、闢雍中各置《內經》《道德經》《莊子》《列子》博士 2 員。並頒布《御註道德經》，刻石神霄宮，又根據蔡京的建議，收集古今道教紀事編撰《道史》。道教地位提高，在全國盛行。

宋朝統治者尊孔崇儒，大力提倡佛、道，其主觀目的是為了維護統治，但積極提倡的結果，使儒、佛、道三家在長期而激烈的鬥爭中，逐漸走上了融合的道路，最后

終於孕育出以儒家思想為主體，糅合佛、道思想而成的新的思想體系——理學思想，后經元、明、清統治者的不斷提倡，成為中國封建社會后期的統治思想。

二、教育制度

宋朝的教育制度基本上沿襲唐制。宋初由於重視科舉取士，雖設官學，而未被重視，自三次興學運動后，才在中央和地方陸續建立起了完備的官學教育體系。南宋雖偏安江南，但在紹興、乾道、淳熙年間，官學亦有一定程度的發展。

官學教育制度分為中央官學和地方官學。中央官學屬於國子監管轄的有國子學、太學、闢雍、四門學、廣文館、武學、律學、小學等；屬於中央各局管轄的有醫學、算學、書學、畫學等；直屬於中央政府的有資善堂、宗學、諸王宮學、內小學等。地方官學有州學、府學、軍學、監學以及縣學，屬於地方政府及諸路提舉學事司管轄。茲列簡明學制如圖6-1所示：

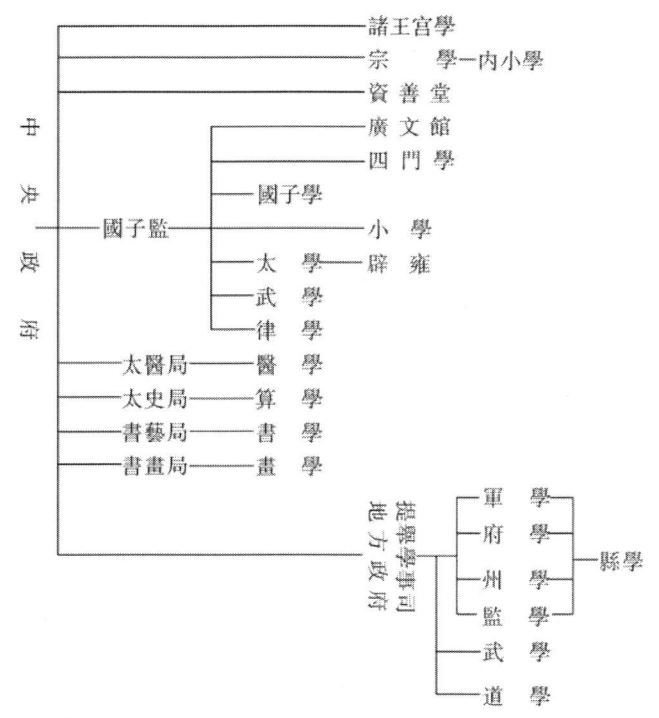

圖6-1 宋朝簡明學制圖

（一）中央官學

1. 國子學、太學、闢雍、小學

國子學亦稱國子監。它既是宋朝最高教育管理機構，又是最高學府。國子學招收「京朝七品以上子孫為學生，稱國子生。初未定名額，后以200人為限。國子學初置判監事、講書（淳化五年改為直講）、丞、主簿等職。國子學以后周世宗顯德二年（955年）建造的國子監為學舍，建隆三年（962年），宋太祖命左諫議大夫崔頌首任判監

事,「始聚生徒講書」。至開寶八年（975年），國子生增至70人，分習五經。但由於不受重視，辦理不善，許多學生空掛學籍而久不到校,「居常聽講者,一二十人爾」。所以在開寶年間採取了插班補缺的辦法，由在京進士及諸科常赴國子學肄業，以補國子生之缺。真宗景德年間，又採取附學旁聽的措施，即允許「文武升朝官嫡親附國學取解」,「遠鄉久寓京師，其文藝可稱」者「亦聽附學充貢」。可見，宋朝的國子學，雖名為最高學府，實則徒具空名。誠如《文獻通考》所雲：「國子監以國子為名，而實未嘗教養國子。」

　　太學的地位比國子學低，招收八品以下子弟或庶人之俊異者為學生，設立的時間也較遲，但辦理得比國子學有成效。它是宋朝興學育才的重點，也是中央官學的核心。太學創設於仁宗慶曆四年（1044年），初招生200人，神宗熙寧初，又增百人。后規定以900人為限。熙寧四年（1071年），創立太學三舍法，太學生增至1,000人，其中外舍生700人，內舍生200人，上舍生100人。隨著學生人數的增加，校舍也得到了擴建。除整個錫慶院外，另在朝集院西廡建造講書堂四間，基本滿足了教學、生活用房,「諸生齋舍、掌事者直廬始僅足用」。元豐二年（1079年），太學規模發展至2,400人，其中外舍生2,000人，內舍生300人，上舍生100人。在「崇寧興學」中，太學又獲得較大發展。崇寧元年（1102年），太學生總數達到3,800人，其中外舍生3,000人，內舍生600人，上舍生200人，為宋代太學的極盛時期。南宋高宗紹興十三年（1143年），始建太學，亦實行三舍法。太學生700人，其中外舍生570人，內舍生100人，上舍生30人。到寧宗時，有較大發展，外舍生1,400人，內舍生130人，上舍生仍30人，太學生總數達1,560人。

　　太學的教官，根據《宋史·職官志》的記載，祭酒總掌政令；司業協助祭酒管理校務；博士掌分經講授，考校程文，以德行道藝訓導學生；學正、學錄掌舉行學規，凡諸生之戾規矩者，處以五等之罰；學諭掌以所授經傳諭諸生；直學掌諸生簿籍，以及稽察出入。此外，每齋設齋長、學諭各1人，管理齋務及考核齋生行藝。學正、學錄、學諭等均「以上舍生為之」。

　　太學的教學內容，主要是學習儒家的經書，但也有幾次大的變動。神宗熙寧八年（1075年），將王安石編註的《三經新義》頒於學校，作為太學生必須學習的內容。徽宗重和元年（1118年），又在太學中設置《內經》《道德經》《莊子》《列子》博士，向學生教授黃老之學。南宋孝宗淳熙中，曾「命諸生暇日習射，以鬥力為等差，比類公、私試，別理分數」，顯然是為了對付當時迫在眉睫的外患的需要。總起來說，太學在宋朝的歷史中綿延不斷，在中央官學中是辦得較有成效的。

　　辟雍是太學的分校，始建於崇寧元年。當時蔡京主持「崇寧興學」，各地州學每三年一次向太學選送學生，為了安置這些新生，於開封南郊新建辟雍,「外圓內方，為屋千百七十二楹」，並將原太學外舍也合併於此。這樣太學專處上舍生、內舍生，而辟雍則專處外舍生，故亦稱「外學」。辟雍的「敕令格式，悉用太學見制」。其教官設司業、丞各1人，博士10人，學正、學錄各5人，學諭10人，直學2人。

　　小學招收8~12歲兒童入學，創辦於宋哲宗時期。《宋史·選舉志三》記載：「哲宗時，初置在京小學，曰『就傅』『初筮』，凡兩齋。」至宋徽宗政和四年（1114年），

學額近千名，分設十齋。小學與太學一樣實行三舍法。初入外舍，以誦經書字多少升補內舍。若能文，從博士試本經、小經義各一道，稍通補內舍，優補上舍。

2. 四門學、廣文館

這兩所都是為士子準備參加科舉考試而設立的預備學校。四門學始建於仁宗慶歷三年（1043年），招收「八品至庶人子弟充學生」。學生在學期間，「差學官鎖宿、彌封校其藝，疏名上聞而后給牒，不中式者仍聽讀，若三試不中，則出之」。不久，學校停辦。廣文館設立於哲宗元祐七年（1092年），目的在於「以待四方遊士試京師者」，學生曾達2,400人。但存在僅兩年，紹聖元年（1094年）停辦。

3. 專科學校

宋朝的專科學校有六所：武學、律學、醫學、算學、書學、畫學。

武學是宋朝最早設立的專科學校。仁宗慶歷二年（1042年）十二月，置武學教授。翌年五月，正式在開封武成王廟設立武學，以太常丞阮逸為教授。但在八月即停辦。神宗熙寧五年（1072年），在原址重設武學，以兵部郎中韓縝判學，內藏庫副使郭固同判。「生員以百人為額，選文武官知兵者為教授。使臣未參班與門蔭、草澤人召京官保任，人材弓馬應格，聽入學，習諸家兵法。教授纂次歷代用兵成敗、前世忠義之節足以訓者，講釋之。願試陣隊者，量給兵伍。在學三年，具藝業考試等第推恩，未及格者，逾年再試。」徽宗崇寧初，諸州皆置武學。崇寧五年（1106年）三月，又罷諸州武學。南宋高宗紹興十六年（1146年），始建武學。二十六年（1156年）加以整頓，規定：「凡武學生習《七書》兵法、步騎射，分上、內、外三舍，學生額百人。置博士一員，以文臣有出身或武舉高選人為之；學諭一員，以武舉補官人為之。」宋朝重視武學，是由於當時外患侵逼，需要軍事人才。在長期的教育實踐中，累積了辦理武學，培養軍事人才的經驗。在中國教育史上，培養軍事人才的武學始設於宋朝，其對后來元、明、清的教育產生了深刻影響。

律學在宋朝也頗受重視。開國初，即置博士，教授法律。神宗熙寧六年（1073年），在國子監下專設律學，以朝集院為校舍，置教授4員，后又置學正1員。「凡命官、舉人皆得入學，各處一齋。舉人須得命官二人保任，先入學聽讀而后試補」。律學設斷案和律令兩個專業。習斷案，則試案一道，每道敘列刑名五事或七事；習律令，則試大義五道。各以所習，每月一公試、三私試。凡朝廷有新頒條令，刑部即送學，令學生研習。律學「用太學規矩」，學生都得遵守，但命官允許在校外住宿。元豐六年（1083年），採用國子監司業朱服的建議：「命官在學，如公試律義、斷案俱優，準吏部試法授官」。律學的設置，為宋朝培養了所需要的法律人才。

醫學設置較早，初隸屬於太常寺，至神宗時，始置提舉判局官1人專管。設教授1人，學生300人。分設三科：方脈科、針科和瘍科，學習內容各有側重。方脈科以《素問》《難經》《脈經》為大經，以《巢氏病源》《龍樹論》《千金翼方》為小經。針科、瘍科去《脈經》，而增《三部針灸經》。徽宗崇寧年間，醫學改隸屬於國子監，設置博士、學正、學錄各4員，分科教導，糾行規矩。學校實行三舍法，上舍生40人，內舍生60人，外舍生200人，總計300人。各齋另置齋長、學諭各1人。考試分三場，各場的內容是：第一場問三經大義五道；第二場方脈科學生試脈證、運氣大義各二道，

針科、瘍科學生試小經大義三道、運氣大義二道；第三場假令治病法三道。凡考試合格，成績優等者，則任尚藥局醫師以下職，其餘「各以等補官，為本學博士、正、錄及外州醫學教授」。大觀四年（1110年），醫學歸入太醫局。金兵侵宋，醫學停辦。南宋高宗紹興年間，曾恢復醫學。

算學始設於徽宗崇寧三年（1104年）。招收「命官及庶人」為學生，定額210人。教學內容為《九章》《周髀》《海島》《孫子》《五曹》《張丘建》《夏侯陽》算法以及歷算、三式、天文等。此外，還學習一小經或大經。每月公試、私試及實行三舍法，與太學相同。大觀四年（1110年），算學歸於太史局。南宋高宗紹興初年，命太史局試補算學生。孝宗淳熙元年（1174年），「聚局生子弟試歷算《崇天》《宣明》《大衍歷》三經，取其通習者」。隨後，又連續分別在淳熙五年、九年、十四年三次試補算學生。光宗紹熙二年（1191年）、寧宗嘉定四年（1211年），也分別試補算學生，以補充當時太史局對於歷算人才的需要。

書學亦創立於徽宗崇寧三年（1104年），實行三舍法。學生不受出身的等級限制，亦無定額。主要學習篆、隸、草三體，同時須明曉《說文》《字說》《爾雅》《博雅》《方言》，並兼通《論語》《孟子》或儒家大經。學習篆字，以古文、大小二篆為法；學習隸書，以王羲之、王獻之、歐陽詢、虞世南、顏真卿、柳公權的真行為法；學習草書，以章草、張芝九體為法。考試分為上中下三等：「以方圓肥瘦適中，鋒藏畫勁，氣清韻古，老而不俗為上；方而有圓筆，圓而有方意，瘦而不枯，肥而不濁，各得一體者為中；方而不能圓，肥而不能瘦，模仿古人筆畫不得其意，而均齊可觀為下。」大觀四年（1110年），並入翰林院書藝局。

畫學不僅與算學、書學同時設立，而且實行的「三舍試補、升降以及推恩」亦相同。畫學開設佛道、人物、山水、鳥獸、花竹、屋木等專業課程，學生除學習這些專業課之外，還必須學習《說文》《爾雅》《方言》《釋名》等基礎理論知識，而且要求「《說文》則令書篆字，著音訓，餘書皆設問答，以所解義觀其能通畫意與否」。學生分為士流和雜流，分齋而居。士流另兼習一大經或一小經，雜流則誦小經或讀律。作畫考試的評分標準是：「以不仿前人，而物之情態形色俱若自然，筆韻高簡為工。」大觀四年（1110年），並入翰林院書畫局。

4. 貴冑學校

宋朝專為教育宗室子孫而設立的貴冑學校主要有四：資善堂、宗學、諸王宮學和內小學。資善堂為皇太子就學之所，創建於真宗大中祥符九年（1016年），位於開封元符觀南。真宗命入內押班周懷政為都監，入內供奉官楊懷玉為伴讀，並面戒不得於堂中戲笑及陳玩弄之具。宗學在宋初已設立，但廢置無常。神宗熙寧十年（1077年），始立《宗子試法》。徽宗崇寧年間，在兩京皆置敦宗院，各設大、小學教授，立考選法。靖康之亂，宗學遂廢。南宋高宗紹興十四年（1144年），重建宗學於臨安，定員100人，其中大學生50人，小學生40人，職事各5人。學生都是南宮、北宅諸王之子孫。寧宗嘉定九年（1216年），改宗學教授為博士，又置學諭1員，隸屬於宗正寺。諸王宮學在北宋時已有設立，南宋初仍繼續設置。紹興十四年，置大、小學教授各1員。它與宗學一樣，亦是大小學混合設置的。內小學創立於理宗淳祐二年（1242年），置

教授2員，招收宗子入學就讀。

(二) 地方官學

宋朝的地方行政分為三級：第一級為路，第二級為州、府、軍、監（一般設州或府，特殊情形才設軍、監），第三級為縣。路不直接設學，僅置學官管轄所屬各學校。因此，宋朝地方學校僅有兩級，即由州或府、軍、監設立的，稱州學或府學、軍學、監學，由縣設立的稱縣學。由於州、縣設置最普遍，故宋朝大量的地方學校是州學和縣學。

宋朝很早就設立地方學校。據《廣西通志》記載，開寶年間（968—975年），建立了來賓縣學。《江西通志》載，興國縣學建於太宗太平興國七年（982年）。又據《江南通志》記載，鎮江府學建於太平興國八年（983年）。由此可見，在宋朝立國之初，各地便開始陸續興建地方官學。當時，統治者雖然並沒有要求在全國範圍內廣泛設立地方學校，但對於已設之學校則表示了積極支持的態度。主要表現為：一是賜書。例如，真宗咸平四年（1001年）六月，詔「州縣學校及聚徒講誦之所，並賜《九經》」。仁宗景祐元年（1034年），又向京兆府府學賜《九經》。二是賜學田。真宗乾興元年（1022年），向兗州州學賜學田十頃，這是宋朝向地方官學賜學田的開始。在這之後，賜學田的事在仁宗景祐、寶元年間，屢見史籍記載。宋朝政府向各地州、縣學校賜書、賜學田，對於地方官學的發展起了積極的推動作用。

宋朝地方官學的大發展開始於「慶曆興學」。慶曆四年「詔令州縣皆立學」，於是各地紛紛奉詔興學。「熙寧興學」也促進了地方官學的發展。熙寧四年（1071年），「詔置京東、西、河東、北、陝西五路學，以陸佃等為諸州學官。仍令中書採訪，逐路有經術行誼者各三五人，雖未仕亦給簿尉俸，使權教授他路州軍。……州給田十頃為學糧。仍置小學教授。」從師資和經費兩個重要的方面保證了州學的發展。至元豐年間，全國已有18路53個州、府、軍、監任命了學官教授。「崇寧興學」使宋朝地方官學空前興盛。大觀二年（1108年），提舉京西南路學事路瑗稱：他所轄共8州30餘縣，在諸路中屬最小，但已「教養生徒三千三百餘人，贍學田業等歲收錢斛六萬三千餘貫石」。其他各路有的也新建了大批州學、縣學，有的則擴大了辦學規模。正因為這樣，所以當時全國學生數多達20萬餘人。

南宋初，仍注意地方官學的設立和發展，高宗紹興二十一年（1151年），曾詔借寺觀絕產以贍地方學校。但自孝宗以後，由於金兵進逼，連年干戈不息，災荒頻起，經費困難等原因，地方官學日益衰落。

宋朝地方官學一般都有頗具規模的校舍，分成教學、祭祀、娛樂、膳食、住宿、收藏等幾大部分。普遍設立藏書樓，藏書往往相當可觀，並具地方特色。在教師和學生管理上也形成了一定的規章制度，如熙寧八年（1075年）創立的「教官試」，即諸州學官必先赴學士院考試，「優通者」才能任職等。在辦學經費上，實行以學田為主，政府資助、社會獻田、捐款集資、學校刻書創收等多種途徑相結合的辦法，等等。

宋朝地方官學除傳統的儒學之外，還增設了武學和道學。武學設於宋徽宗崇寧年間（1102—1106年）。《宋史·選舉志三》記載：「崇寧間，諸州置武學。」武學仿儒學

制,其武藝絕倫、文又優特者,用文士上舍上等法,歲貢釋褐;中等仍隸學俟殿試。道學設於宋徽宗政和年間(1111—1118年)。《宋史·選舉志三》記載:「政和間,即州、縣學別置齋授道徒。」學習內容以《黃帝內經》《道德經》為大經,《莊子》《列子》為小經。凡精通道經者,不問已仕、未仕,經提學司審驗合格,皆可入學肄業。同時,也招收「業儒而能慕從道教者」。道學設立時間不長,宣和二年(1120年)即廢止。

宋朝地方官學還創立了分齋教學制度。該制度是胡瑗在主持湖州州學時創立的一種新的教學制度,其主要內容是在學校內分設經義齋和治事齋。經義齋選擇「心性疏通,有器局,可任大事者」,學習儒家經義。治事齋又稱治道齋,分設治兵、治民、水利、算數等學科,學生可選擇其中一科為主修,另選一科為副修。「治事則一人各治一事,又兼攝一事。」兩齋的培養目標不同,經義齋以培養比較高級的統治人才為目標,即所謂「可任大事者」;治事齋是為了造就在某一方面有專長的技術、管理人才,「如治民以安其生,講武以禦其寇,堰水以利田,算曆以明數是也」。在中國教育史上,雖然有孔子以德行、言語、政事、文學四科教人,魏晉南北朝時,有宋朝設立儒學、玄學、史學、文學四個學館的記載,但就分科的具體內容來說,均囿於文科;隋唐時期,設立了算學、書學、律學等專科學校,這是一大進步,但是這些學校的地位比儒學低得多,規模也小得多。直至胡瑗創立分齋教學制度,才在中國教學制度發展史上,第一次按照實際需要,在同一學校中分設經義齋和治事齋,實行分科教學;治民、治兵、水利、算數等實用學科正式納入官學教學體系之中,取得了與儒家經學同等的地位;並且,治事齋學生治一事,又兼攝一事,開了主修和副修制度的先聲。分齋教學制度產生後,在當時社會上引起了強烈的反響,「四方之士,雲集受業」,紛紛到胡瑗主持的湖州州學來求學。甚至京師太學,也「取胡瑗法以為法」,並且對後世產生了深遠影響。

總的來說,宋朝官學制度,繼承和發展唐制,形成了自己的特點。概括起來,主要有以下四點。第一,管理體制進一步完備。不僅在中央設立國子監,管理中央官學,而且於崇寧二年(1103年),在諸路設置提舉學事司,「掌一路州縣學政,歲巡所部以察師儒之優劣,生員之勤惰,而專舉刺之事」。提舉學事司雖設置時間不長,宣和三年(1121年)即廢止,但在宋朝以前,中國還沒有專門的教育行政機構來管理地方官學,它的設立,在中國教育史上具有創新意義。從此,從中央到地方建立起了專門的教育行政管理機構。第二,官學類型多樣化。宋朝中央官學除設置儒學(包括國子學、太學、四門學等)、律學、醫學、算學、書學之外,還創立武學和畫學。在地方官學中,除儒學之外,也分別設置武學和道學。在中央設立武學和畫學,在州縣建立武學與道學,這是唐朝官學中所沒有的。同時,又創立了分齋教學制度。這些在中國古代學制發展史上具有重要意義。第三,中央官學的等級限制放寬。書學甚至取消了限制,這是學校教育的一大進步。第四,學田制度的確立。五代時已有關於學田的記載,但學田作為一種制度被確定下來,實始於宋朝。在這以後,宋朝地方學校一般均有學田,作為學校經費的主要來源。這一制度為後來的元、明、清三朝所長期沿用。

第二節　遼金元的文教政策和官學制度

遼、金、元三朝都是中國北方少數民族建立的政權，他們在長期與漢族和其他少數民族的交往過程中，清晰地認識到漢族文化制度的優越性。為了加快各自民族的文明化進程，他們既對唐宋特別是宋代的文教政策和教育制度加以繼承，又根據本民族的特性創設新的教育機構，從而使這一時期的教育從形式到內容，都發生了一些新的變化，體現出鮮明的民族特性和時代特徵。

一、文教政策

儒術因其具有穩定民心、鞏固政權的強大功能，因此，為有效地促進「漢化」進程，維護統治，遼、金、元三朝都對之青睞，極力「崇儒重教」。金熙宗說：「太平之世，當尚文物，自古致治，皆由是（儒術）也。」元仁宗言：「儒者可尚，以能維持三綱五常之道也。」可以說，遼、金、元三朝均效仿漢制，尊崇孔子，優待儒生，用儒家倫理道德思想教化臣民，並重用漢臣，廣興學校。

早在契丹政權的第一位皇帝耶律阿保機（后稱為遼太祖）之時，就意識到尊孔的重要性。神冊三年（918年），遼太祖詔建孔子廟，並於同年「謁孔子廟」；親自頒布《五經傳疏》，行於國學。在攻打燕雲十六州的過程中，為了治理占領的漢族地區，遼太祖趁勢籠絡有才幹的儒生為自己服務，如在攻打薊州時漢儒康默記歸附，太祖「愛其材，隸麾下……佐命功臣其一也」。遼太祖的這一做法，為其后遼朝其他皇帝所繼承、發展。遼太宗對取得的燕雲十六州大片土地，實行漢人制漢的政策，援漢臣參政，並開科取士，「以國制治契丹人，以漢制待漢人。國制簡樸，漢制則沿名之風固存也」。公元947年，契丹政權正式稱「遼」，其時社會漸趨穩定，生產發展迅速。遼聖宗在全國發布《論舉拔人才詔》，特聲明：「諸部所俘宋人，有官吏儒生抱器能者，諸道軍有勇健者，具以名聞。」由於遼朝的皇帝自己喜好儒家經典和政治學說，致使朝野上下都有「崇儒」之風。當時契丹族內部已經成長起來的很多優秀儒士，大都得到皇帝的重用，其中最負聲望的當屬大儒蕭韓家奴，遼興宗使他「明禮義，正法度」，表現了對禮儀文教的重視。到遼后期，儒學已成為典型的官方主流學說，得到契丹人的普遍認可，甚至在婦女中，也大有涉通經義的人。史載「刑簡妻陳氏……有六子，陳氏親教以經」；「抱樸與弟抱質，受經於母陳氏，皆以儒術顯」。

金的文教政策和遼相似。女真族一向有崇尚漢文化的傳統。金太祖立國之初，即於天輔二年（1118年）下詔：「國書詔令，宜選善屬文者為之。令其所在訪求博學雄才之士，敦遣赴闕。」天輔五年（1121年）又下詔：「若克中京，所得禮樂儀仗圖書文籍，並先次津發赴闕。」太祖對儀典文獻、博學雄才重要性的認識決定了金朝政府重文教的基調。天會元年（1122年）即開科取士，籠絡各族人才，還減輕士人的負擔，凡「終場舉人、系籍學生、醫學生皆免一身之役」。為了在全國範圍內推行儒家教化，天會十五年（1136年）在上京建孔子廟后，又陸續在諸州縣修建或修復孔子廟。金朝統

治者尊奉儒學，請漢儒作老師學習儒家經典、歷朝史書，教授自己的子女，同時還欽定儒學經典為在學士子的學習內容和科舉考試的內容。金世宗在位時，他本人重儒輕史，曾說：「夫儒者操行清潔，非禮不行。以史出身者，自幼為史，習其貪墨，至於為官，習性不能遷改。政道興廢，實由於此。」其對文教政策施行最力，尤其重視唯才是舉。他說：「薦舉人才，當前急務也」；「苟有賢能，當不次用之」；「教化之行，當自貴近始」。終金一朝，被普遍認為較遼更重視文教事業，因此后世評價曰：「世宗、章宗之世，儒風丕變，庠序日盛……能自樹立唐宋之間。」

元代是蒙古族在徵服其他民族的過程中建立的政權。在長期的徵伐過程中，元統治者逐漸認識到各民族文化的有益效用，尤其是漢族的儒家治國化民之道的重大作用，並逐步吸收採納，為統一政權的文教事業做了準備。

早在窩闊臺占領燕京時，即將全國的樞密院改為宣聖（孔子）廟，后又令各路、州、府、縣復修孔廟。元世祖忽必烈攻打西夏，吸取了西夏、金統治漢族的經驗，崇奉孔子，提倡儒家道德倫常，用以安定民心。元世祖一向將選拔任用人才視為第一要務，比如耶律楚材、許衡、楊庸等名儒就是在他戎馬倥傯之際延攬來的。在攻打南宋的時候，他命令其謀士姚樞和楊惟中等在隨軍南下時，專門負責在俘虜中尋求「儒、道、釋、醫、卜、酒工、樂人」。對有一技之長者，即留下重用。此外，他還「詔軍中所俘儒士聽贖為民。命宣撫司官勸農桑，抑遊惰，禮高年，問民疾苦，舉文學才識可以從政及茂才異等，列名上聞，以聽擢用」，為人才開升晉之路。

不僅如此，元政府還制定儒戶戶籍和實行儒士免役的崇儒政策。元太宗窩闊臺在位時，應耶律楚材之請，制定儒戶戶籍，同時免除其徭役，在太宗戊戌年（1238年）甚至還進行了儒士選士。后來在南方亦實行了儒戶制度，由地方政府統一奏報，無須考試。元朝統治者重視用士與養士相結合，元世祖中統二年（1261年）下詔：「諸路學校久廢，無以作成人才，今擬選博學洽聞之士以教導之，凡諸生進修者，仍選高業儒生教授，嚴加訓誨，務要成才，以備他日選擇之用。仍仰各路官司，常切主領敦勸。」至元十三年（1276年），統一江南后，元臣接觸到南宋發達的教育制度，在眾多興舉學校的建議下，元政府更加注意優待和勉勵入學教育。一方面注重興學養士，一方面大力宣明教化，號召朝中大臣帶頭謁文廟、拜孔子。

此后，終元，崇儒尊經一直沒有停止。成宗時，下詔崇奉孔子；武宗時，加封孔子為「大成至聖文宣王」；文宗時，不僅孔門四聖——顏回、曾參、子思、孟軻受封晉號，而且還將周敦頤、程頤、程顥、張載、邵雍、司馬光、朱熹、張栻、呂祖謙、許衡從祀孔廟；仁宗即位后，令人全譯《大學衍義》，並將朱熹的《四書章句集註》列為科舉考試的科目。

遼、金、元三朝都選擇實行「崇儒重教」的文教政策，有其深刻的政治動機。在漢族地區儒學雖然大行其道，但是在他們本族的平民世界，朝廷並不十分鼓勵牧民學習漢文化，而是要求他們繼續保持騎馬射箭的古老傳統。在設學方面也嚴格區分了漢人的學習機構，這種「異法」還見於遼朝和金朝的科舉考試內容和科目設置的區分中。

二、官學設置

(一) 中央官學

遼代的官學設置基本仿唐、宋之制。中央官學設有國子監、國子學、太學三種。最初太學於遼太宗時設於南京，又稱「南京學」，和后來在上京、東京、西京、中京同時設的太學合稱為「五京學」。國子監本設於上京，遼道宗后來又在中京和西京分別另設國子監。國子監中，主要設祭酒、司業、監丞、主簿等職。國子學和五京學中，一般設博士和助教負責教學和學校管理。學校的學習內容以儒家經典為主。在上京國子監旁，還設立了孔子廟和節義寺，以尊奉孔子。中京國子監亦「以時祭先聖先師」，西京國子監「宏敞靜深冠他所」，可見，國子監是崇儒興學的重要陣地。

金代的中央官學只設有國子監、國子學和太學。國子監始置於海陵王天德三年（1151年），行使管理國子學和太學的職能，內設祭酒、司業和監丞等職。國子學中設有博士、助教和教授等職，太學只設博士和助教以示區分。為了適應女真族貴族的能力水平，特設小學和女真小學，作為國子學和太學的預備學校。學習內容為儒家經義、辭賦。招收對象主要「以宗室及外戚皇后大功以上親、諸功臣及三品以上官兄弟子孫年十五以上者入學；不及十五者入小學」。太學「定五品以上官兄弟子孫百五十人，曾得府薦及終場人二百五十人，凡四百人。」大定四年（1164年）、十三年（1173年）又設女真國子學，所學課程除了儒家經史、辭賦外，還學習民族語言。此外，在京師還設有女真太學、司天臺五科、太醫院醫學十科等。

元太宗打敗金國后，曾在金朝的中都燕京改樞密院為宣聖廟，在廟旁設立國子學，「命侍臣子弟十八人入學，是為建置學校之始」。元世祖即位后倡導興學設教，至元六年（1269年），設專習漢文化的國子學；至元八年（1271年），在京師設蒙古國子學，學習蒙古文字；至元二十四年（1287年），正式成立國子監，掌管中央官學；至元二十六年（1289年），又設回回國子學，專門學習波斯文字。這樣，開始形成國子監、國子學、蒙古國子學、回回國子學構成的元代中央官學系統。在學校中講論經史，教師由蒙古族、漢族、契丹族和其他少數民族的儒士擔任。元朝的國子學吸收了宋朝的辦學經驗，在國子學實行「升齋等第法」和「積分法」，將國子監自低到高分為「遊藝」「依仁」「據德」「志道」「時習」「日新」六齋，詳細規定「升齋等第」及「私試規矩」，對少數民族和漢族學生的要求也不盡相同，使之更具特色。

(二) 地方官學

據史料記載，遼代普遍建立有府學、州學、縣學等地方官學，並置博士和助教，有的學校內和學校旁還設有孔子廟，學習內容同樣為儒家經典著作，統治者希望以此「闡揚儒教，輔助國風」。

金代在地方，主要設有府學、州學、市鎮學、防禦州學等，其中，府學設於大定十六年（1176年），共設17處，並有諸路女真府學22處。這些學校統稱「京府鎮州之學」。金章宗大定二十九年（1189年），曾大興學校，並推行「三舍法」，使地方學校生員數量大增。這些州府所設的學校，一般各置教授一員，以管理學校事務，多由新

進士充任，目的在於提高教學質量。此外，還設有附於京府的剌史州學，及縣學、鄉學等。

元朝自世祖中統二年（1261年）下詔興學始，很快學校遍布全國。至元六年（1269年），又下詔對設學提出具體要求：「蓋學校者，風化之本，出治之源也。諸路雖有設立學官，其所在官司例皆視同泛常，不為用心勉勵，以致學校之設，有名無實。由是，吏民往往不循禮法，輕犯憲章，深不副朝廷肅清風俗，宣明教化之意。」元代按路、府、州、縣四級設相應的官學。路學創設於至元九年（1272年），設有教授、學正、學錄等各一人；府學、州學則各設教授一人。另在各路設提舉學官，管理教育。至元二十八年（1291年），元朝命江南諸路學及各縣學內設立小學，與已有的地方官學相銜接。

根據本民族統治的要求，元代還設有具有民族特色的蒙古字學、醫學、陰陽學等。諸路蒙古字學創設於至元六年（1211年），諸路醫學創設於中統三年（1262年），諸路陰陽學創設於至元二十八年（1291年）。

元代還在地方設有普及程度較高的社學。至元二十三年（1286年），元朝規定，五十家為一社，每社立一社學，擇通曉經書者為師，對民間子弟進行封建道德的灌輸和農桑耕種的基礎教育。除此之外，元朝在地方還設有專科學校，如諸路醫學和陰陽學。醫學要求嚴格，設置有專門的教授和學官，生徒行醫之前需要經過嚴格的考試，行醫發生誤傷人命的情況，不僅本人要受到懲罰，還要追究學官的責任。各路陰陽學的設置是為了滿足元統治者出徵占卜和觀察天氣的需要，學生學習天文、歷數、卜筮等各種專門知識，管理方法依諸路醫學例。

第三節　宋元的書院教育制度

書院是中國古代特有的一種教育組織形式，在宋元明清各代教育史上，都佔有重要的地位。書院以私人講學為主，彌補了官學的不足；書院自由研究學問，開創了一代新風；書院在教學制度和教育管理上也形成了一套有別於官學的獨特的體系。

一、書院制度的形成

書院產生於唐代。當時的書院有兩類，一類是官方所設機構，主要功能在收藏、校勘和整理圖書，如唐開元六年（718）朝廷設麗正修書院。另一類是民間設立的供個人隱居讀書治學之所，如四川張九宗書院、湖南李寬中秀才書院等。

書院作為聚徒講學的教學機構，是從唐末開始萌芽的。當時由於戰亂頻繁，嚴重危害了學校教育事業，造成官學日趨衰落，士人無求學之所。於是，一些讀書人便仿佛教禪林講學制度，在山林名勝僻靜安全之處，建屋藏書，讀書求學，進而聚徒講學。書院雖萌芽於唐末，但作為一種教育制度形成和興盛則在宋代。宋初七八十年間，朝廷無暇顧及興學設教，官學衰廢。在這種形勢下，書院就得以長足發展，發揮教育的重要功能，並形成相應的書院教育制度。隨著書院的發展和興盛，宋初逐漸形成了一

批在當時及對后世產生很大影響的著名書院，如白鹿洞書院、石鼓書院、嵩陽書院、岳麓書院、應天府書院、茅山書院等。北宋自仁宗慶曆興學之后，先後興起三次大規模的興學運動，官學由此興盛，書院相對沉寂下來。南宋時官學教育空疏腐敗，學校有名無實，書院得以興旺發達。同時，理學發展至此時已趨成熟，學派勃興，各派學術大師如朱熹、張栻、陸九淵、呂祖謙、陳亮、葉適等為了講論、傳授自己的學術主張、傳播自己的理學思想，積極創設書院。宋理宗又熱心提倡，或賜院額，或賜御書，書院發展達到極盛。

元代為了有利於理學的傳播和教育的恢復、發展，對書院採取承認、提倡和加強控制的政策。一方面，政府出面鼓勵設置書院，要求「先儒過化之地，名賢經行之所，與好事之家出錢粟贍學者，並立為書院」。另一方面，又通過撥給學田、任命書院山長，對書院的教職、生徒、管理加以制約等手段，因勢利導，使書院納入官學化軌道。

二、書院的組織與管理

書院在初建時，組織機構比較簡單。其主持人既是書院組織管理的負責人，又是日常教學工作的承擔者，一般沒有其他管理人員和機構。書院主持人的名稱，有山長、洞主、院長、堂長、教授等。其中山長之稱使用較早，也最普遍。因書院多設在風景優美的名山，在書院聚徒講學的多是德高望重的年長學者，尊山中長老，故稱山長。洞主之稱源於白鹿洞書院，這一名稱與地名存在有特殊聯繫，用者不多。院長、堂長之稱在宋代也曾使用，但稍少見。

到了南宋，書院興旺發達，生員增多，教學日趨複雜，組織機構也逐漸擴大。於是，有些較大的書院逐漸添設了副山長、副講、助教等職，協助山長處理有關事務。據《白鹿洞志》記載，書院有各類管理人員 11 種：

主洞：「聘海內名儒，崇正學，黜異端，道高德厚，明體達用者主之。無則不妨暫缺。」

副講：「主批閱文字，辨析疑義」，「聘本省通《五經》、篤行義者為之」。

堂長：「巡行督視課業勤惰」，「誘掖調和院中學徒」。

管干 1 人，副管干 2 人：「專管洞內一切收支、出納、米鹽瑣碎、修整部署諸務。」

典謁 2 人：「專管接對賓客及四方來學者。」

經長 5 人，經義齋五經各設一經長。

學長 7 人，治事齋七事禮、樂、射、書、數、曆、律各設一學長。

引贊 2 人：「司謁聖引禮」，擇「聲音洪亮，進退疾徐中節」者充之。

火夫 1 人。

採樵 2 人。

門斗 1 人。

白鹿洞書院管理人員 26 人，但專職管理人員並不多，於學生中銓選，或由學生輪流擔任管理職務的比較多。組織機構簡單，專職管理人員少，讓學生參加管理工作，是宋代書院組織管理制度的一大特色。

元代以後，隨著書院的逐漸官學化，書院的行政管理也日益複雜化、制度化，並

被納入官方教育行政體制之中。不僅書院的山長與官學教職一樣，須經禮部、行省或宣慰司任命以及在朝廷備案，書院的落直學、教授、學正、學錄等職務的任命和提升，也須經政府批准。元代各級政府還遣員承擔了書院山長及教職員的考察和稽查，書院山長授官銜並領取官俸。這就從組織管理的許多環節上加強了對書院的控制。

三、書院的教學制度

宋代書院的興盛，與理學的發展密切相關。宋代多數書院的教育目標不是應科舉，而是研究義理之學。因此，宋代書院的主要教材，都是理學家所提倡的儒家經典，以《大學》《中庸》《論語》《孟子》「四書」和《詩》《書》《禮》《易》《春秋》「五經」為基本教材。此外，當時名儒碩彥、理學大師之著作、講義、話錄、註疏等，亦成為書院的重要讀物。

書院的教學有多種形式，而以學生的自學為基礎。一般書院都很重視指導學生讀書和自修，注重培養學生的自學能力，使之努力鑽研探索，涵養有得。朱熹就十分注意對學生進行讀書方法的指導，他的學生為此而整理出「朱子讀書法」六條：循序漸進、熟讀精思、虛心涵泳、切己體察、著緊用力、居敬持志。這種以學生為主體，在教師指導下認真讀書、潛心學問的教學管理形式，是書院教學的最寶貴的經驗。此外，書院的教學形式還具有幾個特點：一是分齋學習。書院規模較大時，仿效北宋胡瑗的蘇湖教法，採用分齋制。書院一般以一個大師教誨一群生徒為主要形式，以傳習學術為主，與只管考課為主的官學教育不同。二是集體講授與個別指導相結合。書院的教學，即重視由山長或其他教師對全體學生進行的集體講授，又給生徒以質疑問難的機會，採取問難辯論式的教學形式，注意啓發學生的思維。三是建立講會制度。講會是書院教學的一種重要形式，其目的在於相互探討爭辯，開展學術交流，或發揮一個學派的精義，或辨析不同學派間的差異。南宋朱熹與陸九淵是兩個對立的學派，淳熙八年（1181）朱熹邀請陸九淵赴白鹿洞書院講學，並把所講內容碑刻院內，首開書院「講會」之風。這種講會常常成為一個地區性的學術活動，書院由此而成為一個地區的教育和學術活動的中心。

四、書院的學規及學生管理

宋代書院普遍定有嚴格的學規。學規通常是一所書院教育的總綱領和從事聚徒講學活動的基本規範，它規定了書院的培養目標，進德修業的基本要求與原則，有的還包括書院教學生活的基本守則，是一所書院特色的體現。宋代書院學規中最有影響的，是朱熹制定的《白鹿洞書院揭示》（又稱《白鹿洞書院學規》）。此學規選取儒家經典中聖賢的格言，用以概括理學教育的基本主張，闡發了對人、為學、修身、處事、接物的大道理，從宏觀上揭示立教的規範。南宋理宗推崇理學，親書《白鹿洞書院學規》賜太學生，對《白鹿洞書院學規》的推廣起了促進作用，使之成為歷代書院共同遵循的總學規。

各地書院以《白鹿洞書院學規》為藍本，結合本院的辦學宗旨與學生管理的需要，制定出一些細則，對生徒的言語行為、衣食住行、待人接物等加以規範。南宋呂祖謙

訂立的《麗澤堂學規》，就制定了六條比較詳密的學生管理制度。其中第六條提出了退學條規，學生有下列行為之一者，令其退學：第一，親在別居；第二，親歿不葬；第三，因喪婚娶；第四，家族訟財；第五，侵擾公私；第六，喧噪場屋；第七，遊蕩不檢。

五、書院的經費

宋代書院有私辦、官辦和私辦公助等多種形式，其辦學經費的籌措也來自各種不同的渠道，大多書院都擁有一定數量的學田，來養諸師生，維持其教育活動和學術活動。書院將學田租給附近農民耕耘，收其租廩為給養。這種「掌教有官，育士有田」的學田制的確立，為書院的發展提供了穩定的物質基礎。宋代以後，由於書院日益官學化，書院經費來源也有所擴大，除有學田租銀為膏火外，官府賜撥經費也成為書院經費的重要來源。

宋代書院經費的使用，主要有兩個方面：其一是供書院舉行的祭祀活動的開支。宋代書院通過祭祀儒家「先聖」「先師」「先賢」，對學生教育。祠祀之典禮分「釋奠」「釋菜」兩種。前者用羊、豬全牲供祭，后者用棗、粟、菁菹、兔醢或魚醢供祭。經費由學田開支。其二是供師生廩膳之用。據《考亭書院記》載：「供祀之餘，則以給師弟子之廩膳，名曰義學田。」

第四節　朱熹的教育思想

一、生平與教育活動

朱熹（1130—1200 年），字元晦。祖籍徽州婺源（今江西婺源縣），生於尤溪（今屬福建），久居建陽（今屬福建）崇安。朱熹出身書香門第，其父朱松為二程弟子羅從彥的學生，又是當時程門之學代表人物李侗的同窗摯友，故朱熹從小便受到了理學思想的熏陶。朱熹於十九歲考中進士，三年之後被委任為福建同安縣主簿，開始其仕宦生涯。1159 年，三十歲的朱熹入李侗門下求學，從此開始了其研治理學、建立自己學理體系的歷程。

1161 年秋，宋金關係緊張，金統治者完顏亮分兵四路南進。宋高宗準備出海南逃，由於右相陳康伯的竭力勸阻而作罷。不久，宋軍擊潰金兵。朱熹激動地給負責軍事的大臣寫信，鼓動其揮師收復中原。不久，宋高宗退位，孝宗登基，起用了抗戰派的張浚。朱熹上奏孝宗，提出講求格物致知之學、罷黜和議、任用賢能等三項建議，得到了孝宗的賞識，被召入朝。朱熹借機面見已經拜相的張浚，提出自己北伐中原的想法。遺憾的是，不久張浚便被罷相，使朱熹的大志難以伸張。

1164 年，隆興協議之后，宋金關係暫時緩和下來，朱熹便在故裡修築「寒泉精舍」，十餘年間，一直從事治學、講學活動。1178 年，朱熹東山再起，出任知南康軍。儘管他重新入仕，卻未忘記教育，在廬山修復白鹿洞書院，開展講學活動。1181 年，

朱熹解職回鄉，在武夷山建武夷精舍，廣收門徒。1193年，朱熹主政於湖南潭州，又主持修復了岳麓書院，使之與白鹿洞書院一樣，成為天下著名書院。

1195年，朱熹在朝廷的支持者趙汝愚受韓侂胄排擠被罷相位。韓因朱熹曾參與趙汝愚攻擊自己的活動，於是發動了一場抨擊「理學」的運動。一時之間，理學被斥為「偽學」，朱熹被斥為「偽師」，學生被斥為「偽徒」。朝廷下詔，凡薦舉為官，一律不取「偽學」之士。在重重打擊下，1200年3月，朱熹在建陽家中憂憤而死，享年七十一歲。臨死時，他還在修改自己的著作，可見他的一生是如何矢志於治學的。

在長期的教育活動中，朱熹非常重視教材的編寫。他曾編有《小學》作為小學階段的教材；並輯錄周敦頤、二程、張載關於大體和切於日用的語錄，凡十四卷622條，和呂祖謙合編《近思錄》作為大學階段的教材。特別是，鑒於「《論》《孟》《中庸》《大學》是熟飯，拿來即可果腹充饑；看其他經，是打禾為飯，是緩不濟急」，所以，他將《中庸》《大學》從《禮記》中抽出，廣泛參閱天下註解，對之和《論語》《孟子》進行了新的「集註」，編成《四書章句集註》，書成后，很快風行天下，朱熹也認為該書「添一字不得，減一字不得」，「不多一個字，不少一個字」。

朱熹的主要著作有《四書章句集註》《四書或問》《太極圖說解》《通書解》《西銘解》《易學啓蒙》《周易本義》等。此外，還有《朱子語類》，是他與弟子們的問答錄。

二、教育思想內容

(一) 天理與人文的合一

與前賢的思路一脈相承，朱熹也是從「理」本體思想為邏輯起點展開其理論建構的。在朱熹看來，「理」是世界的本原，天地萬物與人都是由其化生而成的。對此，他曾說：「未有天地之先，畢竟也只是理。有此理，便有此天地；若無此理，便無此天地，無人無物。」值得注意的是，朱熹認為，這裡所說的「理」不僅是超自然的本體，而且是「所以然」與「所當然」的統一體。正是因此，他才會對「理」作了這樣的引申性說明：「至於天下萬物，則必各有其所以然之故與所當然之則，所謂理也。」意思是，萬物的當然之則與所以然之故都包含在必然之「理」當中。既然如此，當然之則就不是外在於「所以然之故」的存在物，而是出於事物本身之內在的、必然的要求。對於這一點，他還曾經這樣進一步申述：「至於聖人，則順理而已，復何為哉！所以明道雲：『天地之常，以其心普萬物而無心；聖人之常，以其情順萬事而無情。』說得最好。」可見，在朱熹看來，人的活動必然是具有目的性的，但人活動的目的性不過是天地化生萬物的意欲在萬物上面的自然投射，自然的目的性是通過人的目的性而實現的。這自然帶來兩方面的結果：一方面，他把以三綱五常為核心的儒家文化提升到本體論的高度，使儒家文化不再僅僅局限於人類自身，從而獲得了其超越性根據；另一方面，他把自然規律賦予了人文品性，使以必然性為特徵的自然規律不再僅僅是獨立於主體之外的客觀存在，而是呈現出符合人類生存、發展需要的目的性特徵。這就為理學倡導的人文價值找到了堅實的本體依據。只有發展到這裡，理學教育思潮中以自然本體和人文價值合一為特徵的本體論才實現了真正的理論自洽。

(二)「氣質之性」向「天命之性」的迴歸

　　為教育思想的建構尋找本體論根據是必要的，但這還不夠，教育思想的形成還需要一定的人性論思想作為根基。所以，朱熹在思索本體論的同時，還進行了人性論的思辨。在朱熹看來，既然天理流行，成就了萬物，那麼，作為萬物之靈的人，自然也會被天理所化生。在被天理所化生的過程中，人的身上就形成了兩重人性：一是「天命之性」，二是「氣質之性」。其中，「天命之性」，「專指理而言」；而「氣質之性」，則「以理與氣雜而言」。他的意思是，「天命之性」是人稟受到的天理，而「氣質之性」則是人稟受的理和氣混合在一起的東西。二者相較，「天命之性」是純粹善的，而「氣質之性」則是善惡混雜的。正是「氣質之性」導致了人的不道德行為。為什麼這樣說呢？朱熹這樣解釋：「但以人自有生而有血氣之身，則不能無氣質之偏以拘之於前，而又有物欲之私以蔽之於后，所以不能皆知其性以至於亂其倫理而陷於邪僻也。」其意思是，一方面，除極少數人只是稟有清明之氣外，絕大多數人都不同程度地稟有渾濁之氣，這是人們造惡的先天根源；另一方面，人在現實生活中，要以特定的氣質為仲介與外界相感應，在感應的過程中，就產生了各種各樣的欲望，而物質欲望，是會掩蓋人的善性的，於是，就會發生不道德的行為，這是人為惡的經驗根源。既然人先天與后天作惡的根源都是「氣質之性」，那麼，作為引導人向善的教育，其作用就是，促進「氣質之性」向「天命之性」迴歸。對此，朱熹曾這樣概括：「是以古之聖王設為學校以教天下之人……必皆有以去其氣質之偏、物欲之蔽以復其性。」

(三)「心與理一」的人格境界

　　既然教育的作用是將「氣質之性」轉化為「天命之性」，那麼，當主體達到何種精神境界時，我們才能說這一作用得到了實現呢？這就涉及理想人格問題了。對此，朱熹的回答是：進達聖人境界。那麼，什麼是聖人境界呢？即「心與理一」的境界：「聖人大而化之之心與理一，渾然無私欲之間而然也。」他在這裡想說的是，聖人之心純然和天理合二為一，沒有絲毫的人欲摻雜在其中。顯然，這是一種心與理完全交融、主客無間的高度自由的心靈狀態。如果朱熹僅僅止於這樣的表述，他就很難把這種心靈狀態與佛家「無我」的心靈狀態區分開來。為此，朱熹才特別指出，這一心靈狀態是與仁的情懷密切聯繫在一起的：「仁者理即是心，心即是理，有一事來便有一理以應之，所以無憂。」在這裡，朱熹特別強調的是，心與理合一的聖人有仁愛萬物之德，因此，他才會以此仁德應對萬事而無不自然合理。如果說在前面一段話中這層意思表達得還有些隱晦的話，那麼，在下面這段話就表達得更為明確、具體了：「所謂天地之常，以其心普萬物而無心；聖人之常，以其情順萬事而無情。所謂普萬物、順萬事者，即廓然大公之謂；無心無情，即物來順應之謂。自私則不能廓然而大公，所以不能以有為為應跡；用智則不能物來順應，所以不能以明覺為自然。」顯而易見，這裡想要說明的是，達到聖人境界的人，能夠以「大公」之仁德普澤萬物，因此，他無須使用任何智巧，便能自然而然地順應天地之理，應對天下萬事。通過一再強調心與仁貫通的傾向，就把朱熹的聖人境界與佛教的「無我」境界截然區分開來，使其理想人格設定具有了鮮明的人世、濟世色彩。

(四)「格物」與讀書的路徑

既然教育的目的是達到「心與理」的合一，那麼，窮究天理便是必然的選擇。如何才能實現對天理的窮究呢？朱熹的回答是：「熹之所聞，以為天下之物無一物不具夫理，是以聖門之學，下學之序，始於格物以致其知。」可見，他在這裡突出強調的是，要想實現「窮理」的目標，必須依賴「格物」。何為「格物」呢？朱熹這樣解釋：「所謂致知在格物者，言欲致吾之知，在即物而窮其理也。」在朱熹看來，「格物」就是教育者引導受教育者通過與萬事萬物的接觸，從而獲得對「理」的認識。為什麼窮理必須通過「格物」的方式呢？因為心中先驗的「已知之理」如果不通過「格物」來窮究，這一「已知之理」，不過是「懸空之物」，因此，「自家雖有這道理，須是經歷過方得」。而所謂「經歷」，就是「今日格一物，明日格一物」。「格」到一定程度，「則眾物之表裡精粗無不到，而吾心之全體大用無不明矣。」也就是說，通過「格物」，就會明了「在物之理」，使先驗的「在己之理」得到印證。

在這裡需要特別指出的是，通過格物所獲得的「理」是不是我們當代人通常理解的對事物客觀規律的認識呢？回答是否定的。因為朱熹對探究自然之理持強烈反對的態度。他曾經說：「兀然存心於一草木、器用之間，此是何學問？如此而望有所得，是欲炊沙而成飯。」這裡的思想傾向可謂相當明顯了。既然他所窮究的「理」不是自然規律，那指的是什麼呢？朱熹這樣回答：「所謂孝悌忠恕，雖只是此一事，然須見得天下義理表裡通透，則此孝悌忠恕方是活物。如其不然，便只是個死底孝悌忠恕。」可見，其所謂「理」，是指儒家倫理的「義理」。

要窮究天理，「格物」是重要之途，此外，讀書也是一條捷徑。對此，朱熹說：「為學之道，莫先於窮理；窮理之要，必在於讀書。」因此，朱熹潛心鑽研讀書之法，提出了一系列關於如何讀書的精闢見解。后來，由他的弟子將其概括為一套系統的讀書方法，這就是著名的「朱子讀書法」。其內容有六：

1. 居敬持志

對於居敬持志，朱熹曾說：「讀書之法，莫貴於循序而致精。而致精之本，則又在於居敬而持志。此不易之理也。」居敬持志被朱熹視為讀書的根本保證。居敬持志意思有二，一是必須有堅定的志向。朱熹說：「立志不定，如何讀書？」這就把立志提到了讀書的必要前提這一地位。二是讀書必須精神專一，心靈純淨。朱熹說「讀書須將心貼在書冊上，逐字逐句，各有著落，方始好商量。大凡學者，須是收拾此心，令專靜純一，日用動靜間，都無馳走散亂，方始看得文字精審。」顯而易見，朱熹在這裡想要說的是，只有用專一、純淨的心態來讀書，才可能沉潛書中，把握作者所闡發的精義。

2. 循序漸進

朱熹說：「讀書之法，莫貴於循序而致精。」這裡說的就是循序漸進的道理，包括三層意思：第一，讀書應該按照一定的順序進行，不能顛倒。即「以二書言之，則通一書而后及一書。以一書言之，篇章句字，首尾次第，亦各有序而不可亂」。第二，要量力而行安排讀書計劃，還須切實執行。即「量力所至而謹守之」。第三，要一步步打好基礎，不能急於求成。用朱熹的話來說就是：「字求其訓，句索其旨。未得乎前，不

敢求乎后。未通乎此，不敢志乎彼。」

3. 熟讀精思

朱熹的弟子吳伯英初見朱熹問如何讀書，朱熹的回答非常直接：「讀書無甚巧妙，只是熟讀。」可謂一語破的。當然，要想讀書有得，僅僅熟讀是不夠的，還需要深入思考。所以，朱熹才說：「大抵觀書，須先熟讀，使其言皆若出於吾之口，繼之精思，使其意皆若出自吾之心，然后可以有得爾。」如何深入思考呢？朱熹的見解是：「讀書始讀，未知有疑，其次漸有疑，再次節節有疑，過此一番之後，疑漸漸釋，以至融會貫通，都無可疑，方始是學。」可見，他在這裡強調的是，讀書必須經歷從無疑到有疑，再到解疑的過程。

4. 虛心涵泳

朱熹極力主張讀書一定要虛心涵泳。他說：「學者讀書，須是斂身正坐，緩視微吟，虛心涵泳。」這包含兩層意思。一是「看文字須是虛心，莫先立己意」。即讀書不能先入為主，一定要尊重原著，探明原意。為什麼呢？因為「今人觀書，先自立了意，后方觀。盡牽古人語言，入做自家意思中來。如此，只是推廣自家意思，如何見得古人意思？」可見，朱子之所以提出「虛心」的見解，是針對當時讀書人讀書時多把自己的意見強加到作者身上的積弊提出來的。二是讀書要反覆玩味，即「反覆詳玩」。對此，朱子曾形象地打比方：「吃果子一般，劈頭方咬開，未見滋味便吃了；須是細嚼慢咽，則滋味自出，方始識得這個是甜是苦，是甘是辛，始為知味。」

5. 切己體察

所謂切己體察，就是把讀書與自己的思想實際、生活經驗等結合起來。對此，他說：「讀書須要切己體驗，不可只作文字看。」為什麼必須這樣做呢？他的回答是：「但於紙上看，文義上說得去便了。如此濟得甚事。」顯然，他是站在讀書的目的是切用的立場上來立論的。

6. 著緊用力

所謂著緊用力，突出強調的有兩層意思：一是讀書一定要抓緊時間，廢寢忘食，即「為學要剛毅果決，悠悠不濟事，且如發憤忘食，樂以忘憂」；二是讀書必須勇猛奮發，振作精神，不能疲疲沓沓、鬆鬆垮垮。對此，朱熹曾經這樣做比喻：「直要抖擻精神，如救火治病然，如撐上水船，一篙不可放緩。」

上面所述六條讀書法前後連貫，相得益彰，形成一個不可分割的整體。它是朱熹五十餘年辛勤執教的切身體驗和智慧結晶，具有極高的借鑑意義。

（五）道德修養的方法

要造就聖人，教育者引導受教育者通過「格物」「窮理」固然是重要的，同時，受教育者通過自身的道德修養來實現人欲的減損、革除也非常重要。因為「窮天理」與「滅人欲」是互為制約、互相影響的。因此，朱熹提出了多種道德修養的方法。

1. 立志

朱熹認為，樹立高尚而遠大的志向是自我道德修養的第一步。當有人問他「為學功夫，如何為先」時，他回答：「亦不過如前所說，專在人自立志。既知這道理，辦得

堅固心，一昧向前，何患不進。」既然立志這麼重要，那應該確立什麼志向呢？要確立成聖成賢的志向。對此，他曾這樣表述：「所謂志者，不是將意氣去蓋他人，只是直截要學堯舜。」

2. 居敬

朱熹認為：「敬字工夫，乃聖門第一義。徹頭徹尾，不可頃刻間斷。」可見，他將居敬看作道德修養中須臾不可離的方法。既然居敬這麼重要，如何實地去做呢？他說：「然敬有甚物，只如畏字相似，不是塊然兀坐，耳無聞，目無見，全不省事之謂，只收斂身心、整齊、純一、不恁地放縱，便是敬。」他還說：「坐如屍，立如齋，頭容直，目容端，足容重，手容重，口容止，氣容肅，皆敬之目也。」在他看來，居敬的要求是：就內在而言，精神要高度專一於對私欲的克制，不能有絲毫的鬆懈和麻痺；就外在而言，容貌、服飾和行為必須整齊嚴肅，不能有一毫馬虎。

3. 省察

所謂省察，就是反省、檢查自己的思想、言行。在道德修養中如何省察，朱熹曾經這樣說：「謂省察於將發之際者，謂謹之於念慮之始萌也。謂省察於已發之後者，謂審之於言動已見之後也。念慮之萌，固不可不謹；言行之著，亦安得而不察？」其意思是，當不良念頭剛剛萌生時，應及時克制；如果思慮外化為言行后，應及時檢查自己的言行是否合乎道德規範。

(六) 教育階段的劃分

不論是教育者引導受教育者格物、讀書，還是進行自我道德修養，都不是一蹴而就的，這就涉及按照特定的教育階段循序而行。對此，朱熹曾有系統論述。

朱熹認為，整個教育過程應該劃分為小學和大學兩個階段。小學階段的時限為八歲至十五歲，主要任務是「教事為」。他說：「人生八歲，則自王公以下，至於庶人之子弟，皆入小學，而教之以灑掃、應對、進退之節，禮、樂、射、御、書、數之文。」可見，朱熹在這裡想要說明的是，小學階段的任務是教給受教育者處理日常生活的基本倫理與技能。朱熹重視小學階段的學習，不僅編寫有《小學》一書作為教材，而且還親自制定《童蒙須知》等學則。其中，《小學》計內、外六篇：內篇有《立教》《明倫》《敬身》《稽古》，外篇有《善行》《嘉言》。《童蒙須知》則從「衣服冠履」「言語步趨」「灑掃涓潔」「讀書寫文字」「雜細事宜」等方面給兒童提出具體要求。十五歲以上為大學階段，其任務是「學其小學所學之事之所以」，最終「發明此事之理」。在這裡，朱熹突出強調的是，大學階段的主要任務是讓受教育者明了倫理、技能之事背後的義理。

在這裡需要特別指出的是，雖然朱熹賦予了小學、大學階段不同的教育任務、要求，但這並不意味著他認為兩個階段是割裂的。相反，他特別強調兩個階段的連續性、整體性。對此，朱熹曾說：「學之大小，固有不同，然其為道，則一而已。是以方其幼也，不習之於小學，則無以收其放心，養其德性，而為大學之基本；及其長也，不進之於大學，則無察其義理，措之事業而收小學之成功。是則學之大小所以不同，特以少長所習之異宜，而有高下、深淺、先后、緩急之殊。」在朱熹看來，小學階段是基

礎，大學階段是小學階段的擴充和深入。因此，在教育過程中，既要堅持每個階段的相對獨立性，又要注重各階段之間的連續性、互補性，這樣才能獲得滿意的教育效果。

朱熹在世時，其思想並不為世所重。但是，在他死後不久，他的思想價值開始為統治者所重視。嘉定二年（1209年），宋寧宗賜朱熹諡號「文」；寶慶二年（1227年），宋理宗詔曰：「朕觀朱熹集註《大學》《論語》《孟子》《中庸》，發揮聖賢蘊奧，有補治道。朕勵志講學，緬懷典刑。可特贈熹太師，追封信國公。」此後，朱熹及其思想為歷代所重視，其教育思想也對後世產生了重要影響。

思考題

1. 簡述北宋三次興學的內容和影響。
2. 說明遼、金、元學教育的特徵，並分析其原因。
3. 書院的教學特徵有哪些？有何借鑑意義？

第七章　明朝的教育

【導讀】

明初統治者制定了「治國以教化為先，教化以學校為本」的文教政策，促進了學校教育事業的發展。明朝建立了較完備的中央官學和地方官學體系，形成了諸多特點。由於受統治階級內部矛盾鬥爭的影響，明朝曾四毀書院。在明朝眾多書院中，東林書院的地位特殊。它是當時一個重要的學術文化中心和政治活動中心。明朝科舉制度是中國科舉史上的鼎盛時期，八股文成為固定的考試文體，學校教育受到科舉制度的嚴重影響。王守仁是明中葉著名的哲學家和教育家。他創立了和程朱理學異趣的「心學」體系；他的講學活動，形成了中國學術史上有重要地位的陽明學派；他的教育思想，在明中後期產生了廣泛而深刻的影響。

【教學目標】

1. 掌握明代國子監的教學特色。
2. 瞭解書院在明代的演變概況。

明朝（1368—1644 年）是中國封建社會的一個重要朝代，歷時 277 年。明初，統治者為了鞏固政權，在政治和軍事方面進行了諸多改革。同時，在經濟方面，推行了一系列「安養生息」、發展生產的政策，推動了農業、手工業的恢復和發展，促進了商業和城市經濟的繁榮。隨著商品經濟的增長，自明中葉以後，特別是在嘉靖、萬曆年間（1522—1620 年），在長江三角洲和沿海地區的一些手工業部門中出現了資本主義生產關係的萌芽。這是在封建社會內部出現的新的經濟因素。明朝的統治思想是程朱理學。統治者曾採取種種措施，提高程朱理學的社會地位。明中葉以後，王守仁繼承和發展了陸九淵的學說，創立了與程朱理學相悖的「王學」，曾風行一百餘年。自萬曆以後，一些西方耶穌會傳教士，如利瑪竇、龐迪我、湯若望、熊三拔等人，陸續來到中國。他們在進行傳教活動的同時，介紹一些西方有關曆算、水利、測量等方面的知識。所有這一切，對明朝教育的發展產生了重要的影響。

第一節　明代的文教政策

一、崇儒佑文，廣設學校

　　雖然元朝也奉行尊孔的政策，但受遊牧民族文化影響，加之元朝統治者信佛敬神，以致儒學在元代的政治地位較之兩宋有所減弱。明政權建立后，朱元璋重申傳統的倫理綱常道德，以確立其思想文化上的正統地位，借以清除民眾心中崇元、崇佛的意識。在他頒布的《御制大誥》中，申明「中國先王之舊章，務必父子有親，君臣有義，夫婦有別，長幼有序，朋友有信」，抨擊「胡人綱常大壞」，並警示「今后若有犯先王之教，罪不容誅！」由於《御制大誥》不僅令各級學校講讀，而且讓全民都要學習，這樣，通過《御制大誥》，以三綱五常為中心的儒家倫理道德成為統一思想的重要武器。

　　朱元璋早年因生活所迫出家為僧，但他在政治上真正推崇的是「儒」。早在戰亂時期，他就認識到，要想取得政權，治理國家，沒有儒士是不能成功的，因而他注意招賢納士，為其出謀劃策。元至正十七年（1357年），他攻取婺州（今浙江金華）后，聘請學者範祖干、胡翰等十三人，為他講解經史。範祖干是元代大儒許謙的門人，而許謙是朱學嫡派傳人，其思想傾向自然會影響到朱元璋。陳鼎在《東林列傳》中說，我太祖高皇帝即位之后，「一宗朱子之學，令學者非『五經』、孔孟之書不讀，非濂、洛、關、閩之學不講。成祖文皇帝，益光而大之，令儒臣輯『五經』『四書』及《性理全書》，頒天下。」事實確實如此。明朝統治者竭力推崇程朱理學的正宗地位，明確規定國家取士，說經者以宋儒傳註為宗。此外朝廷還屢次表彰程朱后人及其門人，以此來提高程朱理學的社會地位。

　　元朝重武輕文，國運不足百年。朱元璋吸取元朝滅亡的教訓，把教育置於十分重要的地位，確立了「治國以教化為先，教化以學校為本」的文教政策，廣設學校，培養人才。他說：「治天下當先其重其急而后及其輕且緩者。今天下初定，所急者衣食，所重者教化。衣食給而民生遂，教化行而習俗美。足衣食者在於勸農，明教化者在於興學校。」洪武元年（1368年），朱元璋下詔曰：「天下甫定，朕願與諸儒講明治道」，於是，乃「令品官子弟及民俊秀通文義者」入國子學肄業。次年（1369年），他發布「興學令」，要求全國各地普遍設立學校。「興學令」稱：「學校之教，至元其弊極矣。上下之間，波頹風靡，學校雖設，名存實亡。兵變以來，人習戰爭，惟知干戈，莫識俎豆……京師雖有太學，而天下學校未興。宜令郡縣皆立學校，延師儒，授生徒，講論聖道，使人日漸月化，以復先王之舊。」於是，全國各府、州、縣便紛紛設立地方官學。洪武八年（1375年）又因「京師及郡縣皆有學，而鄉社之民未睹教化」，下令設社學，「延師儒以教民間子弟」。明代學校佈局向下延伸，從京師到州、縣以及鄉村，構建了一個學校教育網，學校教育得到了很大發展，普及程度為唐宋以來所不及。

二、文化專制，禁錮思想

　　明朝是以君主專制為特點的封建政權，在文教領域裡，朱元璋實行了種種禁錮思

想的措施。洪武初年，朱元璋讀《孟子》至「君之視臣如草芥，則臣視君如寇仇」時，勃然大怒，認為這不是臣子該說的話，於是把孟子的牌位從孔廟中撤出來。第二年雖恢復了孟子配享的資格，不過，孟子提倡民本的言論，始終使朱元璋感到如芒在背，所以，洪武二十七年（1368 年），他令翰林學士劉三吾等修《孟子節文》，把不利於君主專制的語句刪去。如《盡心篇》的「民為貴，社稷次之，君為輕」；《離婁篇》的「桀紂之失天下也，失其民也，失其民者，失其心也」；《萬章篇》的「天視自我民視，天聽自我民聽」，「君有大過則諫，反覆之而不聽，則易位」；等等；共八十五條。並規定在這八十五條之內，課士不以命題，科舉不以舉士。經刪節后的書稱《孟子節文》，刻板頒行全國學校。

明朝對國子監和地方學校都實行嚴格管理。國子監設立「繩愆廳」，由監丞負責監督師生，考查學生的品行，凡「諸師生有過及廩膳不潔」，則書之於集愆簿，依據情節加以懲處，嚴重者施以刑罰。國子監訂有苛細學規，規定：講授書史，須立聽講解，如有疑問，必須跪聽；學生「敢有毀辱師長及生事告訐者，即系干名犯義，有傷風化，定將仗一百發雲南地面充軍」。洪武二十七年（1394 年），監生趙麟因受不了虐待，揭帖表示抗議，按毀辱師長罪，該杖一百充軍，但卻從重處罰，竟將趙麟處以極刑，並在國子監前立一長竿，懸首示眾，竿子一直豎了 126 年，方才撤去。朱元璋為達到殺一儆百的目的，特發詔告說：「今后學規嚴緊，若無籍之徒，敢有似前貼沒頭帖子，誹謗師長的，許諸人出首，或綁縛將來，賞大銀兩個。若先前貼了票子，有知道的或出首，或綁縛將來呵，也一般賞他大銀兩個。將那犯人，凌遲了梟首在監前，全家抄沒，人口遷發菸瘴地面。」對地方學校則「頒禁例於天下學校，鐫刻臥碑，不遵者以違制論。」臥碑條例都是圍繞控製師生的思想和言論制定的。如「府州縣生員，有大事干己者，許父母兄弟陳述，非大事，毋輕至公門」；「一切軍民利病，農工商賈皆可言之，唯生員不許建言」；「生員聽師講說，毋恃己長，妄行辨難，或置之不問」。

朱元璋一方面重視儒士，讓他們做官；另一方面對官員和知識分子所進表、箋、著作進行檢查，吹毛求疵，以「莫須有」的罪名加以迫害，導致洪武時期文字獄的產生。據記載，杭州府學教授徐一夔，在所撰賀表中有「光天之下，天生聖人，為世作則」等語，明太祖「覽之大怒曰：『生』者，僧也，以我嘗為僧也；『光』則剃髮也，『則』字音近賊也。遂斬之。」「浙江府學教授林元亮，為海門衛作《謝增俸表》，以表內『作則垂憲』誅。常州府學訓導蔣鎮，為本府作《正旦賀表》，以『睿性生知』誅。懷慶府學訓導呂睿，為本府作《謝賜馬表》，以『遙瞻帝扉』誅。尉氏縣教諭許元，為本府作《萬壽賀表》，以『體乾法坤，藻飾太平』誅。德安府學訓導吳憲，為本府作《賀立太孫表》，以『永紹億年，天下有道，望拜青門』誅。蓋『則』音嫌於『賊』也，『生知』嫌於『僧』也，『帝扉』嫌於『帝非』也，『法坤』嫌於『髮髡』也，『有道』嫌於『有盜』也，『藻飾太平』嫌於『早失太平』也。」文人因文字得禍，人人自危。朱元璋枉殺無辜，殘害各級教官，製造恐怖氣氛，對以后文教思想產生了極壞的影響。

第二節　明代的科舉制度

明代對於科舉制度極為重視，因之科舉制度尤為完密，更加注重形式，規條更加繁瑣。過去科舉制度尚與學校制度並行，而明代則使學校完全成為科舉的附庸。

一、科舉制度的定制

明太祖初定天下，因官員缺少，正式下詔特設科舉，「使中外文臣皆由科舉而進，非科舉者毋得與官」。於是，洪武三年（1370）至五年（1372），令各行省連試三年。后因官多缺員，鄉試中試的舉人俱免會試，赴京聽候選拔做官。試行結果，又以「所取多后生少年，能以所學措諸行事者寡」，乃於洪武六年（1373）起，罷科舉達十年之久。至洪武十七年（1384）命禮部頒行科舉定制。

（一）三年大比制度

洪武十七年（1384），明王朝正式確立三年大比的制度，即每隔三年舉行整個一套自下而上的考試步驟，規定每逢子、午、卯、酉年的秋季，舉行鄉試，稱「秋闈」；每逢辰、戌、醜、未年的春季，舉行會試，稱「春闈」。鄉試八月舉行，會試二月舉行，鄉會試都是在初九日為第一場，又三日為第二場，又三日舉行第三場。廷試於三月初一日舉行。

（二）科舉考試步驟

明代科舉考試，分為四個步驟：第一步為每三年各府、州、縣考選其俊秀諸生，認為有應鄉試資格的，送之於省，稱為「郡試」，又稱「小考」；第二步在各省會舉行，叫作「鄉試」，中試者為「舉人」；第三步在京師舉行，由禮部主持，稱為「會試」；第四步會試中試者，天子親自在朝廷策試，稱「廷試」，亦稱「殿試」。殿試取中者叫作「進士」。殿試分一、二、三甲發榜以為名第之次：第一甲僅三人，狀元、榜眼、探花，賜進士及第；第二甲若干人，賜進士出身；第三甲若干人，賜同進士出身。

（三）翰林院庶吉士制度

明成祖永樂二年（1402）創設翰林院庶吉士之制，凡進士一甲出身的，任為翰林院修撰及編修，進士未能考入一甲者，一般須經庶吉士階段，方能正式入仕。明制一般規定：「狀元授修撰，榜眼、探花授編修，二、三甲考選庶吉士者，皆為翰林官。」所謂「庶吉士」，就是「使進士觀政於諸司，其在翰林、承敕監等衙門者，曰庶吉士」。從此翰林院與科舉考試發生緊密關係，翰林院乃成為一個儲才機構，對象是科舉中式的進士。明代尤以翰林為貴，當時有「非進士不入翰林，非翰林不入內閣」之說。史載：「通計明一代宰輔一百七十餘人，由翰林者十九。蓋科舉視前代為盛，翰林之盛則前代所絕無也。」

(四) 科舉考試科目和內容

自隋唐行科舉以來，歷代考試科目均有進士、九經、開元禮、三史、三傳、明法等科，而明代科舉只設進士一科。明代科舉不考詩賦，這是科舉考試上的一大改革。明代鄉會試都分三場舉行，三試每場所試的內容與分量完全相同。初場試「四書」義三道，經義四道；第二場試論一道，判五道，詔、誥、表、內科一道；第三場試經史時務策五道。總的說來，考試內容分三大類，一為經義，二為詔誥律令，三為經史時務策。經義出題限於「四書」和《易》《書》《詩》《禮》《春秋》。考試共分三場，而以第一場為最重要。

二、八股取士制度

明代科舉考試，科目雖沿用唐、宋舊制，而試士之法，大大變更，最突出的則為經義採用排偶文體，稱謂「八股」。八股文亦稱時文、制藝、經義、四書文。它定範於明初，由明太祖與劉基首創，完備於成化年間。

所謂「八股」文體，大概一文可分為六段，計為八比。第一段為破承題。所謂「破題」是開首用二句或三四句說破題意，大抵以對句為多；接著又作四五句，承上接下，謂之「承題」。第二段為「小講」，用首二比，是正文初入講處。第三段為「提比」，用三四比。第四段為「中比」，用五六比。第五段為「后比」，用七八比，為一篇文章最緊要處。第六段為「束比」，是八比既完，又作總會全文，詠嘆數句，附小比於后，作為結束。

顧炎武曾分析八股文的內容結構云：「經義之文，流俗謂八股；蓋始於成化以後。股者，對偶之名也。……弘治九年（1496），會試『責難於君謂之恭』文，起講先提三句，即講『責難於君』四股，中間過接二句，復講『謂之恭』四股；復收二句，再作大結。每四股之中，一反一正，一虛一實，一淺一深，亦有聯屬。二句、四句為對排比，十數對成篇，而不止八股。其兩扇立格（謂題本分兩對，文亦分兩大對），則每扇之中，各有四股。其次第之法，亦復如之。故今人相傳謂之八股。」可知八股文的要害是注重格式，講究對偶排比，而且又只能依據朱熹《四書集註》「代聖人立言」，不能絲毫闡發己意。文中空虛無物，束縛思想莫甚於此。明代取士，既以八股為準。數百年間，使天下學子，競習此八股文濫調，以為進身之階，其流弊不可勝言。八股既為試文固定格式，於是學校教育的重點，也以教學八股為目的。學生所讀的書籍，只是流行的坊間八股刻本，即誦熟習，奉為至寶，「天下之人，唯知此物可以取功名，亨富貴，此之謂學問，此之謂士人，而他書一切不觀」。明代推行八股取士制度，使得科舉考試更加形式化，對於束縛思想、空疏教育，產生惡劣影響。它的禍害，不獨及於明代本身，而且影響清代。

第三節　明朝的書院

一、明朝書院的發展

明朝的書院由於受統治階級文教政策及其內部矛盾的影響，其發展經歷了沉寂－勃興－禁毀的曲折過程。

從明朝立國至孝宗弘治十八年（1505年）的130餘年間，明朝書院處於沉寂狀態。當時，統治者重視學校教育，大力發展官學，使明初官學的普及出現了唐、宋所未有的盛況。與重視官學、積極發展官學形成鮮明的對照，統治者對於書院則既不提倡，也不修復。如著名的白鹿洞書院，自至正十一年（1351年）毀於元末兵火后，遲至正統三年（1438年）才得以重建，荒廢了87年之久。有的甚至在發展官學時，還侵占書院院址，或直接將書院改為官學。據《道光南昌縣志》記載，洪武五年（1372年），南昌知縣將原在南昌撫州門外的縣學遷入東湖書院院址，書院停辦。《同治新建縣志》載，宗濂書院為新建縣學所占。明初統治者在積極發展官學的同時，又大力提倡科舉，並將科舉與學校教育緊密結合，規定「科舉必由學校」「學校則儲才以應科目者」。這樣，一方面士人為了獲取功名利祿，紛紛趨向官學，書院受到冷落；另一方面，統治者既然通過官學和科舉，已滿足了對於人才的需要，也就無意再興辦書院。此外，書院比較自由的學風，也有悖於明初的專制統治。以上種種原因，造成明初的書院在一個相當長的時期內，處於沉寂狀態。

明初書院沉寂，並不是沒有書院的設置。洪武元年（1368年），明太祖即「因元之舊」，設立了洙泗、尼山二書院。在這之後，各地亦時有書院創立。正如《續文獻通考·學校考》所雲：「其時各省皆有書院，弗禁也。」據《白鹿洞書院史略》記載，自洪武元年至弘治十八年（1505年），江西省新建有年代可考的書院51所。《廣東書院制度沿革》亦載，在與上述相同的時期內，廣東新設書院17所，包括象山書院（洪武七年）、昌溪書院（洪武年間）、養正書院（永樂六年）、崇正書院（正統二年）、濂溪書院（正統二年）等。由此可知，所謂明初書院沉寂，是指由於統治者對書院不重視、不提倡，造成書院的數量較少，沒有得到應有的發展，而並不是統治者禁止書院，在全國不設書院。

明朝書院自正德（1506—1521年）之后，開始興盛起來，至嘉靖年間（1522—1566年）勃興。據曹松葉《宋元明清書院概況》統計，明朝書院共計1,239所，其中嘉靖年間最多，占總數的37.13%；萬曆年間其次，占總數的22.71%，有些省的統計資料，亦與上述情況相符。如吳景賢在《安徽書院沿革考》中統計，明朝安徽省共建書院98所，其中在嘉靖年間建39所，約占40%。又如劉伯驥在《廣東書院制度沿革》中統計，自正德以後廣東創建書院共計150所，其中正德年間建8所，嘉靖年間建78所，萬曆年間（1573—1620年）建43所。設立書院的除廣州、惠州、高州、潮州、欽州、雷州等州府外，還有一些比較偏遠的縣份。儘管上面所引的統計數字不一定十分

精確，但已清楚地顯示，書院自明朝中葉以后，又漸漸興起，嘉靖年間則達到極盛。

　　明中葉以后書院之所以興盛起來，主要原因有以下三點：第一，明朝統治者內部矛盾激化，尤其是出現了宦官專權，排斥異己，打擊反對派。於是，在野士大夫便設立書院，在講學之餘，諷議朝政，裁量人物。因此，這個時期書院的講學，往往帶有政治色彩。第二，科舉腐敗，官學衰落。科場中，賄買鑽營、懷挾倩代、割卷傳遞、頂名冒籍等弊端百出，相沿成風；官學已變成科舉的附庸，學生「奸惰」，不肯讀書，僅視官學為取得應試資格的場所，學校有名無實。於是，一些有志於從事學術研究的士大夫便紛紛創建書院，授徒講學。第三，湛若水、王守仁等著名學者的倡導。湛若水（1466—1560年），是著名學者陳獻章（白沙）的學生。他一生講學55年，廣建書院，門人眾多。《明儒學案·甘泉學案一》記載，他「平生足跡所至，必建書院以祀白沙，從遊者殆遍天下」。王守仁（1472—1528年）從34歲起開始授徒講學，歷時23年之久，先後修建了龍岡書院、濂溪書院、稽山書院、敷文書院等，並在文明書院、岳麓書院、白鹿洞書院講學。著名學術大師到處設書院講學，對於明中葉以后講學之風的興起、書院的迅速發展起了直接的推動作用。

　　不過，明中葉以后書院的發展命運多舛，曾先后四次遭到當權者的禁毀。第一次是在嘉靖十六年（1537年）。據《續文獻通考》記載：是年二月，「御史遊居敬疏斥南京吏部尚書湛若水，倡其邪學，廣收無賴，私創書院，乞戒諭以正人心。帝慰留若水，而令所司毀其書院」。湛若水雖保留了官職，但所創立的書院卻遭到了禁毀。第二次是在嘉靖十七年（1538年）。據《皇明大政紀》記載，這次毀書院顯然是受到上年的影響，吏部尚書許贊以官學廢壞不修，而各地別起書院，不僅耗財，「動費萬金」，而且還與官學爭師，「徵取各屬師儒，赴院會講」，上書請求「毀天下書院」，詔從其言。第三次是在萬歷七年（1579年），執政的張居正憎惡書院聚徒講學，害怕書院「徒侶眾盛，異趨為事」，「搖撼朝廷，爽亂名實」。因此，他「不許別創書院，群聚徒黨」，遂以常州知府施觀民科斂民財私創書院為借口，請毀書院。結果，是年正月，「詔毀天下書院。……盡改各省書院為公廨，凡先后毀應天等府書院六十四處。」第四次是在天啟五年（1625年）。當時宦官魏忠賢專權，專橫跋扈，坑害異己，朝政極度腐敗。顧憲成、高攀龍等講學於東林書院，在講習之餘，「諷議朝政，裁量人物。朝士慕其風者，多遙相應和。由是東林名大著，而忌者亦多」。魏忠賢黨人為傾東林，遂矯旨「毀天下東林講學書院」。只因當時東林書院社會影響很大，人們把書院都同東林聯繫在一起，所以，魏忠賢等在禁毀書院時，也就把天下的書院都疑為是東林，一律嚴令禁毀。由忌恨東林書院，而殃及了天下的書院。

　　上述四次禁毀書院，雖然具體起因不盡相同，但均同當時統治階級內部的矛盾鬥爭緊密相關，其實質是為了加強封建專制統治。然而，書院是禁不住的。嘉靖一朝連續兩次禁毀書院，但明朝書院反以嘉靖年間為最多。同樣萬曆、天啟年間二毀書院，但萬曆年間書院數量之多，僅次於嘉靖時期，天啟年間書院亦有發展。由此可見，官方越禁，民間越辦；越是禁毀，越是發展，這就是歷史的辯證法。

二、東林書院

在明朝眾多書院中，名聲大、影響廣者，莫過於東林書院。柳詒徵曾在《江蘇書院志初稿》中說：「合宋元明清四代江蘇書院衡之，蓋無有過於東林書院者矣。」

東林書院在江蘇無錫城東南，原為北宋理學家楊時（1053—1135年）講學之所，后在該地建書院。楊時人稱龜山先生，故東林書院亦稱龜山書院。元朝至正年間，廢為僧廬。明萬曆三十二年（1604年），無錫人顧憲成（1550—1612年）及其弟顧允成，在當時常州知府、無錫知縣等地方官的支持下，重新修復，邀約同志講學其中，形成著名的「東林學派」。顧憲成去世后，高攀龍（1562—1626年）、葉茂才相繼主其事。東林諸子學術思想的基本傾向是推崇程朱，反對王學。《明史·顧憲成傳》記載：顧憲成「力闢王守仁『無善無噁心之體』之說」。《明史·高攀龍傳》亦雲：「初海內學者，率崇王守仁，攀龍心非之。」顧憲成還以朱熹的《白鹿洞書院揭示》為範本，制定《東林會約》，將「五教之目」「為學之序」「修身之要」「處事之要」「接物之要」作為基本內容。

東林書院的另一個重要特點，即是密切關注社會政治，將講學活動與政治鬥爭緊密結合起來。東林書院的這個特點，集中地體現在顧憲成題寫的一副著名對聯上：「風聲雨聲讀書聲聲聲入耳，家事國事天下事事事關心。」這副對聯至今仍刻存在書院舊址的石柱上。顧憲成認為：「官輦轂，志不在君父，官封疆，志不在民生，居水邊林下，志不在世道，君子無取焉。」強調講學不能脫離「世道」。因此，東林書院在講習之餘，抨擊政治，評判權貴，以正義的輿論力量給朝廷施加壓力。正如《明儒學案·東林學案》所雲：「廟堂亦有畏忌。」東林書院的清議活動，產生了巨大社會影響，使許多有識之士慕名而來。《明史·顧憲成傳》記載：「當是時，士大夫抱道忤時者，率退處林野，聞風響附，學舍至不能容。」甚至一部分在職官員，如吏部尚書趙南星等人，也與他們「遥相應和」。天啟五年，終於遭到以魏忠賢為首的閹黨的迫害，書院被禁毀，許多東林黨人，如高攀龍、楊漣、左光鬥、魏大中、周順昌、黃尊素、李應升等橫遭迫害致死。但不久，崇禎即位，魏忠賢縊死，其他閹黨人物也受到應有的懲治，東林黨人得以昭雪，東林書院也於崇禎六年（1633年）修復。經歷這一番曲折之后，東林書院「名益高，人乃以附東林為榮」，又重新生意盎然。

東林書院既是當時一個重要的文化學術中心，又是一個重要的政治活動中心。無論是在明朝，還是在中國古代書院發展史上，東林書院都具有其特殊的地位。

第四節　王守仁的教育思想

王守仁是明中葉著名的哲學家和教育家。他長期從事授徒講學活動，其門徒遍天下，形成了在中國學術史上有重要地位的陽明學派。他的思想遠承孟軻，近接陸九淵，創立了與程朱理學異趣的「心學」體系，在明中后期產生了廣泛而又深刻的影響。

一、生平和教育活動

王守仁（1472—1529年），字伯安，號陽明，浙江餘姚人。21歲中浙江鄉試，28歲舉進士，曾任刑部主事、兵部主事等。武宗正德元年（1506年），因上疏援救戴銑等而得罪宦官劉瑾，被謫為貴州龍場驛丞。劉瑾被誅后，王守仁先后任廬陵知縣、南京刑部主事、考功郎中、南京太僕寺少卿、鴻臚寺卿等職。正德十四年，他率兵平息寧王朱宸濠在江西南昌發動的叛亂。十六年，升任南京兵部尚書（屬閒職），受封「新建伯」。

王守仁繼承和發展了陸九淵的學說，提出「心即理」「致良知」「知行合一」等命題，創立了與程朱理學大相徑庭的「陽明學派」（亦稱「姚江學派」「王學」）。其學說以「反傳統」的姿態出現，在明中葉以後曾廣為流行，並曾流傳到日本，對明治維新產生過積極影響。

王守仁從34歲起，開始從事講學活動，直至去世，前后歷時23年。其中除6年（1522—1527年）是專門從事講學之外，其餘均是一面從政，一面講學。他所到之處，講學活動不斷，並熱心建書院、設社學、辦學校。此外，他還不拘形式，隨處講學。如正德七年，他與徐愛同舟返鄉，在舟中與之講論《禮記·大學》宗旨。誠然，王守仁如此熱心設學、講學，其目的一是為了傳播自己的學說，二是為了對民眾加強封建倫理道德教化，即所謂「破心中賊」。但在客觀上，對於明中葉以後書院的發展，講學之風的興起，起了積極的推動作用。正如沈德符在《野獲編·畿輔》中所云：「王新建（王守仁）以良知之學，行江浙兩廣間，而羅念庵、唐荊川諸公繼之，於是東南景附，書院頓盛。」

王守仁的著作有《王文成公全書》38卷，主要教育著作有《答顧東橋書》《稽山書院尊經閣記》《訓蒙大意示教讀劉伯頌等》《教約》等。

二、論教育作用

王守仁十分重視教育對於人的發展所起的重要作用，提出了「學以去其昏蔽」的思想。他是用「心學」的觀點來闡明這一思想的。

王守仁不同意朱熹將「心」「理」區分為二，認為「理」並不在「心」外，而是存在於「心」中，「心即理」。同時，他又繼承和發展了孟軻的「良知」學說，認為「良知即是天理」，即是「心之本體」。良知不僅是宇宙的造化者，而且也是倫理道德觀念。他說：「見父自然知孝，見兄自然知悌，見孺子入井，自然知惻隱，此便是良知，不假外求。」又說：「良知只是個是非之心，是非只是個好惡。」作為「知孝」「知悌」「知惻隱」「知是非」等倫理道德觀念的「良知」，王守仁認為具有以下這些特點。首先，它與生俱來，不學自能，不教自會，即所謂「不待慮而知，不待學而能，是故謂之良知」；其次，它為人人所具有，不分聖愚，「良知之在人心，無間於聖愚」；再次，它不會泯滅，「良知在人，隨你如何，不能泯滅」，也不會消失，「雖妄念之發而良知未嘗不在」，「雖昏塞之極而良知未嘗不明」。不過，「良知」也有致命的弱點，即在與外物接觸中，由於受物慾的引誘，會受昏蔽。所以，王守仁認為，教育的作用就在

於去除物欲對於「良知」的昏蔽。他說得很明確,「良知」「不能不昏蔽於物欲,故須學以去其昏蔽」。

「學以去其昏蔽」的目的是為了激發本心所具有的「良知」。所以,從積極的角度來說,王守仁又認為教育的作用是「明其心」。他指出:「君子之學,以明其心,其心本無昧也,而欲為之蔽,習為之害,故去蔽與害而明復。」無論是「學以去其昏蔽」,還是「明其心」,其實質是相同的,即在王守仁看來,教育的作用就在於實現「存天理、滅人欲」的根本任務。基於此,他認為用功求學受教育,並不是為了增加什麼新內容,而是為了日減「人欲」。他說:「吾輩用功只求日減,不求日增,減得一分人欲,便是復得一分天理。」

儘管王守仁關於教育作用的思想是建立在唯心主義「心學」基礎上的,但其中包含著某些積極的內容。他認為,「良知」人人都有,因此人人都有受教育的天賦條件,聖愚的區別僅在於能不能「致良知」,「聖人能致其知,而愚夫愚婦不能致」;由於「在常人,不能無私意障礙」,總要受到物欲的引誘,所以人人都應該受教育;教育是為了去除物欲對「良知」的昏蔽,因此它「不假外求」,而重在「內求」,即強調人的主觀能動性的發揮,自覺「勝私復理」,「去惡為善」。王守仁教育作用思想中所包含的這些合理因素,是值得我們注意的。

三、論道德教育

王守仁堅持了中國古代儒家教育的傳統,把道德教育與修養放在學校教育工作的首要地位。他說:「學校之中,惟以成德為事,而才能之異,或有長於禮樂,長於政教,長於水土播植者,則就其成德,而因使益精其能於學校之中。」認為培養學生形成優良的品德,是學校中最重要的工作。唯其如此,才能使學生的各種才能得到發展,日臻精熟。所以,他與陸九淵一樣,重視「尊德性」,強調道德教育與道德修養。

王守仁所要培養學生形成的優良品德,具體地說,就是封建的倫理道德。因此,他把「明人倫」作為道德教育的目的。「夫三代之學,皆所以明人倫。」所謂「人倫」,在王守仁看來,即是「『父子有親,君臣有義,夫婦有別,長幼有序,朋友有信』五者而已」。他說:「唐虞三代之世,教者惟以此為教,而學者惟以此為學。當是之時,人無異見,家無異習。安此者謂之聖;勉此者謂之賢;而背此者,雖其啟明如朱,亦謂之不肖。下至閭井田野,農工商賈之賤,莫不皆有是學,而惟以成其德行為務。」甚至他還認為,明人倫之外無學。「外此而學者,謂之異端;非此而論者,謂之邪說;假此而行者,謂之伯術;飾此而言者,謂之文辭;背此而馳者,謂之功利之徒,亂世之政。」

為了實現「明人倫」的教育目的,雖然王守仁同樣主張以六經為主要學習內容,但對於六經提出了與朱熹不同的看法。朱認為,經書是聖人的教訓,所以學者必須讀經訓史策以窮理。王則認為,「聖人述六經,只是要正人心,只是要存天理去人欲」。因此,在他看來,經書之所以能作為最重要的教材,不是為了講學記誦,而是因為它可以幫助明吾心之常道,即普遍永恆的道理。如果只注重於文義辭章,則完全背離了學習六經的本義。他說:「六經者非他,吾心之常道也。⋯⋯故六經者,吾心之記籍

也，而六經之實，則具於吾心。……而世之學者，不知求六經之實於吾心，而徒考索於影響之間，牽制於文義之末，硜硜然以為是六經矣。」

正是基於上述認識，他猛烈抨擊當時在科舉制度影響下的學校教育，指出：「今之學宮皆以明倫名堂，則其所以立學者，固未嘗非三代意也。然自科舉之業盛，士皆馳騖於記誦辭章，而功利得喪分惑其心，於是師之所教，弟子之所學者，遂不復知有明倫之意矣。」他認為當時的學校老師所教，學生所學，都已完全失去了「明人倫」的立學本意。王守仁「明人倫」的道德教育目的論，雖然並沒有超出儒家思孟學派的一貫主張，然而，他在當時士人「皆馳騖於記誦辭章」，重功利而輕修養的社會風氣中，重新強調自身道德修養的重要，應該說具有一定的歷史進步意義。

在道德教育和修養的方法上，王守仁以「知行合一」思想為指導，針對程朱理學知而不行，知行脫節的「空疏謬妄」，強調道德踐履和實際行動對於道德教育和修養的重要性。他在《答顧東橋書》中說：「夫問、思、辨、行皆所以為學。未有學而不行者也。如言學孝，豈徒懸空口耳講說，而遂可以謂之學孝乎！」表現出更重視行的傾向，這是有積極意義的。具體而言，他提出下列四個基本主張：

(一) 靜處體悟

這是王守仁早年提倡的道德修養方法。他認為道德修養的根本任務是「去蔽明心」。因而，道德修養無須「外求」，而只要做靜處體悟的功夫。他在《與辰中諸生書》中寫道：「前在寺中所雲靜坐者，非欲坐禪入定，蓋因吾輩平日為事物紛拏，未知為己，欲以此補小學收放一段工夫耳。」所謂「靜處體悟」，實際上就是叫人靜坐澄心，摒去一切私慮雜念，體認本心。這是對陸九淵「自存本心」思想的繼承和發展，與佛教禪宗的面壁靜坐、「明心見性」的修養功夫，也並沒有根本的區別。

(二) 事上磨煉

這是王守仁晚年提出的道德修養方法。他認識到一味強調靜坐澄心，會產生各種弊病，容易使人「喜靜厭動，流入枯槁之病」，甚至使人變成「沉空守寂」的「痴呆漢」。因此，他改而提倡道德修養必須在「事上磨煉」。他說：「人須在事上磨煉做功夫乃有益；若只好靜，遇事便亂，終無長進；那靜時功夫，亦差似收斂，而實放溺也。」他所說「在事上磨煉」，即是結合具體事物，「體究踐履，實地用功」。他舉例說：「如言學孝，則必服勞奉養，躬行孝道，然后謂之學。」很顯然，王守仁晚年重視「在事上磨煉」，是他「知行合一」思想在道德修養方法上的反映。

(三) 省察克治

王守仁說：「省察克治之功則無時而可間。如去盜賊，須有個掃除廓清之意，無事時將好色、好貨、好名等私，逐一追究，搜尋出來，定要拔去病根，永不復起，方始為快。」主張要不斷地進行自我反省和檢察，自覺克制各種私欲。這是對儒家傳統的「內省」「克己」修養方法的繼承和發展，其中所包含的強調道德修養的自覺性和主觀能動性的合理因素，是可以批判地吸取的。

(四) 貴於改過

王守仁認為，人在社會生活中總會發生這樣或那樣一些違反倫理道德規範的過錯，即使大賢人，也難以避免。他說：「夫過者自大賢所不免，然不害其卒為大賢者，為其能改也。故不貴於無過而貴於能改過。」要能改過，首先必須對過錯要有認識，表示悔悟，但悔悟並不就是改過。所以，他又說：「悔悟是去病之藥，然以改之為貴。」這種「貴於改過」的主張，體現了求實精神和向前看的態度，是可取的。

王守仁道德教育思想的根本目的雖然是為了維護明王朝的統治，但他對於道德教育的某些主張，反映了學校道德教育和道德修養某些規律性的東西，對我們是有啟發的。

四、論兒童教育

王守仁十分重視兒童教育，在《訓蒙大意示教讀劉伯頌等》一文中，比較集中地闡發了他的兒童教育思想，主要有以下內容。

(一) 揭露和批判傳統兒童教育不顧兒童的身心特點

王守仁說：「近世之訓蒙稚者，日惟督以句讀課仿，責其檢束，而不知導之以禮；求其聰明，而不知養之以善。鞭撻繩縛，若待拘囚。」指出當時從事兒童教育的老師，每天只是督促兒童讀書習字，責備他們修身，但不知道用禮義來引導；想使他們聰明，但不知道用善德來培養。對待兒童用鞭打，用繩縛，就像對付囚犯一樣。認為這種兒童教育的結果，與施教者的願望相反。兒童「視學舍如囹獄而不肯入，視師長如寇仇而不欲見」，常常借故逃學，「以肆其頑鄙」，「以遂其嬉遊」，放肆地從事各種頑劣活動，達到嬉遊的目的。久而久之，「偷薄庸劣，日趨下流」。因而，他深刻地揭露道：「是蓋驅之於惡，而求其為善也，何可得乎！」不顧兒童的身心特點，把他們當作小大人，這是傳統兒童教育的致命弱點。這種揭露和批判，真可謂入木三分，切中時弊。

(二) 兒童教育必須順應兒童的性情

王守仁認為，「大抵童子之情，樂嬉遊而憚拘檢，如草木之始萌芽，舒暢之則條達，摧撓之則衰萎。」一般說來，兒童的性情總是愛好嬉遊，而厭惡拘束，就像草木開始萌芽，順應它就發展，摧殘它就衰萎。因而，他主張兒童教育必須順應兒童的身心特點，使他們「趨向鼓舞」「中心喜悅」。這樣，兒童自然就能不斷地長進，好比時雨春風滋潤草木一樣，日長月化，生意盎然，而不是如冰霜剝落，生意蕭索。

(三) 兒童教育的內容是「歌詩」「習禮」和「讀書」

王守仁認為，對兒童「誘之歌詩」，不但能激發他們的意志，而且能使其情感得到正當的宣洩，這有助於消除他們內心的憂悶和煩惱，使其「精神宣暢，心氣和平」。「導之以禮」，不但能使兒童養成威嚴的儀容和儀表，而且通過「周旋揖讓」「拜起屈伸」等禮儀動作，「動盪其血脈」「固束其筋骸」，也有利於鍛煉身體，增強體質。「諷之讀書」，不但能增長兒童的知識，開發其智力，而且還能「存其心」，「宣其志」，有利於培養兒童的道德觀念和理想。總之，在王守仁看來，對兒童進行「歌詩」「習禮」

和「讀書」教育，是為了培養兒童的意志，調理他們的性情，在潛移默化中消除其鄙吝，化除其粗頑，讓他們漸近於禮義而不覺其苦，入於中和而不知其故，在德育、智育、體育和美育諸方面都得到發展。

（四）要「隨人分限所及」，量力施教

王守仁認為，兒童時期正處在一個重要的發展時期，兒童的精力、身體、智力等方面都在發展過程中，即所謂「精氣日足，筋力日強，聰明日開」。因此，教學必須考慮到這個特點，兒童的接受能力發展到何種程度，便就這個程度進行教學，不可躐等。他把這種量力施教的思想，概括為「隨人分限所及」。他說：「我輩致知，只是各隨分限所及……與人論學，亦須隨人分限所及。」比如樹剛萌芽，只能用少量的水去澆灌；萌芽再長，便又加水，「若些小萌芽，有一桶水在，盡要傾上，便浸壞他了」。同樣，如果不顧及兒童的實際能力，把大量高深的知識灌輸給他們，就像用一桶水傾註在幼芽上把它浸壞一樣，對兒童毫無益處。

王守仁還認為，兒童教學「授書不在徒多，但貴精熟」。因此，教學應該留有餘地，「量其資稟能二百字者，止可授以一百字」，使兒童「精神力量有餘」，這樣他們就「無厭苦之患，而有自得之美」，不會因學習艱苦而厭學，而樂於接受教育。

王守仁的兒童教育思想雖其目的是為了向兒童灌輸封建倫理道德，即所謂「今教童子，惟當以孝、悌、忠、信、禮、義、廉、恥為專務」，但他反對「小大人式」的傳統兒童教育方法和粗暴的體罰等教育手段，要求順應兒童性情，根據兒童的接受能力施教，使他們在德育、智育、體育和美育諸方面得到發展等主張，反映了其教育思想的自然主義傾向。王守仁早在 15～16 世紀就提出這一思想，實在是難能可貴的。

思考題

1. 王守仁如何從心學理論出發論述教育目的和作用的？
2. 王守仁關於教育內容和教學原則方法的主張是什麼？
3. 明代國子監教學有什麼特點？
4. 分析說明代書院的歷史命運。

第八章　清初至鴉片戰爭前的教育

【導讀】

　　清朝統治者重視發展文化教育事業，制定「興文教，崇經術，以開太平」的文教政策。至乾隆年間，清朝官學達到全盛。在長期的發展中，清朝官學形成了自己的特點。書院在經歷清初一段時間的沉寂后，至雍正年間獲得長足發展。清朝書院不但數量超過前代，而且湧現出了詁經精舍、學海堂、漳南書院等頗有特色的書院。科舉制度是「國家掄才大典」，但科場舞弊叢生，積重難返，學校也淪為科舉的附庸。黃宗羲、王夫之、顏元是清朝著名的教育家，他們抨擊理學教育的空疏無用，揭露科舉制度的危害，提出了許多頗有見地的教育觀點，在當時和歷史上產生了重要的影響。

【教學目標】

1. 掌握清代國子監特點。
2. 瞭解書院在清代的演變概況。

　　鴉片戰爭以前的清朝（1644—1840 年），是中國封建社會的最后階段，歷時 197 年。清朝統治者在率兵入關、定都北京后，經過 40 多年時間，平定了各地的反抗勢力，統一了全中國。為了維護和鞏固其統治，他們採取了一系列恢復、發展農業和手工業的措施。在農業、手工業發展的基礎上，清朝商業和城市的繁榮超過了明朝。尤其值得注意的是，到乾嘉、道光時期，手工業發達的一些地區（如江南、廣東）和部門（如紡織、造紙、制糖、礦冶等）中的資本主義生產關係萌芽，比明朝有所增長。

　　在學術思想和文化領域，實學思潮至明末清初達到全盛。其基本特徵是「崇實黜虛」，即鄙棄理學末流的空談心性，在一切社會文化領域提倡「崇實」。這表現為針砭時弊的批判精神，銳意社會改革的經世思想，重視自然科學，注重實踐、考察、驗證、實測的科學精神，以及反映市民階層利益和願望的啟蒙意識。主要代表人物有黃宗羲、顧炎武、王夫之、唐甄、顏元等。考據學亦稱漢學或樸學，至乾隆、嘉慶時期興盛起來，又稱為「乾嘉學派」。古典小說的創作成績巨大，其中《儒林外史》深刻揭露了封建教育，特別是科舉考試製度對士人心靈的腐蝕和對社會的危害，可以視為一部教育諷刺小說。在科學技術方面，雖然發展緩慢，但也取得了一定成就。在康熙的倡導下，編定了《永年歷》《數理精蘊》《歷象考成》等書。

第一節　清朝的文教政策

清朝統治者在入關定都北京以後，開始重視發展文化教育事業對於治理國家的重要作用。順治十二年（1655年），在給禮部的諭令中稱：「帝王敷治，文教是先。臣子致君，經術為本……今天下漸定，朕將興文教，崇經術，以開太平。」確定了「興文教，崇經術，以開太平」的文教政策。綜觀至鴉片戰爭以前的清朝歷史，貫徹這一文教政策突出地表現為以下三個方面：

一、崇尚儒家經術，提倡程朱理學

儒家經術被歷代封建統治者視為支配人們思想、行為的最高權威，是鞏固封建統治的精神支柱。清朝統治者也不例外。在清朝立國之初，順治帝就尊崇「六經」是「天德王道備載於書，其萬世不易之理也」，既是「帝人修身治人之道」，又是「臣子致君」之本。要求「擇滿漢詞臣，朝夕進講」《六經》，大小官員更需「留心學問」，研究經術。崇經必然尊孔。定都北京后，清朝統治者採取了一系列尊孔措施。順治元年（1644年），襲封孔丘第六十五世孫孔允植為「衍聖公」；二年，封孔丘為「大成至聖文宣先師」，十四年，改封為「至聖宣師」，康熙二十二年（1683年），康熙帝親書「萬世師表」匾額，懸掛於全國各地孔廟，並於翌年到曲阜，親自祭孔。乾隆帝曾九次親赴曲阜朝拜。

在崇尚儒家經術和尊孔的同時，清朝統治者大力提倡程朱理學。為了表示對程朱理學的尊崇，順治十二年和康熙五年，分別下詔以朱熹婺源十五世孫朱煌、十六世孫朱坤承襲翰林院《五經》博士，在籍奉祀。康熙二十九年，康熙帝親書「大儒世澤」匾額，及對聯「誠意正心闡鄒魯之實學，主敬窮理紹廉洛之心傳」，賜考亭書院懸掛。康熙五十一年，他下詔朱熹配享孔廟，列為「十哲之次」。康熙五十二年，他又命熊賜履、李光地等理學名臣編輯《朱子全書》，並親自為之作序，認為「非先王之法不可用，非先生（指朱熹）之道不可為。」還說：「朕讀其書，察其理，非此不能知天人相與之奧，非此不能治萬邦於衽席，非此不能仁心仁政施於天下，非此不能內外為一家。」康熙五十六年，他又為新編《性理精義》一書撰序，再次推崇程朱理學。經統治者的大力提倡，程朱理學成為清朝辦學育才的指導思想、科舉考試的基本內容。

二、廣興學校，嚴定學規

清初沿襲明制，在中央和地方廣泛設立學校。《清史稿·選舉志一》記載，順治帝剛剛定鼎北京，即「修明北監為太學」，設置祭酒、司業及監丞、博士、助教、學正、學錄、典籍、典簿等學官，設立率性、修道、誠心、正義、崇志、廣業六堂為講學肄業之所，「一仍明舊」。隨后，又陸續創立了算學、八旗官學、宗學、覺羅學、景山官學、咸安宮官學、俄羅斯文館等。在地方上，也因襲明制，設立府、州、縣、衛儒學，府設教授1人，州設學正1人，縣設教諭1人，各學均另設訓導佐之。並在各省設置管

理教育的行政長官，起初各省稱督學道，以各部郎中進士出身者充任。唯獨順天、江南、浙江稱提督學政，由翰林官擔任。他們的職責，據《清史稿・職官志三》記載：「掌學校政令，歲、科兩試。巡歷所至，察師儒優劣，生員勤惰，升其賢者能者，斥其不帥教者。凡有興革，會督、撫行之。」雍正四年（1726年），一律改為學院，亦稱學政。此外，還在全國城鄉地區和少數民族聚居地區設立社學、義學、井學等。從中央到地方建立起完整的學校體系，各種學校的數量發展較快。

三、軟硬兼施，加強控製

朝統治者「興文教，崇經術」，目的是為了鞏固清王朝的統治。他們採用軟硬兼施的手段，加強對漢族知識分子的控製。一方面，清政府採用開科取士和編輯書籍，籠絡士人。康熙、乾隆年間，清政府曾組織學者編纂大型書籍，如康熙時編纂的《明史》《康熙字典》《佩文韻府》《古今圖書集成》等，乾隆時編撰的《續通志》《續通典》《續文獻通考》《清朝通志》《清朝通典》《清朝文獻通考》《大清會典》《四庫全書》等。其中《古今圖書集成》《四庫全書》最為重要。前者10,000卷，內容分歷象、方輿、明倫、博物、理學、經濟六篇，取材宏富，脈絡清晰，是中國現存規模最大的類書。后者共收圖書 3,503 種，79,337 卷，裝訂成 36,000 餘冊，分經、史、子、集四部，故名四庫，歷時10年編成，是中國最大的一部叢書。清政府組織學者編書的目的是為了籠絡士人，宣揚所謂的文治盛世，但對於整理、保存古代文獻是有積極意義的。需要指出的是，儘管清政府所採取的手段頗有誘惑力，但清初仍有一些「海內大師宿儒」，如孫奇逢、李顒、黃宗羲等，以名節相高，不為所動。

另一方面，清政府亦採用高壓手段，進行嚴厲鉗制和殘酷鎮壓。第一，嚴禁立盟結社。在《臥碑文》中，規定不許「立盟結社」。順治十七年（1660年）又強調：「士習不端，結社訂盟……著嚴行禁止。以后再有此等惡習，各該學臣，即行革黜參奏，如學臣徇隱，事發一體治罪。」第二，銷毀書籍。清政府在組織學者編書的同時，又對那些被認為不利於統治的書籍進行銷毀。僅乾隆三十八年到四十七年之間，先後焚書 24 次，燒毀書籍 538 種，13,862 部。實際上被燒毀的書籍遠遠不止這些。第三，大興文字獄。康熙、雍正、乾隆三朝曾大興以思想、文字定罪的文字獄，據不完全統計，多達 108 起。清朝文字獄株連之廣，處罰之重，都是歷史上罕見的。例如，雍正四年（1726年），禮部侍郎查嗣廷任江西考官，用《大學》中「維民所止」四字作為科舉考試的題目，被認為「維止二字，意在去雍正二字之首」，遂被革職下獄，病死獄中后，還戮屍梟首，查氏子坐死，家屬流放，查氏家鄉浙江省停止鄉試、會試 6 年。其他文字獄大案還有康熙二年（1663年）發生的「莊廷鑨《明史》案」，康熙五十二年發生的「戴名世《南山集》案」，雍正六年發生的「呂留良文選案」等。清政府對士人採取如此殘酷的手段，迫使他們只得埋頭於故紙堆中，以求身家性命的安全。

第二節　清代的學校教育制度

一、學制系統

清代學制系統，亦如明制，分中央設立和地方設立兩大類。中央官學主要有國子監、算學館、俄羅斯學館以及宗學、旗學、覺羅學等。地方官學有府學、州學、縣學、衛學，統稱為儒學。此外還有社學、義學和井學等。清代學制系統如圖8-1所示：

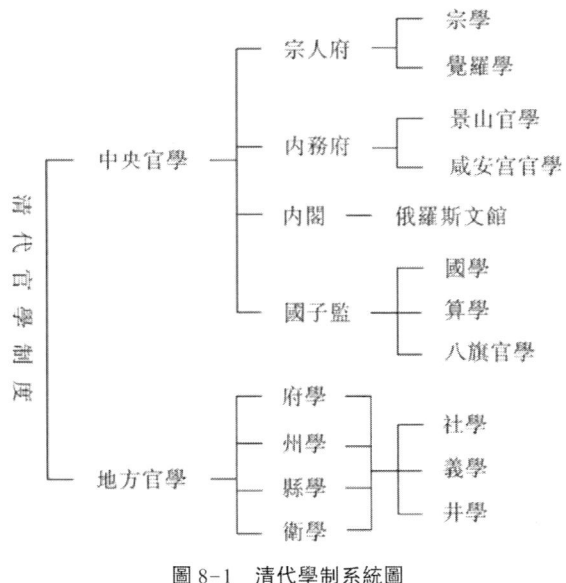

```
                        ┌─ 宗學
              ┌─ 宗人府 ─┤
              │          └─ 覺羅學
              │
              │          ┌─ 景山官學
              │─ 內務府 ─┤
  ┌─ 中央官學 ─┤          └─ 咸安宮官學
  │           │
清│           ├─ 內閣 ─── 俄羅斯文館
代│           │
官│           │          ┌─ 國學
學│           └─ 國子監 ─┤─ 算學
制│                      └─ 八旗官學
度│
  │           ┌─ 府學 ┐      ┌─ 社學
  └─ 地方官學 ┤─ 州學 ├──────┤─ 義學
              ├─ 縣學 │      └─ 井學
              └─ 衛學 ┘
```

圖8-1　清代學制系統圖

二、中央官學

(一) 國子監

清代國子監亦稱國學或太學，是全國的最高學府，亦是全國教育行政機構。「順治元年，始置國子監官，詳定規制。」管理規制較前代更為細密。

清代國子監仍以祭酒、司業為正、副首長，「職在總理監務，嚴立規矩，表率屬員，模範后進」。其下設有繩愆廳、博士廳、典簿廳、典籍廳、六堂等行政和教學機構。繩愆廳，掌肄業規制，證諸生勤惰，設監丞滿漢各1員；博士廳，掌教經義，立課程，考查監生學業，並稽查南學，設博士滿漢各1員；典簿廳，職在明立文案，並支銷錢糧，季報文冊，設典簿滿漢各1員；典籍廳，掌監中所收藏的書籍碑板，設典籍滿漢各1員。「六堂」為教學講肄之所，設助教，滿16人，漢6人，蒙8人；學正，漢4人；學錄，漢2人。學官之設，多及滿漢，反映出清朝貴族統治的民族特色。

國子監肄業生徒，有貢有監：「貢生凡六：曰歲貢、恩貢、拔貢、優貢、副貢、例

貢。監生凡四：曰恩監、蔭監、優監、例監。蔭監有二：曰恩蔭、難蔭。通謂之國子監生。」歲貢，每年由直省選送貢生，為國子監生徒的基本來源。順治二年（1645年）規定，府學每年貢1人，州學三年貢2人，縣學二年貢1人。恩貢是國家遇有慶典吉事以正貢之常額加貢一次，或特許聖賢后裔入監者，準作恩貢。拔貢，因明選貢遺制，每六年由省直學選拔，會同督撫會考升貢，府學2名，州縣學各1名，保送入監讀書。優貢為府、州、縣學舉其文行兼優的學生送監讀書。副貢為應直省鄉試未能中舉，取在副榜，直接入監讀書者。例貢是不經考選而由生員援例納捐入監讀書者。

清代國子監與前代相比有一些新的發展。第一，國子監中實行走讀制度。過去國子監生一般都是住讀，清代乃有走讀生的設置。在學肄業者稱為「北學」，在外肄業者稱為「南學」，亦稱內班、外班。規定距家近者不能入內班。如「嘉慶初，以八旗及大、宛兩縣肄業生距家近，不住舍，不許補內班」。第二，實行監生歷事制度和積分法。清初國子監生坐監期滿，即撥歷各部院衙門練習吏事，每隔三個月考核一次，一年期滿送廷試授官。積分法始於順治三年（1646年），為祭酒薛所蘊奏定。第三，實施分齋教學制度。乾隆二年（1737年），刑部尚書兼管監事大臣孫嘉淦請仿照宋儒胡瑗「經義、治事分齋遺法」，實施分齋教學制度。

(二) 算學館、俄羅斯文館

元明兩代不立算學。明太祖洪武二十五年（1392年）和宣德四年（1429年）曾令國子監生習算。康熙九年（1670年），令欽天監教肄算學，但未單獨設館。康熙五十二年（1713年）在暢春園蒙養齋設算學館，擇大臣官員精於算學者司其事，選八旗世家子弟學習算法，又派翰林官纂修《數理精蘊》及《律呂正義》諸書。乾隆三年（1738年），在欽天監附近專門設立算學，招收滿漢學生各12人，蒙古、漢軍學生各6人，是為清代創立算學之始。翌年，歸國子監管轄，稱國子監算學。后又續招漢學生24人。算學遵御制《數理精蘊》分線、面、體三部，每部限一年通曉，「七政」限二年，有季考、歲考，五年畢業，考取者咨部序補。

俄羅斯文館是清政府為了培養俄語人才而設立的一所俄文學校。它創立於乾隆二十二年（1757年），屬理藩院管轄，故又稱「內閣俄羅斯學」，「專司翻譯俄羅斯文字，選八旗官學生二十四人入館肄業」，設助教滿漢各1人，又以蒙古侍讀學士或侍讀1人為提調官，專司稽察課程。另由理藩院委派郎中或員外郎1人兼轄。「嘉慶八年，奏定考試俄羅斯學生等第，作為五年一次，考列頭等者作為八品官，考列二等者作為九品官，考列三等者著交該學善加教誨。」該館於同治元年（1862年）裁撤。

(三) 宗學和覺羅學

宗學是為皇族宗室子弟而設的貴胄學校。順治十年（1653年）八旗各設宗學，凡未封宗室子弟，年滿10歲以上者，都入學學習清書，由滿洲生員充當教習。雍正二年（1724年）始訂宗學制度，規定：「左、右兩翼設滿、漢學各一，王、公、將軍及閑散宗室子弟十八歲以下，入學分習清、漢書，兼騎射。以王、公一人總其事。」宗學校址在京師左右兩翼官房，每翼各立一滿學，一漢學，故有宗學4所。每學各派王、公1人總管，下設正教長1人，教長8人，均由宗室中行尊年長者充任。每學設清書教習2

人，選罷閒滿官及進士、舉人、貢生、生員善翻譯者任之；習漢書每學生 10 人，設漢書教習 1 人，由禮部考取舉貢任之；騎射教習 2 人，選罷閒旗員及護軍校善射者任之。關於宗學生的出路，乾隆九年（1744 年）規定，每屆五年，選派大臣合試，欽定名次，以會試中式註冊。俟會試年，習翻譯者，與八旗翻譯貢生同引見，賜進士，同府屬額外主事。習漢書者，與天下貢士同殿試，賜進士甲第，用翰林部屬等官。

覺羅學是專為覺羅氏子弟設立的貴胄學校，創始於雍正七年（1729 年），規定於八旗衙署旁設立滿、漢學各一所。「八旗覺羅內自八歲以上十八歲以下子弟，俱令入學。」總管 1 人，由王、公大臣充任。每學設副管 2 人，「每日在學行走，稽察勤惰」。設清書漢書教習各 2 人，騎射教習 1 人。所有教學制度、管理制度都與宗學相同。覺羅學屬宗學性質，只是其學生來源比宗學廣，擴展到整個覺羅氏。在有的地方，宗學與覺羅學合二為一。

（四）旗學

旗學是旗人學校的總稱，主要包括八旗官學、八旗教場官學、八旗蒙古官學、八旗學堂、景山官學、咸安宮官學等，均是以八旗子弟為施教對象而設立的學校。八旗官學從管理體制上看是國子監的附屬學校，創立於順治元年（1644 年），專教親貴以外的八旗子弟，設伴讀 10 人，負責教學。學校生由各佐領下各取 2 名，以 20 名司漢書，其餘研習滿書，要求每十日赴國子監考課一次，春秋兩季每五日演習騎射一次，使學生文武兼備，以備實用。乾隆初定肄業時間「以十年為率，三年內講誦經書，監臣考驗，擇材資聰穎有志力學者，歸漢文班；年長願學翻譯者，歸滿文班」。八旗官學在學制上與國子監相銜接，學滿三年后，朝廷派大臣考取漢文相通者，拔為監生。八旗官學除京師設立外，還設盛京八旗官學。在京師同類的學校還有八旗教場官學、八旗蒙古官學、八旗學堂、滿洲蒙古清文義學等，均以八旗子弟為施教對象，以教授滿蒙文字為重，並注重騎射訓練。

三、地方官學

（一）府、州、縣、衛學

清代府、州、縣、衛學統稱為儒學。清朝定都北京后，即在明代的基礎上，普遍建立府、州、縣學。順治元年（1644 年）「詔各省府、州、縣儒學，食廩生員仍準廩給，增、附生員仍準在學肄業，俱照例優免」。順治四年（1647 年）規定各學廩膳，增廣生員人數，並仿明制，在軍隊駐地設立衛學，以教育武臣子弟。衛學額設廩膳，增廣生員各 10 名。順治十六年（1659 年）制定《直省各衛學歸並各府州學例》，一般衛學都並入府、州學。

地方官學的教官，府設教授，州設學正，縣設教諭，均各 1 人，其職責是「訓迪學校生徒，課藝業勤惰，評品行優劣，以聽於學政」。此外，各學「皆設訓導佐之」，協助教授、學正、教諭教導學生。其定例，進士以教授用，舉人以學正、教諭用，恩貢、拔貢、副榜以復設教諭用，歲貢以訓導用，捐納歲貢以復設訓導用。

儒學生員亦如明制，分為廩膳生、增廣生、附學生三種。初入學者稱附學生員，

須歲、科兩試，等第高者才能遞補增廣生員、廩膳。生員入學前稱「童生」。「童生」入學須經縣、府的考試，再經學政的院試，三試合格才具有入學資格，俗稱「秀才」。生員在學，並非以讀書課業為主，主要任務在於參加考試以取得鄉試資格。

地方儒學的教學內容。據《清朝文獻通考》記載：順治九年（1652年）規定為《四書》《五經》《性理大全》《資治通鑒綱目》《大學衍義》《歷代名臣奏議》《文章正宗》等書。此外，還要學習《臥碑文》《聖諭十六條》《御制訓飭士子文》《聖諭廣訓》和《大清律》等。儒學考試之法，有月課季考，內容除「四書」之外，兼試策論。凡無故不應月課三次者戒飭，終年不應者黜革。試卷必須申送學政查核。

（二）社學、義學

清代各省地方除設府、州、縣、衛學外，在鄉鎮地區還設有社學。康熙九年（1670年），「令各直省置社學社師，凡府州縣每鄉置社學一，選擇文藝通曉、行誼謹厚者考充社師。免其徭役，給饌廩優膳。學政按臨日，造姓名冊申報考察」。社學學生可以申報參加童試，如經考試合格，可升入府、州、縣學為生員。府、州、縣學生員歲試成績如列在五等六等，已為青衣的就要被遣退回社學。由此表明社學是清代官學系統的組成部分。

與社學層次相當的還有義學。義學最初設立在京師，教師稱塾師。后來各省府、州、縣紛紛設立，成為孤貧兒童，或苗、黎、瑤等族子弟秀異者接受教育的機構。康熙四十一年（1702年），定義學小學之制，京師崇文門外設立義學，五城地方各設小學，延塾師教育，有成才者，選入義學。雍正元年（1723年）定義學例，命「各省改生祠書院為義學，延師授徒，以廣文教」，並規定義學學習的主要內容為《聖諭廣訓》，「俟熟習后再令誦習詩、書。以六年為期，如教導有成，塾師準作貢生；三年無成，該生發回，別擇文行兼優之士。應需經書日用，令該督撫照例辦給」。

第三節　清代的科舉制度

一、科舉考試製度和辦法

清代科舉制度大體因襲明制，然而其考試辦法比較前代更為繁雜而周密。正式科舉考試仍為鄉試、會試、殿試，但在正式科舉之前尚有「童試」，這是參加科舉考試的前提。

「童試」既是地方縣、州、府學的入學考試，也是獲取「秀才」資格的考試。清代規定，讀書人凡未取得「秀才」身分之前稱「童生」。經過縣試、府試、院試及格者稱為「秀才」，同時可入地方州縣學為生員。縣試由知縣考試，及格后續應府試。府試考官由管轄本縣的知府擔任，及格者再應院試。院試由中央派遣「欽命提督某省學政」主持，合格者稱秀才。獲得秀才資格才能參加鄉試、會試、殿試的逐級考試。

「鄉試」規定三年一次，在子、卯、午、酉年八月舉行。如遇大慶典亦有時特開恩科。鄉試在省舉行。凡屬本省的府、州、縣學生員與貢監生等均可應試。考試內容分

三場，每場三日，第一場試以《論語》《孟子》《中庸》各一文，五言八韻一文。第二場試以「五經」各一文。第三場試以策問五道。「經義」文即八股文；經義文「四書」題用朱熹《集註》。「五經」題，《易》主程朱傳本義，《書》主蔡沈《傳》、《詩》主朱熹《集傳》，《春秋》主胡安國《傳》，《禮記》主陳澔《集說》。這裡可以看到，程朱理學在科舉考試中所占的重要地位。

鄉試取中者為舉人，各省均有定額，大省為數十名，小省四五十名不等，並時有變動。鄉試文科舉行之后，於同年十月亦開武科鄉試。考試的內容分外場、內場。外場試馬射、步射、技勇等，內場默寫武經。但以外場為主，而內場形同虛設。

「會試」。各省鄉試中式的舉人，次年入京會試，即在醜辰未戌年舉行，舉人入京必先復試，但無去取。會試考試內容與鄉試大致相同。舉人會試及格稱貢士，無定額。平均每年三百名左右，以雍正八年四百六十名為最多，乾隆五十四年九十六名為最少。各省名額多少不等，以各省應試舉人實數，按省之大小，人之多寡定出比例加以錄取，因此中式者並不全憑文藝。

會試亦設有武科，於是年九月舉行，各省武舉人參加，考試內容與武鄉試同。會試名額不定，臨時以外場合格情況請旨定奪。

「殿試」。此為科舉考試最后階段，會試中式的貢士參加。殿試前亦須先復試，在保和殿舉行。復試畢，舉行名義上由皇帝親自主持的殿試。考試內容為時務策一道。殿試經欽定御批，分為三甲，一甲三名賜進士及第，依次稱狀元、榜眼、探花。二甲賜進士出身，第一名稱傳臚。三甲賜同進士出身。

武進士亦須經復試后應殿試。第一日試馬步箭，第二日試刀石，第三日帶領引見，等候欽定甲第。第一甲賜進士及第，第一名為武狀元，第二名為武榜眼，第三名為武探花。第二甲賜武進士出身。第三甲賜同武進士出身。

殿試中式的進士，一甲三人可直接授翰林院官職，二、三甲可再考翰林院庶吉士，叫作「館選」，考中后入院讀書，取得來年高爵資格，不中者另授其他官職。

清代科舉考試，除上述正科之外，還曾開設不定的特科，如「博學鴻詞科」「經濟特科」「孝廉方正科」等，名目繁多，不勝枚舉。

清代科舉考試，名義上是為滿漢選取官員而設，但實際上滿人做官靠特權或單獨進行的八旗滿蒙翻譯考試，科舉只是為漢官鋪設的一道參加政權的階梯。所謂八旗滿蒙翻譯考試，形式類似科舉但要求較低，其鄉、會試只限於將《四書釋義》《易經解義》《性理精義》《資治通鑒綱目》等書，譯成本族文字，限二百字以內出題。

二、科舉對學校教育的影響

清代對於科舉非常重視，其因雖有選拔官吏的需要，但首要原因是籠絡和收買漢族地主階級知識分子，達到鞏固統治的目的。順治二年（1645年）八月浙江發生反對清朝統治的風潮，總督張存仁建議清王朝：「速遣提學，開科取士，則讀書者有出仕之望而從逆之念自息」，並稱之為「不勞兵之法」。同年十一月，範文程也提出「治天下在得民心，士為秀民，士心得，則民心得矣，宜廣其途以搜之」。於是這年開始「鄉試」，次年舉行「會試」「殿試」。只順天鄉試就「進場秀才三千」，多爾袞驚嘆道：

「可謂多人!」

科舉考試吸引了一部分知識分子，在一定程度上緩和了漢族地主及知識分子的反抗情緒，清代科舉考試對學校教育影響最大者乃是科舉內容採用八股程式，清代考試自小考到會試，試文均重在八股，雖在康熙二年（1663年）有廢八股之舉，然至康熙七年（1668年），又恢復使用，且愈發空疏、形式，命題更不合理，八股文題必須取自「四書」「五經」，然經四百餘年使用，可出的題都已出盡，為了避免士子剿襲成文起見，所以想了許多離奇古怪的題目。如只取半句為題「則吾從先進」，把上面截了令人不知所問。有所謂截搭題「其為仁之本歟？子曰巧言令色」，割裂原書，不倫不類。與此相似者還有所謂「上全下截題」「截上截下題」「上全下偏題」「上偏下全題」等。最無道理的是所謂「枯窘題」，只出一兩個字，如「徒善」「其然」「互鄉」「居」「坐」「叟」等不知所云的考題。面對這種考試，作為科舉準備場所的各級官學，只能以應付此等文章為務，不僅經世致用之學不能顧及，就是「四書」「五經」，經義及文史書籍也不能基本弄懂，因此中央、地方官學雖設，只不過是有名無實的空架子而已，一些士子僥幸中式，亦多為無真才實學者。

第四節　清代的書院

從清初至鴉片戰爭前，清代書院的發展大致可分為兩個階段：順治元年至雍正十年（1644—1732年），書院設立受到限制；雍正十一年（1733年），清廷改變了書院政策，在積極提倡的同時加強對書院的控制，雖然書院數量增加了，但辦學較以前失去了的活力。

一、清初書院狀況

清初統治者鑒於明末書院干政議政的教訓，為防止書院師生利用書院宣傳民族思想，反對清朝的統治，對書院採取抑制政策。順治九年（1652年），飭令「各提學官督率教官，務令諸生將平日所習經書義理，著實講求，躬行實踐，不許別創書院，群聚徒黨，及號召他方遊食之徒，空談廢業。」這一禁令雖然沒有禁毀原有的書院，尤其是有影響的大書院，但卻使整個書院教育基本上處於沉寂狀態。雍正元年（1723年）又下令「命各省改生祠書院為義學，延師授徒，以廣文教」，進一步削弱書院的力量。雍正四年（1726年），江西巡撫請求朝廷為白鹿洞書院選任掌教，經部議不準。

在壓制書院的同時，清朝統治者又不能無視書院的社會影響，於是，對有影響的大書院給予一定的褒揚和支持，使之在統治者控制的範圍內有限度地發展。如順治十四年（1657年），根據巡撫袁廓宇的請求，修復衡陽石鼓書院；康熙二十四年（1685年），頒御書「學達性天」匾與白鹿洞書院和岳麓書院；康熙六十一年（1722年），頒御書「學道還淳」匾與蘇州紫陽書院。

事實上，清初一些著名的學者如孫奇逢、李顒和黃宗羲等人，都還是在書院講學的。孫奇逢（1584—1675年），字啟泰，號鐘元，直隸保定府容城縣人，順治七年

（1650年）遷居河南衛輝府輝縣蘇門山下夏峰村，講學於蘇門百泉書院20餘年，從者甚眾。孫奇逢教人以慎獨為宗，隨處體認天理。黃宗羲（1610—1695年），浙江餘姚人，在抗清失敗后轉向著述、講學，於康熙七年（1668年）在寧波創立甬上證人書院。基於明朝滅亡的教訓，他反對語錄式教學，主張原原本本地讀經，以經術治世，不為迂腐之學。李顒（1627—1705年），字中孚，號二曲，陝西周至人。康熙十二年（1673年），主講關中書院，為學主兼採朱熹、陸九淵兩派。李顒以為「朱之教人，循循有序」，「中正平實，極便初學」；「陸之教人，一洗支離錮蔽之陋，在儒者中最為做切」。他重視實學，提倡「明體適用」，反對食古不化。不過，許多缺少大師或歷史根底的中小書院在明末因戰亂而停辦，再加上朝廷不提倡，總的來說，清初書院發展明顯處於一個低谷期。

二、書院官學化

雍正即位后，看到清朝統治已不可動搖，大多數士子放棄了與朝廷對立的立場，轉向讀書應舉，認識到再限制書院設立已經沒有實際意義，不如因勢利導，主動發展書院，把書院變成維護統治的工具。雍正十一年（1733年），頒布聖諭，曰：「近見各省大吏漸知崇尚實政，不事沽名邀譽之為，而讀書應舉者亦頗能屏去囂浮奔競之習，則建立書院，擇一省文行兼優之士，讀書其中，使之朝夕講誦，整躬勵行，有所成就，俾遠近士子觀感奮發，亦興賢育才之一道也。」令督撫在各省省會設立書院，由朝廷補助創辦經費白銀一千兩，詔書說：「督撫駐扎之所，為省會之地，著該督撫商酌舉行，各賜帑金一千兩，將來士子群居讀書，豫為籌劃，資其膏火，以垂永遠。封疆大臣等，並有化導士子之職，各宜殫心奉行，黜浮崇實。」歷代書院多建於山林名勝地區，朝廷不便管理。雍正決定在各省省會辦大書院，規定督撫對書院士子有「化導」職責，並且通過撥款控製書院。在清廷強權的干預下，書院從私學向官學轉變。

乾隆元年（1736年）下詔，命督撫、學政「必選經明行修、足為鄉土模範者，以禮聘請；負笈生徒，必擇鄉裡秀異，沉潛學問者，肄業其中……諸生中材器尤異者，準令薦舉一二，以示鼓勵」，進一步將各省的書院明確納入官學系統。到此時期，不論從辦學經費的來源，還是從創辦人、教師和學生的身分來看，大多數書院都明顯帶有官學性質。從明到清，書院精神的變異反映出教育生態的進一步惡化。

三、書院的教學與管理

清代書院多為官立，省級書院在地位上僅次於國子監，高於府學，其院長由督撫聘請有聲望的學者擔任，但未必都是進士或翰林出身。書院一般只有院長1人擔任教學，有的省級書院在院長之下設有一二名教學人員，稱為教習、業師；另設有提調一二人，協助管理書院事務。至於圖書管理、學生住宿、膳食等雜事，往往從學生中挑選出資歷較深、品學兼優者充任齋長掌管。省級書院一般只招收生員，由省內各府州縣選送，經書院考試合格，才能成為書院的學生。

保定蓮池書院地處京畿，為直隸省的最高學府，是清代省級書院的一個縮影。它每年正月招收新生，依據入學成績，把學生分為內院生與外院生。內院生住在書院內

學習，外院生採取走讀的形式，參加會講和每月一次的考試。不論是內院生還是外院生，都是根據考課等第來決定膏火銀的多寡。蓮池書院對學習年限沒有明確規定，一般約為三年，凡考中舉人或進士者即算畢業；餘者學完規定課程，經甄別合格可肄業，其中優秀者可由書院推薦，到基層充任教職或公職。在課程開設方面，書院學生必須學習《聖諭廣訓》《大清律例》「四書」「五經」，此外，還要熟悉科舉考試的各種文體，包括八股文、試帖詩、策、論、表、判。考課是蓮池書院教育活動的中心環節，教師通過評定考課等第以及書寫評語的方式與學生交流，以考課帶動學生的自修。蓮池書院有嚴格的考課制度，重視對學業成績的考查。考課分月考、歲考兩種，月考每月定時進行，歲考每年正月舉行，歲考及格才能作為內院生留在書院內繼續學習。考課又分師課、官課。師課亦稱齋課、館課，由本院院長主持出題考試。官課亦稱大課，由地方官主持出題考試，蓮池書院則由直隸總督、布政使、按察使、清河道員、保定知府等輪流做主考官，將優秀考卷分為超等、特等、一等三個等級，每等又分第一、二、三名若干，分別給予多寡不同的銀兩。凡書院舉行考試時，准許各地士子報名參加，如能名列前茅，發給與書院學生相等的獎銀。因此，每當蓮池書院考課時，總有部分外地的讀書人前來應考。此外，蓮池書院還將優秀答卷刊印為《蓮池課藝》《學古堂文集》，作為激勵學生的手段。

　　清代一些學者對程朱理學不滿，懼於殺身之禍，他們轉入無須擔風險的純學術研究，學習漢儒，用考證方法治經史和小學，逐漸成為一種學風。乾隆三十八年（1773年），盧文弨主講南京鐘山書院，除了講授時文外，他選了部分新入院的學生專門學習經史古學，每月定期考校六次。乾嘉年間，受漢學家治學的影響，考據之風逐漸在書院蔓延。嘉慶五年（1800年），阮元出任浙江巡撫，在杭州西湖孤山設立詁經精舍，提倡實事求是的學風。阮元堅持經史是學問根本的觀點，認為「古書之最重者，莫逾於經」，「舍詁求經，其經不實」，以「『十三經』『三史』疑義」「小學、天部、地理、算法、詞章」等教學生。詁經精舍的教學內容涉及面廣，卻沒有「八比文，八韻詩」。道光元年（1820年），阮元在兩廣總督任上，對粵省書院「止以制藝試帖與諸生衡得失」的積習十分不滿，他在廣州城北粵秀山上創辦學海堂，不事舉業課試之文，「專勉實學」，由學生在《十三經註疏》《史記》《漢書》《后漢書》《三國志》《文選》《杜詩》等書中，自擇一書肄業，每年30課，以三年為期。詁經精舍和學海堂都很重視學術研究，刊刻師生的研究心得，注意推廣，在全國產生了較大的學術影響。

第五節　王夫之的教育思想

　　王夫之（1619—1692年），字而農，號姜齋，湖南衡陽人，是明末清初三大啓蒙思想家之一，也是一位傑出的教育思想家。14歲中秀才，24歲中舉人。清順治五年（1648年），在衡陽舉兵抗清。失敗后，投奔肇慶的南明永歷政權。王夫之伴隨南明政權的衰敗和瓦解，流離轉徙，隱姓埋名，直到順治十四年（1657年）才得以返回故裡。因晚年隱居於石船山，故被尊稱為船山先生。王夫之后半生熱心講學授徒，筆耕

不輟。他一生撰寫的著作約有一百餘種，四百多卷，計八百多萬字。后人曾將王夫之的作品編為《船山遺書》，有多種版本刊行於世。湖南岳麓書社重新整理，按照經史子集的排序，於 1996 年出版《船山全書》16 冊。王夫之的教育思想主要散見於《讀四書大全說》《周易外傳》《張子正蒙註》《四書訓義》《尚書引義》《思問錄》等著作。

王夫之弘揚先秦儒學教育思想，揚棄宋明理學教育思想，提出「性教一貫」「知行相資」以及「學思相濟」諸多教育命題，這些命題進一步發展了先秦儒學與宋明理學教育思想，在中國傳統教育思想史上起著繼往開來的重要影響

一、「習與性成」「教本政末」的教育作用思想

(一)「性教一貫」的人性論與「習與性成」的教育作用

認識人性，才能明白如何育人。因此，人性論就是教育的理論依據。換言之，人性論是儒學教育的邏輯起點。歷代儒家學者都把人性論作為教育學說的理論基礎，並由此生發出各自的教育思想。他們圍繞什麼是人性、人性是否可變、人性是先天具有的還是后天形成的、人性與教育的關係如何等諸多問題展開爭鳴。儘管他們各抒己見，見仁見智，但至少有一點是相同的，那就是對於個體是否能在現實的社會中得到相應的發展，儒家學者對教育的力量始終充滿自信。譬如，作為儒家教育學說的奠基人孔子就講：「性相近也，習相遠也。」認為人的本性是相近的，差別不大。但在后天的生活中，人性差別就擴大了。正是基於這樣一種人性判斷，孔子非常重視后天的教育作用，突出「習」的作用，即肯定教育在人性的培養和改造中起著極為重要的作用。人性既是教育作用的基礎，又是教育作用的目標，這乃是孔子以後的所有儒學教育思想家的共識，王夫之也不例外。

關於人性與教育作用之間關係的問題，王夫之有很多論述，但頗具理論新意的當推「性教一貫」的教育理念。他說：「性、教原自一貫：才言性則固有其教，凡言教則無不率於性。事之合者固有其分：則『自誠明謂之性』，而因性自然者，為功於天；『自明誠謂之教』，則待教而成者，為功於人。」

人性與教育兩者相互依存，教育因人性而作功，人性因教育而成善。就人性的發展和教育的旨趣來說，人性與教育在本質上具有高度一致的貫通性，它們是成就理想人格的必不可少的兩個基本條件。人性提供了趨善的可能性，教育則使這種可能的善變為現實的善，即所謂「待教而成」。如果缺乏必要的基本教育，一個人要成為德才兼備的社會棟梁是難以想像的。所以，王夫之說：「自非聖人，必以學為成人之道。」斷定人只有接受教育，並積極修養自我，方可成就理想人格。為此，他還形象地把教育比作一個大熔爐，能夠萃取人固有的善性，冶煉人的道德品質，「教是個大爐鎬冶，『與其潔而不保其往』者，無不可施。」在王夫之看來，任何價值取向的教育學說都必須建立在人性這塊基石之上。

先秦諸子特別是宋明理學的人性論，大都局限在「天命之性」與「氣質之性」的人性二元討論及性的善惡紛爭方面，而王夫之反思宋明理學的人性論，從「性教一貫」的理念出發，提出「日生日成」「習與性成」「繼善成性」的人性論命題，為豐富和發

展中國傳統教育理論做出了積極貢獻。

王夫之認為，人性是人的自然屬性與社會屬性的統一。王夫之主張人性既是「生理」的，更是「日生則日成」的，「夫性者生理也，日生則日成也」。在王夫之看來，「生理」的含義有二：一方面是指人的自然生理心理需要和本能欲望。他說：「貨色之好，性之情也」，「違生之理，淺者以病，深者以死，人不自知，而自取之，而自昧之」。可見，王夫之所謂人之「生理」，指的就是人的自然屬性。另一方面是指人有別於禽獸的道德理性和是非觀念。人之所以為人，是因為人具有人之獨有的「人道」，「天道不遺於禽獸，而人道則為人之獨」。具體來說，人道就是人之獨有的仁義道德，「仁義自是性」，「只如明倫察物，惡旨酒，好善言等事，便是禽獸斷做不到處。乃一不如此，倫不明，物不察，唯旨是好，善不知好，即便無異於禽獸。」這是王夫之在社會屬性層面對人性的明確而充分的價值規定。王夫之認為人的自然屬性是與生俱來並不斷變化的，但人的社會屬性卻是后天隨著生活和學習的變化而逐漸形成的，這就是人性的「日生日成」。

王夫之說：「習與性成者，習成而性與成。」他認為人性未成可成，已成可革，是一個「習與性成」的發展過程。也就是說，人的自然本性源自先天而生，而人的仁義等方面的道德屬性則是人在日常生活中，經過主觀的選擇、學習、損益而「習成」的，這顯然歸於「后天之性」，用他自己的話說，就是：「先天之性天成之，后天之性習成之也。」在王夫之看來，「習與成性」的「習」，並不是「習慣」的「習」，不是消極地受環境的影響，他指出：「習者人道。」人道有為，「好學」「力行」「知恥」，發揮主觀能動性，進行正確的取用，才能養成善德，「取之純、用之粹而善；取之駁、用之雜而惡」。因而，「習與性成」既可以「成性之善」，也可以「成性之惡」，關鍵在於人在後天的主觀努力。正是在天生與人為、主觀與客觀的對立又統一的過程中，人性「日生日成」，更是「習與性成」。

王夫之肯定「習」在人性的形成與發展中起著重要作用。「人不幸而失教，陷入於惡習，耳所聞者非人之言，目所見者非人之事，日漸月漬於裡巷村落之中，而有志者欲挽回於成人之后，非洗髓伐毛，必不能勝。」在這段話裡，王夫之不但闡明了「習」對於人性變化的重要性，而且指出了不良教育的危害性。那麼，「習」究竟怎樣形成「性」呢？王夫之認為要形成良好的個性，必須進行良好的教育，加強自身的學習和修養。否則，人愚昧無知，便無人性可言了。王夫之充分肯定了教育對人性的形成與發展所產生的重要作用，認為通過教育活動，人的「先天之性」與「后天之性」都可以不斷地發生變化，而人的感覺器官及其功能的發展變化，就會使人的「后天之性」，即思想道德水平和智力不斷地得到提高。王夫之基於這樣一種人性學說，指出教育的作用，就是一個「繼善成性」的工夫和過程。

總之，王夫之在「性教一貫」的教育理念下所形成的「日生日成」「習與性成」「繼善成性」的人性論及其教育作用論，重視外在誘導、內在培育的雙重因素，高揚人的自覺性和主動性，在中國傳統教育思想史上具有深刻的理論價值。

(二)「教本政末」的教育社會政治作用思想

王夫之關於教育的社會政治作用思想，最富於務實。他總是從國家的興亡、社會

的治亂和反清復明的民族主義出發來論述教育問題。他提出用教育來「澤愚」，造就大批「仁育義植之士」；用政治革新來「刷恥」，以「固其族而無憂」，並把教育作為強國的「財、兵、智」三綱領之一。

王夫之認為治理國家不外乎政教兩大端。但是，二者有先后本末之分：論先后，則「政立而后教可施」；談本末，則「教本也」。他把教育置於治理國家的根本的地位。這樣，就會使社會安定、經濟發展；否則就會導致國家衰亡。如秦用商鞅，始皇死後而「秦無人」，這不是因為秦「乏才」，而是因為「無以養之也」；秦之所以滅亡，也不是因為秦「乏才」，而主要是因為秦朝統治者根本不以教育為本，忽視了道德教化的重要作用。王夫之從社會進化論角度看到，教育固然重要，但必須以政治、經濟的發展為基礎。政治、經濟的發展是教育發展的前提條件。從教育與政治的關係說，政先教後，「語其先後，則政立而后教可施焉。」只有政治清明，人民才能安居樂業，學校才能興旺發達。從教育與經濟的關係說，人類文化教育的發展，是由於社會物質生活條件的逐步改善，衣食足而天下治。若是人們還處在日爭一飽、夜爭一宿的情況下，怎會有文化的繁榮和教育的發展呢？人們的倫理道德觀念及其行為，也要在解決生計的基礎上，才能產生和發展。這種關於教育與政治、經濟的辯證關係的論述，是頗有見地的。

二、「知行相資」的教育過程

知與行是中國教育思想史上十分重要的一對範疇，因為它不僅涉及認識論問題，而且涉及教育過程問題。因此，如何正確處理「知」和「行」的關係問題，一直深受歷代教育思想家的關注。儒學最早論及知行關係的表述，見於《尚書·說命中》：「非知之艱，行之惟艱。」這句話的意思是強調實踐行動遠比知曉道理更重要。孔子倡言「行有餘力，則以學文」，「聽其言而觀其行」，孟子則主張「行有不慊於心，則餒矣」，後經由漢唐儒學教育思想家的闡發，至宋代程頤、朱熹力主「知先行後」的學說，再發展到南宋陸九淵和明代王守仁形成「知行合一」的學說，這是中國教育思想上知行關係歷史演進的幾個重要階段。

王夫之總結前人的思維成果並結合時代的現實需要，贊成孔孟的知行觀，不同意程朱和陸王的知行觀，提出「知行相資」「行可兼知」的知行觀。王夫之批評程朱和陸王的知行觀，認為程朱的「知先行後」的主張割裂了知與行的有機聯繫。他說：「曰『知先行後』，立一劃然之次序，以困學者於知見之中，且將蕩然以失據，則已異於聖人之道矣。」對於陸九淵、楊簡、王守仁的知行觀，王夫之也持批評態度，認為陸九淵、楊簡、王守仁的知行觀混淆了知與行的界限，顛倒了行先知後的順序。王夫之指出無論「離行以為知」，還是「銷行以歸知」，兩者都不足取。他說：「若夫陸子靜、楊慈湖、王伯安之為言也，吾知之矣。彼非謂知之可後也，其所謂知者非知，而行者非行也。知者非知，然而猶有其知也，亦惝然若有所見也。行者非行，則確乎其非行，而以其所知為行也。以知為行，則以不行為行，而人之倫、物之理，若或見之，不以身心嘗試焉。」

王夫之認為，在個體的教育過程中，應該行先知後，知行並進，互相為用。他說：「知行相資以為用，唯其各有致功而亦各有其效，故相資以互用，則於其相互，益知其

必分矣。同者不相為用，資於異者乃合同而起功，此定理也。」按照王夫之的解釋，知與行各有各自的功效。也就是說，知和行是兩個內涵和功用不同的範疇，它們相對獨立又相互依存，只有相輔相成才可以充分發揮各自的作用。

可以說，王夫之「行可兼知，知不可兼行」「知行相資」的知行觀，把「知行相資以為用」提到對立統一的「定理」高度，正確地揭示出教育過程中的認識規律，這在中國教育思想的發展史上確是一種創見。

三、「學思相濟」的教學方法

王夫之在長期的授徒講學的言傳身教活動中，總結自己的教學經驗，並且善於繼承前人的教育思想成果，提出了許多有價值的教學方法。其中頗富創新意義的就是「學思相濟」的教學方法。

王夫之的教學內容以儒家的四書五經為根基，十分注重向學生闡發蘊涵在其中的道、德、仁、義、忠、信等抽象哲理，要求學生能夠實現理論的自覺並且身體力行。要做到這一點，首要的前提就是應當勤勉向學，而且樂在其中，「善學者惟日孜孜，不得而憤，得而樂」。

王夫之十分注重發揮學生的主動精神，希望學生一定要有強烈的求知欲，即「自修之心」。他說：「有自修之心則來學而因以教之，若未能有自修之志而強往教之，則雖教亡益。」指出學生如果缺乏自修之心，老師使盡渾身解數去教也是枉然。在主張自勉樂學的同時，王夫之又進一步指出自悟的重要性。他說：「善教者必有善學者，而后其教之益大。教者但能示以所進之善，而進之之功，在人之自悟。」在王夫之看來，教育者如果善於教學的話，那麼在受教育者中就肯定會出現善於學習的人，這樣才可能收到好的教學效果。但是，無論教育者怎麼善教，卻只能引導善學者踏上如何上進好學的道路，因為走這條路的是受教育者自身，教學收效的程度最終完全取決於受教育者自悟的意識和水平。王夫之的這一觀點，繼承和發展了先秦儒家教學思想，特別是孟子深造自得的思想精神，同時折射出王夫之高度重視培養學習者主體性的教學價值取向。

如果說自勉自悟是側重於宏觀層面的教學方法論的話，那麼，在具體的學習過程這一層面，王夫之則提出了「學思相濟」的教學命題，就如何認識和處理好學與思之間的關係進行了辯證的分析。

首先，學是思的基礎。王夫之說：「心之情才雖無形無象，則必依所嘗見聞者以為影質，見聞所不習者，心不能現其象。」這裡所謂的「心」，即表明「心」是一種高級形態的理性思維器官。而「心」之思，是指以耳目等感官所產生的感性認識為基礎的理性認識。在王夫之看來，思雖然無形無象，卻必須以有形的見聞材料為原料。如果沒有學與見聞所獲得的感性材料，「心」就無法展開思維活動。所以，他又強調：「廢聞見而以私意測理，則為鑿為妄，陷於大惡，乃聖人之所深懼。」如果脫離耳目所得到的感性材料，而憑空臆想，就會妄測鑿空，這是十分令人擔憂的。

其次，思是學的內在動力。王夫之深刻體會到耳目聞見的感性認識具有一定局限性，「道體之無涯，以耳目心知測度之，終不能究其至。故雖日明，雷霆之聲，為耳目

所可視聽睹，而無能窮其高遠。」耳聞目見之所以有一定的局限性，是因為一方面世界上的事物無涯，但人們的探究活動總是有限度的。也就是說，客觀事物的無限性，決定了人難以窮盡一切事物。另一方面是耳目感官所獲取的感性認識只能把握事物的表面現象，而不能透過現象去深入把握事物內部的本質與規律。那麼，要想彌補耳目感官的感性認識的缺憾，就必須重視和發揮「思」的作用。王夫之認為，「心」之思可使耳目感官所獲取的感性認識得以提升、深化和理性化。

王夫之反覆強調耳目感官所獲取的感性認識須通過「心」之思去引導和駕馭。「心」之思不僅有由少知多的推理功能，而且在耳目不及的範圍裡，「心」之思能夠發揮其特有的認識作用。來自耳目感官的聞見之「學」的客體是客觀事物，而賴於理性認識之「思」的客體是聞見獲取的存在於大腦中的思維材料，「思」是在「學」基礎上的深化與提升，「思」又使「學」更加理性化。王夫之斷言，思索感到困惑時，學習必然更加勤奮，可見「思」確是「學」的內在動力。

歷史地看，王夫之「學思相濟」的思想豐富了孔子「學而不思則罔，思而不學則殆」思想的內涵，為中國教學思想的寶庫添上了精彩一筆。

思考題

1. 清代國子監教學有什麼特點？
2. 分析說明清代書院的歷史命運。
3. 試述清代科舉會試製度和辦法。
4. 試述科舉對學校教育的影響。

第九章　鴉片戰爭到洋務運動時期的教育

【導讀】

本章介紹鴉片戰爭後中國傳統教育的境況、所面臨的危機和改革派的文化教育主張，近代教會學校的發展過程及其性質和影響；概述洋務學堂、洋務留學教育的實施過程和歷史作用，並對「中體西用」思想的形成、發展過程及其歷史作用和局限進行評述。應注意掌握的內容和概念有：鴉片戰爭後傳統教育的困境；太平天國對儒學的批判、對文化教育和科舉制度的改革；改革派有關復興「經世致用」學風和「師夷長技以制夷」的主張；教會學校從興起到擴張的發展過程，英華書院、馬禮遜學校及其他重要教會學校，從「學校與教科書委員會」到「中華教育會」，教會學校的課程，教會學校的性質和影響；洋務學堂的舉辦、類別和特點，京師同文館、福建船政學堂等重要洋務學堂，留美幼童、留歐學生的派遣和洋務留學教育的影響；「中體西用」思想的形成發展，歷史作用和時代局限，張之洞《勸學篇》對「中體西用」思想的系統論述。

【教學目標】

1. 掌握洋務運動時期新式學堂創辦和留學教育開啟的史實及其意義。
2. 瞭解教會學校的創辦情況，能夠對其進行正確評價。

1840 年的鴉片戰爭，西方資本主義列強用大炮轟開了中國的大門，中國從一個古老的封建大帝國，一步一步淪為半殖民地半封建的社會。在這種社會大變動下，中國封建傳統教育的動搖和向近代教育轉型成了歷史的必然趨勢。本章揭示的內容是 19 世紀 40~90 年代中期中國教育的狀況，期間經過了鴉片戰爭、太平天國運動、洋務運動，是中國半殖民地半封建社會的形成時期，也是中國近代教育改革的醞釀時期和改革的啟動時期。學習本章，應以歷史唯物主義觀點分析理解傳統教育必然動搖的社會背景和向近代教育轉化的歷史趨勢；瞭解清末封建教育日益腐朽和進步人士提出的批評和改革主張；掌握資本主義列強在華的教育活動的內容、性質和影響；瞭解太平天國運動對封建傳統教育的衝擊及教育改革的主張及舉措；掌握洋務教育中各種新式學堂的創建和留學教育的實施；瞭解張之洞的教育實踐活動，理解和掌握張之洞的教育思想。

第一節　清末封建教育的衰敗與教會教育的開端

鴉片戰爭後的中國教育與中國社會一樣，面臨著從未有過的變局，中國社會的性質發生了變化，中國的教育要由傳統型向近代型轉化。封建傳統教育發展到這個時期，自身走向衰敗；加之太平天國運動中對傳統教育進行的直接的衝擊，西方列強，依著不平等條約作掩護，披著宗教的外衣，開始在中國辦起了「新教育」，強迫中國人接受「西學東漸」。這一切都醞釀著一場從未有過的教育變革。

一、中國社會的變遷與教育向近代化轉型的歷史趨勢

中國封建傳統教育，發展到鴉片戰爭以前，已有兩千餘年的歷史，它是封建社會結構下的教育，其政治基礎是封建大一統的中央集權制度；經濟基礎是封建宗法家庭下的自給自足的小農經濟；在觀念形態上占統治地位的是儒家學說；具體在教育制度和教育內容上起支配作用的是科舉取士制度。這種傳統教育，在創造和傳承中國光輝燦爛的古代文化中，起過巨大的作用，為中國社會的發展和文明的進步，做出過值得驕傲的貢獻。因此，它是一種高度發達的文化，曾有著強大的生命力。

封建傳統教育所依附的封建制度，經過兩千餘年的星移鬥轉，到了清朝末年，已經變成政治腐敗、經濟上落後、文化上保守的不堪一擊的衰老帝國。妄自尊大的清朝統治者，不但自己愚昧無知，而且閉關自守。對日益逼近的亡國的危險毫無意識，還陶醉在「華夏中心」「四方來朝」的迷夢之中，對於整套封建舊制不但不進行順應時代需要的改革，而且愈益發展其落后面，強化封建的政治制度和經濟制度，壓抑工商業，對外閉關鎖國，思想文化上大興文字獄，結果，只能是國勢日益衰落，統治日漸動搖。

中國兩千多年的封建傳統教育，它的產生和發展，無不與封建的政治、經濟的產生和發展緊密相連，當其所依存的政治、經濟發生巨變後，它的不適應性及其腐朽、落后的一面便日顯突出，這種傳統教育的變革便是不可避免的了。鴉片戰爭以後，中國社會政治、經濟的變化，是中國封建傳統教育向近代教育轉型的最根本的社會原因。傳統的教育觀念與教育制度、內容、方法等都將受到難以避免的衝擊，它必然也必須向近代教育轉型，一場學校與科舉之爭、新學與舊學之爭、西學與中學之爭呼之欲出。

二、清末教育的腐敗、沒落

鴉片戰爭前後，清朝已成為一個衰老的封建帝國，教育仍沿用舊制，日益空疏、腐敗，各種矛盾加深。

（一）科舉制度的腐敗

清末科舉流弊百出。「四書」中可以出的題目大多出盡，於是便硬編出很多偏題、怪題，甚至把經書上毫不相關的詞拼在一起命題作文，考試嚴格規定文章必以八股為

體裁，書寫字體必用小楷。士子即使是刻苦讀經，幾經考場，歷盡艱辛，考上了進士，亦多無真才實學，正像康有為所描述的：「魏科進士，翰苑清才，而竟有不知司馬遷、範仲淹為何代人，漢祖、唐宗為何朝帝者！若問亞非之輿地，歐美之政學，張口瞪目，不知何語矣。」更有甚者，經不必念，文不必作，字不必寫，採用賄買、賄賣、夾帶、槍替等各種舞弊手段或者乾脆出錢買個監生、貢生，甚至舉人。

(二) 官學名存實亡，私學教育也空疏腐化

清末在教育制度上，中央設國子監，地方有府學、州學、縣學、書院，此外還有義學、社學、私塾。但這些學校，大多徒具其名。如最高學府國子監已無管理制度，學堂喪亂，取消了「坐監」制度，允許監生在寓所肄業。他們只在初一、十五來監聽講「四書」「五經」等。學生入監讀書，不過是為了求得一個進身做官的資格，毫無讀書求學的渴望，他們常是口銜菸袋，手捧茶杯，東遊西蕩，學校已是案位空閒，書聲無聞。學校教學名存實亡，正如嚴復在《論治學治事宜分二途》中所指出的：「自學校之弊既極，所謂教授訓導者，每歲科兩試，典名冊，計贄幣而已，師無所謂教，弟無所謂學，而國家乃徒存學校之名，不復能望學校之效。」並且學校與科舉緊密相連，只有府、州、縣學的生員，才有參加科舉考試的資格，官學成為科舉的附屬。

當時，遍布全國各地的各種形式的私塾，倒是清代士子真正讀書受教育的地方，但教育內容仍以儒家經典為中心，士子苦讀多年，同樣無真才實學。

(三) 實行思想鉗制，大興文字獄

為了維持搖搖欲墜的統治，清朝政府極端頑固守舊，閉關自守，對知識分子實行高壓政策，進行思想鉗制，不允許有任何新思想產生。他們大興文字獄，強調讀書士子必須遵守「聖諭廣訓」「臥碑」等。在學術上，極力推崇義理學、考據學、辭章學，把這些定為學術正統，其他黜為異端。尤其推崇義理之學，將之視為儒家正宗，成為統治階級的代表思想，特別提倡程朱學說，朱熹註的《四書》和程朱一派解釋的《五經》，成為科舉考試的標準，也是學校教學的依據，其他學派均視為邪說。考據之風延續到清末也很盛行，專講古代訓詁名物，校勘古典經籍，引導學者專鑽故紙堆，脫離現實，保全自己。

清末教育的腐朽、空疏、無用、無實，學術思想的封建專制主義，反映了當時政治經濟的腐朽與衰落。

三、太平天國運動中的教育

鴉片戰爭后，由於外國資本主義的侵入，清政府加重了對人民的剝削，引起人民群眾連綿不斷的反抗鬥爭。1851年爆發的太平天國運動，正是建立在這些起義基礎上的全國性農民運動。這場運動曾波及十七個省，並在南京（他們稱天京）建立了與清廷相對峙的政權，長達十五年之久。

太平天國運動在進行軍事、政治、經濟鬥爭的同時，在文化教育方面，也對封建主義教育展開了鬥爭，實行了一系列的文教改革。

(一) 對封建主義教育的衝擊與批判

1847 年，洪秀全、馮雲山建立「拜上帝會」組織。為了發動、組織、統帥農民群眾，太平天國在思想意識方面極力樹立皇上帝的絕對威望，他們把農民反清反封建的思想、中國古代儒家大同思想、基督教教義中某些平等思想結合起來，形成了一套社會政治理論，即「拜上帝教」的教義，具有鮮明的反封建傳統思想的傾向。他們用改造了的上帝來反對原有的一切權威偶像，宣布什麼皇帝、孔子都屬於「邪神」，全在推翻之列。

太平天國起義后，採取了堅決反儒的政策，宣布孔、孟的書都是「妖書」，要「一概毀化」。在這種方針下，凡太平軍所到之處，便毀掉孔廟、聖物，推倒孔子像及「從祀木主」，一些寺院、學宮，甚至書院也全都拆毀，將《四書》《五經》《朱子全集》等皆付之一炬，出現了一個「敢將孔孟橫稱妖，經史文章盡日燒」的局面。

1853 年，太平天國定都南京以後，由堅決反儒的政策，變為改造的政策，他們曾改定四書五經，刪鬼神祭祀吉禮之類，將一切「鬼話」「怪話」「妖話」「邪話」一概刪除。對於孔孟的書，也認為不必廢，其中亦有很多內容合於天性道理。為了有組織地對儒家經典進行修改，1854 年成立了刪書衙，刪改後的經書便可以閱讀了，但並沒有流傳下來。根據清代一些人的記載，刪改的主要內容包括涉及鬼神祭祀等封建迷信和避諱的文字，如《周易》全部刪掉，還改了帝王和孔子的稱呼。按周汝南的記載：「始以四書五經為妖書，后經刪改準閱，惟《周易》不用，他書涉及鬼神喪祭者刪去，《中庸》鬼神為德章，《書》金縢、《儀禮》喪服諸篇，《左傳》石言神降俱刪，《孟子》則可以祀上帝，上帝上加皇字，《詩經》蕩蕩上帝、上帝板板，皆加皇字，《論語》夫子改孔某，孔子曰改孔某曰。」刪改的還有其他一些名稱，如「國」改「敦」「王」改「相」，「孟子見梁惠王」改為「孟子見梁惠相」等。

從太平天國對待孔子和儒家經典的態度看，他們批判封建主義傳統教育是一貫的，但他們也提不出一個新的上層建築來代替封建主義的意識形態，因此，便無力推翻「四書」「五經」中的核心思想——三綱五常，並且由於他們本身具有濃厚的等級觀念和個人權威的思想，更不可能從根本上否定封建等級觀念。

(二) 太平天國的文教改革

1853 年，太平天國在南京奠都以後，在其占領區，廢除了清朝的教育制度，實行了文教改革。

1. 實行普遍的平等的教育

太平天國的綱領是《天朝田畝制度》，其中規定：「凡二十五家中設國庫一，禮拜堂一，兩司馬居之……其二十五家中童子俱日至禮拜堂，兩司馬教讀舊遺詔聖書、新遺詔聖書及真命詔旨書焉。凡禮拜日，伍長各率男婦至禮拜堂，分別男行女行，聽講道理。」按這個規定，太平天國施教的對象包括所有的群眾——男人、女人、兒童。兩司馬就成為當然的教師。兒童每天上學，成人每禮拜日上學。教育的方法最主要的是「聽講道理」。這是政教合一的新型教育制度，廢除了私塾、書院的專門教育機構。

在兒童教育上，凡太平天國各級幹部子弟或義子、義弟都可送入育才館學習，由

通文理者對他們進行教育。還有用「帶徒弟」的辦法，即各級幹部常隨身帶童子一人或數人，認為義子，叫他們朝夕相隨，在實際鬥爭中對他們進行教育。

對於婦女、士兵及所有的農民群眾，都實行廣泛的教育，在士兵教育中，除政治教育和宗教教育以外，還進行軍事教育，講授太平天國自己編的軍事書籍，如《武略》《兵法四則》《真聖主詔明大小兵法水旱戰法》等，還要嚴格訓練士兵用弓、矢、刀、槍等方面的能力。還以《營規》《行營規》《條禁》等對男女官兵進行軍事紀律教育。

太平天國這種不分貧富、貴賤、男女的平等的、普遍的教育，是教育史上光輝的一頁。

2. 改革教育內容，編輯新教材

太平天國基本上廢除了原來以孔孟之道為中心的教育內容，經過刪改的儒家經書雖然是可以讀，也可以教了，但太平天國官方並未鐫刻，沒大量發行作為教材，教材主要還是他們自己編的官書，主要有《舊遺詔聖書》《新遺詔聖書》《真命詔旨書》《三字經》《幼學詩》《御制千字詔》等。

《舊遺詔聖書》《新遺詔聖書》是在基督教的《舊約聖經》《新約聖經》的基礎上修改的，並加了新的註解。

《三字經》《幼學詩》《御制千字詔》是專為孩子編的兒童讀物，屬於童蒙教材。它們分別採用了古代《三字經》《神童詩》《千字文》的形式，重新編了新的內容對兒童進行思想教育、識字教育和某些自然科學知識的教育。《三字經》是一部以政治教育和宗教教育為中心的兒童讀物，主要宣傳洪秀全創建的拜上帝教的教義，介紹從皇上帝經耶穌到洪秀全怎樣施神威、救凡人的歷史過程。它在最後提出了對小孩的告誡，要求孩子要「拜上帝」「守天條」「正其身」「求不愧」等。《幼學詩》主要內容是告訴兒童要「敬上帝」「敬耶穌」「敬肉親」，還規定了社會上的各種關係和行為箴言，如朝廷、君道、臣道、父道、子道、夫道、妻道、男道、女道、心箴、目箴等，要求兒童懂得，人都由上帝生成，應該人人平等，互相親愛，反映了太平天國理想社會中人與人的關係。但在這上下、長幼、男女關係之中，也反映出很多封建道德觀念，如「生殺由天子，諸官莫得違」「妻道在三從，莫違爾夫主」等，表現了教育的封建色彩。《御制千字詔》中一千一百零四字，把太平天國的政治、宗教信仰和它的歷史發展作了簡要的敘述，而且還將很多日常生活用詞分類編寫，如天氣變化、山川湖海、動植物名稱等都包括在內，並且沒有相同的字，是一本兒童識字教材，同時也包括很多自然知識。

對於自然科學知識除童蒙教材中包含了一些以外，在學館中也要學習西方文明科學技術知識，許多革命將領的子弟都曾學習過外國語、機械學、地理學等。

3. 改革考試製度

太平天國選擇人才，主要是在革命實踐中進行，在建都南京後，為解決各方面人才的急需，也曾沿用了科舉取士的辦法，但卻進行了一些重要改革。

太平天國的科舉考試，廢除了封建門第出身。「無論何色人，上至丞相，下至聽使，均準與考」，所有應考、錄取、任用，都沒有種族、貴賤、男女、貧富之分，會試無論布衣、紳士、倡優、隸卒，取中即為狀元，鄉試中者無定額，亦不論門第出身，

取中即為舉人。婦女同樣可以參加考試，1853年曾特為婦女開設女科。考試內容，不準出四書五經上的題目，考題要從《舊遺詔聖書》《新遺詔聖書》《真命詔旨書》及其他太平天國官書中選擇。

4. 文風與文字改革

太平天國還下旨，改革文風和文字，主張文章要樸實明曉，反對浮文巧語，不許以嬌豔之詞去阿諛奉承帝王、官僚。在文字上也改了數十個字，多是因避諱，但有的也起了簡化作用，如「國」改為「囯」等。

(三) 洪仁玕的教育主張

洪仁玕（1822—1864年），字益謙（又稱謙益），號吉甫，廣東花縣人，為洪秀全族弟。自幼學經史，兩次科考，但均不第，后當塾師。早年接受洪秀全思想影響，是最早參加「拜上帝會」的成員之一。因清兵封鎖，他未能參加金田起義。1852年，他響應太平軍暴動失敗，轉至香港。因去天京屢次受阻，故先后在香港停留七年，曾給外國傳教士做家庭教師。其間接受了西方資本主義國家政治、經濟、科學、文化的影響。1859年，輾轉到達天京。他對太平天國忠誠，學識淵博、通曉西學，瞭解外情，深受洪秀全器重，不久被封為干王，總理朝政兼文衡正總裁，掌管太平天國文化教育事業。他向洪秀全進呈的《資政新篇》，就是一個全面革新政治、經濟、文化教育的方案，反映了他發展資本主義的願望。

洪仁玕已認識到中國要富強，必須學西方，政治上要民主集權，經濟上要發展工礦企業、製造火車、輪船、開辦銀行等，文化教育上也提出了學習資本主義的主張。

1. 批判封建文化習俗

他認為在文化教育上，中國存在著各種「驕奢之習」，必須「移風易俗」，並且要「自上化之」。他舉出「如男子長指甲，女子喜纏腳，吉凶軍賓瑣屑儀文，養鳥鬥蟀打鵪賽勝，戒箍手鐲金玉粉飾之類，皆小人驕奢之習，諸如此類，難以枚舉」。如何鏟除這些惡習？他認為「惟在上者以為可恥之行，見則鄙之忽之，遇則怒之撻之，民自厭而去之，是不刑而自化，不禁而自弭矣」。他認為中國「人心蒙昧」都是「習俗所蔽」，必須進行一番移風易俗的革新，並且要自上而下開展，才可取得成效。

2. 學習西方文化教育與科學技術

他認為中國傳統教育「不務實學，專事浮文」，而西方文化教育是重視科學技術的，因此能成為發展資本主義的物質基礎。他推崇德國、法國等科學技術，主張向他們學習製造火車、輪船、鐘表等近代科學技術，認為這些都是「正正堂堂」之技，並非「奇技淫巧」。

3.「德才兼備」的教育目的和「三寶」的教育內容

洪仁玕認為要永保太平天國的江山，必須培養「德才兼備」「文武兼通」的人才，他在《兵要四則》中將這種人才具體化，提出武職人員一要有學問；二要有道德；三要知法律；四要知蓄銳之方。他認為賢才必文武兼備，要文可兼武、武可兼文，這才是太平天國所需要的「新民」「新人」。為培養這種人才，他提出施以「三寶」教育，主張以宗教道德、科學技術知識和文學藝術作為教育內容。他把宗教道德教育視為

「上寶」,「夫所謂上者,以天父上帝,天兄基督、聖神爺之風三位一體為寶」,要「格斯邪心,寶其靈魂,化其愚蒙,寶其才德。」他將中國化的基督教觀念與道德觀念結合起來,實際就是要把拜上帝會的教義作為對人才的首要要求。他將文化科學技術作為培養「新人」的「中寶」。「中寶者以有用之物為寶,如火船、火車、鐘表、電火表、寒暑表、風雨表、日晷表、千里鏡、量天尺、連環槍、天球、地球等物,皆有奪造化之巧,足以廣見聞之精。」他把詩畫美術,作為培養「新人」的「下寶」,「詩畫美豔,金玉精奇,非一無可取,第是寶之下者也。」

4. 主張辦新式學校,贊賞西方教育制度

1860年,容閎到太平天國察訪,向洪仁玕提出七項教育改革建議,其中四項是建立新式學校:一是設立武備學校;二是建設海軍學校;三是頒定各級學校教育制度;四是設立各種實業學校。這些都得到洪仁玕贊許。他還主張設立「士民公會」,興辦學校,可於民間開辦「禮拜堂」「學館」,並應予以獎勵。他認為要興辦福利教育設施,成立跛盲聾院、鰥寡孤獨院,對殘疾人和無助者給予教養。還提出保護兒童,禁溺子女和賣子為奴等資產階級人道主義和保護兒童的教育主張。

太平天國運動中的教育改革,具有很重要的歷史意義。在中國淪為半殖民地半封建的社會以後,它第一次對封建教育猛烈衝擊,定都南京後,實行男女平等的教育,改革考試制度,編寫新教材等,洪仁玕還曾提出某些發展資本主義教育的主張,這一切都包含了某些反封建的民主因素。

四、早期教會教育——帝國主義對華文化教育侵略的開端

外國人向中國輸入西方文化,並不始於鴉片戰爭以後。早在明朝萬曆年間,西方科學文化便隨著傳教士的腳步,悄然滲入中國大陸,當時義大利耶穌會教士利瑪竇等人,在研習了漢文及《四書》《五經》後,費貢物詣京進獻。他們自稱「陪臣」「西儒」,因仰慕天朝帝國之名教文物而來華,並願「終身為氓」。

利瑪竇等是以傳播自然科學和技術,求得在中土傳教的權利,逐漸地把西方數學、天文學、醫學、地理學等科學介紹到中國。這次西方文化的滲入並不具侵略的性質,並不危及天朝帝國的尊嚴,也沒有替代中國傳統文化的危險,故自皇帝至一般士大夫皆能接受。鴉片戰爭後,資本主義列強在掠奪了中國的政治、經濟、軍事的特權的同時,還要奪取在華的教育特權。

(一) 利用不平等條約,奪取在中國辦教育的特權

1842年簽訂的《南京條約》,明文規定:「自後有傳教者來中國,須一體保護。」這便為他們在中國開展文化教育活動打下基礎。英國奪得了五口通商、協定關稅、領事裁判權以及最惠國待遇等後,為文化教育的侵略徹底打開了大門。

1844年,美國逼迫清政府簽訂《中美望廈條約》,其中規定「合眾國民人在五港口貿易,或久居或暫住,均準其租賃民房,或租地自行建樓,並設立醫院、禮拜堂及殯葬之處⋯⋯」同年,繼《中美望廈條約》以後,在《中法黃埔條約》中,規定「佛蘭西人亦一體可以建造禮拜堂、醫院、周急院、學房⋯⋯倘有中國人將佛蘭西禮拜堂、

墳地觸犯毀壞，地方官照例嚴拘重懲」。於是法國便明確獲得了建教堂、傳教、辦醫院、辦學校的權利，並且還要受清廷的保護。

1846年2月，道光皇帝下詔，解除了一百多年的「教禁」，不許各地方官吏再禁天主教，如濫行查拿，即予以應得處分。從此，西方各國的傳教士，隨著鴉片和商品一起紛紛進入中國。

第二次鴉片戰爭以後，列強又取得了在內地傳教辦學的權利。《中美續增條約》第七條規定：「中國人欲入美國大小官學，學習各等文藝，須照相待最優國之人民一體優待。」從此，吸引留學生又得到法律上的保證。

(二) 開辦教會學校

資本主義列強，有了不平等條約作為保證，開始辦教會學校，作為對華教育侵略的據點。

早在1818年，英國傳教士馬禮遜，曾在馬六甲開設一所英華學校，目的是宣傳基督教。為紀念馬禮遜，1839年11月，美國基督教徒布朗，在澳門創辦了一所小學叫馬禮遜學堂。

1842年，該校由澳門遷至香港，校長為布朗，教師除布朗夫婦外，還請了一個中國人教中文。第一批學生有容閎等六人。他們都是窮人家的孩子。容閎後來成為中國最早的留學生，中國第一個西醫黃寬也出自這所學校。該校課程除宗教外，有中文、算術、代數、幾何、生理學、地理、歷史、英文、化學等。這是外國傳教士在中國開辦的最早的學校。

鴉片戰爭以後，按著不平等條約的規定，外國傳教士大量進入中國，首先在五港口開辦教會學校。1844年英國東方女子教育協進會會員、傳教士愛爾德賽在寧波創辦女塾。課程有聖經、國文、算術等，並學習縫紉、刺繡。該校為外國人在華設立最早的教會女學。1845年，美國長老會在寧波設立崇信義塾，招收學生三十人，為以後之江大學前身。1849年，法國天主教耶穌會在上海創徐匯聖依納爵公學，后改徐家匯公學，最初只有學生十人。1850年美國聖公會傳教士裨治文夫人格蘭德在上海辦裨文女塾，同年美國傳教士麥利和夫人斯佩里在福州創辦女塾。1851年，美國聖公會教士瓊斯，在上海虹口設文紀女塾，學生有八人，上午學《聖經》與「四書」，其餘時間學習紡織、縫紉、園藝、烹調。該校為聖馬利亞女校前身。

早期教會學校有以下特點：

第一，不受中國人歡迎。教會學校在中國的出現，並不是中國人的自主選擇，它是跟在洋人軍艦大炮的后面，受著不平等條約的庇護而出現的，難以得到中國人的歡迎。

第二，規模小，級別低。因招不到學生，自然學校規模小，僅三五個學生的早期教會學校不在少數。在當時的社會背景和教育背景下，早期的教會學校均屬小學性質。

第三，重視女子教育。中國古代社會有悠久的女子教育的歷史，卻無女子學校。西方教會在中國辦教育，一開始就開辦了女學。中國女孩受學校教育，是以教會學校為發端的。據1869年統計，全國教會女學生有576人，天主教的女生還不在內。

第四，講西學，用新法。教會小學採用的是一種新的教學組織形式，實行班級授課制，完全區別於中國傳統學塾中的個別教學。在內容上，自教會小學開辦時起，西學的科目就被正式列入課程，如算術、地理、生理、天文、體操、音樂、英語等，它們對於中國學童是全新的。

第五，傳播福音，保存中學。西方侵略者在中國辦學校，最直接的目的是傳播基督福音，培養教徒，成為傳教士工作的助手。這便決定了早期教會學校宗教性很強，課程中《聖經》占很大比重，唱經、禮拜等是學生在校參加的主要活動，祈禱、贊美、十誡是學生所必修，在他們看來，用基督教和科學對中國兒童進行教育，就可以超過中國傳統教育，培養出他們所需要的人才。保留中國傳統教育的一些內容也是早期教會學校的特點。識字、國文、《三字經》《百家姓》《千字文》，甚至「四書」都被摻和進去，這有利於他們吸引學生入學，與他們對學生進行西化思想的教育並無矛盾。

鴉片戰爭以後，教會學校，跟著洋槍、洋炮、洋人、洋教出現在中國的土地上，是侵略者的文化掠奪行為，是中國社會的悲哀。然而，它卻具有相當的衝擊力，是對中國傳統教育的巨大挑戰，它的全新的辦學形式，新穎的教育內容和方法等，都包含著反映近代社會教育的某些特點，給中國封建傳統舊教育輸進了一點新的因素，是中國土地上出現的新教育，它是刺激和影響中國傳統教育向近代教育轉型的重要因素之一。

(三) 利用出版機構，舉辦「慈善」事業

1843年，英國倫敦會傳教士在上海成立墨海書館，主持者為傳教士麥都思。1853年該書館出版《數學啓蒙》二卷，介紹算術、代數知識。1855年刊行《博物新編》，介紹西洋氣象學、物理學、化學、天文學、動物學知識。1845年，美國長老會在寧波創辦印刷所，后遷到上海改名「美華書館」。傳教士早期編譯的教科書如《代數備旨》《形學備旨》《八線備旨》《代形合參》均由此書館出版。外國在中國辦的雜誌，在教育上影響較大的如《教會新報》，1868年在上海創刊，主辦人林樂知，刊登中外史地、科學常識及中國教育等，至1874年改名為《萬國公報》。此外，《中外新聞》《上海新聞》也是帝國主義在中國進行各方面侵略活動的輿論工具。

外國侵略勢力還在中國辦醫院、辦孤兒院、育嬰院等所謂「慈善」事業，它們不屬於教育機構，有的育嬰堂也對孩子進行一定的教育，最早的慈幼院是19世紀40年代教會在湖南衡陽開辦的，以後逐漸增多，收容的多為女孩。侵略者將這些「善事」作為博取中國人的好感的手段，以達到微服人心，傳播福音的目的。當然，醫院以病人做實驗，育嬰堂虐待兒童的事也時有發生。

資本主義列強對華的文化教育侵略，引起了中國人民的反抗，湖南湘潭、衡陽、江西南昌、進賢等處，群眾紛紛起來焚燒、拆毀天主教堂、教會學堂、育嬰堂。清政府屢下命令，申戒各地官紳、平民勿再發生事端，但全國各地群眾仍不斷發生類似反洋教的活動。

第二節　龔自珍、魏源等對清末教育的批評和改革主張

19世紀上半葉，中國封建社會走向窮途末路，地主階級內部出現了改革派與頑固派的鬥爭。改革派是一部分較開明的地主階級知識分子，龔自珍、魏源、林則徐、黃爵滋、姚瑩、包世臣、張穆等是其代表。在文化教育上，以龔自珍、魏源最有見地，他們對清末教育的腐朽提出了尖銳的批評，主張改革教育，學習西方。

一、龔自珍改良教育的主張

龔自珍（1792—1841年）做過禮部主事等官。他生活的時代，正處於統一的封建國家逐漸走向解體，已是「日之將夕，悲風驟至」的「昏時」，因此，他迫切地要求「更法」，認為改革不但勢在必行，而且還希望不要等外力強行改革，而要自行改革，他說：「一祖之法無不敝，千夫之議無不靡，與其贈來者以勃谿改革，孰若自改革。」

在教育上，他反對教育脫離實際，主張經世致用。他批評當時教育出來的人，都是些無識無學而又狂妄自大的人，指責他們：「生不荷耰鋤，長不習吏事，故書雅記，十窺三四，昭代功德，瞠目未睹，上不與君處，下不與民處。……且援古以刺今，囂然有聲氣矣。……國有養士之資，士無報國之日。殆夫，殆夫！終必有受其患者，而非士之謂夫！」這是對當時教育的無情的諷刺與揭露。

對於科舉制度，他指出：「今世科場之文，萬喙相因，詞可獵而取，貌可擬而肖，坊間刻本，如山如海，四書文祿士，五百年矣，士祿於四書文，數萬輩矣，既窮既極。」指出了科舉制度已到了窮途末路。

他主張應該研究有價值的學問，甚至要學西洋奇器，在《送欽差大臣侯官林公序》中，他囑咐林則徐要效法西洋「修正軍器」、「講求火器」，以武力抵抗外敵。他主張學習外國科學知識，以富國強兵。他認為應該從空談心性的「宋學」和繁瑣的考據之學中解脫出來，研究實際問題，參加實際鬥爭。他呼籲要改功令，以收真才，提倡用政治、經濟方面的實際問題考試學生，瞭解其通達古今時事與否。

由於階級和歷史的局限，龔自珍雖然還提不出超越封建傳統教育思想的改革意見，但他提出的對封建教育的批判和改革的主張，具有開晚清一代新風的意義，不但影響了與他同時代的知識分子，而且一直影響到19世紀末資產階級維新派人士。梁啓超就曾說過：「龔自珍……譏切時政，詆排專制……晚清思想之解放，自珍確與有功焉。光緒間所謂新學家者，大率人人皆經過崇拜龔氏之一時期；初讀《定庵文集》，若受電然。」

二、魏源學習西方，培養人才的思想

魏源（1794—1857年），曾任清朝內閣中書、知縣等，他和龔自珍都是林則徐的好友，在清末社會大變動的時代，親眼看到清王朝已到了百孔千瘡，好像個「蝸廬」，已是「外漏」兼「中蠹」，快要倒塌了。

他認為，要改革清朝腐朽的政治統治，就必須革除社會上的兩大弊病，一是「人心之痺」，一是「人才之虛」，在培養人才上要有務實和求實的精神，要有實際的本領和能戰鬥的能力。因此，對當時盛行的宋學、考據之學提出批評。指出：「工騷墨之士，以農桑為俗務，而不知俗學之病人更甚於俗吏。托玄虛之理，以政事為粗才，而不知腐儒之無用亦同於異端，彼錢谷簿書，不可言學問矣；浮藻恆叮，可為聖學乎？釋老不可治天下國家矣，心性迂談可治天下乎？」這就指出了考據之學和宋學的弊病，前者把完整的學問切割成碎塊，破壞了學問的內在聯繫，失去了原來的價值；後者一味地空談心性，與實際毫不相關，這又怎麼能治天下呢？他認為正確的治學方法是「及之而后知」，就是只有接觸了那個事物，才可以得到那個事物的知識。他極力反對知識分子追求不切實際的學問，國家舉行科舉考試也應以實際問題測試士子，他說：「欲綜核名實，在士大夫舍楷書帖括而討章程、討國故始。」

　　魏源在近代教育思想發展史上的貢獻，更表現在他提出了瞭解西方，學習西方的主張。當時中國思想界，頑固守舊、盲目排外的思想占統治地位，稱西方科技為「末技」，是「奇技淫巧」。魏源勇敢地駁斥了這些論調，提出要制夷必先「悉夷情」，不但要瞭解西方技藝，而且還要學習，他說：「善師四夷者，能制四夷，不善師外夷者，外夷制之。」他與林則徐都是當時瞭解西方的代表人物。他根據林則徐的《四洲志》稿本，增補而成《海國圖志》六十卷，以后又擴為一百卷。這是一部中國最早研究世界歷史、地理及其他情況的系統著作。書中還包括了他自己設想的防夷攻夷之計劃，他還繪製了大量的地圖和西方各種機械、儀器圖示。對於這部著作，他說：「是書何以作？曰：為以夷攻夷而作，為以夷款夷而作，為師夷之所長技以制夷而作。」「夷之長技」，他認為有三：「一戰艦，二火器，三養兵練兵之法。」但他又反對只著眼軍火，指出：「人但知船炮為西夷之長技，而不知西夷之長不徒船炮也。」其他如民用工業、自然科學也在其列。他這些主張，不僅打破了當時學術界、教育界的沉悶氣氛，起了「創榛闢莽，前驅先路」的作用，而且概括了當時先進人士的思想特徵，是中國近代教育思想領域「中學與西學之爭」的起端。

　　龔自珍、魏源對傳統教育的批評和改革教育的主張，有開一代新風的意義，具有重大的思想啟蒙作用。由於階級和時代的局限，他們的主張不可能付諸實施，但卻敲響了中國傳統教育向近代教育轉型的鐘聲。

第三節　洋務教育

　　面對日益深重的內憂外患，清朝統治集團內部主張改良革新、變法圖強的派別極力主張效法西方，引進先進的科學技術和機械生產方式，發展工商業等近代實業，即所謂「洋務」。這一派史稱「洋務派」，中央以奕訢為代表，地方則有曾國藩、左宗棠、李鴻章以及張之洞等封疆大吏。改良舊式教育、創辦新式教育、聘請外國教師、開辦留學教育，以培養適應近代社會經濟和外交發展的新型人才，是其主要內容之一。史稱「洋務教育運動」。

一、洋務學堂的創辦

洋務派興辦的新式學堂，大致可以分為外國語學校、軍事（「武備」）學校和技術實業學校三類。

(一) 外國語學校

外國語學校又稱「方言」學校。鴉片戰爭以來，清政府在外事活動中，由於語言文字的隔閡，屢處被動。為了應付外交的迫切需要，培養本國的外交人員和翻譯人員刻不容緩。洋務派認為，「欲悉各國情形，必先諳其語言文字，方不受人欺蒙。」因此，清政府首先決定建立外國語學校。

1. 京師同文館

1862 年，恭親王奕訢奏請設立於北京，目的在於培養清政府所需要的外事專業人才。同文館隸屬於清政府新建立的外交機構——總理各國事務衙門。它是中國現代由官方設立的最早的外國語言學校。

同文館初辦，只設英文館，由原俄羅斯文館改設而成，學生只有十名。以後陸續增設法文館、俄文館、德文館、東文（日文）館，承擔著培養各類外語人才的重任。

1866 年，同文館增設算學館等，學習天文、算學、西方製造技術等內容。此後又設立了觀象臺、格致館。自然科學課程的設置，實驗教學的開展，使同文館由單純學習外文的專科學校逐漸成為兼習科學技術的綜合性學校。

同文館學制八年，教學實行班級授課方式。學生從八旗子弟中挑選 15 歲上下、略通文墨者入學。教師稱為教習，除算學教習和中文教習外，皆為外籍人士擔任。1869—1894 年，由美國基督教傳教士丁韙良擔任總教習（校長）；辦學經費由海關辦公費中提取三成，而海關總稅務司負責人是英國人赫德，辦學實權實際掌握在外國人手中，這使京師同文館帶上了明顯的殖民色彩。這是現代教育的最初嘗試，由於缺乏辦學經驗，加上生源科技資質很低，教學實效難達人意。

但是，京師同文館的設立客觀上對晚清的政治、外交、學術、教育等均產生了巨大影響。就文化教育而言，京師同文館打破了中國舊的教育模式，成為中國新教育的胚胎；科學技術的傳播衝破了以文為主的傳統教育內容，在中國教育史上邁出了關鍵的一步；同文館的設立和活動扭轉了中國傳統的「義理」價值觀念，以社會實際效益作為判斷教育成敗的標準。

2. 上海廣方言館

1863 年，江蘇巡撫李鴻章奏請仿照京師同文館之例設立於上海，初名「上海同文館」，1867 年后改稱本名。1869 年，上海廣方言館與江南機器製造局開設的學堂合併，仍名廣方言館，但教學內容擴大，加強了自然科學的教學。1899 年建工藝學堂，分機器、化學二館。1905 年，改為工業學堂，學校性質已發生改變。

3. 廣東同文館

1864 年，廣州將軍瑞麟等奏請在廣州開設，聘請翰林院編修吳嘉善為中文教習，美國人譚順為英文教習。遴選 20 歲左右，資質聰穎的廣州滿漢八旗子弟 20 名入館學

習，學制三年，學成后可以到各衙門當翻譯官。

4. 湖北自強學堂

1893 年，湖廣總督張之洞奏請在武昌開辦。初設方言、格致、算學、商務四齋，但「惟方言一齋住堂肄業」。1896 年改為專習泰西方言的外國語學堂，分為英文、法文、俄文、德文四門，每科限招學生 30 名，學制 5 年。1898 年又添設東文（日文），成為專門培養外交和翻譯人才的學校。

(二) 軍事學校

軍事學校又稱為「武備」學堂。洋務派認為，當時中國內憂外患十分嚴重，要想「靖內患，御外侮，非講求兵制不可」，「整頓陸營則內患不作，整頓水師則外寇不興」。故在開辦外國語言學堂的同時，著力設置軍事武備學堂。

1. 福建船政學堂

1866 年，閩浙總督左宗棠與沈葆禎奏請附設於福州馬尾造船廠，初名求是堂藝局。學堂分前堂、后堂兩部。前堂學習法文，又稱「法國學堂」，訓練造船技術；后堂學英文，又稱「英國學堂」，訓練駕駛技術；分別聘用法、英兩國的師資和技術人員擔任教學。1868 年 2 月，前學堂內添設「繪事院」和「藝圃」。課程除外文及專業技術課外，還要講讀《聖諭廣訓》《孝經》，兼習策論，「以明義理而正趨向」，清楚地體現了「中學為體，西學為用」的洋務思想。學習年限五年，在學校期間，享受伙食、醫藥等優厚待遇，畢業以后，或授水師官職，或出國留學。1913 年，船政學堂從船政局中析出，改組為三個獨立的學校：前學堂改組為福州製造學校；后學堂改組為福州海軍學校，直屬民國政府海軍部；「藝圃」改組為藝術學校。

2. 天津水師學堂

也稱北洋水師學堂。直隸總督李鴻章建議就天津機器製造局建設水師學堂，1881 年落成開學。這是中國最早的海軍學堂。內分駕駛與管輪兩科，都用英文教授。挑選 13~17 歲的「良家子弟」入學，學習英語、幾何、代數、平弧三角、重學（力學）、天文、輿地、測量等課程，五年畢業。該學堂辦學模式成為以后各水師學堂模仿的「樣本」。

3. 江南水師學堂

又稱南洋水師學堂。由兩江總督兼南洋大臣曾國荃奏請設立。設有駕駛、管輪兩科，並附設魚雷專科。辛亥革命后停辦。

4. 天津武備學堂

1885 年，由李鴻章奏請設立。這是中國現代設立陸軍軍官學校之始，北洋軍閥將領段祺瑞、馮國璋、曹錕、王士珍、段芝貴、吳佩孚等曾在該堂肄業。

(三) 技術實業學校

1. 天津西醫學堂

前身是 1881 年設立的「總督醫院附屬學校」。總督醫院是倫敦傳教會醫生梅琴茲於 1880 年在李鴻章資助下開辦的新式醫院。1881 年，梅琴茲建議對撤回國內的一些留學生進行現代醫學訓練，以充任海陸軍醫官，因而設立附屬醫學校。1888 年梅琴茲去

世后，總督醫院被倫敦傳教會收買，李鴻章另建天津總醫院，並於1893年將原來的附屬醫學校擴充成北洋醫學堂，即天津西醫學堂，又稱天津海軍醫學校。它是中國現代最早的官辦西醫學堂。

2. 福州電報學堂

1876年，丁日昌奏請設立。這是中國最早的電報學堂。

3. 山海關鐵路學堂

1895年由津榆鐵路公司在山海關創辦，1900年義和團運動后解散。它是中國最早的鐵路學堂。

除以上實業技術學堂外，還有1867年設立的上海機器學堂、1880年設立的天津電報學堂和1892年設立的湖北礦業學堂等。以上學堂是現代實業教育的開端。

洋務學堂的開辦，雖然專業知識範圍比較狹窄，教學質量極為低下，且具有強烈的封建色彩和殖民性質，但學堂以學年制和班級授課制為教學組織形式，以外國語言和現代自然科學為教學內容，打破了中國傳統儒學一統天下的藩籬，從內容和形式上為中國新式教育的發展提供了榜樣，培養了一批中國最早的專業技術人才和政治外交人才。

二、留學教育的開展

洋務事業的大規模展開需要大量新式人才，舊教育受科舉制的影響根本不能培養這樣的人才，而新教育寥寥無幾也不能培養足夠的新式人才，因此必須依靠國外加快新型人才培養。於是在洋務運動期間，向歐美等國家派遣留學生，形成了中國有史以來第一次出國留學運動。洋務留學早期主要是向歐洲和美國派遣學生，甲午中日海戰失敗后才開始向日本派遣留學生。

(一) 幼童留學美國

幼童留美是由中國留學教育的先驅容閎首先提議，獲得曾國藩、李鴻章、丁日昌等洋務派官員的贊同和支持。1871年9月曾國藩和李鴻章上書清政府奏請選送聰穎子弟出國留學，得到了朝廷的批准。后又經各方函商和總理衙門復議，確定了最終方案和有關事宜。擬定《選派幼童赴美肄業辦理章程》十二條，詳細規定了赴美留學事宜，並在上海設立「出洋局」，籌備出洋事務。

章程規定，自1872年至1875年，每年選派30名幼童赴美留學，四年共120名，學習年限為15年。首批30名在廣東、江蘇、浙江、福建、安徽等地區挑選「志趣遠大、品質樸實」的聰慧幼童，年齡在12～16歲之間，經在國內考試合格后錄取。留學費用由海關洋稅（進口關稅）中撥付。

幼童留美由陳蘭彬、容閎任監督。學生在外國學校主要是學習軍政、船政、製造、測算等專業。除學習「西文」「西藝」外，須在留學監督領導下，「隨時課以中國文義」，如《孝經》《五經》《國朝律例》等，遇有節日還要宣讀《聖諭廣訓》，甚至早晚拜孔子神位，「俾識立身大節，可冀成有用之材」。

幼童在美學習勤奮，成績優異，獲得美國社會的普遍讚譽。然而，可塑性極強的

幼童除接受現代自然科學外，也潛移默化於西方文化的陶染。1881 年，思想保守頑固的繼任監督吳子登上奏朝廷，以學生沾染洋氣，「他日縱能學成回國，非特無益於國家，並且有害於社會」為理由，幾乎把學生全部召回，留下繼續學習的僅少數幾人而已，留美幼童計劃至此流產。儘管留美幼童中途歸國，但長達五年以上的西方學習經歷對成長中的留學生們產了難以磨滅的影響。西方文化的學習和陶冶使他們不僅打下了一定的自然科學基礎，而且獲得了相應的西方資產階級人文理念和社會思想，他們逐漸成為中國現代科技、外交、軍事、管理等領域的重要力量，為中國社會發展做出了傑出貢獻。

(二) 留歐學生的派遣

沈葆楨、李鴻章於 1876 年（光緒二年）上奏，請求派學生到歐洲留學。洋務運動中留歐學生以福建船政學堂的學生為主。

1877 年 1 月，李鴻章等奏請派遣福建船政學堂學生留歐，並將議定的《選派船政生徒出洋肄業章程》附呈，朝廷照準執行。奏折中說明留學的理由是：西方的造船技術日新月異，中國經過一段時間的學習后，雖已能仿造，但仍是「隨人作計」，必須「前赴西廠觀摩考索」，以「探製作之源」；在駕駛方面，於「測量天文、沙線、遇風保險等事，仍未得其深際。其駕駛鐵甲兵船於大洋狂風巨浪中，布陣應敵，離合變化之奇，華員皆未經見。自非目接身親，斷難窺其秘鑰」。因此，確定留學的具體目的是：到法國學習製造者，「務令通船新式輪機、器具無一不能自製」；到英國學習駕駛者，「務令精通該國水師兵法，能自駕鐵甲船於大洋操戰」；如果學生中有天資傑出者，也可學習礦學、化學以及交涉公法等。他們認為，法國製造技術最好，英國水師操練最精。因此，主張派留學生去法國學製造，去英國學駕駛。按照規劃派 30 名出國，學習 3 年，期滿回國任用。

1877 年 3 月 31 日，中國現代第一批正式派遣的留歐學生在監督李鳳苞、日意格（法國工程師，福建船政局正監督）的帶領下出發赴歐。1881 年年底，第二批留歐學生共 10 名，由香港出發，分赴英、法、德三國，學習營造、槍炮、火藥、輪機、駕駛、魚雷等，年限為 3 年。1886 年 4 月 6 日，第三批留歐學生 33 人由香港出發，在歐洲學習年限為駕駛 3 年，製造 6 年，與前兩期有所不同。

(三) 留日學生的派遣

洋務運動時期，中國留日教育僅是個人行為，留日也以自費為主。甲午海戰北洋水師失敗后，使中國人對彈丸小國的日本開始重新認識，對日本的強大不得不刮目相看，一時間，留日教育蔚然成風。

1896 年，清政府派遣 13 名留學生赴日，揭開了官派留日學生的序幕。維新變法更加速了中國學生留日的進程。變法領導人康有為明確主張「近採日本」，提倡派留學生赴日本留學，認為日本「同文比鄰」，費用節省，通過日本以瞭解歐美及日本的政治、文化和科學技術情況，盡速「以通世界之識，養有用之才」。於是，戊戌新政中又有 11 人東渡扶桑。1901 年清廷決定給學成回國的留學生獎以進士或舉人出身，致使東渡學生 1903 年猛增到 1,300 餘人。1905 年科舉廢除，留日學生直線上升到 8,000 餘人，堪

稱世界上最大規模的留學運動。

留日教育最初缺乏管理，學籍混亂，學歷層次不清。1906年學部擬定《管理遊學日本學生章程》，規定學生的入學、退學、轉學及改學科乃至請假等事均須經遊學監督認可；凡學生畢業，均須有總監督證明書；如有品行不修、學業不進者即行勒令退學。但學生所學科目，仍由本人選定。留日教育作為洋務留學教育的進一步延續，加速了中國教育現代化的進程，在中國留學史上具有重要的地位和作用。

派遣留學生和培養洋務人才是為了鞏固清朝封建統治。但是歷史發展不以個人的意志為轉移，出乎統治階級的意料，留學生除去極少數外，大多數愛國知識分子接觸了西方資產階級文明，學習現代自然科學和生產技術知識，並把這些東西介紹到中國，促進了中國新思想和新文化的傳播。

洋務留學教育雖然規模很小，人數很少，但它卻是中國教育走向世界過程中邁出的最名副其實的一步，就引進「西學」而言，不再有比留學更徹底的途徑。洋務留學教育對中國教育現代化的推進功不可沒，主要表現在以下方面：

1. 培養了一批科學技術人才

一些人學習了機械、造船、鐵路、郵電、採礦、醫學等方面的專業，使中國有了第一批科技人才。如鐵路工程師詹天佑、開灤煤礦工程師吳仰曾。留美歸國的詹天佑不依靠外國力量，自行設計修建了京張鐵路，成為世界聞名的鐵路工程師等。

2. 培養了一批現代管理人才

如北洋大學校長蔡紹基、清華學校校長唐國安等為留美學生。北京大學首任校長嚴復是留英學生。另外知名的還有，曾任滬寧鐵路總經理、粵漢鐵路副局長、津浦鐵路總經理的黃仲良，津浦鐵路的財務主任沈嘉樹和運輸部主任林沛泉。在電報通訊方面，宋寶奎擔任過上海電報局局長，交通部主管電報系統的官員是袁長坤，陶廷庚是湖北電報系統的負責人，等等。他們是中國第一代掌握現代管理知識的科技人才。

3. 培養了一批海軍人才

不少留學生歸國后，擔任了水師的管帶、幫帶等水師軍官，也有不少人在造船和兵工廠工作。北洋艦隊最大的艦只「鎮遠號」和「定遠號」的管帶就是兩度出洋的林曾泰和劉步蟾。此外，「靖遠」「濟遠」「超勇」快速巡洋艦的管帶也都是當時的留歐學生。

4. 培養了一批外交人才

在留學生中不少人出任駐外公使、領事、代辦等外交官。在外交頻繁、交涉日廣的情況下，初步改變了中國在外交上受外國人愚弄的尷尬境地。

5. 介紹和傳播西方近代資產階級社會政治學說和哲學思想，促進了中國現代思想解放運動

留英學生嚴復第一次系統地翻譯了許多西方學者的著作，例如，林胥黎的《天演論》、亞當‧斯密的《原富》、孟德斯鳩的《法意》、耶芳斯的《名學淺說》等，對中國現代社會產生了巨大的思想啟蒙作用。

就整體而言，洋務教育培養人才的根本目的是為了維護清王朝統治，在實施過程中也難免帶有明顯的移植色彩。洋務學堂在辦學上體現著「中體西用」的指導思想，

表現為新舊參半的過渡形式，故只能稱作「新教育」的萌芽。洋務派創辦的新式學堂各自為政、互不關聯；沒有統一學制，也沒有形成從小學、中學到大學的完整學校系統；由於學校規模很小，著意模仿外國，並且管理腐敗，難以學到真正的科學技術，培養不出適應發展洋務事業需要的人才。

儘管洋務教育受到社會的詬病，但從整個中國教育史發展過程來看，洋務派的教育改革在傳統教育制度上打開了一個缺口。它第一次建立了新型的學校，第一次把「西學」納入學校教育內容範疇，第一次有計劃地派遣官費留學生。它改變了以讀書做官為主的傳統教育目標體系，把培養實用人才納入培養目標，培養了中國現代第一代科學技術人才、軍事人才和管理人才；改變了以儒經為主的傳統教育內容體系，增添了天文、數學、物理、化學等自然科學知識和技術學科；引進了西方近代教學制度和教學方法，建立了班級授課制和實驗教學法。所以說，洋務教育促進了中國教育的轉型，是中國教育現代化的先聲。

第四節　張之洞的教育思想

一、生平與教育活動

張之洞（1837—1909年）。字孝達，號香濤，晚年自號抱冰老人。直隸南皮人，清末洋務派的代表人物，地主階級中有遠見的政治家和教育家。他出身於官宦世家，14歲中秀才，16歲中舉人，27歲中進士，授翰林院編修，后任浙江鄉試副考官、湖北學政、四川鄉試副考官、四川學政、山西巡撫等職，為清流黨領袖之一。1884年任兩廣總督，逐步成為洋務派的后起之秀，先後創辦廣東黃埔魚雷學堂、電報學堂、廣東水陸師學堂等。1889年改任湖廣總督，在任17年，創辦了許多洋務事業，其中包括創辦武備、外語、實業、師範、幼稚園等一批新式學堂，並派遣留學生。1898年著成《勸學篇》，提出「中學為體，西學為用」的理論體系，成為清末教育的指導思想。清末新政開始后，奉旨主持修訂《奏定學堂章程》。1907年任軍機大臣，兼管學部。

張之洞是洋務派教育思想的代表，又是中國半殖民地半封建教育制度的重要奠基人。他的教育管理思想，對於19世紀末20世紀初的中國教育產生了重要的影響。

（一）整頓、改革傳統教育

張之洞針對當時政治上的積弱無能，學校教育與科舉制度的腐敗積弊，提出了整頓、改革傳統教育的主張。首先他主張改革乃至廢除科舉制度。早在他擔任四川學政時，就奏陳整頓試場積弊共八條，認為「法不貴嚴，貴於必行」，採取有效措施，打擊了「士子以舞弊為常談，廩保視漁利為本分」的頹風惡習。1898年他在《勸學篇·變科舉》中指出，八股取士「自明至今，行之已五百餘年。文勝而實衰，法久而弊起」。因此，他認為「救時必自變法始，變法必自變科舉始」，對科舉制度「宜存其大體而斟酌修改之」。1903年又與袁世凱聯名上書《奏請遞減科舉折》，第一次提出遞減科舉中額，並已有廢科舉的思路。他說：「是科舉一日不廢，則學校一日不能興；將士子永遠

無實在之學問，國家永遠無救時之人才，中國永遠不能進入富強。」1904 年 9 月，他同直隸總督袁世凱等聯合上呈《請立停科舉以廣學校折》，清政府為大勢所趨，於是下詔「立停科舉以廣學校」。在清末從變科舉到廢科舉制度的過程中，張之洞都起了重大的促進作用。其次，張之洞主張改革書院管理制度。他先後頒布《兩湖書院各學教規程》及《兩湖書院學規課程》，對書院教學制度、課程設置、教學方法、學生管理等方面都作了詳細的規定。在書院教學制度上，他主張依照西方近代學校的班級授課制的形式。在課程設置上，除了開設原有的經史之學外，還增加地輿、天文、格致、製造、體操、兵法等新學的內容。1898 年，張之洞又提出將書院比照學堂辦法，要求兩湖書院、經心書院「均酌照學堂辦法，嚴立學規，改定課程，一洗帖括詞章之習，惟以造真才濟時用為要歸」。

(二) 創辦新式學堂

1884 年張之洞擔任兩廣總督后，一躍成為洋務派的后起之秀，積極創辦新式學堂。他興辦新式學堂是從創立軍事學堂開始的。1886 年，他在廣州黃埔魚雷局內附設魚雷學堂；1887 年，他奏準創辦廣東水陸師學堂，是為當時規模相當可觀的軍事學堂；1896 年 2 月，他奏準在南京創辦江南陸師學堂；1897 年 3 月，奏準在武昌設立湖北武備學堂。在實業教育方面，1887 年，他在廣州設立了兩廣電報學堂；1896 年，他在南京創辦儲才學堂；1898 年，又在武昌設立農務學堂，在湖北洋務局內設立工藝學堂。在外國語教育方面，1893 年他在武昌設立了湖北自強學堂。張之洞認為「師範學堂為教育造端之地」，主張在辦小學堂之前先辦師範學堂。1902 年 5 月，他在武昌創辦了湖北師範學堂，並附設了小學堂，供師範生實習之用。同年，他又在南京設立三江師範學堂，為江蘇、安徽、江西培養小學堂師資。1904 年，在武昌設立湖北師範傳習所。1906 年，又在兩湖書院舊址，興辦兩湖師範學堂。1904 年，他在武昌湖北敬節堂內附設育嬰學堂，是為中國近代最早的幼兒園。

(三) 厘定近代學制體系

張之洞是中國近代半殖民地半封建教育制度的重要奠基人。他在 1898 年的《勸學篇·設學第三》中，就勾勒出近代學制的初步藍圖：「各省各道、各府各州縣皆宜有學，京師省會為大學堂，道府為中學堂，州縣為小學堂。中小學堂以備升入大學堂之選，府縣有人文盛物力充者，府能設大學，縣能設中學，尤善。」

清政府曾於 1902 年命張百熙擬定學制，經批准為《欽定學堂章程》，但並未實行。張之洞受命入京參加重新修訂學制。他以「中學為體、西學為用」思想為指導重訂學制，使重訂的《奏定學堂章程》比《欽定學堂章程》條目更加詳密，課程更加完備，禁戒更加謹嚴。《奏定學堂章程》包括 20 個文件，其中一些最重要的文件，如《學務綱要》等，均為張之洞自己撰寫。依張之洞自己的說法，「最要者為學務綱要一冊，管理學堂通則一冊，實業學堂通則一冊，獎學生章程一冊」，「綱領要義全在此」。他在修訂學制的過程中，注重健全各級各類學堂的教育管理措施。他專門制定的《各學堂管理通則》共 13 章，比較詳密地立規條，申禁令，對各學堂實施規範管理。可以說，張之洞是中國近代學制的重要制定者、創立人。

(四) 建立完善的教育行政機構

張之洞在興革教育、制定學制的過程中，深切感到加強教育管理的重要性。他於1902年4月設立湖北學務處，專管本省學務，從而誕生了中國近代第一個專管地方學務的教育行政組織。學務處設有審計、普通、專門、實業、遊學和會計等六個科，是現代省教育廳局的雛形。至1904年，他在《學務綱要》中要求在各省設學務處一所，「由督撫選派通曉教育之員總理全省學務」。張之洞認為，管理全國的學務更為重要，不僅地方上要有管學的統一機構，全國也要有專門管學的機構和人員。他鑒於「各國設有文部大臣，專事其事」，認為中國也要專設管理學務的大臣。他於1904年1月特奏呈《請專設學務大臣片》，針對當時管學大臣既管大學堂事務，又管各省學務的情況，主張二者分離，專設總理學務大臣，「以統轄全國學務」；而為京師大學堂「另設總監督一員，專管大學堂事務」。他還提出了學務大臣下設屬官、分為六處的組織建設方案，並得到清政府採納實行。這就使中國近代第一次出現了比較健全的中央和地方的教育行政機構，從而適應了清末興辦學校以來應有專門管學人員的需要。

二、「中學為體，西學為用」的教育思想

「中學為體，西學為用」是張之洞在教育方面的基本思想。這一主張並不是張之洞最早提出來的，而是當時重要的社會思潮和教育思潮。這一教育思潮發軔於19世紀40年代，明朗化於19世紀60年代洋務運動興起之時，盛行於19世紀80年代、90年代。張之洞在1898年撰寫的《勸學篇》中，從理論上系統地闡述了「中學為體，西學為用」的教育思想，成為清末半殖民地半封建教育的指導方針。

張之洞「中學為體，西學為用」的基本思想，主張教育首先要傳授經史之學，這是一切學問的基礎，要放在優先的地位，然後再學習西學中有用的東西，以補中學的不足。《勸學篇》共24篇，分內篇和外篇。「內篇務本，以正人心；外篇務通，以開風氣。」內篇講中學，外篇講西學。「中學治身心，西學應世事。」他指出：「新舊兼學：『四書』『五經』、中國史事、政書、地圖為舊學；西政、西藝、西史為新學。舊學為體，新學為用，不可偏廢。」在這裡，他把「中學」的內容概括為經、史、子、集。其中，張之洞特別注重綱常名教，認為君為臣綱、父為子綱、夫為妻綱這「三綱」是「五倫之要，百行之原，相傳數千年更無異義。聖人所以為聖人，中國所以為中國，實在於此」。他針對維新派提倡民權，抑制君權，倡導男女平等的改良主張，針鋒相對地指出：「知君臣之綱，則民權之說不可行也」，「知夫婦之綱，則男女平權之說不可行也」。

關於「西學」，也稱「新學」，「西政、西藝、西史為新學」。他主張對西學要「政藝兼學」「政尤急於藝」，而「政」「藝」的具體內容是：「學校、地理、度支、賦稅、武備、律例、工功、通商，西政也；算、繪、礦、醫、聲、光、化、電，西藝也。」從他提倡的西政看，並不指西方政治，而是學習西方的近代學制、賦稅管理、通商辦法等。他所提倡的西藝，有別於洋務運動初期把西藝理解為西方的「堅船利炮」，而認為西方近代生產與技術的發展，都是以自然科學為基礎的，因而在西藝中增加了自然科

學的內容。這無疑是一種歷史進步。

張之洞的「中體西用」思想，不僅是洋務教育的中心，而且在后來的《奏定學堂章程》中得到了具體和全面的發揮，成為中國半殖民地半封建教育制度的綱領，對清末教育在宏觀管理上起著極其重要的作用。

思考題

1. 清末傳統教育的危機主要表現在哪些方面？
2. 概述近代教會學校的發展情況，評析教會教育的性質和作用。
3. 評價洋務留學教育的歷史作用。
4. 簡述張之洞的主要教育活動。

第十章　維新運動和清末「新政」時期的教育

【導讀】

　　本章展示了從早期改良主義教育思想到維新教育實踐再到「百日維新」中教育改革措施頒布的遞進發展過程；分別介紹了維新代表人物康有為、梁啓超等人的教育活動和思想；對清末新政時期頒布學制、廢科舉興學堂、建立近代教育行政體制等教育改革措施和發展留學教育的情況進行了評述；最后介紹了資產階級革命派的教育思想和實踐活動。

　　應當掌握的內容和概念有：早期改良派的基本教育主張；維新教育實踐活動的基本內容；萬木草堂、湖南時務學堂、北洋西學堂、南洋公學、經正女學等重要學堂的建立；「百日維新」中設立京師大學堂、廢除八股考試等教育改革措施；維新派代表人物康有為、梁啓超等人的教育思想及其教育實踐活動；清末新政時期的教育改革及近代教育體制的確立；資產階級革命派對教育的定位及其教育實踐活動，中國教育會、愛國女校、愛國學社、大通師範學堂的興建等。

【教學目標】

1. 瞭解清末新政時期的教育改革舉措。
2. 瞭解清末「新政」時期留學教育潮的轉向。
3. 把握清末「新政」時期教會教育的發展。

　　洋務運動開始后，隨著「西學東漸」的深入以及近代工商業的產生和發展，中國思想界湧動著一股資產階級啓蒙思潮，即人們常說的早期改良主義思潮。中日甲午戰爭后，民族危機急遽加深，這股改良主義思潮迅速轉變為一場聲勢浩大的要求變法維新的政治運動，到 1898 年「百日維新」達到高潮，頒布了一系列包括文化教育在內的變法律令，此即「戊戌變法」。「戊戌變法」雖然在以慈禧太后為首的頑固勢力的絞殺下歸於失敗，但 1900 年八國聯軍侵入北京后，中國社會矛盾又一次空前激化，清廷不得不於 1901 年 1 月下詔變法，開始了清末最后十年的所謂「新政」時期。在各項新政改革措施中，教育改革是其中力度較大的一個方面。

第一節　維新運動時期的教育改革

　　鴉片戰爭后，由於外國資本主義的侵入，便加速了中國自給自足的自然經濟的解體，為中國的民族資本主義的發展創造了商品市場和勞動力市場，資本主義在封建勢力的摧殘和外國資本主義的壓迫下緩慢地發展著。

　　隨著資本主義的逐步發展，從官僚、地主和商人中轉化出民族資產階級，自19世紀70年代開始出現早期資產階級改良主義者。1895年中日甲午戰爭失敗后，早期資產階級改良主義思潮，開始轉變為救亡愛國運動，即康有為、梁啓超、譚嗣同、嚴復等領導的維新變法運動。從1898年6月11日進入高潮，至9月21日，慈禧發動政變結束，共103天，史稱「百日維新」。

一、維新派與頑固派、洋務派在教育問題上的論爭

　　以康有為為首的維新派要求改變封建專制政體，實行君主立憲，興辦新式工業，發展資本主義經濟，改變取士制度，學習西方文化等。這一切都受到封建統治者的抵制，雙方展開尖銳的論戰。

　　這場爭論反映在文化教育上主要有以下幾個方面：

　　第一，要不要反對三綱五常為中心的封建倫理道德。資產階級維新派要求打破封建地主階級一個階級的專政，要參與政權，實現君主立憲。為此，他們在思想意識上，努力輸入西方資產階級的倫理道德觀念，以西方某些民主觀點，來反對封建專制思想，特別是君權思想。嚴復在《闢韓》一文中，指出君臣無別，君原為民所共舉，為民辦事而已。他們推崇西方民主政治制度，提出國家是「民之公產」，王侯將相不過是「通國之公僕隸」，民才是「天下之真主」。譚嗣同在其《仁學》中，更進一步提出要衝決「君主之網羅」「倫常之網羅」，他對君臣之倫、夫婦之倫都進行了批判。維新派以資產階級「天賦人權」的思想反對綱常名教，認為把人束縛在君主、父親、丈夫之下，是違背人生天賦之權的，這種上可虐下，下不可違上，是毀家亡國的謬論。君、父、夫有自主之權，臣、子、婦也有自主之權，沒有命定的君、父、夫為尊，臣、子、婦為卑，「三綱」之說是強奪天賦自由之權，是違背天理的。

　　實際上，資產階級維新派對民權的要求是有限度的，他們主張的「興民權」，不過是「興紳權」，只是要求在保留君主的情況下，允許資產階級參政。他們反對三綱五常也並不徹底，多數人還不敢直接攻擊封建綱常倫理，並且往往還附會古代經籍，像康有為就曾將孔子打扮成一個改良主義的政治家，認為君主立憲制是符合孔子之道的。

　　第二，要不要提倡西學，批判中學。維新派主張學習西學，包括西方資產階級的社會政治學說和自然科學，他們是中國近代向西方尋求真理的一派代表人物。他們批評「宋學義理」「漢學考據」和「辭章」之學，認為這些被封建統治者提倡的「中學」無實無用，只能培養俗儒、鄙夫。封建頑固派堅持維護舊學、中學，排斥新學、西學，他們是一批極端的守舊分子，認為西學是「邪說」，是「奇技淫巧」，提倡西學者便是

「亂臣賊子」「離經叛道」。洋務派主張「中學為體，西學為用」，基本精神與頑固派無別，他們的「中學」包括中國經學與史學，核心內容則為三綱五常。他們也講西學，但其含義與維新派不同，其內容是西文與西藝，對西方的政治學說是反對的。維新派批評他們不過是「盜西法之虛聲，而沿中土之實弊」。梁啟超曾明確指出：「今日之學當以政學為主義，以藝學為附庸」「今中國不思自強則已，苟猶思之，其必自興政學始」。他批評洋務派學西學「不過語言文字之淺，兵學之末，不務其大，不揣其本。即盡其道，所成已無幾矣」。

第三，要不要廢八股，變科舉，改革封建主義的教育制度。頑固派堅持八股取士制度，維新派認為欲救中國，必須開民智，培養人才，這就必須廢除八股，改變科舉制度，建立資本主義的教育體系。康有為在變法期間特寫《請廢八股試帖楷法試士改用策論折》，指出：「變法之道萬千，而莫急於得人才；得人才之道多端，而莫先於改科舉。」在改科舉中，第一便是廢八股。嚴復曾指出：「如今日中國不變法則必亡是已。然則變將何先？曰：莫亟於廢八股。」他指出八股文有「錮智慧」「壞心術」「滋遊手」之弊。與廢八股、變科舉相配合的，便是要大興學校。梁啟超指出：「亡而存之，廢而舉之，愚而智之，弱而強之，條理萬端，皆歸本於學校。」他們按著資本主義教育制度，提出了在中國建立學校體系的主張，對於改革封建官學、私學、書院等也都提出了具體的建議。

二、維新派在變法運動中的教育活動

自 1888 年，康有為上第一奏折開始，維新派屢用上書請願的辦法，希望能說服光緒皇帝接受變法主張。另外，他們還在社會上廣泛地製造輿論，通過組織學會、興辦學校、設立報館、著書、翻譯等辦法，宣傳維新變法的主張，培養變法人才。

（一）開設報館

維新派人士認為，國家的強弱在於「通塞而已」，就是能否上下通達，而去塞求通「莫過於設報館」。梁啟超認為辦報紙便可以介紹西學，讓人們瞭解世界形勢，開通思想，溝通上下，就可以「風氣漸開，百廢漸舉，國體漸立，人才漸出」。他認為讀報多寡決定人的智愚，報館多寡決定一國的強弱，說：「閱報愈多者，其人愈智，報館愈多者，其國愈強。」康有為自己出資於 1895 年 8 月在北京辦《中外紀聞報》，就是希望用他們的維新變法思想向清廷官僚大臣們宣傳。他仿照清廷官報《邸報》的形式辦這份報紙，每日出一小冊，和《邸報》一起分送給在京官員，引起了官僚士大夫的注意。該報后來增至三千份，使得這些官僚士大夫們「輿論漸開」「亦漸知新法之益」了。

《時務報》是維新派辦理的影響很大的報紙，1896 年 7 月在上海發行。辦報的目的用梁啟超的話說是：「哀號疾呼，以冀天下之一悟。」可見，辦報是宣傳變法思想，激發人們覺悟的用意。該報由汪康年、梁啟超發起，汪康年任經理，梁啟超任主筆，發表《變法通議》《西學書目表》等，他的語言通俗流暢，切中時弊。《時務報》成為當時最有吸引力的刊物，幾個月行銷萬餘份，受到各方面人士的關注，當時正在湖北總督任上的張之洞就曾下令湖北全省要官銷《時務報》，他說：「上海新設時務報館，每

一旬出報一本，本部堂披閱之下，具見該報識見正大，議論切要，足以增廣見聞，激發志氣。凡所採錄，皆系有關宏綱，無取瑣聞；所錄外洋各報，皆系就本文譯出，不比坊間各報訛傳臆造……」

嚴復等人於1897年在天津辦《國聞報》，每日一張，內容廣泛，也是維新運動中的重要宣傳工具。此外還有《蒙學報》《湘學報》《知新報》《求是報》《實學報》等。這些報紙的出版，衝破封建專制主義對人們的思想鉗制，介紹了西方資本主義政治、文化、教育，使人們看到除了「天朝帝國」，還有其他更美好的世界，促進人們的思想解放，宣傳了變法思想，促使更多的人同情變法維新，甚至直接參加了變法運動。

（二）建立學會

維新派領導人認為必須組織起更多的人，才能造成聲勢。康有為說：「思開風氣，開知識，非合大群不可，且必合大群而后力厚也。合群非開會不可，在外省開會，則一地方官足以制之，非合士大夫開之於京師不可。」梁啟超更將建學會的意義上升到振興國家的高度，在《論學會》一文中，他說：「欲振中國，在廣人才，欲廣人才，在興學會。」因此，他號召全國都要廣立學會，省有省之會，府、州、縣、鄉都應有學會。在康、梁的提倡下，1895年8月便在北京成立了強學會。康有為撰寫了《強學會叙》，尖銳地指出中國處於「俄北瞰、英西睒（窺）、法南瞵、日東眈」的危險境地，非變法不能圖存。該會規定每十日集會一次。該會以康、梁為核心，成為維新派宣傳變法思想，集聚變法力量的重要陣地。11月，康有為又發起組織「上海強學會」，推動東南各省維新運動的發展。

強學會的活動，很快引起頑固派的仇恨與破壞，北京強學會終於在1896年1月以「私立會黨」的罪名予以封閉，不久上海強學會也遭查禁。但是，正如梁啟超所言：「強學會雖封禁，然自此以往，風氣漸開，已有不可抑壓之勢。」1898年，北京一些愛國人士成立保國會。康有為起草「保國會章程」，提出「保國、保種、保教」的宗旨。會上他發表演說，慷慨陳詞，力述中國被列強欺凌，國家危機，號召人們奮起救亡，疾呼「人人有亡天下之責，人人有救天下之權」。與會者情緒激昂。由於頑固派的破壞，保國會只開了三次大會就被迫停頓。可是，正如梁啟超所說，由於風氣已開，成立學會的勢頭已無所壓制，各省維新人士紛紛成立學會，如粵學會、蜀學會、浙學會、陝學會、南學會等，其中，以湖南的南學會最為活躍。而且還出現了各種專業和團體的學會，如務農會、冬學會、蘇學會、醫學善會、知心學會、蒙學公會、譯書公會、戒鴉片菸會、戒纏足會等。這些團體對維新變法運動都起了良好的作用。

（三）創辦學校

資產階級維新派辦的重要學堂有萬木草堂、時務學堂、通藝學堂、瀏陽算學館、時敏學堂、務本女學、經正女學等，影響最大的是萬木草堂和時務學堂。

萬木草堂：於1891年到1895年由康有為在廣州長興裡設立，是康有為宣傳變法思想、形成變法理論、培養變法人才的重要陣地。開始只有二十多人，后來達一百多人。

康有為在這個學堂講學四年。課程中、西兼學，又分內課、外課。

內課學科有：①義理之學，包括孔學、佛學、周秦諸子學、宋明學、泰西哲學等。

②考據之學，包括中國經史學、萬國史學、地理學、數學、格致學。③經世之學，包括政治原理學、中國政治沿革得失、萬國政治沿革得失、政治經濟學、群學。④文字之學，包括中國辭章學、外國語言文字學。

外課學科分校中、校外兩種，校中有演說（每月朔望課之）、札記（每日課之）；校外有體操（每間一日課之）、遊歷（每年假時課之）。

除上述課程外，還有音樂和體育。

概括起來，萬木草堂施教內容，有中國經史、諸子之學，也有包括了自然科學與社會科學在內的西學，是德、智、體、美兼而有之。

從教育方法上看，梁啟超說：「先生講學粵中凡四年，每日在講堂者四五點鐘，每論一學，論一事，必上下古今，以究其沿革得失，又引歐美以比較證明之。」他教學還具有「循循善誘」「至誠懇懇」「誨人不倦」的特點，講課十分生動，振奮人心，如大海潮，如獅子吼一般。因此，康有為講課效果顯著，他講的道理，學生心悅誠服。

在教學的組織管理方面，康有為自任總教授、總監督，還在學生中選三至六人為學長，分別在各科協助他教學。圖書、儀器也由學生自己管理。

康有為教育學生，特別重視激勵氣節，發揚精神，廣求智慧。除課上教學外，他要求學生每天記「札記」，每月交一次，要親自批閱。還要求學生會演說。這一切無疑在培養變法思想，訓練變法骨干上起了重要作用。

時務學堂：1897年10月，由熊希齡、陳寶箴、黃遵憲、梁啟超、譚嗣同在湖南長沙創辦。梁啟超被聘為中文總教習，譚嗣同、唐才常任分教習。

時務學堂辦學目的，是要使學生有變法思想，有廣博的知識。梁啟超就任總教習以後，親自制定了一個《湖南時務學堂學約》，規定學綱十條：立志、養志、治身、讀書、窮理、學文、樂群、攝生、經世、傳教。其中前八條是學堂每日功課，后兩條是知識的運用。經世，是把學習的知識用於分析時政，比如由教習選擇各報所記載的一兩件事，叫學生發表己見。傳教，是把學到的主張傳播出去，「共矢宏願」。

這個學堂的功課分普通學和專門學。普通學的學科有諸子學、經學、公理學和中外史治及格算諸學之粗淺者。專門學分三部：公法學、掌故學、格算學。

萬木草堂、時務學堂等資產階級維新派辦的學校，反映了資產階級對教育的要求，在教育目的、教育內容和方法上都有別於封建主義的舊教育。從這些學校裡，培養出一批變法人才，如梁啟超、陳千秋、徐勤就是康有為辦的萬木草堂的高才生，蔡鍔、範源濂（中華民國成立后曾任教育部副部長，后任部長）則出學於時務學堂。但這些學堂，也還存在一些封建主義因素，在課程上還有不少封建主義的內容，在道德訓練的方法上，「主靜出倪」「養心不動」「敦行孝悌」「崇尚任恤」等，基本上出自宋明理學家的教育主張。

三、「百日維新」中的教育改革

1898年6月11日宣布變法至9月21日變法失敗的百日維新中，資產階級維新派積極推行新政，通過光緒皇帝，頒布了大批維新變法詔令。其中有關文化教育上的改革如下：

(一) 廢除八股，改革科舉制度

6月23日，光緒帝諭自下科為始，鄉會試及童歲科各試，向用四書文者，一律改試策論。這就是說，凡是國家的會試、省級的鄉試及府縣的童生歲科，亦即進士、舉人、秀才的考試，原來的八股文一律改為策論。鄉會試仍定為三場。第一場試中國史事、國朝政治論五道；第二場試時務策五道，專問五洲各國之政、專門之藝；第三場試四書義兩篇、五經義一篇。考童生（秀才）也參照這個辦法，先試古經一場，專取史論時務策命題，正場試以四書、五經義各一篇。規定以後一切考試，取士要以講求實學、實政為主，士子為學，不可復蹈空言，更不以楷法好壞為標準。在規定的考試之外，還開設考試經世致用的學問——經濟特科（法律、財政、外交、物理學），以選拔新政人才。

維新運動失敗后，八股文雖曾被頑固派一度恢復，但很快又停止了。這是因為改革后的新內容、新形式，令廣大知識分子歡欣鼓舞，無法忘懷，誰都不想再去問津那無味的時文、亡國的八股。人們全去讀西書，讀報紙了，也不願再趨考了。說明八股文已沒有市場，科舉也已接近末日。20世紀初，科舉的完全廢除與「百日維新」時期的改革是分不開的。

(二) 設立京師大學堂

京師大學堂的設立，早在「百日維新」前就多有議論。1896年6月，刑部左侍郎李端棻在給清廷的《請推廣學校折》中，就提出建立京師大學堂的建議，以補人才匱乏。1896年8月，管理官書局大臣孫家鼐上奏清廷《議復開辦京師大學堂折》，提出了開辦大學堂六條具體意見。這些建議光緒帝都很贊成，但都因頑固派阻撓被擱置。1898年初，變法運動日入高潮，康有為在《應詔統籌全局折》中，再次提出「自京師設立大學堂」和省、府、縣遍立學校的建議。同時，御史王鵬運也向清廷提出速辦京師大學堂的建議，在多人奏請下，光緒帝於2月15日，發出上諭，說：「京師大學堂，迭經臣工奏請，準其建立，現在亟須開辦，其詳細章程，首軍機大臣，會同總理衙門妥議詳細章程具奏。」但總理各國事務衙門以「籌劃匪易」為借口，拖延不辦。

6月11日，光緒帝下《明定國是詔》，正式宣布變法，詔書強調，京師大學堂尤應首先舉辦。但是，頑固派仍不執行。康有為焦急，上奏光緒帝，請求督促早日建立京師大學堂。光緒帝又於6月26日再發上諭，嚴令軍機處和總理各國事務衙門要「迅速覆奏，毋稍遲延」。7月3日，發布創設京師大學堂，官書局及譯書局均並入大學堂。

按光緒帝的指令：「京師大學堂為各行省之倡，必須規模宏遠，始足以隆觀聽而育人才。」辦學要「參用泰西學規」「中西並用」「為廣育人才，講求實務」，要求教員「認真訓迪，日起有功，用副朝廷振興實學」。光緒帝諭軍機大臣與總理衙門議奏大學堂章程，后由梁啟超參考日本和西方學制，起草了《京師大學堂章程》，共分八章五十二條。此大學宗旨為「欲培植非常之才，以備他日特達之用」。課程分普通學和專門學兩類。普通學為學生所必修，專門學每人各選一門。普通學有經學、理學、中外掌故學、諸子學、初級算學、初級格致學、初級政治學、初級地理學、文學、體操十種，並須於英、法、俄、德、日五種外國語中選習一種，與普通學同時學習。專門學分為

高等算學、高等格致學、高等地理學、農學、礦學、工程學、商學、兵學、衛生學九種。學生學完普通學後，要選習專門學一門或兩門。

1898年9月政變發生，新政停止，但京師大學堂並沒封閉，只是逐漸有名無實。仍命孫家鼐繼續負責籌辦。但是辦學方針、規模、教學內容都發生很大變化，規模縮小，僅設仕學館，讓舉人、進士出身之京曹入館學習，同時附設中小學。學堂原計劃招生五百人，實際上十二月開學時不到百人，教室不足百間，不足原計劃的四分之一。課程更加復舊，只設詩、書、易、禮、春秋各堂。因慈禧政變後，恢復了八股取士，大學堂學生也只有科考得中，才能獲做官資格。這樣造成每屆科考，大學堂學生們便紛紛請假趕考。政變後雖然大學堂還是籌建了起來，但已變了性質，實質上回到了正式學校的模式。可見頑固勢力的猖獗和中國新教育改革是多麼舉步維艱。直到1902年清廷被迫實施「新政」，才又下令恢復京師大學堂，命張百熙為管學大臣，京師大學堂成立了師範館等，才有了一點恢復和發展，開始向近代化的大學轉變。

京師大學堂真正的變化還是到民國以後，改建成北京大學特別是蔡元培主掌以後的改造與發展。京師大學堂是資產階級維新派發動的變法運動的產物，是維新派與頑固派激烈鬥爭，衝破種種阻撓才建立起來的，儘管它有這樣那樣的不足，但它一經建立便是中國的最高學府和最高教育行政機關，它經艱難的發展，成為辛亥革命後的北京大學。

(三) 改革書院，籌辦各級各類學校

提倡西學，籌辦各級各類學校在「百日維新」中十分突出。7月10日，光緒帝諭改各地書院為兼習中學、西學之學校，民間祠廟之不再祠典者，由地方官曉諭，改為學堂。這樣各地舊有的大小書院，一律改為兼習中學與西學的學堂，省會的書院改為高等學堂，府城的書院改為中等學堂，州、縣的書院改為小學堂。地方捐辦的義學、社學，亦令中西兼學。辦學的詔令不斷下達：8月19日，命各省速辦學堂；8月21日，獎進紳富之有田業者，在省、府、州、縣皆立農務學堂、工學、商學；8月21日，命各駐外使節勸導華僑創辦學堂，兼譯中西文章；8月22日命榮祿在直隸創辦中小學堂；8月26日，準設立編譯學堂於上海；9月9日命孫家鼐詳擬設立醫學堂辦法；9月11日，命各通商口岸及出產茶、絲各省，籌設茶務學堂、鹽桑學堂；9月12日，將江陰南菁書院改為高等學堂；9月19日，離慈禧政變就隔一日，還在下辦學的詔令，可見辦新學之心的迫切，可以說利用了可以利用的設施像書院、祠廟等，動員了一切可以動員的人包括官紳、富豪、商賈，甚至華僑參與辦學，辦學的範圍包括了高等、中等、初等學堂和農、工、商、絲、茶、醫等各種專門學校。這一切都反映了新興資產階級維新派人士的進步要求。在變法期間，京師和各省也確實有積極籌辦新式學堂之舉，如廣西、山西、直隸、江南、山東等都起草了具體的辦學奏摺，上報朝廷，只是「百日」為時太短，多數尚未及實施就被頑固派扼殺了。然而新教育的興起的熱潮是無法阻擋了，正如梁啟超在《戊戌政變記》中所述：「政變以後，下詔廢各省學校，然民間私立者尚紛紛見，亦由民智已開，不可抑遏，則此詔之功也。」

(四) 派人出國遊學

戊戌變法期間,光緒帝沿襲了洋務派的經驗,多次下詔,推動遊學。6月12日,令宗人府察看王公貝勒等,如有留心時事、志趣向上者,切實保薦,聽候簡派。6月20日,令各省督撫挑選年幼聰穎學生咨報總理衙門,派往日本礦務學堂學習。8月18日,又令各省督撫挑選學生分送日本大學堂和中學堂學習。這些詔令雖然都被政變化為烏有,但外出遊學更不可擋,尤其是留日熱潮,到20世紀初成為中國又一次留學高潮的趨向,對清末教育改革產生了很大影響。

(五) 建立譯書局和編譯學堂,編輯外國教科書及其他書籍

8月16日譯書局成立。為培養編譯人才,8月26日還特準設立編譯學堂於上海。「百日維新」期間,軍機處和總理各國事務衙門起草的大學堂章程還專門規定大學堂所讀之書必須是由上海編譯局纂成的功課書。可見書局和教育關係之密切。7月26日,令改《時務報》為官報,並派康有為督辦其事。

「百日維新」期間,通過光緒帝的詔令,所頒布的改革措施可謂不少,但終因康、梁等改革者自身的條件,無力抵擋頑固勢力的圍攻,1898年9月21日,慈禧發動政變,光緒帝被囚禁,譚嗣同等六君子被害,康有為逃往香港,梁啓超逃往日本,維新期間所頒布的新政被禁止,舊制被恢復,變法失敗了。教育改革自然也逃不掉此厄運,除保留下京師大學堂尚繼續籌辦外,其他措施宣告廢止。

維新運動中的教育改革是多方面的,包括教育觀念、培養目標、教育制度、教育內容等,是希望全面引進資本主義教育,將中國封建傳統教育引向近代教育發展的軌道。當然,剛剛登上歷史舞臺的軟弱的中國資產階級,所推行的教育改革是十分不完善的,缺乏整體規劃,也沒有力量去推行這些良好的主張,改革失敗是必然的。但是其影響是無法切斷的,在維新浪潮的衝擊下,科舉制度已走上末路;建立新式學堂成為不可阻擋之勢;西方知識在課程中逐步確定並不斷擴大範圍;維新運動中的教育改革為中國近代新學制的產生做了輿論準備,打下了實踐的基礎;中國第一個近代學制,在維新運動教育改革的推動下,呼之欲出。

第二節 清末新政下的教育改革

19世紀末,正當日本和歐洲列強為瓜分中國而矛盾重重的時候,美國拋出「門戶開放」政策,相繼被各國接受。這一政策旨在將中國變成一個完整、穩定的世界市場,起到了協調各國在華利益、糾集各國力量共同對付中國政府和人民的作用。1900年七八月間,在英、法、德、美、意、奧、日、俄等國聯軍的大舉進攻下,天津、北京相繼陷落,慈禧太后挾光緒帝和一批王公大臣倉皇西逃。侵略者的炮火再一次強烈震撼了中國朝野上下。在嚴酷的時勢逼迫下,1901年1月29日,慈禧太后以光緒帝的名義在西安頒布了「預約變法」的上諭,承認「世有萬古不變之常經,無一成不變之治

法」，指令「軍機大臣、大學士、六部九卿、出使各國大臣、各省督撫，各就現在情形參酌中西政要，舉凡朝章國故、吏治民生、學校科舉、軍政財政，當因當革、當省當並，或取諸人、或求諸己……各舉所知，各抒所見，通限兩個月內詳悉條議以聞」。這揭開了清末新政的序幕。之後陸續有關於教育改革的奏章呈報，清廷也出拾了一些變科舉、興學校的措施。在應詔陳政的奏折中，最為著名的莫過於 1901 年 7 月由兩江總督劉坤一、湖廣總督張之洞聯銜發出的所謂「江楚會奏三疏」。其中，第一疏為《變通政治人才為先遵旨籌議折》，專論育才興學，包括設文武學堂、酌改文科、停罷武科、獎勸遊學四個方面，為新政期間的教育改革規劃了基本綱領。

一、清末學制的建立

洋務運動和維新運動時期，相繼建立了一些新式學堂，但因數量少，培養目標和主辦者的觀念各異，在學業程度、課程設置、學習年限等方面基本處於各自為政的狀態。19 世紀 70 年代后，部分改良派人士、維新代表人物甚至一些知名的歐美傳教士，紛紛以著文、上書等形式建議清政府仿行西方建立學校制度，並提出了不盡相同的學制方案。但因科舉為核心的傳統教育制度並未根本動搖，「百日維新」的教育改革又興而復止，近代學制處在呼之欲出而又呼之不出的難產境地。1901 年擬行新政后，各地官紳紛紛響應清廷的興學詔書，設立了不少新式學堂。這些學堂或自立章程，或轉抄酌改他校章程，程度、課程、年限參差不齊。同時，納科舉於學校也被提起公議。在這種情況下，通過制定全國統一的學制系統來確立標準，加強規範，消除分歧，已成為清廷和辦學者的共同願望。同時，1901 年 5 月創刊的中國近代最早的教育專業刊物《教育世界》，系統地翻譯介紹了日本重要的教育法規、條例和學制，研究探討教育改革問題，也為學制的制訂提供了參照藍本和人才準備。清末頒布學制始於《欽定學堂章程》，而成於《奏定學堂章程》。

(一)「壬寅學制」與「癸卯學制」

1. 壬寅學制

1902 年，在管學大臣張百熙的主持下，擬定了一系列學制系統文件，包括《京師大學堂章程》《考選入學章程》《高等學堂章程》《中學堂章程》《小學堂章程》和《蒙學堂章程》共 6 件，8 月 15 日奏呈頒布，統稱《欽定學堂章程》。因該年為壬寅年，又稱「壬寅學制」。這是中國近代第一個以中央政府名義制定的全國性學制系統，具體規定了各級各類學堂的性質、培養目標、入學條件、在學年限、課程設置和相互銜接關係。

學制主系列劃分為三段七級。第一階段為初等教育，包括蒙學堂 4 年、尋常小學堂 3 年、高等小學堂 3 年。規定兒童從 6 歲起入蒙學堂，其宗旨「在培養兒童使有淺近之知識，並調護其身體」。蒙學堂畢業后方可升入小學堂學習，小學堂宗旨「在授以道德知識及一切有益身體之事」。蒙學堂和尋常小學堂共 7 年，規劃為義務教育性質，

「無論何色人等皆應受此七年教育」。第二階段為中等教育，設中學堂 4 年，「為高等專門之始基」。第三階段為高等教育，分為三級：高等學堂或大學預科 3 年（設政、藝兩科）；大學堂 3 年（設政治、文學、格致、農業、工藝、商務、醫術共 7 科，各科下又分若干專業，如醫術科分醫學、藥學兩個專業）；大學堂之上設大學院，年限不定，以研究為主，不立課程，不主講授。不算大學院，整個學制年限長 20 年。

學制主系列之外，與高等小學堂平行的有簡易實業學堂；與中學堂平行的有中等實業學堂、師範學堂；與高等學堂（或大學預備科）平行的有高等實業學堂、師範館、仕學館等（見圖 10-1）。

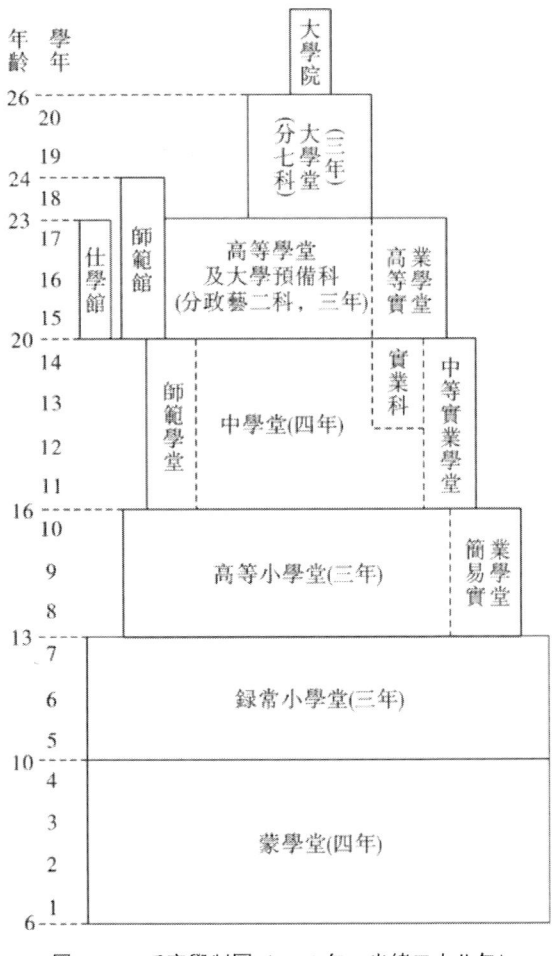

圖 10-1　壬寅學制圖（1902 年，光緒二十八年）

在《京師大學堂章程》中規定，設學宗旨「激發忠愛，開通智慧，振興實業」為全學之綱領，從蒙學堂到大學堂一律遵守。「壬寅學制」公布后未及實行，很快被「癸卯學制」取代。

2. 癸卯學制

由於主持制定「壬寅學制」的張百熙素以偏護新學遭謗議，同時也由於該學制制定倉促，存在諸多不足，公布後即有人提出不同意見，其中湖廣總督張之洞還提出了較為系統的建議。在這種情況下，管學大臣張百熙、榮慶於1903年6月以「學堂為當今第一要務，張之洞為當今第一通曉學務之人」，奏請派張之洞會同商辦學務，上諭照准。

1904年1月13日（光緒二十九年十一月二十六日），清政府公布了由張百熙、榮慶、張之洞主持重新擬訂的一系列學制系統文件，包括《學務綱要》《各學堂管理通則》《蒙養院章程及家庭教育法章程》《初等小學堂章程》《高等小學堂章程》《中學堂章程》《高等學堂章程》《大學堂章程》（附通儒院章程）《初級師範學堂章程》《優級師範學堂章程》《任用教員章程》《初等農工商實業學堂章程》（附實業補習普通學堂及藝徒學堂各章程）《中等農工商實業學堂章程》《高等農工商實業學堂章程》《實業教員講習所章程》《實業學堂通則》《譯學館章程》（譯學館又稱方言學堂）《進士館章程》等，統稱《奏定學堂章程》（見圖10-2）。因公布時在陰歷癸卯年，又稱「癸卯學制」。這是中國近代由中央政府頒布並首次得到施行的全國性法定學制系統，較「壬寅學制」更為系統詳備。

圖 10-2　奏定學堂章程

學制主系列劃分為三段七級。第一階段為初等教育，包括蒙養院4年、初等小學堂5年和高等小學堂4年。蒙養院是幼兒教育機構，招收3~7歲幼兒，將其納入學制系統標誌中國學前幼兒教育已進入到國家規劃發展的新階段。初等小學堂規劃為強迫教育階段，兒童7歲進入學齡期後，理應一律進入，「使邑無不學之戶，家無不學之童」「以啟其人生應有之知識，立其明倫理愛國家之根基，並調護兒童身體，令其發育為宗旨」，課程有修身、讀經講經、中國文字、算術、歷史、地理、格致、體操等；高等小學堂則「以培養國民之善性，擴充國民之知識，強壯國民之氣體為宗旨」，課程有修身、讀經講經、中國文學、算術、中國歷史、地理、格致、圖畫、體操等。第二階段為中等教育，設中學堂5年。設修身、讀經講經、中國文學、外國語、歷史、地理、算學、博物、物理及化學、法制及理財、圖畫、體操等課程。第三階段為高等教育，分為三級：高等學堂或大學預科3年（分第一、二、三類）；大學堂3~4年（分為經學、政法、文學、商、格致、工、農、醫共8科，京師大學堂8科全備，設於各省至少備其中3科）；通儒院5年，屬研究院性質，以「能發明新理以著成新書，能製造新器以利民用」為宗旨。從小學堂到大學堂，學制總年限長達20~21年之久。

在主系列之外的各類學堂中，主要有：①實業類：與高等小學平行的實業補習學堂、初等農工商實業學堂和藝徒學堂，與中學堂平行的中等實業學堂，與高等學堂平行的高等實業學堂，各級實業學堂一般劃分為農業、工業、商業、商船四個專業。

②師範類：與中學堂平行的初級師範學堂，以培養初等、高等小學堂教員為宗旨；與高等學堂平行的優級師範學堂，「以造就初級師範學堂及中學之教員管理人員為宗旨」。支系中各學堂其修業年限和起始年齡與對應的平行主系列或略有參差（見圖10-3）。

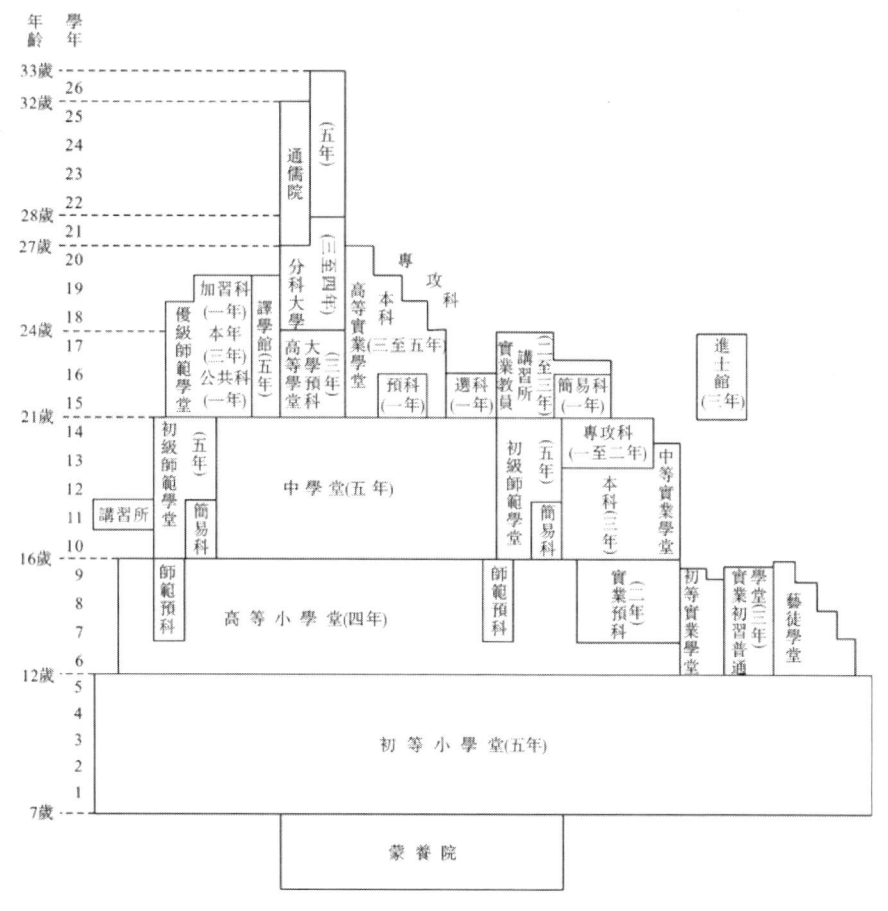

圖10-3　癸卯學制系統圖（1904年，光緒二十九年）

(二) 清末學制的半資本主義半封建性

　　清末學制的制定是近代以來學習西方教育的系統性成果，是近代中國教育改革的承前啟後之作，在中國教育近代化發展中具有標誌性意義。在制定過程中直接參考日本，間接吸納歐美，反映了近代資本主義教育的諸多特點。學制整體結構仿照西方流行的三級學制系統模式，分初等、中等、高等三級。學制規劃了義務教育（強迫教育）的目標，反映了對教育普及性和平等性的要求；在學制的各階段特別是初等教育階段，教育目標上確立了德、智、體三方面協調發展的「三育」模式；設置了眾多的實業學堂，以適應和推動近代資本主義工商業的發展；重視師範教育，加強教師職業訓練；將分年課程規劃、班級授課製作為基本的教學管理和教學組織形式；要求尊重兒童個

性，禁止對13歲以上兒童施行重於罰站之類的體罰；在課程整體比重上，西學占主導地位；等等。

但是，清末新政畢竟是封建王朝在垂亡時的自救性改革。從維護王朝的統治地位出發，它不可能放手讓中國全面走上資本主義發展的道路。在這一歷史背景下形成的清末學制也不可能不受到封建思想的支配，因此又表現出濃厚的封建性。以癸卯學制為例：第一，學制的指導思想仍是洋務教育「中學為體，西學為用」的延續，沒有本質上的突破，強調對學生進行封建倫理道德知識的灌輸，首要任務是培養學生效忠封建王朝。第二，「讀經講經」課的比重過大，初等小學堂占課程總時數的五分之二，高等小學堂占三分之一，中學堂占四分之一，大學設有經學科。中西兼學，既要學西學，又不肯稍減中學，導致學制偏長。第三，各級各類學堂儘管無明確的等級限制，但進入大學堂「須覓同鄉京官為保人，出具確實具保印結……京城學堂須常有保人在京，外省學堂須常有保人在省」。客觀上限制了普通民眾進入高等教育的機會，無形中維護了教育的封建等級性。第四，廣大婦女被排斥在學校教育之外，章程中明確指出：「惟中國男女之辨甚謹，少年女子斷不能令其結隊入學，遊行街市。」第五，《各學堂管理通則》中對教職員和學生規定了許多旨在維護封建統治秩序的禁令和嚴厲的懲處條例，顯示了較強的封建專制性。第六，根據學生的表現和學業程度獎勵相應的科舉功名，這雖然是無關宏旨的形式問題，但畢竟未割斷與舊教育體制的瓜葛。

由此不難看出，清末學制包含了資本主義和封建性因素，是傳統性和近代性的綜合產物。

（三）清末學制的補充與修正

學制的制訂特別是癸卯學制的頒布，解決了各地興學無章可依的矛盾，為新式學堂的發展奠定了基礎。在其他教育改革措施的配合下，各級各類學堂的數量和在校生人數不斷增加。

根據形勢的發展和實施中的問題，癸卯學制頒布后又做過一些補充和修正，影響較大的有：其一，在學制中開放了「女禁」。繼近代第一所國人自辦的女子學堂——經正女學之后，全國各地不同形式的女子學校相繼出現，如嚴氏女塾（1902年）、上海務本女塾（1902年）、蔡元培在上海開辦的愛國女學（1902年）、湖北幼稚園附設女學堂（1903年）等。1904年《奏定學堂章程》明令禁辦女子學堂，對女學的發展起到一定的限製作用，特別是限制官辦女學的發展。在迅速發展的形勢下，《奏定學堂章程》對女學的限制越來越不得人心，振興女學已成為不可阻擋的時代潮流，慈禧太后也不得不正視這一事實，1906年2月面諭學部，振興女學。1907年，學部頒布《女子小學堂章程》和《女子師範學堂章程》。這雖然離全面開放女子學校教育相差甚遠，但是中國女子教育在學制上取得合法地位的開始。其二，針對民間關於初等小學堂難於按章程規定普及的議論，1909年頒布了《變通初等小學堂章程》，規定根據師資和入學對象的情況，原《章程》中初等小學完全科的部分課程可以刪減，初等小學簡易科的年

限（原《章程》也規定初等小學設簡易科，但只刪減課程，不縮短年限）可縮至 4 年或 3 年，課程更為簡縮。這些補充和修正措施有助於擴大教育的對象和範圍，促進了新式學堂的發展。其三，1909 年對中學制度進行調整，實行文、實分科，課程各有側重。

二、廢科舉、興學堂

科舉制度一直是清末影響新式學堂發展的重大障礙，所以在制定學制的同時，開始了如何處置科舉考試的討論。

1898 年百日維新中已出抬了設立經濟特科、取消八股考試的措施，但戊戌政變后均一筆勾銷。1901 年擬行新政后，又重新確認了這兩項改革措施。1901 年 6 月，慈禧太后懿旨：「開經濟特科，於本屆會試前舉行。」8 月光緒帝上諭：改革科舉考試內容，「一切考試均不準用八股文程式」。與此同時，一些官僚和封疆大吏則提出了進一步的請求，如同年 7 月由劉坤一、張之洞聯銜發出的「江楚會奏三疏」第一疏中，明確提出：「俟學堂人才漸多，即按科遞減科舉取士之額，為學堂取士之額」，並說明暫時保留科舉考試只是「稍寬停罷場屋試士之期……兼顧統籌潛移默化而不患其窒礙難行者也。」這預示科舉將最終廢除。1903 年 3 月，張之洞、袁世凱上書疾呼廢科舉，要求確定廢科舉的最后期限、具體步驟和時間表，並提出按科遞減的方案，「學政歲科試分兩科減盡，鄉會試分三科減盡」。后來，張百熙、榮慶、張之洞按此方案擬定了《遞減科舉注重學堂折》，「請自下屆丙午科起，每科分減中額三分之一。俟末一科中額減盡以后，即停止鄉會試」。於 1904 年 1 月 13 日與《奏定學堂章程》同時奏呈，獲得照準。按此方案，科舉期於 10 年后停止。但是，時代對新學人才的熱望已使部分官僚感到時不我待。時隔不到兩年，袁世凱、張之洞等各省督撫會奏立停科舉以廣學校，說明停科舉與發展新式教育的關係：「科舉一日不停，士人皆有僥幸得第之心，以分其砥礪實修之志。民間更相率觀望，私立學堂者絕少，又斷非公家財力所能普及，學堂決無大興之望。」迫於形勢，光緒帝於 1905 年 9 月 2 日（光緒三十一年八月四日）上諭：「著即自丙午科（1906 年）為始，所有鄉會試一律停止，各省歲科考試亦即停止。」這宣告了自隋代起實行了 1300 年之久的科舉考試製度的終結。

科舉從議廢到實廢，僅用了兩年左右的時間，有力地配合了學制頒布后興學政策的落實，出現了中國近代史上難得的興辦新學的熱潮。至 1909 年，辦學成績已斐然可觀，各級各類新式學堂的數量已達 5 萬多所，京師外在校學生超過 160 萬人（詳見表 10-1），其中許多新式學堂是由傳統書院改造而來的。

表 10-1　1909 年全國（不含京師）各級各類學校數和在校學生數詳情總表

學校類別		校數	學生數	學校類別		校數	學生數	學校類別		校數	學生數
初等小學堂		44,558	1,170,852	高等學堂		21	3,387	工業實業學堂	初 等	47	2,558
兩等小學堂*		3,487	199,018	大學堂		2	549	^	中 等	10	1,141
高等小學堂		2,038	111,519	專門學堂	文科	17	1,983	^	高 等	7	1,136
中　學　堂		438	38,881	^	理科	3	211	商業實業學堂	初 等	17	751
師範學堂	初級	完全科	91	8,358	^	法科	46	11,688	^	中 等	10	973
^	^	簡易科	112	7,195	^	醫科	8	336	^	高 等	1	24
^	優級	完全科	8	1,504	^	藝術	7	485	實業預科**		67	4,038
^	^	選科	14	3,154	農業實業學堂	初 等	59	2,272	其他類	蒙養院	92	2,662
^	^	專修科	8	691	^	中 等	31	3,226	^	半日校	966	25,251
傳習所講習科		182	7,670	^	高 等	5	530	^	女學堂	298	13,489

註：* 指初等小學堂和高等小學堂合併設立的學堂；** 包括實業預科和其他一些實業學堂。

科舉廢除后，學校與科舉之爭仍在繼續，清末民初不斷有人提出改造、恢復科舉的建議。科舉制度對中國封建社會發展起過重要的作用，產生過重大的影響，是中國古代選官文化和考試文化遺產的重要組成部分，並滲透到我們今天的文化教育中。因此，仍然需要我們加以認真對待和總結。

三、改革教育行政體制，厘定教育宗旨

為保證學制頒布后興學政策的落實，1904 年《學務綱要》規定專設總理學務大臣。廢科舉后，為適應教育形勢的新變化，加強教育管理，清政府進一步對教育行政體制進行了改革。

1905 年 12 月，清廷批准成立學部，作為統轄全國教育的中央教育行政機關，並將原來的國子監並入。學部的最高長官為尚書，其次為左、右侍郎等，並聘請諮議官作為學部的顧問人員。首任學部尚書為榮慶，左侍郎為熙瑛，右侍郎為嚴修。學部內分為 5 司 12 科：總務司，下設機要、案牘、審定 3 科；專門司，下設教務、庶務 2 科；普通司，下設師範教育、中等教育、小學教育 3 科；實業司，下設實業教務、實業庶務 2 科；會計司，下設度支、建築 2 科；設視學官專任巡視京外學務。各司設郎中，各科設員外郎，主持司、科事務。學部附設有編譯圖書局、京師督學局、學制調查局、高等教育會議所、教育研究所等機構。機構設置整體上注意到教育行政與教育學術的聯繫，注重實業教育的地位。1906 年，清政府進行政治體制改革，頒布各部官制通則草案。學部機構又作了相應調整，主要是將總務司改為承政廳，增設圖書司等。1909 年又頒布了《視學官章程》，規定不再設專門的視學官，而以部中人員和直轄學堂管理人員充任，並將全國劃為 12 個視學區，每區 2 至 3 省，每三年為一視學週期，各視學區必被視察一次。

地方教育行政也相應作了改革。清朝官制在各省設立提督學政管理教育，1904 年

后部分省根據《學務綱要》規定設立學務處。1906年4月，上諭各省設提學使司作為各省專管教育的行政機構，長官為提學使。各省提督學政和新設學務處撤銷。提學使司下設總務、專門、普通、實業、圖書、會計6課，並設省視學6人，巡視各府廳州縣學務。同時，在府、廳、州、縣設立勸學所為各級教育行政機關，縣設視學1人並兼任學務總董。至此，形成了一套新的從中央到地方的教育行政系統。

第三節　留學教育的勃興

繼洋務運動時期留美、留歐教育之後，清末新政時受到內外因素的影響，在國內興起了一股留日高潮。留日教育的開展與實施對於推進「新政」學制改革和傳播西方知識文化起到了功不可沒的作用。1908年，在「庚款興學」政策的鼓勵下，留學浪潮又轉向美國，留美潮開始逐漸興起。

一、留日高潮的興起

（一）留日高潮興起的歷史背景

甲午之戰，以日本勝利而告終，泱泱大國敗給了蕞爾島國日本，這一結局極大地震撼了清政府和中國士人。曾經向自己學習的東洋學生超過了當年的老師，這使得國人不僅憤恨其恩將仇報，而且豔羨其一躍而強。同時也使國人意識到，天朝大國已不能照舊統治下去，而是要奮發圖強以實現救國之志。分析日本在很短時間內就躋身強國之列的原因，一方面是由於日本全方位地學習西方的科技文化知識；另一方面則是日本善於利用學成歸國的有用人才。誠如張之洞指出：「日本小國耳，何興之暴也！伊藤、山縣、榎本、陸奧諸人，皆二十年前出洋之學生也，憤其國為西洋所脅，率其徒百餘人，分詣德、法、英諸國，或學政治工商，或學水陸兵法，學成而歸，用為將相，政事一變，雄視東方。」於是，派遣國人親赴日本，直接瞭解其富強的經驗，汲取經過日本引進並消化吸收的西方文化，已是時勢所需，亦是清政府迫在眉睫的改革之勢。因此甲午戰爭後，隨著對中日兩國地位認識的不斷清醒，朝廷內外達成共識：要想力挽頹局，解民族之困厄，只有學習日本。

為了學習日本，清政府於1898—1906年間出抬了一系列鼓勵留學日本的政策和文件。如：1898年8月，《軍機處傳知總理各國事務衙門面奉之諭旨片》提出留學日本事宜；1901年頒發了《清帝派遊學諭》；1902年外務部頒布《奏議復派赴出洋遊學辦法章程折》；1903年張之洞上《籌議約束鼓勵遊學生章程折》；1906年學部頒布《奏定考驗遊學生章程折》；等等。清政府鼓勵留學日本而制定的一系列政策，是作為「新政」時期一項救亡圖存的措施，加以組織督導的。1901年，清政府曾通令各省選派學生出洋留學，於同年9月17日通令：「造就人才，實系當今急務。前據湖南、湖北、四川等省選派學生出洋肄業，著各省督撫一律仿照辦理。」因派遣學生出洋留學是以皇帝通令下達的，各省督撫是否派遣留學生，是遵旨與否的問題，所以對此有極大的推動。

為了推動赴日留學，清政府還大力倡導，對留學生畢業歸國給以科名出身獎勵並配以各種官職。由於科名出身最能吸引士子，為鼓勵留學，採取給予功名的辦法，在當時實為有效之舉。清政府在上述通令中規定：「即使自備旅資出洋遊學者，如果學成有優等憑照回華，準照派出學生一體考驗獎勵，均分別賞給進士、舉人各項出身，以備任用。」這種獎勵出身的辦法，后來形成一種制度，對於留日也是一大推動。除了這些之外，留學日本相對路近費省、中日文字接近易於通曉、日本的風俗習慣近似於中國等也是促使留日風潮雲涌的重要原因。

（二）留日教育的具體情況

清政府正式派遣赴日留學生始於1896年。1896年，中國駐日公使裕庚徵得總理衙門同意，招收13人前往日本學校附讀，學習日本語言文字、外交知識、歷史、地理、數學、物理等科目，這是中國最早具有官派性質的留日學生。1901年議行新政以後，留日學生逐年增多，隨著清政府對學習日本的重視和提倡，使得留日人數迅猛增長。1896年赴日留學的僅13人，1903年就增加至1,000多人，1906年猛增到1萬多人。在1906年，留日學生數達到頂點，之後，人數逐漸下降（見表10-2）。

表10-2　　　　1896—1912年留日人數的統計情況表

時間（年）	1896	1898	1901	1902	1903	1904	1905	1906	1907	1909	19012
人數（人）	13	61	274	608	1,300	2,400	8,000	12,000	10,000	3,000	1,400

（註：參照李喜．近代中國的留學生［M］．北京：人民出版社，1987：126-127．）

清末新政時期不僅留日學生的人數達到高潮，而且由於學生的留學動機不一、表現形式多樣以及出國前迥異的身分構成了留日學生隊伍的複雜性，可以稱是近代中國留學史上最為混雜的出洋留學群體。在清末新政龐大的留學隊伍中，留日學生以二十歲左右的青年為主體，但也不乏十來歲的幼童以及年逾花甲的老翁，還有相當比例的纏足女性，更有成名的舉人、秀才、進士等，有夫婦、父子、兄妹結伴而行者，甚至有舉家同往的。據《東方雜誌》記載：「廣東順德李昂新，年已八十有二，向學之志，至老不衰，尚欲前赴東瀛考求工業，稟由學務處批准嘉獎。」「還有兩位14歲的鄉下學童，私自留書出走，等到家人發現時，他們已抵達日本。」

中國留日學生成分的複雜性決定了其程度的參差不齊，廣泛分佈於日本的各類中小學、技術學校以及各類大學，學習的專業範圍較為廣泛，所學科目包括理科、工科、師範、外語、史地、政法、軍事、音樂、美術、手工、商業、農牧、體育、醫藥等，幾乎涵蓋了日本當時學校所開設的全部科目。這種專業選擇的廣泛性與多樣性不僅僅反映了留日學生思維活躍、興趣廣泛的特徵，還順應了時代潮流，是中國愛國青年力尋救亡圖存之道的重要體現。然而在眾多科目中，尤以法政、軍事和師範三科最為熱門，這與新政時期清政府推行的一系列教育體制改革和官制改革不無關聯。

留日學生中自籌經費的比例大於官費資助留學的份額。由於自費生的迅猛增加，再加上留日學生在專業選擇上偏重於法政、軍事和師範三科的情況，清廷從1903年起就從學科設置和管理體制等各方面對自費生加以限制，如規定必須學理工，並和日本

政府商定，各學校要「先盡官費生，后收教私費生」。而且清政府在 1908 年下令：「凡官費出國留學生只準學習農、工、格致各專業，不得改習他科。」並規定自費出洋留學的學生若不是學習農、工、格致這三門學科，就不能尋求官費資助。留學生在日本除了日常學習和吸取西方文化外，還開展了各式各樣豐富多彩的活動，包括譯介日本及西方書籍、創辦期刊以及開展愛國革命活動等。

(三) 留日高潮的影響

清末留日歸國學生雖然在輸入近代西方科技方面不如留歐學生的成效顯著，但他們為新式學堂注入了新的師資力量，壯大了實業技術人才的隊伍，而且通過翻譯大量日文西學書籍以及創辦期刊，使資本主義思想觀念得以廣泛傳播。留日學生的這一系列活動促進了中國教育的近代化進程，對中國近代社會的變革產生了重大影響。

留日高潮的興起推進了學制改革，壯大了師資隊伍。留學生在日本的研習科目，除了軍事科外，以法政和師範專業最為熱門，而他們學成歸國后大多從事政治和教育活動，對清末教育體制的改革影響較大。清末「壬寅學制」「癸卯學制」的制定與改革均效法日本，其間不無留日學生的影響因素。清末新政時期的興學堂這一舉措，使得壯大師資力量成為迫在眉睫之勢，而大批留日學生學習師範科，的確在一定程度上緩解了師資缺乏的問題。從當時全國專門學堂、各種實業學堂和優級師範學堂教員資格統計中發現，1907 年，這 3 類學堂教員中，留學生出身者 280 人，占教員總數的 17.5%。到 1909 年，留學生出身者增至 753 人，占教員總數的 26.1%。而中等以下學堂的教員中，留日學生也佔有相當大的比例。

留日學生還通過譯書和辦刊的途徑向國內傳播新思想。他們不僅狂熱地吸取由日本人譯介的西方學術名著及思想文化，而且還將自己所獲取的新知識、新思想移植和注入國人匱乏的精神世界中。誠如朱庭祺先生在談到留日教育對中國歷史進程所起的作用時所說：「中國似醒未醒，又似初醒之時，人從其新歟？從舊歟？未定也。因日本留學生之書報，日本留學生之詈罵，日本留學生之電爭，而通國之人大醒。開明者，因明而醒；頑固者，因罵而醒；不進者，因驅而進；退后者，因鞭策而前。故曰，中國之醒悟，受日本留學生影響巨矣。」留學生所辦刊物對國內思想界影響甚大，清末留日學生在日本出版的報章雜誌種類之多、規模之大、內容之豐、宗旨之明，作為介紹新思想的媒介，為西方知識文化思想的傳播提供了便利渠道。留日學生在撼醒國人、傳播西方思想文化方面起到了積極作用。

二、「庚款興學」與留學潮流的轉向

在清末「新政」時期一系列措施的激勵下，近代留學教育在進入 20 世紀后驟然勃興。1906 年前后興起的留日高潮引領了 20 世紀初的留學潮流，然而，自從 1908 年美國實行「庚款興學」的政策后，留學潮流逐漸轉向了美國。

(一) 留學潮流轉向美國的緣由——庚款興學

據不完全統計，除留美幼童外，1900 年留學美國的中國人數共計 59 名，他們多受教會資助。進入 20 世紀后，在清末新政的鼓勵下，中央及地方政府和機構陸續派出了

一些留美學生，人數逐漸增加，僅1901年到1908年的8年間，赴美留學生就達281名。但留美人數更大幅度的增加則是在1908年美國提出退還庚子賠款和清華學堂建立之后。

1901年《辛醜條約》規定，中國付各國戰爭賠款共計白銀4.5億兩，從1902—1940年分39年還清，本息總計達9.8億兩，因事出中國庚子年，史稱「庚子賠款」。1905年前后，針對美國19世紀末以來的排華政策，中國沿海各地掀起了廣泛的抵制美貨運動，這對於美國在華的經濟利益有所影響。同時由於留學日本潮流的興起，也引起了美國朝野的關注，認為這將不利於美國在華的長遠利益。1906年，美國伊里諾大學校長詹姆士向美國政府提議採用一種「從知識上與精神上支配中國的領袖方式」來操縱中國的發展。因此，1908年5月25日，美國國會通過議案，並與中國政府達成協議，決定從1909年起，退還中國庚子賠款的剩餘部分，以所退的庚款來發展留美教育。這就是所謂的「庚款興學」或稱「退款興學」。在庚款留美政策的影響和推動下，形成了清末民初赴美留學的熱潮，留學熱潮從日本轉向美國。

美國退還庚款之舉，對清政府來說，無疑是雪中送炭，然而，美國之所以實施「庚款興學」計劃，興辦留學教育，其目的並不單純，而是別有用心，當時美國《紐約星期報》刊登的《論華人留學美洲之今昔》一文，道出了美國政府的真實目的：「夫美國退還中國之款，固仍以補助美國學校，然此區區利益，與中美兩國將來之親密聯結較之，又何足此致耶？學成歸國之中國少年，一旦在中國教育商政諸界具有勢力，即美國之勢力一旦將在中國歷史上為操縱一切之元素，此在今日尤有特別意味。蓋日本目前正執亞洲之牛耳，然不得謂日本將永執此牛耳也。就近事觀之，中國終非容易受人指探者，真正之指探，或有一日轉操之於中國，誠未可知。而此中國，乃一部分受訓練於美國之中國也。」由此可見，美國「庚款興學」的目的，並不是要發展中國的教育，而是為了培養效忠於美帝國主義的中國勢力，以便用巧妙的手段在精神上支配和控製中國的發展。然而，事實證明，留美學生歸國后在中國社會所起的作用偏離了美國獨占中國的不良目的，因為許多高素質的留美學生在回國后便成為傳播先進科學的先驅，為提高學術水平、促進中外文化交流做出了積極貢獻。

(二) 留美教育的開展與實施

為了推動留美活動的開展，清政府專門擬定了《遣派留美學生辦法大綱》，實施庚款留美計劃，規定在華盛頓設立「遊美學生監督處」機構，管理中國留美學生，在北京設立「遊美學務處」，負責留美學生的考選派遣事宜，並從1909年開始實施。從美國退款開始到清華學堂成立期間共舉行了三次甄別考試，挑選直接赴美留學青年。1909年7月20日，清政府舉行了第一次庚款留學考試，經過初試和復試兩次篩選，從650餘名學生中僅錄取47人，人數還未達到最初擬定的每年派遣100名留學生的一半。1910年和1911年舉行了兩次庚款留美考試，分別錄取學生70名和63名。遊美學務處在直接選派留美學生的同時，又著手籌建留美預備學校——清華學堂。清華學堂於1911年4月29日正式開學，1928年，改稱國立清華學校。清華學校正常招收13歲左右的兒童入學，隔年招收10名女生，其西學教師基本來自美國，課程設置、教材選

用、教學方法、學生生活習慣都仿效美國,使用的教科書、上課、會議、布告、講演都採用英文。清華學校學生經過 8 年的高強度學習,到美國后一般可進入大學三年級學習,大部分人都能獲得碩士或博士學位后回國。清華學堂對提高中國留美學生的層次和系統引入西學起到了重要作用。以後,清華學校陸續派遣學生赴美留學,留美人數逐年增加,中國留學生的流向結構從此發生了重大變化,形成了由先前的留日教育逐漸轉向留美教育的趨勢。綜觀留日學生與留美學生在科目選擇上的不同,可以發現,留日學生所研習的科目以社會科學為主,尤以法政最為熱門,而留美學生崇尚自然科學,絕大多數學習理工農醫諸科,尤以工程技術科目為著。

自從庚款興學政策實施以來,留美教育中擁有高等學位及高級專業技術的人才日漸增多,而且回國後在各行各業上頗有建樹。據統計,僅清華留美學生中,歸國後就有 19 人擔任過大學校長。如清華大學的梅貽琦、北京大學的胡適、浙江大學的竺可楨等。另外,蔣夢麟、陶行知、陳鶴琴等也成為推動國內各項教育改革活動的骨幹力量。留美歸國人士的雄厚實力與勇敢智識促進了國內高等教育的發展以及科研水平的提高,成為中國近現代科學、教育的中堅力量。

三、留學管理制度的建立

隨著清末新政興學的形勢日益發展,使得諸多國人加入留學的隊伍。然而由於當時留學人員程度參差不齊,懷抱的目的各異,加之留學者人品雜亂、管理不一,致使留學教育弊病百出,於是在 1905 年學部成立後,清政府對留學教育加強了管理的力度,先後出抬了一系列的調整政策,厘定了各項留學章程,形成了一種留學制度。如 1906 年學部就擬定了各種有關留學資格、管理、獎勵等方面的制度。

首先,關於留學資格。1906 年 2 月 26 日,學部就電令各省,停止派遣速成科留學生。隨後在 3 月 13 日公布了《限制選送留日學生辦法》,規定以後非具有中學畢業程度者,概不資送出洋。原定的留學分為長期和短期兩種:長期留學者,凡入外國的高等以上學校及各專門學校者,必須具有中學堂以上的畢業程度,且通於所留之國的語言;短期留學者,必須年在二十五歲以上精通中文並有實際工作經驗者方為合格。到該年 6 月,學部又通知各省,將原來的長期與短期的兩種留學方式,改為長期留學一種,將短期一項一律停派,從此,出國留學有了一個統一的起點和標準,亦即必須具有中學堂以上的畢業資格,否則不能隨便出洋留學。

其次,在留學管理方面。1906 年以前,清政府對留學生還沒有統一的管理章程,全是各自為政,某省派了若干學生在某國留學,即派一專員,謂之「遊學監督」前往該國照料監察。由於當時留學日本的人數最多、程度極不整齊,內容又極複雜,所以在 1906 年 12 月 2 日,學部首先擬定管理日本留學章程,奏準《管理遊學日本學生章程》四十條,確定在駐日出使大臣署內設遊學生監督處,作為管理留學生的官方機構,對留日學生進行統一的管理。此後又陸續公布了有關管理歐美留學的各項章程。另外,清政府還特別為清朝王公貴族制定了留學章程,1907 年 10 月 28 日,外務部擬定了《貴冑出洋遊學章程》十二條,並於 12 月 5 日正式公布實施。按該章程的規定:貴冑留學生「系由王公子及貴冑學堂高材生中選取」,留學國度以英、美、德三國為限,學

習科目分政法、陸軍兩種，留學期限定為三年。由此可見，這種為特權階級所辦理的教育，使得達官顯要的子弟出國留學的機會較多，條件也較好，為其學成回國後更好地效勞帝國主義提供了便利。

最後，有關留學獎勵制度的頒布。自1901年起，清政府就以各種科舉出身名分獎勵留學生，但真正使獎勵形成一種特殊的管理制度，是在學部成立之後。為了審核留學生質量，借獎勵來提高留學者的學業水平，1906年5月15日，學部擬定留學生考驗獎勵章程規定：凡在東西各國正式高等以上學堂畢業，回國後須受政府考試，這種考試每年舉行一次。同年10月2日，學部還奏定了《考驗遊學畢業生章程》五條，對參考者作了進一步的獎勵規定。其中列入最優秀者給予進士出身，列入優、中等者給予舉人出身。1907年春，學部又奏定《修改遊學生廷試章程》十一條，規定凡經學部考驗合格且賞給進士、舉人者，均由廷試分別授予實官。1909年7月31日，清學部還奏定了《增修考試遊學生章程》八條，進一步利用考試來加強留學教育的管理。除了上述一系列有關回國留學生考試製度外，許多地方省市還舉行出國留學生考試，並且逐漸形成一種制度。例如，1907年和1908年江蘇省與杭州市相繼舉行留學考試；1909年美國通過退還庚子賠款，掀起留美教育浪潮，這是第一次採用公開招考留美學生的措施。

綜觀清末新政時期各種留學教育制度的建立，不難發現，清政府以「為了糾正學生不能安心學習的各種弊端，促進留學教育的發展」為由，建立了留學教育制度，其實是為維護岌岌可危的統治地位，借以阻止留學生革命運動的開展。無論出於何種目的，留學教育制度的建立對規制留學教育還是起到了一定程度的積極作用。

第四節　教會教育的發展

早在19世紀七八十年代，由於洋務運動的興起和第一次全國基督教傳教士代表會議的召開，教會學校的發展出現過一次高潮。在這一次高潮中，一批教會小學升格為中學。19世紀末20世紀初之後，隨著維新變法運動的興起、第二次全國基督教傳教士代表大會的舉行和新政的開展，教會學校的發展再一次出現高潮，其重要標誌就是教會大學的孕育和成長。

一、教會大學的創辦與發展

傳教士們在興辦教會教育的過程中逐漸認識到，只有發展高等教育培植一批具有西方文化科學知識的基督教精神的「高等華人」，使之取代崇奉儒學的士大夫階級，掌握社會領導權，才有希望左右中國的前途，使中國「基督教化」。因此，在1900年以後，傳教士們積極組建、創辦教會大學，使教會高等教育呈現加速發展的趨勢。如：1901年3月20日，上海中西書院與蘇州中西書院合併，改為東吳大學，校址定於蘇州，由葛賚恩（John W. Cline）主持校政，初時所設課程為中學程度，時隔四年後才開設大學課程；1903年，天主教耶穌會在上海設立震旦大學，由馬相伯主持校務；

1905年，美國聖公會在上海改制聖約翰書院為聖約翰大學，原聖約翰書院由上海培雅學堂和度恩學堂合併而來；1910年，英國聖公會、公誼會、美國浸禮會和加拿大循道會等在成都聯合創辦了華西協合大學，該校系由1906年建校的華西協和中學改制而來；1910年，美國長老會在杭州創辦之江大學，它的前身是杭州育英義塾（育英義塾的前身是寧波的崇信義塾）；1910年，長沙雅禮大學、武昌文華大學等校合併組成了武昌華中大學；1910年，南京金陵大學建校，由南京匯文書院和宏育書院合併組成，等等。這些教會大學都有相應的差會設置，按照各自差會的意圖行事，無須向清政府註冊登記，這些遂使教會大學成了中國教育領域的「獨立王國」。

二、教會大學的雙重性

作為傳播西方思想文化的傳教士們，之所以會在中國設立大學，是由於他們意在培養為教會服務效忠的中國領袖人物，進而實現控制中國發展的目的。傳教士們曾公然宣稱：「夫教會大學之大目的，應為訓練一班教會中及社會上之領袖；或傳道、或教員、或醫士、或實業界、或政界等等。」可見，外國在華勢力力爭創設發展教會大學，目的並不純粹，而是假借所培養的在華領袖之手占據中國的政治、經濟、教育、宗教、文化衛生等各個領域，攫取時機實現西方「以華治華」的侵略目的。

西方傳教士培植「以華治華」領袖人物的動機，還可從擔任教會大學校長的一些傳教士的言辭中得到證實。擔任齊魯大學校長的美國傳教士狄考文（Calvin Wilson Mateer）在《在華新教傳教士一八九〇年大會上的講話》中，曾這樣露骨地講過：「對傳教士來說，全面地教育一個人，使他能在一生中發揮一個受過高等教育的人的巨大影響，這樣做，可以勝過培養半打以上受過一般教育但不能獲得社會地位的人。」他還認為「如果我們要取儒學的地位而代之，我們就要準備好自己的人們，用基督教和科學來教育他們，使他們能勝過中國的舊士大夫，因而能取得舊士大夫階級所占的統治地位」。傳教士的這些自白，有力地說明了一點：他們在中國辦教會大學，絕不是為了中國的發展強大而致力於教育事業，而是以基督教取代儒學在中國的地位。

教會大學作為西方傳教士在中國興辦的一種教育機構，作為西方列強文化侵略政策的一部分，它在中國近代史上尤其是教育史上有著雙重的影響及作用。一方面，教會大學具有文化侵略的消極作用；但在另一方面，也必須看到，教會大學的興起與發展對中國近代教育的發展起到了一定的積極作用。它在客觀上有力地推動了中國高等教育近代化的進程，促進了中西文化的銜接，順應了近代中國變法維新和社會經濟近代化的歷史要求，引進了近代西方新興的教育模式，為中國傳統教育向近代教育轉變提供了樣板和推動力，並且開創了中國女子高等教育的先河，刺激了中國新式公、私立高等教育的興起，在近代中國高等教育管理模式實現現代化、人才培養及中西文化交流等方面發揮了獨特的作用。教會大學作為封建舊學的對立物、中國近代新式高等教育的先驅和西學輸入的媒介，在引進介紹西方文化和西方新式教育體制方面有一定的啟蒙和促進作用。

第五節　康有為的教育思想

康有為作為戊戌維新的領袖人物，充分意識到了人才、教育和喚醒民眾的重要性。因此，在變法維新的過程中，他一方面激烈地抨擊中國傳統教育的弊端，歷數科舉制度之危害；另一方面積極改革科舉，竭力提倡辦報館，組織學社和創辦新學，力主通過興學育才，以達御侮圖強之效。

康有為（1858—1927年），字廣廈，號長素，廣東南海人。現代中國向西方尋求真理的先進代表之一，維新運動的傑出領袖，偉大的啟蒙思想家，傑出的教育家。康有為出生於教育世家，自幼聰穎好學，5歲即能誦詩數百首，6歲始讀四書五經，22歲之前，基本以接受嚴格的傳統教育為主，奠定了堅實的中學基礎。由於廣東是清政府實行閉關鎖國政策時所設立的唯一一個對外開放的口岸，是現代中國遭受西方列強侵略和接受西學最早的地區，這使他的思想較早地受到了西學的影響與熏陶，形成了中西交融的特點。康有為第一次接觸西學是在1874年，他讀了《瀛環志略》和由日本人寫的《地球圖》等書。1879年，康有為出遊香港、上海等地，看到「西人宮室之瑰麗，道路之整潔，巡捕之嚴密，乃始知西人治國有法度，不得以古舊之夷狄視之」。自此以後，康有為開始接觸西方國家的歷史、地理、文化科學，對西學優越性的認識不斷加深，同時對中國傳統的思想、學術乃至於中國傳統的政治制度產生了懷疑和不滿。

隨著民族危機的加深，各種社會矛盾激化，要求變法革新的呼聲日益高漲。1888年，他改變中國現狀的思想變成了維新行動，寫了五千字的上光緒皇帝書，提出學習西方、改變成法、挽救危局的變法革新主張，請求變法圖存。由於頑固派的阻撓，本次上書未被採納，使他深感國民之愚昧，人才之匱乏，意識到要想救國必依靠教育。1891年，他在廣州長興里創辦了萬木草堂，並親手制定了《長興學記》作為學規，開始聚徒講學，研究維新理論，培養維新人才。在此期間，寫下了《新學偽經考》《孔子改制考》，成為他變法運動理論體系中的重要組成部分。

在康有為的影響和熏陶之下，許多有識之士開始關心國家的前途與命運，並把個人的前途命運與國家的前途命運緊相連屬，他們積極參與變法維新，支持新學。在興辦學堂的同時，他創辦了《強學報》《萬國公報》（1895）《廣仁報》《時務報》，組織了強學會，宣傳西學。

1895年，中日甲午戰爭中國戰敗，清政府與日本簽訂了喪權辱國的《馬關條約》，此時正赴京會試的康有為聯絡在京會試的1,300多名愛國士子「公車上書」，力陳「遷都、拒和、變法」之主張，確立了維新變法領袖之地位。

康有為等的思想與主張得到了光緒皇帝的支持，1898年6月11日，光緒皇帝下「定國是詔」，宣布變法，后由慈禧太后發動政變，維新運動失敗，共歷時103天，史稱「百日維新」。變法失敗后，康有為逃亡日本，1913年回國，1927年病逝於青島。

康有為著作宏富，教育思想豐富。

一、重視教育，開辦新學

康有為重視教育作用，把教育作為救亡圖存的重要途徑與手段。他強調：「欲任天下之事，開中國之新世界，莫亟於教育。」他說：「嘗考泰西之所以富強，不在炮械軍兵，而在窮理勸學，彼自七八歲人皆入學，有不學者責其父母，故鄉塾甚多。」中國之所以貧弱、之所以被動挨打主要是因為教育不良。康有為通過考察、比較中國與西方國家國民受教育程度、教育經費等的巨大差異後得出結論：「夫才智之民多則國強，才智之士少則國弱。」他在《日本變政考》中明確指出日本近代教育發展對明治維新的巨大推動作用。在《請開學校折》中，更將日本在甲午戰爭中的勝利歸結為其教育的成功。他說：「近者日本勝我，亦非其將相士能勝我也，其國遍設各學，才藝足用，實能勝我也。」因此，他主張：「故今日之教，宜先開其智。」康有為把教育當作振興中國和政治改良的手段。在他看來，一個國家的強弱，關鍵在於國民智慧的高低，而智慧又依賴教育的發展。中國之弱，即弱於教育之不發達，民智之不開，因此發展教育、開辦新學是當務之急。基於上述對教育作用的深刻體認，康有為在《請開學校折》中建議光緒皇帝「遠法德國，近採日本，以定學制」，把興學作為立國之本。他主張學習德國、日本等國家的學制，由國家設立各級各類學校，力圖在中國建立類似於西方的學制系統。他把辦學校比喻為「宜急補養以培養其中氣」的治病良方，為此提出了關於學校體系的構想。他主張在鄉設立小學，7歲以上兒童必須入學，學習文史、算術、地理、物理、歌樂，學業年限為8年。在縣設立中學，兒童14歲入學，除了設置小學階段的科目外，還學習外國語，重視實用學科。在省、府設立專門高等學校或大學，如設立海、陸、醫、律、師範各專門學校。在京師設立大學堂。

他建議朝廷成立「學部」，以統一管理全國的教育事務。為使學校能夠順利興辦，他結合中國實際，提出了「興學至速之法」，主張將原有的公私書院、社學等一律改為「兼習中西之學校」；國家和地方都要增加教育經費；鼓勵紳民開辦學校；國家統一頒發中小學的教科書。他認為，如果能按此「至速之法」辦學，就能實現「人人知學，學堂遍地……人才大成，而國勢日強」的目的。他對興辦學校充滿了無限信心和希望。

二、變科舉，廢八股

康有為認為，欲發展教育，開辦新學必須從變科舉、廢八股始。改革科舉，廢除八股是興學育才的基礎和前提。只有把青年從「惟事八股，只讀四書」的桎梏中解放出來，才能使他們關注國家的命運和學術的發展，成為經邦治國、扶危定傾的有用之材。康有為視科舉制度是中國社會發展的一大障礙，它不僅阻礙學術發展，束縛人們的思想，而且扼殺人才，敗壞風氣，影響國家的發展和進步。八股取士使人不讀秦漢以後的書籍，不研究世界各國的情形，「閉聰而黜明」「謬種輾轉以相傳」，庸才輩出，使管理不能應變，風俗日下。甲午戰爭中國戰敗實源於八股，「中國割地敗兵也，非他為之，而八股致之也」。為此，他疾呼改革科舉，力陳廢除禁錮人才的八股取士，培養和選拔經世致用的人才是當務之急。經過不懈的努力，他在百日維新期間擬定了許多奏折，完整地提出了廢八股、變科舉的改革建議。就如何改革科舉制度，康有為建議：

文試要「立廢八股」「罷試帖」，以中國文學、策論、外國科學代之；武試要停止弓刀步石，用武備學校培養人才。由於百日維新的最后夭折，這些建議並沒有得到真正的實施，但這畢竟是清政府的一次正式宣布進行科舉改革，在一定程度上為新教育制度在中國的最終確立做了思想輿論上的準備和掃清了制度性的障礙。

三、中西兼學，派遣留學

為達到御侮圖強的目的，在教育內容上，康有為主張中西兼學。他號召學生向西方學習「以通世界之識，養有用之才」。在萬木草堂的課程中，除了規定中國傳統的文字、義理、考據等教學內容外，還包括大量的西學內容，要求學生對世界各國的政治、文化、科學技術有廣泛的瞭解。他認為西方各國科學技術之發達，交通運輸之便利，已經遠遠超出中國，所以才能使其「破吾數千年久閉之重，警吾久睡之大夢，入吾之門，登吾之堂，處吾之室」。在康有為所著的《萬木草堂叢書目錄》中，有一半以上是有關西學的內容，足見他對西學的重視。他曾多次向光緒皇帝介紹西方國家的自然科學、社會政治學說，並以此作為教學內容，以代替不切實際的舊學。他以萬木草堂為陣地翻譯了許多西書，為國民打開了向西方學習的窗戶。

為了更好地學習西學，他極力主張派遣優秀子弟留學外國，「分學諸科，則歸來執政，人才不可勝用矣」。派遣留學生是學習西方、培育新人的最便捷有效的途徑與方法。他期望通過仿效日本和俄國，派遣留學，「以學歐美之政治工藝文學知識，大譯其書以善其治」。培養一批具有新思想、新知識、新作風的王公大臣，使維新運動得以實施。他的留學思想有力地推動了清末留學運動的發展。

四、《大同書》的教育理想

「大同」一詞最早源自《禮記·禮運》，寄託了中國古代對美好社會的向往。康有為繼承了中國古代的大同思想，在萬木草堂講學期間，向弟子系統陳述了「大同」學說。在《大同書》中，康有為設想的理想社會是一個沒有私有制和等級制，「人人平等，天下為公」的大同社會。在這個社會裡，教育是一個前后相銜接的完整的學校體系，包括人本院、育嬰院、小學院、中學院、大學院。其中，人本院和育嬰院屬學前教育，以養為主，以教為輔；小學院、中學院和大學院屬學校教育，以教為主，以養為輔。五個階段彼此相連，相輔相成。

康有為認為大學應注重學生德智體的全面發展，更應強調發展學生的智力，「專以開智為主」，這是大學的首要任務。在大學院裡，學生們可以根據自己的興趣選擇科目，優秀者可以兼通數科，即使最差者也能掌握一門專業的技術作為謀生的手段。他強調大學不僅重視理論知識的傳授，還應重視實驗科學。大同教育模式中各級依次遞升，只有在大學院結束學習后，才是真正的畢業。畢業生發給畢業文憑，沒有完成學業的不能發給文憑，必須離校，不再繼續享有公養公教的社會福利。教師則根據學生的專業和學習情況向社會各行各業推薦，任其擇優錄取。

第六節　梁啓超的教育思想

梁啓超（1873—1929年），字卓如，號任公，又號飲冰室主人，廣東新會人。4歲起在家讀四書、五經和中國歷史，8歲時學做八股文，9歲能綴千言，12歲中秀才，自述為，「十二歲應試學院，補博士弟子員，日治帖括，雖心不愜之，然不知天地間於帖括外，更有所謂學也，輒埋頭鑽研」。此后漸萌拋棄八股之志，而對訓詁之學發生興趣，決定今后治學方面從事於此。17歲中舉人，18歲入京會試，落第而歸。同年，開始接觸西學，並拜康有為為師，就讀於萬木草堂，深得康有為的常識，曾經幫助康有為編寫《新學偽經考》和《孔子改制考》，深受康有為的影響。1895年，甲午戰敗后，隨康有為組織「公車上書」，參加「強學會」，積極介紹西學，推進維新變法運動。1896年擔任上海《時務報》主筆，發表《變法通議》《論君政民政相嬗之理》等重要政論文章。1897年秋，赴長沙擔任湖南時務學堂中文總教習，制定《湖南時務學堂學約》，在課內課外宣講維新變法，倡導民權學說。1898年參加戊戌變法運動，受命起草《京師大學堂章程》，竭力倡導教育改革。戊戌變法失敗之後，逃亡日本，繼又遠遊美澳印度。五四運動前後，反對尊孔復古，謳歌民主與科學。1920年以後，先後任教於北京大學、北京師範大學、南開大學、清華大學，作過北京圖書館館長。1929年病逝於北京。

梁啓超著作等身，論說宏富。主要著作是《飲冰室合集》，教育代表作有《變法通議》《湖南時務學堂學約》《論教育當定宗旨》《教育政策私議》等，多收錄於《飲冰室合集》中。

與康有為一樣，從救亡圖存的角度出發，梁啓超高度肯定教育的作用。他認為國家的強弱是以教育為轉移的，變法維新要靠教育來實現。他說：「世界之運，由亂而進於平，勝敗之原，由力而趨於智，故言自強於今日，以開民智為第一義。」又說：「亡而存之，廢而舉之，愚而智之，弱而強之，條理萬端，皆歸本於學校。」他認為中國落后的最根本原因是「缺乏人才」，是「教之未善」，是「民智未開」。他將「開民智」與「興民權」聯繫起來，為「興民權」而「開民智」。他認為「權」生於「智」，揭示了專制與愚民、民主與科學的內在聯繫。他的「開民智」具有科學與民主啓蒙的豐富內涵。他認為：「今日中國之大患，苦於人才之不足，而人才不足由學校不興也。」因此，他把興學校、辦教育作為關係國家強弱、民族盛衰的頭等大事來看。他說：「欲求新政，必興學校，可謂知本矣。」除提倡「開學」「立教」之外，梁啓超還做了大量的啓蒙宣傳工作。他把興學校、育人才、啓民智，同開展廣泛的社會教育，開創和發展中華民族新文化事業聯繫在一起，通過辦報刊、建學會、講演等方式進行廣泛的啓蒙宣傳。其宣傳重點是「西學」，是新法新理、新器新制、新學新政。他以西學為武器，激烈抨擊傳統的綱常倫理。梁啓超的啓蒙宣傳對於開啓民智、推動維新變法運動，起到了巨大作用。

基於對教育作用的深刻認識，針對中國傳統教育目的的模糊性，1902年，梁啓超

在《論教育當定宗旨》中提出教育必須有明確的宗旨或目的。他說:「他事無宗旨猶可以苟且遷就,教育無宗旨則寸毫不能有成。」為明確教育宗旨,梁啓超強調應首先瞭解教育的意義,從實際出發,「鑄造」能「洞察五洲」、強調「熟考中國民族之特性」之國民——「新民」。他強調教育為鑄造國民的工具,而鑄造什麼樣的國民,則各國都要依據「五洲各國之趨勢」,結合「民族之特性」來確定,這也就是教育宗旨「所由立」的依據。對此梁啓超在《學校總論》裡做了明確的闡發。他主張教育必須培養新國民,即教育必須以培養「新民」為目的。他所說的「新民」,包括民力、民智、民德三個方面。他所要培養的新民與舊時代的人迥然不同,這種新民的精神是進取的,思想是自由的,行動是自立的,團體生活是有組織的,是重公德的,是愛國家的,是有毅力盡義務的,是勇敢尚武的。他強調國民教育的任務就是要「養成一種特色之國民,使該團體以自立競存於列國之間,不徒為一人之才與智也」。梁啓超所強調的新民,是具有新思想、新精神、新品格,具有發展資本主義工商業知識和技能的人。他認為只有培養出這樣的「新民」,再由他們去改良社會,國家才能走向獨立富強。

思考題

1. 簡述清末「新政」時期的教育改革。
2. 評價近代中國的教會學校。
3. 試述「百日維新」中的教育改革及其評價。

第十一章　民國成立初期的教育

【導讀】

　　本章敘述了民國成立后為改革封建教育、建立資產階級民主教育體制所做出的努力和遇到的波折；介紹了民國初年學制的形成過程、基本結構、課程標準及在實施中進行的調整；側重論述了蔡元培的教育活動和思想。

　　應注意掌握的內容和概念有：民國教育部的成立及其對封建教育的改革；民國初年教育方針的制定；封建教育回潮的背景及其表現；《壬子癸醜學制》的頒布過程、基本結構和課程標準；蔡元培的重要教育活動，「五育」並舉的教育方針及其論述，對北京大學的改革，「研究高深學」的大學辦學宗旨，「思想自由、兼容並包」的辦學原則，教授治校的民主管理模式，學術分流、溝通文理、發展個性的教學體制改革，教育獨立思想。

【教學目標】

1. 掌握南京臨時政府頒行的教育方針。
2. 理解蔡元培「思想自由」「兼容並包」的主張和對北京大學的改革。

　　1901年清政府被迫簽訂喪權辱國的《辛醜條約》，中華民族面臨嚴重危機。由此進一步激起人民愛國救亡運動，促使資產階級民主主義革命迅速發展。1911年10月10日，武昌起義爆發，革命的烽火迅速燃遍全國。1912年1月，資產階級革命黨人在南京成立了以孫中山為大總統的中華民國臨時政府。但是，帝國主義和封建買辦勢力從自己的利益出發，全力扶植和支持北洋軍閥首領袁世凱。孫中山被迫宣布解職，革命的果實落入袁世凱之手。為實現其獨裁統治，袁世凱破壞《中華民國臨時約法》，先後演出刺殺國民黨領袖宋教仁和恢復帝制的醜劇，引發革命黨人的第二次和第三次革命。1916年，袁世凱在全國一片聲討中死去，國家陷入軍閥割據混戰的局面。

第一節　民國教育方針與政策

一、教育部的成立及對教育的維持與改革

　　1912年元旦，孫中山在南京宣誓就任民國臨時政府大總統。1月3日，他任命蔡

元培為教育總長。1月9日，南京臨時政府教育部正式成立，在碑亭巷設立辦事機關。部內組織極為簡單，自總長至錄事不過30餘人。除總長、次長由政府任命外，其餘概不呈請任命，統稱部員，也無所謂分科辦事。

教育部成立後的當務之急，是敦促各地迅速恢復正常教育秩序，並在革除清末教育封建性的前提下，為全國教育提供指導意見。為此，南京臨時政府教育部於1月19日頒布了《普通教育暫行辦法》和《普通教育暫行課程標準》，這是中國資產階級首次以中央政府名義發布的教育文件。

《普通教育暫行辦法》共14條，除敦促各地學校在農曆新年後如期開學、按原學期計劃正常教學外，還規定：清末各種學堂一律改稱學校，監督、堂長一律改稱校長；初等小學可以男女同校；各種教科書務必合於共和民國宗旨，禁用清學部頒行的教科書；民間流行的教科書凡內容與形式具有封建性而不符合共和民國宗旨者，即予改正；廢止小學讀經；注重小學手工科；高等小學以上體操科應注重兵式；初等小學算術科自第三學年起應兼課珠算；中學校為普通教育，不必分文科與實科；中學和初級師範學校學制改為4年；廢止獎勵科舉出身，從某級某類學校畢業者即稱某級某類學校畢業生。《暫行辦法》體現了清除封建性、強調男女平等、注重實用技能等原則立場，比較充分地反映了資產階級的教育要求。

《普通教育暫行課程標準》共11條，規定初等小學的課程為修身、國文、算術、遊戲、體操，視地方情形可加設圖畫、手工、唱歌、裁縫（女子）之一科或數科；高等小學課程為修身、國文、算術、中華歷史地理、博物、理化、圖畫、手工、體操（兼遊戲）、裁縫（女子），視地方情形可加設唱歌、外國語、農工商業之一科或數科；中學校的課程為修身、國文、外國語、歷史、地理、數學、博物、理化、圖畫、手工、法制、經濟、音樂、體操，女子加家政、裁縫；初級師範學堂課程為修身、教育、國文、外國語、歷史、地理、博物、理化、法制、經濟、習字、圖畫、手工、音樂、體操，女子加家政、裁縫，視地方情形可加設農、工、商業之一科目。上述外國語科限從英、法、德、俄四種語種中選擇，各級學校都配發有各種課程的學年分佈和周教學時數表。《普通教育暫行課程標準》反映了《暫行辦法》的有關原則，成為以後《壬子癸醜學制》關於小學、中學、初級師範課程設置的藍本。

上述兩個文件，是民國初年改革封建教育的綱領性文件，對保障政體變更之際普通教育的順利過渡和穩定發展起到了重要的作用。

1912年3月初，臨時政府教育部又通令各省：在高等以上學校規定尚未頒布時，各地高等以上學校「應暫照舊章辦理」，惟《大清會典》《大清律例》《皇朝掌故》《國朝事實》，及其他有礙民國共和精神，及非各學校應授之科目，宜一律廢止。前清御批等書，也一律禁止。

北京臨時政府成立後，蔡元培繼續留任教育總長，教育部依參議院議決之官制進行改組，設立普通教育、專門教育和社會教育三司。其中社會教育司的設立，乃是蔡元培堅持的結果。他因長期在歐洲留學，眼見各國社會教育之發達，深信教育之責任不僅在教育青年，也要兼顧多數年長失學的成人。這種重視社會教育的特點，在1913

年和 1914 年的教育部官制修訂中仍得到堅持，對推動民國初期社會教育的發展產生了重大的影響。

二、民初教育方針的確立

臨時政府教育部重要的任務是為新生的資產階級共和國的教育發展規劃藍圖，其中具有戰略意義的是確立民國教育方針。為此，蔡元培於 1912 年 2 月在《教育雜誌》《民立報》等處發表《對於新教育之意見》一文，率先對民國教育方針的整體構想從理論上進行系統探討，引起關心教育的人士對這一問題的重視，紛紛參與討論。后來，蔡又以《對於教育方針之意見》為題，重新在《東方雜誌》上發表，徵求各方意見。針對清末教育宗旨中「忠君」「尊孔」，他響亮地宣布：「忠君與共和政體不合，尊孔與信教自由相違」，予以取消。而對「尚公」「尚武」「尚實」三項則加以改造，使其符合資產階級民主主義的要求，重新表述為公民道德教育、軍國民教育、實利主義教育，又增添世界觀教育和美感教育，提出了「五育並舉」的教育方針。在這之後，蔡元培還就普通教育和專門教育的不同特點發表對於教育方針的意見。他認為：「在普通教育，務順應時勢，養成共和國民健全之人格。在專門教育，務養成學問神聖之風習。」

1912 年 7 月 10 日至 8 月 10 日，全國臨時教育會議召開，其間提出的議案近百件，許多涉及重大的教育政策與措施，如教育宗旨、學校系統、各級各類學校令、採用註音字母統一漢語讀音、小學教員薪俸規程、廢除學校祀孔等。蔡元培的《開會詞》，主要就他向會議提交教育方針一案做出說明。他比較了君主時代的教育和民國教育的本質不同，指出：「君主時代之教育方針，不從受教育者本體上著想，用一個人主義或用一部分人主義，利用一種方法，驅使受教育者遷就他之主義」，其目的是「使受教育者皆富於服從心、保守心，易受政府駕馭」。而「民國教育方針，應從受教育者本體上著想，有如何能力，方能盡如何責任；受如何教育，始能具如何能力」，整體上是「立於國民之地位，而體驗其在世界在社會有何等責任，應受何種教育」。這次會議討論通過的民國教育方針，於 9 月 2 日由教育部公布施行，其內容為：「注重道德教育，以實利教育、軍國民教育輔之，更以美感教育完成其道德。」它基本反映了蔡元培的思想，但「世界觀教育」因陳義過高，未為多數與會者接受，故未採納。

民國教育方針包含有德、智、體、美四育因素，體現了受教育者身心和諧發展的思想。以道德教育為核心，將培養受教育者具有共和國國民的健全人格作為首要任務。以軍國民教育和實利教育引導體育和智育，寄希望於教育能在捍衛國家主權、抑制武人政治、振興民族經濟方面發揮基礎作用。

三、封建教育的回潮

民國成立后，教育部在蔡元培的主持下，制定了一系列改革封建教育的措施，力求使教育的發展符合民主共和的精神。全國臨時教育會議召開期間，這些改革措施很多以議案形式付會議表決通過，會后陸續以法令形式公布，但隨即遭到北洋政府的肆

意踐踏或挖補修改，直至廢止。袁世凱為了利用封建文化來配合他的獨裁統治，和社會上的封建復古勢力相呼應，很快掀起一股恢復封建文化教育的浪潮。袁世凱採取的措施有：

第一，恢復尊孔祀孔。清政府《學堂管理通則》中規定有拜孔子儀式，民國成立后南京臨時政府教育部通令禁止。臨時教育會議上曾提交有《學校不拜孔子案》，但為避免當時社會上尊孔勢力因此而掀起風潮，引起無謂的論爭，會議決定不予表決，只在有關學校管理規則中不提拜孔一事，讓其自動消亡。然而，袁世凱政府一面支持康有為等人發起的「孔教會」，一面於1913年6月發布政令，宣稱應「查照民國體制，根據古義，將祀孔典禮，折衷至當，詳細規定，以表尊崇，而垂久遠」。據此，教育部通令各地學校恢復祀孔典禮，孔子的神位被重新請回學校。1914年1月，袁世凱操縱下的「政治會議」通過了「祀孔案」，令全國一律恢復祀孔典禮。

第二，改定民國元年臨時教育會議確定的教育方針。1913年，袁世凱政府出抬《天壇憲法》草案，規定「國民教育以孔子之道為修身之本」，為修改民國元年教育方針張本。1915年1月頒布《特定教育綱要》，申明以「注重道德、實利、尚武，並運之以實用」作為教育宗旨，不提民國元年教育方針中的「美感教育」部分。2月，《頒定教育要旨》，正式確定「愛國、尚武、崇實、法孔孟、重自治、戒貪爭、戒躁進」的七項教育宗旨，完全推翻了民國元年的教育方針。其中特別註明「愛國」為「誠心愛國莫破壞」，強調學生要堅決抵制當時針對袁世凱假共和真獨裁的「一切邪說暴行」，維護袁世凱統治下的社會秩序；「尚武」「崇實」「法孔孟」基本襲用清末教育宗旨的內容；「重自治」即培養人人具有「不必依賴而自活」，「不待督責而自興」的「自營」「自助」能力，不提「自治」一詞所應包含的民主內涵；「戒貪爭」以提倡文明競爭相標榜，教導人們要「盡本職負責任」，安分守己；「戒躁進」告誡學生對國家政治建設等各項事業和個人學業、學術等應抱漸進而非躁進的態度，用意在避免學生因對現狀不滿而產生憤激言行。

第三，重新確定儒學作為學校教育的基本課程。南京臨時政府教育部的有關文件和民初學制都明確規定小學廢止讀經，大學不設經學科，但不久即被袁世凱政府否定。1915年初頒布的《特定教育綱要》集中論證儒學教育的價值，並擬定了各級學校實施儒學教育的基本方案：「中小學校均加讀經一科，按照經書及學校程度分別講讀，由教育部編入課程」。初等小學讀《孟子》，高等小學讀《論語》，均要求讀全書；中學節讀《禮記》《左氏春秋》，其中《禮記》中的《曲禮》《少儀》《大學》《中庸》《儒行》《禮運》《檀弓》諸篇，規定必讀。國文教學中應多讀《國語》《戰國策》，選讀《尚書》。大學階段設立經學院，獨立於其他各科大學之外，「專以闡明經義發揚國學為主，按照各經種類，分立科門」。另外，還規定中小學教師應「研究性理，崇習陸王之學，導生徒以實踐」，認為陸象山、王陽明兩人，「其學近於孟子，主張力行致知之說，務實務用」。

1915年，袁世凱政府以《特定教育綱要》和《頒定教育要旨》作為總的方針政

策,修改或重新頒布各級學校令,為封建儒學文化重回課堂開道,社會上一時出現尊孔讀經的高潮。本來,儒家文化作為中國傳統文化的主體,包含有中華民族對真善美追求的成果,是創建民族新文化不能也無法割捨的傳統資源,在教育中應該有適當的地位。但袁世凱政府之推崇儒學,出於政治動機而非文化動機,明顯是借用儒學的等級名分思想來抵制革命民主思想,因而引起革命民主人士的強烈憤慨和奮起反擊。

第二節　南京臨時政府的教育改革

1912年1月1日,中華民國宣告成立,孫中山就任南京臨時政府大總統。在教育方面,於1月9日成立中央教育部,著名的資產階級民主教育家蔡元培任教育總長,立即著手對封建主義舊教育進行了資產階級性質的改造。

一、發布教育改革令

1912年1月19日,教育部發布《普通教育暫行辦法》(簡稱《暫行辦法》)和《普通教育暫行課程標準》(簡稱《課程標準》)及課程表。

《暫行辦法》共十四條,主要規定「初等小學可以男女同校」「凡各種教科書,務合乎共和國宗旨,清學部頒行之教科書,一律禁用」「小學讀經科,一律廢止」「小學手工科,應加注重」「初等小學算術科,自第三年,應兼課珠算」「中學校為普通教育,文實不必分科」「舊時獎勵出身,一律廢止」等。

這個《暫行辦法》的基本精神就是要使教育符合共和國宗旨,廢止以忠君、尊孔、讀經為中心的封建教育制度,按著資產階級民主精神和資本主義生產發展的需要改革舊教育。

《課程標準》具體規定了課程內容方面的改革法令。它擬定了初小、高小、中等學校和師範學校的學習科目、各學年每周各科授課的時數等,為以後小學、中學、師範教育改革奠定了基礎。

對於高等教育,教育部於1912年3月5日,電各省飭所屬高等專門學校從速開學,指出:「現在大局粗定,各處高等專門學校若不從速開學,則高等學生半途廢學,中學畢業生亦無升學之所,殊非培養人才之道。」同月,在《教育部禁用前清各書通告各省電文》中,指出,廢止《大清會典》《大清律例》《皇朝掌故》《國朝事實》及其他有礙國民精神的科目,有關前清御批等書一律禁止濫用。並且宣布大學取消經學,不再另立一科。師範教育尤被重視,1912年3月,孫中山以臨時大總統的名義,指令教育部通告各省已設立優級、初級師範一併開學。資產階級革命派在辛亥革命過程中,就十分重視社會教育。臨時政府成立后於1月30日就通電各省籌辦社會教育,對民眾廣泛進行宣講並舉辦活動畫、影畫等活動,宣傳國民權利義務,鼓勵民眾尚武、發展實業等,尤其重視公民之道德水平的提高。

在教育管理上，民國初建，教育總長蔡元培，本著精兵簡政原則，手下只有三人，借了三間房，便開始了工作。3月，公布了《民國教育部官職令》，規定教育部下設普通、專門、實業、社會、禮教、蒙藏六個教育司，分管教育事宜。4月，蔡元培繼任北京臨時政府教育總長，保持這一作風，總長下設參事三人，承政廳設秘書長一人，分文書、會計、統計、建築四科，編纂、審查二處，設普通、專門、社會三司，領導全國教育的恢復與改革。7月10日，在蔡元培主持下，召開了中央教育會議，對封建主義舊教育進行了全面的改造。

二、頒布新的教育方針

蔡元培1912年4月發表《對於教育方針之意見》，對清朝政府頒定的教育宗旨進行批判，主張對青少年進行道德教育、實利主義教育、軍國民教育、美感教育。在他的這一思想指導下，1912年7月召開的臨時教育會討論關於通過新的教育方針。9月2日，正式公布實行。新教育方針是：「注重道德教育，以實利教育、軍國民教育輔之，更以美感教育完成其道德。」

道德教育就是德育，要培養青年具有自由、平等、博愛的資產階級道德觀念；實利教育也就是智育，是進行生產知識技能的教育；軍國民教育，后來也叫體育，要健全學生體魄；美感教育也就是美育，包括美術、音樂等與之配合的思想陶冶。

這個教育方針，體現了資產階級關於人的德、智、體、美和諧發展的思想，否定了清朝政府忠君、尊孔、尚公、尚武、尚實的教育宗旨，否定了君權的絕對權威和儒家思想的獨尊地位。新教育方針的頒定，是中國教育的一個進步，是資產階級反對封建主義舊教育的一個重大勝利。

三、制定新學制系統，改革舊課程

教育部成立后，其重要工作之一，就是草擬新學制，曾召集東西留學生，各就其長，分別撰擬小學、中學、大學規程，研究東西方各國學制，希望遍採歐美各國之長，衡以本國情形，覺歐美制終不適於國情，結果仍採取日本學制。南京臨時政府時期三個月，已經制訂出了一個學制草案。教育部移至北京后，繼續就學制系統徵求海內外專家意見，先后形成了三個學制草案。在這一系列工作的基礎上，7月，在教育部召開的中央教育會議上，形成一個《學制系統案》，於9月3日頒布《學校系統令》，稱為「壬子學制」。1913年，教育部又陸續頒布了各級各類學校法令，補充了這個學制，逐步形成了一個新的學制系統，稱「壬子癸醜學制」（見圖11-1）。

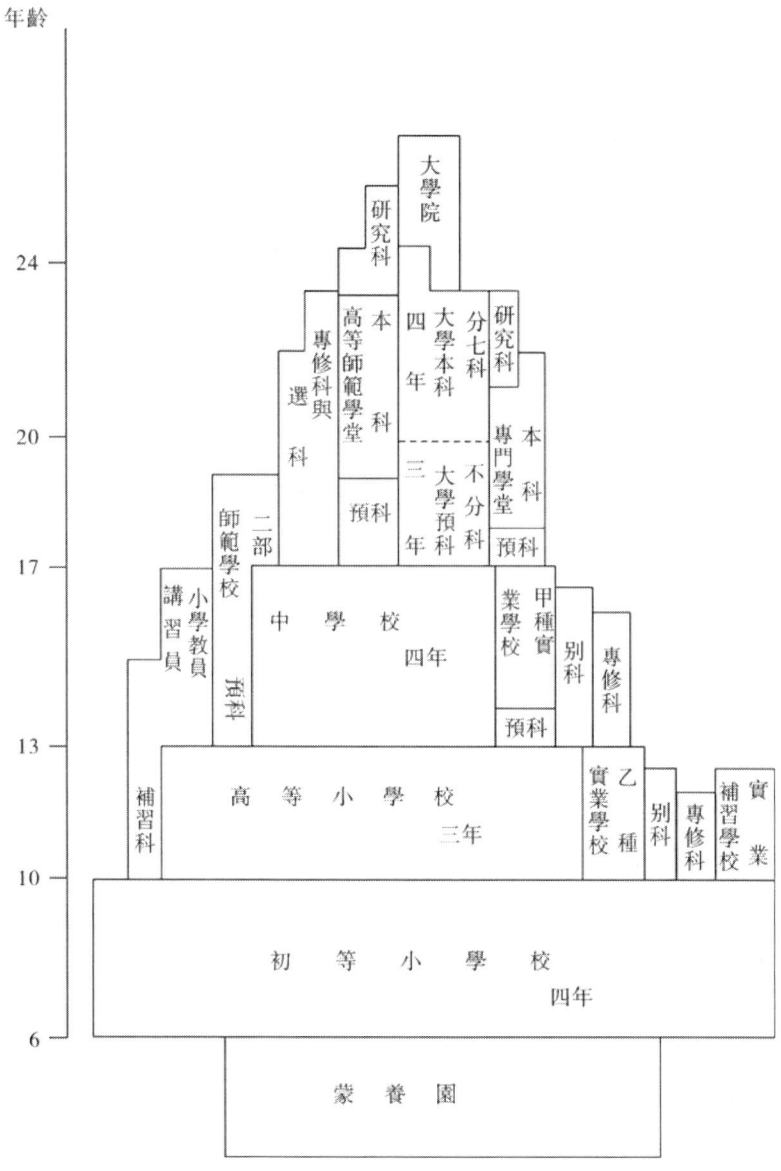

圖 11-1　壬子癸醜（1912—1913 年）學制系統圖

這個學制，規定整個教育期限為十七年或十八年。共分三段四級。初等教育二級，初小四年，男女同學；高小三年，男女分校；中學四年；大學六年至七年，小學之前有蒙養園，大學之上有大學院，均不限年限。從橫的方面講，也分三個系統，除普通教育系統外，有師範教育和實業教育，師範教育分師範學校和高等師範學校二級，相當於中等和高等教育階段，實業教育有乙種實業學校和甲種實業學校，相當於高小、中等教育階段，還有專門學校，相當於大學教育階段。

各階段教育的任務和課程簡況如下：

（一）小學校

1912年9月，頒布《小學校令》，指出兒童六歲至十四歲入小學，「小學校教育以留意兒童身心之發育，培養國民道德之基礎，並授以生活所需之知識技能為宗旨」。初等小學課程有修身、國文、算術、手工、圖畫、唱歌、體操七種，女子增加縫紉課。高小課程有修身、國文、算術、本國歷史、地理、理科、手工、圖畫、唱歌、體操十種，男子增加農業，女子增加縫紉。實業可根據情況改設商業，高小有條件的還可開外語。

（二）中學校

1912年9月公布《中學校令》，規定「中學校以完足普通教育，造成健全國民為宗旨」。中學學科有修身、國文、外國語、歷史、地理、數學、博物、物理、化學、法制經濟、圖畫、手工、樂歌、體操十四種。女子加授家事、園藝、縫紉，但園藝可缺。外語以英語為主，也可選擇法、德、俄語。

（三）大學

1912年10月，教育部公布《大學校令》，規定：「大學以教授高深學術、養成碩學宏材，應國家需要為宗旨。」大學分文、理、法、商、醫、農、工七科。大學設預科及本科，預科三年，本科三或四年。大學畢業可進大學院，修業期不限。1913年1月，教育部頒布的《大學規程》中詳細地規定了各種課程，如文科，分為哲學、文學、歷史學、地理學四門。

（四）專門學校

在壬子癸醜學制中，取消了原來癸卯學制中的高等學堂，以專科學校代之。這類學堂學制少於大學兩年，入學資格同為中學畢業。「專門學校以教授高等學術、養成專門人才為宗旨。」專門學校的種類為法政、醫學、藥學、農業、工業、商業、美術、音樂、商船、外國語專門學校等。

（五）師範教育

分師範學校和高等師範學校。1912年到1913年教育部公布了有關師範教育的規定。「師範學校以造就小學教員為目的。」女子師範學校「以造就小學校教員及蒙養園保姆為目的。」「高等師範學校以造就中學校、師範學校教員為目的。」高等師範學校、女子高等師範學校均設選科、專修科、研究科。在《師範學校規程》中，具體規定了對師範學生的要求和各級師範學校的課程等。

（六）實業教育

1913年8月，教育部公布《實業學校令》和《實業學校規程》，規定「實業學校以教授農工商業必需之知識技能為目的」。「實業學校分甲種乙種，甲種實業學校施完全之普通實業教育；乙種實業學校施簡易之普通實業教育；亦得應地方需要授以特殊之技術。」實業學校的種類有農業學校、工業學校、商業學校、商船學校、實業補習學校等。在《實業學校規程》中，具體規定上述各種實業學校的種類、分科及課程等。

壬子癸醜學制與癸卯學制相比，有很大進步，與癸卯學制最本質的區別是它否定了忠君、尊孔的封建主義教育宗旨，頒布了新的教育方針。這個方針要求資產階級個性解放，要求給人自由發展的機會，是資產階級教育觀的反映。它縮短了年限；取消了畢業生獎勵出身的制度，消除了科舉制度的陰魂；女子教育取得了一定的地位，癸卯學制中沒有女子教育的地位，壬子癸醜學制中，普通中學、中等實業學校、師範學校、高等師範學校都規定設立女校，初等小學還可以男女同學；從課程的改革上，取消了忠君、尊孔的課程，增加了自然科學課程和生產技能的訓練；改進了教學方法，反對體罰，要求教育聯繫兒童實際，適合兒童身心發展的特點。

南京臨時政府的教育改革，是近代資產階級對封建教育的第一次全面系統的改革，它鞏固了資產階級民主革命的教育成果，否定了封建主義的教育宗旨，頒布了新的教育方針，制定了第一個具有資本主義性質的學制。這場改革，反映了發展資本主義經濟與政治的要求，是資產階級新教育反對封建主義舊教育的一次重大勝利，有著歷史進步意義，但由於中國資產階級的軟弱性，在教育的改革上也有著許多不徹底的方面。壬子癸醜學制和各種學校教育法令，很多是參照日本的辦法；在課程方面還保留了很多封建主義的因素，如修身課和倫理教本中還演習禮儀，要進行孝悌的教育，對女子還是更多地強調貞淑教育，在學習內容和程度上也要低於男子。

第三節　文化教育戰線復古與反覆古的鬥爭

一、北洋軍閥政府的封建復古教育

辛亥革命勝利后，封建主義並沒有徹底退出歷史舞臺。1912 年 4 月，袁世凱篡奪辛亥革命的果實之后，大力推行復古主義教育，一時間，尊孔復古的逆流遍及全國，彌漫各界，在文化教育領域也不例外。

（一）改定教育宗旨

袁世凱上臺后，實行專制獨裁，同時鼓吹「尊孔祭聖」，為復闢帝制大造輿論。1913 年，在他炮制的《天壇憲法》草案中，明文規定「國民教育以孔子之道為修身之大本」，這就為復活封建教育提供了法律根據。1915 年 2 月，《頒定教育要旨》正式確定「愛國、尚武、崇實、法孔孟、重自治、戒貪爭、戒躁進」的「七項教育宗旨」。這個教育宗旨基本襲用了 1906 年清王朝公布的「忠君、尊孔、尚武、尚實」的教育宗旨，不同的是增加了「戒貪爭」「戒躁進」，否定了資產階級民主、自由、平等的道德，其實質是強調「忠君」「尊孔」，要求學生「恪守聖人垂訓」「奉公守法」，不要「犯上作亂」。這個教育宗旨的頒定，無疑是教育上的大倒退。

（二）恢復尊孔、讀經

辛亥革命后，很多學校已經廢除了尊孔、讀經。袁世凱竊取革命果實后不久，便著手恢復尊孔、讀經。1913 年 6 月，袁世凱發布命令，恢復學校祭祀典禮。1914 年，

他又指使「政治會議」通過了《祭孔案》，下令全國一律恢復祭孔典禮。1915年2月，袁世凱又頒布《特定教育綱要》，明確規定：「各學校均應崇奉古聖賢以為師法，宜尊孔以端其基，尚孟以致其用」，要求「中小學校均加讀經一科，按照經書及學校程度分別講讀，由教育部編入課程，並妥擬講讀之法」；「大學校外要獨立加設經學院，按經分科」；「專以闡明經義發揚國學為主」，同時還「將京師所設圖書館大加擴充以資參考」。此外，還積極「提倡各省各處設立經學會，以為講求經學之所，並冀以養成中小學校經學教員及升入經學院之預備」。這樣，就把民國初年一度廢止了的讀經課又恢復起來。袁世凱恢復尊孔、讀經，使封建儒學的教育內容在學校大力恢復，這樣，便取消了民國初年教育上反封建的改革。

(三) 實行雙軌制，恢復教育的等級制

這股復古主義逆流不僅表現在教育宗旨、學校課程和專業設置上，而且表現在學制方面。1915年，相繼頒布了《國民學校令》《預備學校令》，規定小學採取雙軌制：一軌是實行義務教育的國民學校，學制4年；一軌是為升學辦的預備學校，附設在中學內，學制7年。其理由是：「在只求識字之平民子弟與有志深造之士族子弟，受同式之教育，於人情既有未順，於教育實際亦多違礙。」這就改變了小學義務教育的平等性質，從初小起就把學校分為升學與不升學兩種，從高小起兩種學校的課目及程度均有明顯不同；而中學的文實分科，雖標榜取法德國尊重學生個人志願，但目的在於推行雙軌制；而在高等學校，則添設經學院，單獨建制，按經分科。這些都與民國初年學制的民主平等精神背道而馳。袁世凱在教育上的復古舉措，無疑阻礙了教育的發展。

二、激進民主主義者對封建復古逆流的批判

封建專制主義政治制度雖然在辛亥革命的大潮中土崩瓦解，但是，舊的文化傳統並沒有因為清政府的垮臺而銷聲匿跡，千百年來所形成的舊習慣、舊道德、舊觀念，在一些人的心目中還根深蒂固。袁世凱掀起的復闢帝制的倒行逆施，立即受到了進步人士的抨擊，一些激進民主主義者針對當時封建主義的復古逆流，在文化教育領域發起了一場聲勢浩大的反對封建主義文化的新文化運動。他們高舉「民主」與「科學」的大旗，深刻地揭露封建君主專制制度和封建思想對人們行為的約束、思想的鉗制，向封建主義的思想文化陣地進行了猛烈抨擊，以徹底的不妥協姿態對封建的舊禮教、舊倫理、舊政治、舊制度、舊教育、舊文學、舊藝術以及各種偏見和迷信，進行揭露和鞭撻。同時，針對當時袁世凱的稱帝、康有為的反對共和，以及其他封建餘孽的倒行逆施和帝國主義的推波助瀾，進行了嚴厲的批判。陳獨秀、魯迅、李大釗、胡適、吳虞等人便是這場鬥爭中的傑出代表。

(一) 批判儒家思想

針對袁世凱制定的憲法草案中，關於「國民教育以孔子之道為修身大本」的規定，李大釗在1917年1月發表《孔子與憲法》，強烈反對尊孔：「孔子者，數千年前之殘骸枯骨也」，如將尊孔列入憲法，作為教育宗旨，「則其憲法將為陳腐死人之憲法」，教育則為陳腐死人的教育；這種教育培養出來的人就是「完全犧牲自己，以奉其尊上」的、

沒有完全獨立人格的標準奴隸。「孔子者，歷代帝王專制之護符也」，如將尊孔列入憲法，「則其憲法將為萌芽專制之憲法」，教育則為灌輸專制思想的教育。這樣的憲法，這樣的教育，勢必為野心家所利用，成為「專制復活之先聲」。1916年1月，陳獨秀在向「三綱」說發動進攻時，指出：「儒者三綱之說，為一切政治之大原。君為臣綱，則臣於君為附屬品，而無獨立之人格矣；父為子綱，則子於父為附屬品，而無獨立之人格矣；夫為妻綱，則妻於夫為附屬品，而無獨立之人格矣。率天下之男女，為臣、為子、為妻，而不見有一獨立自主之人者，三綱之說為之也。緣此而生金科玉律之道德名詞，曰忠、曰孝、曰節，皆非推己及人之主人道德，而為以己屬人之奴隸道德也。」如果以這個「三綱」說為內容教育學生，那就只能禁錮思想，教人循規蹈矩，唯唯諾諾，不敢越雷池一步。魯迅也是大家公認的比較激進的人物，他發表的第一篇小說《狂人日記》，把中國歷史、中國文化比喻為連續不斷的人肉宴席，主張掀翻這宴席。他說：「我翻開歷史一看，這裡是沒有年代，歪歪斜斜每頁上都寫著『仁義道德』幾個字。我橫豎睡不著，仔細看了半夜，才從字縫中看出字來，滿本都寫著兩個字『吃人』。」深刻揭露了儒家的舊禮教、舊道德的罪惡。還有另一名激進主義者吳虞，他對儒家思想的核心內容進行猛烈抨擊：「孝弟（悌）二字為二千年來專制政治與家族制度聯結之根干」「其流毒誠不減於洪水猛獸矣」儒教「忠孝並用、君父並尊」，教忠、教孝的結果是「把中國弄成一個『製造順民的大工廠』」。他還十分贊賞魯迅關於禮教「吃人」的觀點，並引用大量歷史事實證明「吃人的就是講禮教的，講禮教的就是吃人的」這一結論。

（二）痛斥封建制度

激進民主主義者指出孔子的學說產生於封建專制時代，是為封建專制制度服務的，因此同「今世之社會國家」是根本不相容的。李大釗從經濟上分析了孔學在中國占統治地位的根源和必然動搖的歷史趨勢。他特別指出：「餘之抨擊孔子，非抨擊孔子之本身，乃抨擊孔子為歷代君王所雕塑之偶像的權威也；非抨擊孔子，乃抨擊專制政治之靈魂也。」他指出，孔學支配了中國思想界兩千餘年，是因為「他是適應了中國二千餘年未曾變動的農業經濟組織反映出來的產物，因他是中國大家族制度上的表層構造，因為經濟上有他的基礎。這樣相沿下來，中國的學術思想都與那靜沉沉的農村生活相映，停滯在靜止的狀態中，呈出一種死寂的狀態」。而到近代，當小農經濟動搖以後，孔學的基礎已不復存在，其勢力遲早必歸於消滅。陳獨秀則從政治上點破了尊孔與帝制復闢的內在聯繫，他指出，「主張尊孔，勢必立君，主張立君，勢必復闢」，以大無畏的勇氣批判了以尊君為中心的禮教，對於當時提高人們的民主覺悟與民主意識無疑具有重要意義。吳虞同樣把批判的矛頭指向儒教的等級制度，他將封建的宗法制度、家族制度和專制制度視為一個整體而加以批判，得出「孔子之道與現代生活不合」。

（三）抨擊封建教育

除了抨擊封建禮教之外，激進民主主義者們還以《新青年》雜誌為主要陣地，對封建舊道德、舊教育進行了嚴厲抨擊。陳獨秀、李大釗、魯迅、吳虞等先後發表了一系列鋒芒犀利的文章，表現了反對封建教育的大無畏的決心與精神：「我們認定只有這

兩位先生可以救治中國政治上、道德上、學術上、思想上的黑暗。若因為擁護這兩位先生，一切政府的壓迫，社會的攻擊笑罵，就是頭斷血流，都不可推辭。」隨后，陳獨秀在《新青年》上揭露了封建制度下新式教育的實質，「所教的非是中國陳腐的經史文學，就是死讀幾本外國文和理科教科書，也是去近代西洋教育真相精神甚遠……因為教的人和受教的人，都不懂得教育是什麼，不過把學校畢業當作出身地步，這和從前科舉，有何區別呢？」陳獨秀抨擊學校教育的封建流毒，主張「自主而非奴隸的」「進步而非保守的」「進取而非退隱的」「世界而非鎖國的」「實利而非虛文的」「科學的而非想像的」新教育。魯迅也形象地勾畫了當時中國半封建性的舊教育的嘴臉，指出所謂「中學為體，西學為用」的政策，實際是想用外國的新技術來維護封建統治。所謂「維新」，實為「維舊」。魯迅指出：「世界上絕沒有這樣如意的事」，強調必須徹底反對封建的舊思想，要「思想」「本領」全新，才有全新的國家、社會。

總之，激進民主主義者對封建復古逆流的批判和抨擊反映出他們反帝反封建的政治要求，他們對孔家店的抨擊、對封建制度和思想的痛斥，深刻揭露了束縛中國歷史前進與發展的羈絆，反映了追求個性解放和自由的進步思想傾向。它不但促進了中國教育朝著近代化和民主化的方向發展，而且為繼之而來的新文化運動中的教育改革添加了新的動力。

第四節　蔡元培的教育思想

蔡元培（1868—1940 年），字鶴卿，號孑民，浙江紹興人，傑出教育家。他對中國文化教育事業的發展，中國現代教育制度的建立功勛卓著。

蔡元培自幼飽讀經史，17 歲考中秀才，18 歲在家鄉設館教書，21 歲中舉人，24 歲中進士，26 歲赴京參加殿試，取得第二甲第 34 名，被點翰林院庶吉士，后被授翰林院編修。在翰林院供職期間，除閱讀經史子集之外，大量涉獵西學。1895 年《中日馬關條約》的簽訂極大地激發了他御侮圖強的愛國主義精神，自此他便更加努力地學習西方文化，並開始學習日語，探求救國救民的真理。

1898 年 9 月戊戌變法失敗后，他深感清廷已經「無可希望」，從此斷然棄官南下，從事教育。1902 年，與章太炎等在上海發起組織中國教育會，任會長。同年，創辦愛國女學和愛國學社。1904 年光復會在上海成立，出任會長。

1907 年去德國，先在柏林學習德語，第二年進萊比錫大學學習哲學、文學、美學、心理學，並在世界文明史研究所研究世界文明史，深受尼採哲學思想的影響。

1911 年辛亥革命爆發，蔡元培自德歸國，1912 年出任南京臨時政府教育總長。在任職期間除舊布新，對傳統教育進行了一系列的改造，頒布教育改革法令，建立新的教育秩序，對中國現代教育的發展產生了巨大影響。此時，他發表了《對於教育方針之意見》一文，明確提出五育並舉的教育方針，對全國的教育改革起到了指導作用。1912 年 7 月，因不滿袁世凱的獨裁統治，蔡元培與同盟會閣員集體辭職，並再度赴德留學。1913 年他去法國從事譯著，並與吳玉章等創辦留法勤工儉學會、組織華法教育

會。1917年出任北京大學校長。在北大任職期間，以「思想自由、兼容並包」的自由主義思想對北大進行了卓有成效的改革，使北京大學的精神面貌煥然一新。

1927年，正式辭去北京大學校長一職，參加國民黨南京政府，先后任大學院院長、中央研究院院長和監察院院長等職。1937年患病，1940年病逝於香港。

一、五育並舉的教育方針

在中國現代教育史上，蔡元培是最早提出五育並舉教育方針的教育家。1912年4月，身為教育總長的蔡元培針對清末「忠君、尊孔」的教育宗旨，發表了《對於教育方針之意見》，提出軍國民教育、實利主義教育、公民道德教育、世界觀教育和美感教育「皆今日之教育所不可偏廢」的五育並舉的教育方針。

軍國民教育即體育。蔡元培認為，軍國民教育並不是理想社會的教育，「在他國已有道消之兆」，但是在中國目前的情形下仍強調推行軍國民教育的原因有二：一是從國際環境看，當時「強鄰交逼，亟圖自衛，而歷年喪失之國權，非憑藉武力勢難恢復」。也就是說，在強權政治之下，只有用強權才能戰勝強權，用實力伸張正義，用武力來捍衛真理，軍國民教育的目的就是為了強兵自衛，恢復喪失的國權。二是從國內的情形看，由於「軍人革命以后，難保無軍人執政之一時期，非行舉國皆兵之制，將使軍人社會永為全國中特別之階級，而無以平均其勢力」，所以，必須推行軍國民教育、實行舉國皆兵之制，以利於打破少數軍人擁兵自重，形成專制統治的不利局面。同時，蔡元培認為，就個體的發展而言，先有健全的身體，然後有健全的思想和事業，這句話無論何人都是承認的，所以學生體力的增進實在是辦教育的生死關鍵，只有對學生進行軍事體育訓練，學生才會有「獅子樣的體力」，從而改變文人贏弱的形象，也才能使「今日的學生成為明日的社會中堅、國家的柱石」。

實利主義教育即智育。蔡元培認為，當今世界各國的競爭，不僅在武力，更在財力，「中國地寶不發，實業界之組織尚幼稚，失業者至多，國甚貧」，所以推行實利主義教育是當務之急。他強調「以人民生計為普通教育之中堅」，強調的實利主義教育既包括智育，又包括職業技術教育，而且主要指後者。實利主義教育的目的在於國富民強。他主張實利主義教育應該向學生傳授與生計密切相關的普通文化科學知識和職業技能，使學生著重掌握發展實業的知識與技能，培養學生創業的能力、生存的本領。只有如此，才能達到國富民強，使中國在國際競爭中立於不敗之地。因此，他主張將普通文化科學知識的教育寓於樹藝、烹飪、裁縫及金、木、土、工等實用知識與技能的教學之中。

公民道德教育即德育。蔡元培認為，實施軍國民教育、實利主義教育固然可以富國強兵，但也會造成「強欺弱，智欺愚」「貧富懸絕」，甚至還會釀成「資本家與勞動家血戰之慘劇」。所以僅有軍國民教育和實利主義教育是不夠的，必須「教之以公民道德」「軍國民教育及實利主義，則必以道德為根本」。蔡元培所提倡的道德教育是自由、平等、博愛的道德觀念，這在當時對於衝破傳統道德的束縛，調整社會關係，平衡社會利益起到了積極的作用。需要指出的是，蔡元培在提倡自由、民主、博愛的新道德的同時，並沒有全盤否定中國的傳統道德，而是主張二者之間的相互融合，主張人們

對東西方優秀道德教育思想、理念的兼收並蓄、圓融貫通。在蔡元培看來，自由、平等、博愛與儒家提倡的「義」「恕」「仁」的道德精神是相通的，具有共同的價值取向和人文關懷，在道德教育的過程中應該是中西兼容、相互吸收、互為借鑑的。

世界觀教育。世界觀教育是蔡元培教育思想中最獨到之處，是其首創。蔡元培把世界劃分為現象世界和實體世界兩部分，前者是相對的，後者是絕對的，進行世界觀教育的目的就在於培養人們對現象世界持超然態度，對實體世界則抱積極進取態度。他主張「循思想自由言論自由之公例，不以一流派之哲學一宗門之教義梏其心」。世界觀教育是一種哲理的教育，旨在培養學生具有遠大的目光和高深的見解，具有兼收並蓄的胸襟和融通百家的學術視野，其根本目的是「兼採周秦諸子、印度哲學及歐洲哲學，以打破二千年來墨守孔學的陋習」。

美感教育即美育。美感教育是蔡元培「願出全力以提倡」的。他第一次把美育納入教育方針，確立了美育在教育中的應有地位。美育是與德育、智育、體育和世界觀教育緊密結合的完全人格教育的重要組成部分。美育與智育相輔相成，並以塑造高尚道德為旨歸，是實現世界觀教育的橋樑，是實現和諧、完美人格的重要途徑。蔡元培認為，人類美感具有普遍性和超然性。進行美感教育可以陶冶性情，使人具有高尚的情操、美好的情感；還可以「泯營求，忘人我」，化掉利害感和偏私欲，從而達到世界觀教育的最高境界——意志的自由：樂觀、高超和進取。1930年，蔡元培在《教育大辭書·美育》條目中給美育下了一個明確的定義：「美育者，應用美學之理論於教育，以陶養感情為目的者也。」蔡元培不僅在理論上系統闡發美育，而且在教育實踐中積極實踐美育。在學校的課程中設置美育課程，提倡美化家庭、學校、社會環境，建立美育設施。蔡元培積極提倡美育對創建中國現代美育事業產生了巨大影響。作為中華民國第一任教育總長，在創建新教育體制的過程中，他大力宣傳和提倡美感教育，並逐步貫徹實施，最終使其成為教育宗旨的重要組成部分。

以上這五育，儘管各自的作用和內容不同，但均是「養成共和國民健全之人格」所必需的，是統一整體中不可分割的有機部分。但同時他又指出五育並不是平分秋色，沒有重點的，而必須以公民道德教育為根本，「五者以公民道德為中堅，蓋世界觀及美育皆所以完成道德，而軍國民教育及實利主義，則必以道德為根本。」總之，蔡元培五育並舉的思想，是以公民道德教育為中心的德智體美和諧發展的思想，在中國現代教育史上是首創，它適應了辛亥革命之後改造傳統教育的需要，順應了當時社會發展的進步潮流，對后世產生了深遠影響。

二、高等教育思想

蔡元培認為，欲發展中國的教育事業，辦好高等教育是關鍵。他說：「我的觀察，一地方若是沒有一個大學把有學問的人團聚在一處，一面研究高等學術，一面推行教育事業，永沒有發展教育的希望。……沒有好大學，中學師資哪裡來？沒有好中學，小學師資哪裡來？所以我們第一步，當先把大學整頓。」基於此，加之長期從事高等教育實踐，使他形成了頗具特色的高等教育思想。

(一) 大學性質——研究高深學問之學府

1917年，蔡元培出任北京大學校長，對北京大學進行了一系列卓有成效的改革，使北京大學的面貌煥然一新。蔡元培的高等教育思想體現在他對北大改革的理論探索和實踐過程之中。

北京大學原是清末的京師大學堂（1912年更名），學校制度腐敗，官僚積習很深，教員上課陳陳相因，其中許多教員是兼職的不學無術的政客，缺少學術研究的氣氛；課程設置也以封建傳統文化為主導；學生或為八品以上五品下的官員，或為科舉落地的秀才、舉人，還保留著科舉時代的身分，被稱為「老爺」，他們到大學來，不是為了學習知識、砥礪品行、獲得任事的本領，而是「以大學為升官發財之階梯」。作為一位留學德法、學貫中西的傑出學者，蔡元培入主北大之前，就與友人共同商議如何對北京大學進行富有成效的改革，使得改革之後的北京大學，不僅自身脫胎換骨、生機無限，而且使它由於自身的特殊地位，能夠在全國的大學改革中發揮龍頭樣板作用，從而使全國的高等教育適時而變，然後以大學為前哨，吹響舉國皆變的號角。出於此，蔡元培對大學教育的性質、功能作了明確的闡發。

關於大學的性質，早在1912年5月16日，蔡元培以教育總長身分出席北京大學開學典禮的演說中就明確提出大學為研究高深學問之地，在擔任北京大學校長之後，更是反覆重申這一思想。1917年1月9日，他在北京大學的就職演說中向學生明確提出：「諸君來此求學，必有一定宗旨，欲求宗旨之正大與否，必先知大學之性質。今人肄業專門學校，學成任事，此固勢所必然。而在大學則不然，大學者，研究高深學問者也。」1918年，他在北大的開學演說中，又一次申明：「大學為純粹研究學問之機關，不可視為養成資格之所，亦不可視為販賣知識之所。學者當有研究學問之興趣，尤當養成學問家之人格」。此后，蔡元培在主持北大校務的若干年裡，對於大學教育的性質「每年開學時候總說一遍」。

由於大學的性質在於研究高深學問，所以大學不能只是從事教學，還必須開展科學研究。蔡元培汲取借鑑德國大學既注重教學又重視科研的優良傳統，重視大學教學與科研雙重職能的發揮。他強調：所謂大學者，非僅為多數學生按時授課，造成一畢業生之資格而已，實為共同研究學問之機關。因此，他要求大學教師不僅要傳授知識予學生，自身還必須有濃厚的研究學問之興趣，並能引導學生的興趣，使大學成為集教學、科研雙重優勢於一身的高等學府。1917年，他寫了《論大學應設各科研究所之理由》一文，闡述了大學應該設立研究所的三點理由：一是「大學無研究院，則教員易陷於抄發講義不求進步之陋習」；二是設立研究所，為大學畢業生深造創造條件；三是使大學高年級學生得以在導師的指導下有從事科學研究的機會。為此，他於1917年底，在北大成立了文、理、法三科研究所，首開國內大學設立研究所之先河，這對推動中國高等教育學術水平的提高，對發揮大學的教學、科研雙重職能起到了極為重要的作用。

(二) 大學辦學方針——思想自由，兼容並包

關於大學辦學方針，蔡元培提出「思想自由，兼容並包」。在《北京大學月刊發刊

詞》上，蔡元培說：「大學者，囊括大典，網羅眾家之學府也。」他在《致〈公言報〉函並附答林琴南君函》中說：對於各家學說，「仿世界各國大學通例，循『思想自由』原則，取『兼容並包』主義。無論為何種學派，苟其言之成理，持之有故，尚不達自然淘汰之運命者，雖彼此相反，也悉聽其自由發展」。當時北大確實形成了不同學派雲集薈萃的學術爭鳴景象。對於教員的聘請，蔡元培主張以學詣為主。由於教員是以研究學問為主的，所以思想自由、兼容並包的原則實際體現在對教員的聘請上，即以其學術造詣為選聘的標準。為此，他改革北大，首先從聘請積學而熱心的教員著手，對於教師的政治見解，只要不妨礙授課，則不作為取捨標準。因此，北大的教師隊伍裡，既有提倡新文化運動的新派人物李大釗、陳獨秀、魯迅、胡適、錢玄同、劉半農、周作人等，也有在政治上保守，但在學術上有造詣的舊派人物辜鴻銘、劉師培、黃侃、陳介石、陳漢章等。新舊學派共處一校，各講其學，形成新舊學派對峙、爭鳴的形勢，極大地活躍了北大的思想，推動了學術發展，提高了教學質量。

當然，蔡元培思想自由、兼容並包的辦學方針，並不是對新舊兩派採取不偏不倚的中庸態度，而是借此打破長期以來對學術文化的束縛，發展新文化，達到開風氣的作用。蔡元培倡導的思想自由、兼容並包的辦學方針具有巨大的進步意義。它使北大引進了一大批具有新思想的學者，有力地支持了新文化、新思潮的發展，開創了思想自由、學術自由的新風，不僅使北京大學很快成為聞名全國的名副其實的高等學府，而且使它成為新文化的發祥地和五四運動的搖籃。

（三）學科設置──溝通文理，廢科設系

根據對大學性質及其職能的認識，為提高大學的學術水平，蔡元培對大學的學科設置進行了深入的研究與探索，最終形成溝通文理、廢科設系的思想。

在大學教育實踐中，蔡元培認識到文理分科造成的缺陷與弊端，明確提出「溝通文理」的主張。作為具有敏銳觀察力的傑出教育家，蔡元培深刻地意識到學科之間的相互融合和彼此滲透的科學發展新趨勢，看到文科中的史學、文學均與科學有關，哲學的發展和進步必以自然科學的發展為基礎；理科各學又與哲學密切相關，自然哲學尤為自然科學的歸納。而且隨著科學的發展，各門學科之間相互交叉融合，某些學科難以簡單地用文科或理科相區分。比如心理學原本依附於哲學，而現在引入實驗研究的方法，似應歸入理科；教育學和美學也逐漸引入實驗法，也有相同的趨勢；地理學的人文內容應屬文科，而地質地文等又屬理科。學校中文理分科造成文科學生「因與理科隔絕之故，直視自然科學為無用，遂不免流於空疏」；理科學生「以與文科隔絕之故，遂視哲學為無用，而陷於機械的世界觀」。這樣就造成「治文學者，恒蔑視科學，而不知近世文學，全以科學為基礎；治一國文學者，恒不肯兼涉他國，不知文學之進步，亦有資於比較；治自然科學者，局守一門，而不肯稍涉哲學，而不知哲學即科學之歸宿，其中如自然科學一部，尤為科學家所需要；治哲學者，以能讀古書為足用，不耐煩於科學之實驗，而不知哲學之基礎不外科學，即最超然之玄學，亦不能與科學全無關係」。因此，必須「溝通文理，合為一科」。1918年9月，他在《北大一九一八年開學式演說詞》中例數「文科學生輕忽自然科學，理科學生輕忽文學、哲學之弊」。

1919年，蔡元培撤銷北大文、理、法三科界限，全校設立14個系，廢學長，設系主任，完成了廢科設系的改革。

(四) 教學管理——發展個性，採用選科制

在強調溝通文理的同時，蔡元培汲取美國大學實施學分制的教學管理經驗，基於發展學生個性的辦學理念，在教學管理上，廢止年級制（學年制），提倡採用選科制。學生除學習規定的必修課程，獲得必要的必修學分之外，還可自由地選擇占一定比例的選修課程，獲得規定的選修課程學分。選修課程既可以是本系開設的，也可以是其他系開設的。學生可以根據自己的興趣和知識基礎選修相關的課程以調整自己的知識結構，彌補知識能力缺陷，發展個人的興趣與特長。

為了防止選科制實施過程中可能出現的盲目性等弊端，蔡元培要求加強對學生選課的指導。一是強調「學生只有相對的選擇，無絕對的選擇，除必修課以外的科學，才有選擇權。北京大學現行這種制度，如人化學科，有三分之二是必修科，餘者可自由選擇」。二是加強教師對學生選課的指導，學生所選的學科必須經教員審定。

基於「尚自然，展個性」的教育理念，在借鑑美國等學分制的基礎上建立的選科制在中國現代高等教育發展史上具有劃時代的歷史意義。它不僅體現為學生學習選擇上的自由，更是思想精神上的巨大解放，極大地推動了中國現代的思想解放運動，對中國高等教育的發展產生了極為深遠的影響。

(五) 行政管理——民主管理，教授治校

蔡元培是中國最早提倡教授治校的教育家。早在1912年任教育總長時，蔡元培就在其起草的《大學令》中對教授治校的學校管理體制做了具體而明確的規定。具體步驟是：第一步，「組織評議會，給多數教授的代表決議立法方面的事，恢復學長（學院之長）的權限，給他們分任行政方面的事」；第二步，「組織各門（相當於系）教授會，由各教授與所公舉的教授會主任分任教務」；第三步，「將來更組織行政會議，把教務以外的事務均取合議制，並按事物性質組織各種委員會，來研究各種事物」。在執掌北大期間，他進一步建立完善了這一管理制度。

蔡元培留學德國，深受德國大學民主管理、專家治校管理體制的影響，推崇德國大學校長和各科學長均由教授會選舉產生、每年更換一次的做法。他在北大提倡教授治校，旨在建立中國大學的民主管理制度，防止校長專權、教育腐敗，同時在大學形成崇尚學術之風。讓教授參與學校事務管理，既體現了民主、自由精神，也反映了現代大學的辦學特色。

思考題

1. 評述蔡元培關於教育方針的主張。
2. 評述蔡元培的大學教育思想和對北京大學的改革。
3. 南京臨時政府教育部對清末教育進行了哪些重要改革？分析改革的基本指導思想。

第十二章　新文化運動時期和 20世紀20年代的教育

【導讀】

　　新文化運動時期和20世紀20年代是中國現代教育的重要轉折時期。新文化運動所倡導的民主、科學精神，批判和清算了封建專制教育及其復闢回潮，促進了教育觀念的變革，並推進以改善教育、改進社會為宗旨的各種教育思潮和教育運動的興起；在積極學習和引進西方各種教學理論和教育方法的同時，中國教育的自主意識極大地加強，其重要表現是1922年「新學制」的產生和收回教育權運動；新民主主義教育發端，提出了最初的教育綱領，闡述了對教育本質和教育作用的基本認識，並在工農教育和幹部教育方面進行了初步探索，為此後根據地教育建設和新民主主義教育的發展奠定了基礎。

【教學目標】

1. 掌握新文化運動時期的教育思潮和教育改革運動。
2. 理解1922年的「新學制」。
3. 理解新民主主義的教育綱領。

　　中國的新教育始自清末，1904年「癸卯學制」的頒布，宣告延續兩千多年的傳統教育體制基本結束，但是，這個學制是由封建王朝頒布的學制，因而具有濃厚的封建性。1912年成立的中華民國臨時政府，由當時的教育總長蔡元培主持頒布的一系列教育改革法令與措施才真正開啓了中國教育具有近代民主意義的改革。1915年興起的新文化運動及在其影響和推動下的教育改革，是辛亥革命后所進行的教育改革的繼續和發展，這次改革一直延續到抗日戰爭之前。「五四」時期的教育改革運動，具有了前所未有的嶄新面貌，並且由於早期馬克思主義者的教育活動，在中國的教育史上第一次產生了工人階級自己的教育。馬克思主義教育思想的傳播，無產階級新教育的產生，成了這個時期教育發展的劃時代的里程碑。中國的新民主主義教育從此開端。1921年中國共產黨成立，1924年實現了第一次國共合作。1925年廣東革命政府成立。1926年開始北伐，形成了大革命高潮。革命形勢的發展促進了「五四」以來反帝反封建教育鬥爭的深入、新教育改革運動的發展和在中國共產黨領導下的新民主主義革命教育的興起。

第一節 「新文化運動」推動下的教育改革和教育思潮

從「五四」新文化運動開始，中國文化教育的發展又發生了歷史性的轉折。這個歷史性轉折的產生，是有著深刻的國際國內經濟、政治、思想背景的。第一，在第一次世界大戰期間，中國的民族資本主義工商業有了較大的發展，中國資產階級和工人階級力量都加強了；第二，從1915年開始的「新文化運動」，衝擊和批判了北洋軍閥統治下的封建復古主義教育，極大地推動了新教育的改革運動；第三，當時在日本、美國、法國、英國、德國等國家的中國留學生通過報刊、著作等方式，或者向國內大量介紹和傳播西方各種新的文化教育思想、理論與教學方法，或者提出各種教育主張、學說，從而形成了各種教育思潮；第四，1917年俄國「十月革命」的勝利，給東方被壓迫民族帶來了民族解放的新希望，中國早期馬克思主義者開始在中國傳播馬克思主義及其教育思想，參加新教育改革運動；第五，1919年的「五四運動」，提出了「外抗強權，內除國賊」的反帝反封建鬥爭口號，中國工人階級作為獨立的政治力量登上了歷史舞臺。

一、「新文化運動」推動下的教育改革

1915年9月，陳獨秀在上海創刊《青年雜誌》（第二卷改名為《新青年》）。隨後，陳獨秀、李大釗、胡適、魯迅、劉半農、錢玄同等激進民主主義者，以《新青年》為主要陣地，掀起了一場以西方資本主義民主和科學為思想武器，批判中國封建主義文化思想，反對尊孔讀經的「新文化運動」。

「五四」以前的「新文化運動」，從總結辛亥革命的經驗教訓著手，認為革命之所以失敗是國民思想上的不覺悟，為了建立名副其實的共和國，必須根本改造國民性。所以，他們把批判的矛頭集中指向封建主義的正統思想——儒學。以進化論的觀點和個性解放思想為主要武器，猛烈抨擊以孔子為代表的「往聖前賢」，打出民主和科學兩面大旗，反對專制和迷信；提倡新道德，反對舊道德；提倡新文學，反對舊文學；提倡白話文，反對文言文、自覺地向封建禮教提出全面挑戰。到1919年前後，由於具有初步共產主義思想的知識分子，開始用馬克思主義觀點作為批判的武器，使鬥爭更為深入，形成了徹底地反對封建文化的運動。如李大釗從1919年開始寫了一系列的文章，用馬克思主義的歷史唯物主義的觀點分析批判封建的倫理道德。他指出：「孔子的學說所以能支配中國人心有兩千餘年的緣故，不是他的學說本身有絕大的權威，永久不變的真理，配做中國人的『萬世師表』，因他是適應中國兩千餘年來未曾變動的農業經濟組織反映出來的產物，因他是中國大家族制度上的表層構造，因為經濟上有他的基礎。」現在中國的經濟基礎發生了變化，儒家倫理必然隨著這個變動而動搖，孔子只能是「一代哲人」，絕不是「萬世師表」。

「新文化運動」是一場偉大的革命和思想啓蒙運動，對教育領域的影響是巨大而深遠的，它多方面地促進了當時中國的教育改革。

(一) 廢除尊孔讀經，提出新的教育宗旨

1916 年 6 月，袁世凱復闢帝制失敗，9 月，北洋政府撤銷了 1915 年所頒布的《教育綱要》。1916 年 10 月，教育部頒布的《國民學校令施行細則》和《高等小學校令施行細則》都刪去了「讀經」的規定及有關內容。1917 年，憲法審議會將「國民教育以孔子之道為修身大本」的條文撤銷。

1919 年 4 月，教育部組織的由範源濂、蔡元培、陳寶泉、蔣夢麟、沈恩孚等參加的教育調查會，提出新的教育宗旨應為：「養成健全人格、發展共和精神。」並且說明，健全人格的條件為：①私德為立身之本；公德為服務社會國家之本；②人生所必須之知識技能；③強健活潑之體格；④優美和樂之感情。共和精神的條件為：①發揮平民主義，俾人人知民治為立國根本；②養成公民自治習慣，俾人人能負國家社會之責任。

(二) 在文學革命和普及教育要求的推動下學校教學採用國語和白話文

國語運動從清末就開始了，民初有國語研究會的成立。1917 年 10 月，全國教育會聯合會第三次會議議決《請定國語標準並推行註音字母以期語言統一案》，「請教育部速定國語標準，並設法將註音字母推行各省區，以為將來小學國文科改國語科之預備」，1918 年 11 月，教育部正式公布註音字母。1917 年 10 月，全國教育會聯合會第三次會議向教育部提出《請促行義務教育案》，要求政府切實推行義務教育。1920 年，教育部通令全國要求從 1921 年至 1928 年分期完成義務教育計劃。在文學革命和普及教育要求的推動下，1920 年 1 月，教育部通令全國各國民學校先將一、二年級的國文改為語體文（白話文），同年 4 月，訓令從 1922 年以后凡國民小學教材一律改為語體文。至此，中、小學文言文教材逐漸被淘汰，在教學上使語言文字更接近人民生活實際，從而有利於教育普及，是教育史上的一項重大改革。

(三) 男女平等教育權的確立

民國初年頒布的學制規定了在初等教育階段男女同校，中學和師範教育階段則男女學校分立，高等教育除師範教育外仍然沒有對女子開放，男女在教育權上沒有達到平等。在「新文化運動」中，男女教育不平等的狀況受了了猛烈抨擊。「大學開女禁」等爭取男女平等教育權的呼聲很高。1917 年 10 月，全國教育會聯合會第三屆會議向教育部提出《推廣女子教育案》。1920 年 2 月，北京大學設立女子旁聽席，招收女學生旁聽，暑假后正式招收女生。隨后，南京高師、蘇州東吳大學、上海滬江大學也開始招收女生。

1921 年，廣東省立中學、北京高師附中開始招收女生，這是中國近代中等學校男女同校之始，此后一些學校甚至男女同班。這些措施，改變了自有學校教育以來三千多年男女教育不平等的狀況，是中國教育史上一件劃時代的事件。1922 年，頒布的「新學制」，取消了男女中學之間的差別。

至此，婦女享有與男子平等的教育權，從教育制度上得到了正式確立。

(四) 師範教育和大學的改革

1913 年 6 月，北洋政府教育部在教育總長範源濂的倡導與主持下，調整全國師範

教育佈局，籌劃直隸、東三省、湖北、四川、廣東、江蘇六大師範區，每區設一所高等師範學校。在這種形勢下，在此前後相繼以改建的方式建立起了北京高師、廣東高師、武昌高師、成都高師、南京高師、瀋陽高師六所高師。各區的高師事實上成為本區師範教育發展的學術核心，有責任協助地區教育行政部門辦好中學教育，瞭解教育情況，提出改進意見。在新文化運動期間又形成了北京高師和南京高師兩所代表性的高等師範學校，各具特色，南北響應，分別成了帶動全國師範教育和中小學教育改革與發展的龍頭。

北京大學的改革開中國現代大學改革風氣之先。1917年1月，蔡元培就任北京大學校長後，把西方大學的辦學理念與模式引入中國，對大學的性質、辦學原則、學校管理、系科設置、培養方式等方面進行了一系列大刀闊斧的改革，北京大學由此從一所帶有濃厚封建性的舊式大學改造成一所具有現代意義的大學，成為當時中國最有影響的最高學府。北京大學的改革是民國高等教育的一場革命，它對此後全國大學教育的改革和發展起到了良好的示範作用，推進了全國教育改革事業，並以巨大的思想、學術、政治影響力，推動了新文化運動和民主革命的發展。

二、新文化運動時期的教育思潮

新文化運動是文化思想十分活躍的時代。一大批在國內外接受新式教育的青年知識分子在這場運動的影響下激發出了很高的熱情，他們紛紛組織社團，創辦刊物，一方面把西方各種文化思想、學說源源不斷地傳入中國；另一方面又發表了大量對中國社會改造、教育改革的思想主張，由此產生了一股股新的教育思潮，呈現出一幅色彩斑斕的歷史畫卷。有些教育思潮之間存在相互交叉、相互滲透的現象，並且有一個明顯的共同特點，就是非常重視教育的社會功能，注意教育與政治、經濟之間的內在關係，把教育視為社會改造的工具與前提。

（一）平民教育思潮

平民教育思潮萌生於民國初年，形成於新文化運動期間，「五四運動」之後達到高潮，它是民主思想在教育領域裡的直接體現和重要組成部分，是現代中國影響比較大的一種新興的教育思潮。

民國元年，教育總長蔡元培提出教育方針應該是「養成共和國民健全之人格」和從受教育者的本體著想注意個性之發展，這可以看成是平民教育思潮的萌芽。1919年，教育調查會正式提出以「養成健全人格，發展共和精神」為教育宗旨的思想，並且以「發揮平民主義，俾人人知民治為立國根本」為「共和精神」的內容，正式提出「平民主義」的教育思想。1919年5月至1921年7月，美國著名教育家、哲學家杜威在中國各地系統演講實用主義教育思想，根據杜威的演講整理出版了專集《杜威五大講演》，以及在杜威來華前後，他的學生胡適、陶行知等人在《新青年》《新教育》等刊物上多次發表文章介紹杜威的思想，使得杜威的教育思想在中國流傳很快、很廣。

杜威教育思想的流行對平民主義教育思潮的形成與擴大起到了推波助瀾的作用。杜威在演講中認為教育「必須為全體人民著想，為組織社會各分子著想，使能成為便

利平民的教育，不成為貴族階級式的有特殊勢力的人的教育」。胡適認為杜威的教育學說就是「平民主義的教育」，並總結出杜威平民主義教育的兩大條件：養成智能的個性與共同生活的觀念和習慣。鼓吹平民教育思想，參與平民教育運動的人有資產階級知識分子、小資產階級知識分子和具有初步共產主義思想的知識分子，儘管他們在有關平民教育的目的、內容、方法等問題上存在著比較大的分歧，但是，都認為社會的每一個人——不分階級、貧富、性別——都應該享有受教育的權利，批判傳統貴族式的有差別的等級教育，這是平民主義教育思想的共同之處。

1. 平民教育社

平民教育社是五四運動時期由北京高等師範學校的教職員和學生聯合組織的、主張通過普及教育改造社會和救國圖強的一個典型社團，它成立的直接原因正是杜威來華講學所宣講的平民主義教育思想。「本社成立於民國八年雙十節以前，恰當杜威博士來華之後。至本社之所以成立，真可謂由於受杜威學說之影響和感動。」該社成立於 1919 年 10 月，至 1924 年下半年停止活動，前後存在了五年，社員最多時曾達到約 140 人。為了「研究宣傳及實施平民教育」，平民教育社於 1919 年 10 月 10 日創辦了《平民教育》（Democracy and Education）雜誌，共出版了 73 期。1922 年又成立講演部，邀請杜威、孟祿、麥柯爾、梁啓超、鄧萃英等中外著名教育家和學者到社內進行專題演講，然後由《平民教育》出版演講專號。平民教育社經歷了兩個不同的時期，從成立到 1920 年暑假這段時期是它的前期。它的主旨總的說來是主張通過教育的革新和改良來改造社會，把教育的改良看成是一切改良的根本。其後期的主要任務則僅僅局限於宣傳西方資產階級教育學說，研究和討論的問題也越來越狹窄。歸納起來說，平民教育社的平民教育思想有如下幾個方面：

第一，批判過去的教育是由少數人獨占獨霸的教育。「從前的教育，不是平民的教育；受過從前的教育的人，就不成平民（因他已爬至平民之上）；從前平民，未曾受過教育。」教育的根本改造是社會改造的根本和前提，主張「把幾千年來遺傳下來的偏頗教育根本毀棄；再拿平民社會的組織作標準，從新施設一番『平民的教育』，這是改造新世界的第一步」。「『平民主義』的『教育』就是：要每個人都受著教育，再進一層，還要每個人都受著程度相等的教育。」

第二，平民教育是實現平民政治的基礎。平民教育社同仁認為現在中國社會種種的不平等是教育不平等所致，因此，教育的平等是實現平民政治的工具和基礎。「不先有了平民教育，那能行平民政治？那能使用平民政治的工具？就說我中華民國罷，掛了八年平民政治的招牌，那平民政治的工具還不會使呢。所以，我們要來細談根本改造的教育，不要去高論『空中樓閣』的政治。」（《平民教育·發刊詞》）

第三，平民教育就是人人養成獨立、平等、自由的品格。平民教育社同仁非常關注平民教育的真精神，並且認為平民教育的真精神就是求得社會的每一個人具有獨立的人格，養成平等、自由的思想，否則是不能達到平民教育真正的目的。「教國民人人都有獨立人格與平等思想的教育，就叫作平民教育。」這就要求教師在教育活動中必須尊重學生的個性、適合學生的需要，並在合理的範圍內須給學生以充分的自由。

第四，實施平民教育的途徑與方法。平民教育社同仁踴躍探討了實施平民教育的

途徑與方法，綜合起來說，主要包括：改革漢字，使用簡化漢字和白話文；教育經費與機關獨立；男女教育平等；平民教育不能僅限於學校教育；實行教學方法的改革，提倡「自動」「啟發」的教育；提倡工學合一的教育。

2. 北京大學平民教育講演團

北京大學平民教育講演團是「五四運動」時期由北京大學學生發起組織的、由具有初步共產主義思想的知識分子、小資產階級知識分子、資產階級知識分子參加的、以普及教育與平等為目的、以露天講演為方法的社團，它以「增進平民知識，喚起平民之自覺心為宗旨」。它成立於1919年3月，發起人為北京大學學生鄧康（鄧中夏）、許德珩、羅家倫、黃日葵、廖書倉等十四人，得到時任北京大學圖書館館長李大釗的指導，鄧康、廖書倉擔任總務幹事，成員最多時達到七十餘人。

講演團認為存在著兩種根本不同的教育，「一曰以人就學之教育，學校教育是也；一曰以學就人之教育，露天演講、刊發出版物是也。」共和國家的學校教育應該實行平民教育、普及教育，但是，現在的學校教育卻由「資產者之子弟」享受，「寒酸之子弟及迫於生計而中途失學者不與焉」。因此，要實現平民教育的目的，就必須對學校教育進行改造。如何改造？他們想到了一個補助學校教育不及的辦法，就是進行露天演講、刊發出版物。在初期，他們心目中的「平民」，主要是指城市小資產階級及其他市民，所以講演團的活動局限於城內，在街頭或利用一些有廟會的寺院舉辦不定期的講演，以后則利用北京市立的講演所或在北大旁邊設點進行定期講演。講演的內容以反帝反封建為主，大體包括反日愛國、民主自治、反對家族制度、普及科學知識等。從1920年起，講演團開始轉到通州區、長辛店、豐臺等地的農村、工廠去講演，舉辦勞動補習學校，嘗試接近工農群眾，開展平民教育活動。但是，講演團內部也隨之發生了分化，以鄧康為代表的共產主義知識分子走上了與工農相結合的道路，並取得了聯繫工農群眾的初步經驗。

3. 早期共產主義者

在「五四運動」時期，陳獨秀、李大釗、蕭楚女等一批早期共產主義者也發表了不少文章，闡述或評論平民教育，或參與平民教育活動，對平民教育思潮的興起、發展、分化、起到了重要作用。

1915年，陳獨秀在《今日之教育方針》中提出了「唯民主義」的教育方針，呼籲以廣大民眾為教育對象。李大釗強調現代民主主義精神就是要求社會中的每一個人都應該享有平等受教育的機會，「無論他是什麼種族、什麼屬性、什麼階級、什麼地域，都能在政治上、社會上、經濟上、教育上得一個均等的機會，去發展他們的個性，享有他們的權利」。但是，他認為只有對社會進行根本改造，也就是徹底打破「政治上、經濟上、社會上一切特權階級」，才有可能實現「純正的平民主義」的教育。20世紀20年代，平民教育運動興起以後，蕭楚女、惲代英等共產黨人對這種平民教育救國論進行了批判。蕭楚女指出：「平民教育是要緊的，但是『起碼的生活』，不更要緊麼？……現制度若不經過一番徹底的『翻砂』功夫，平民教育麼？——我恐怕還不止像今天這樣只留下幾張紙招牌，做個聾子的耳朵，徒為裝飾哩！」惲代英認為並不是教育了一切的人就可以改造社會，必須把教育改造和社會改造結合起來同時進行，「我們要改

造教育，必須同時改造社會。要改造社會，必須同時改造教育。不然，總不能有個理想圓滿的成效」。

當然，早期共產黨人並不否認平民教育的意義和價值，且主張團結平民教育家一同做改造社會的工作。惲代英指出：「最好的農村運動，仍是平民教育。講演與演劇，亦多少可以有功效的；但是，講演與演劇，只能使農民普泛的在一時得著感動，平民教育卻可以在比較長的時期與他們相接觸。」

在第一次世界大戰期間，剛從美國耶魯大學畢業的晏陽初接受北美基督教青年會的招募，於1918年6月赴法國戰場為參戰華工做志願服務工作時，辦起了華工識字班，進行識字教育。1920年，晏陽初自美國留學歸回。他在對中國一些地方進行考察之後，把他在法國華工識字教育的經驗移到國內，把它取名為「平民教育」，從而與當時中國的平民教育思潮匯集到一起。不久，又與陶行知、朱其慧等人發起成立中華平民教育促進總會，轟轟烈烈地開展平民教育活動。

(二) 國家主義教育思潮

國家主義教育思潮是國家主義的重要組成部分。國家主義是一種資產階級民族主義的社會思潮，產生於18世紀末19世紀初的歐洲。最早提倡者是德國著名哲學家費希特。1806年，拿破侖率領法軍侵略普魯士，並攻陷首都柏林，在面臨亡國危險的情況下，費希特提出了國家主義的口號，號召普魯士人民奮起抵抗法軍的入侵，保衛國家主權。到了帝國主義時代，德國狹隘民族資產階級政府對外鼓吹「民族至上」和「日耳曼民族優越」論，發動對其他民族的侵略戰爭；對內打著「國家至上」的幌子，實行法西斯專政統治。日本明治維新以後，以德國為模式建立現代教育制度，並且受到德國國家主義思想的影響，從而逐漸走上了軍國主義道路，不斷發動對中國、朝鮮等周邊國家的侵略戰爭。因此，國家主義思想在世界上最初是在反抗外族入侵的背景下產生，最終卻走向反面，變成為帝國主義發動侵略其他民族的工具。

中國的國家主義思潮是在清末民初開始萌芽，於20世紀20年代正式形成。國家主義思潮在中國之所以盛行是有深刻的思想和社會原因的。首先，它是中國不斷遭受外國列強入侵，國家主權喪失，領土完整遭到嚴重破壞形勢下，一些具有強烈愛國思想的人受到費希特思想的影響，開始提倡國家主義。唯有力行國家主義，才能培養國民團結互助的意識，激發愛國精神，達到抵禦外侮、使國家昌盛的目的；其次，與新文化運動時期輸入的西方各種新思想、新學說，特別是興起於德法等國的國家主義思想有密切關係；再次，「五四運動」以後，中國反對帝國主義的愛國運動的不斷高漲，國家主義作為一種愛國思潮正是在這一時代中產生的；最後，國家主義思潮是對平民主義思潮的反動。有的國家主義者認為當時教育界出現的一些不好的現象，諸如學生自治、偏重個性而忽視群性、學校紀律鬆弛，就是實行平民教育思想的結果。因此，平民主義不宜於中國，必須用國家主義糾弊，發展教育。

中國國家主義思潮的代表人物是餘家菊、李璜、陳啓天、曾琦、左舜生等人。1923年12月，留學法國的曾琦、李璜在巴黎市郊成立中國青年黨，以《先聲》為機關報，標誌中國國家主義派的形成。1924年秋，中國青年黨隨著曾琦等人的回國，其活

動中心也就轉移到國內。當年9月，創辦《醒獅》周報，大肆鼓吹國家主義，因此，國家主義派又被稱為醒獅派。餘家菊（1898—1976年），字景陶，湖北黃陂人，國家主義教育思潮的最主要代表人物。自1922年撰文宣傳國家主義教育，1923年10月，與李璜撰寫、由中華書局出版論文集《國家主義的教育》，標誌著國家主義教育思潮的形成。1925年，又撰著《國家主義教育學》，系統闡述國家主義教育思想。

國家主義教育思潮的主要內容包括以下幾個方面：

第一，國家主義教育就是「以國家主義為依歸之教育」。具體含義為：培養自尊精神以確立國格；發展國華以闡揚國光；陶鑄國魂以確定國基；擁護國權以維國脈。

第二，國家主義教育的目的，就是「外爭國權，內懲國賊」。他們猛烈批判西方帝國主義列強對中國的政治、經濟、軍事、文化侵略活動及其所帶來的深重災難，主張收回中國的經濟、法律、教育主權。他們特別對教會教育和殖民地教育的危害進行了深入闡述，明確提出「收回教育權」的口號與辦法。嚴格學校註冊辦法，規定非本國國民不得在境內辦學，任何教育活動不允許灌輸宗教思想。

第三，「國家至上」的教育政策。教育是國家的主權、國家的事業、國家的工具、國家的制度，只屬於國家辦理，應該由國家辦理、監督，不允許任何私人、教會、黨派染指，「以維持教育之獨立系統」。

此外，國家主義派還提出了重視蒙藏教育、僑民教育、民族性教育、軍事教育，以及學術獨立、經費獨立、教育中立、普及教育、義務教育、鄉村教育等思想。

餘家菊、李璜等人把國家主義教育視為救國的唯一良方，愛國主義色彩十分濃厚，是一種典型的「教育救國」論，但是，他們所謂的「國家」只是一個抽象的概念，抹殺了國家的階級性和現實中國的各種不可調和的矛盾與衝突。國家主義教育思想強調了教育的社會功能，但是，反對和忽視個性教育，不免存在著極端和偏頗的問題。他們主張通過國家主義的教育養成國民意識和國權思想，反對馬克思主義的階級鬥爭和革命思想，因此，實現國家獨立和收回主權的思想只能是化為空想。國家主義思潮的錯誤從一開始就受到了以蕭楚女、惲代英為代表的共產黨人的批判。北伐戰爭勝利之後，它又遭到國民黨的明令禁止，國家主義思潮由此而消沉下來。

(三) 工讀主義教育思潮

工讀主義，又稱為工學主義、半工半讀主義、勤工儉學主義。工讀主義思想最早可追溯到辛亥革命前後李石曾等人在巴黎試辦「以工兼學」的華工教育，在留歐學界興起了一股「儉學風」。1915年，蔡元培、李石曾等人在法國發起成立勤工儉學會，以「勤於工作，儉以求學，以進勞動者之智識」為宗旨，隨即在國內外迅速形成了勤工儉學運動。工讀主義教育思潮正式產生於「五四運動」時期，它融合了泛勞動主義、互助論、新村主義、實用主義、無政府主義等多種思想。它的基本內涵是：尚儉樂學、以工兼學、勤工儉學、工學結合、工學並進、工學兼營、半工半讀、消滅體腦差別等思想。

1. 北京高師工學會的工學主義

工學會是北京高等師範學校一部分在校學生和一部分畢業生組成的提倡工學主義的團體。它的前身是在1919年2月9日為反對日本帝國主義侵略而成立的愛國主義社

團「同言社」，其成員在討論有關人生、社會、教育等問題時，逐漸接受了工學主義思想，並於同年 5 月 3 日正式成立工學會。發起人為匡互生、周予同、劉熏宇等。11 月，出版《工學》月刊，專門研究和宣傳工學主義思想。工學會最初的會員有五十五人，至 1922 年 5 月發展到八十餘人。成員大都是資產階級、小資產階級知識分子，主要受杜威實用主義、無政府主義、新村主義、「勞工神聖」等思想的影響。

工學會以「勵行工學主義為宗旨」，以「扶助會員為自願之工作及學業」「提倡工學主義」「研究教育上勞動實施之方法」等為活動內容。他們主張「工」與「學」並立、「勞心」與「勞力」結合。「我們發起這個工學會，就是要把工和學並立；做工的人一定要讀書，讀書的人一定要做工。絕對反對做工的人可以『目不識丁，蠢如鹿豕』；讀書的人可以『高其身價，坐享福祿』。一心想把中國數千年來『貴學賤工』的一種謬見，一掃而空之。」

工學會所提倡的工學主義至少包括以下六個方面的含義：認定人生只有工與學兩件事；認定做工和求學是互相需要的，工離不了學，學更離不了工；打破勞心勞力的界限，使社會上勞力的工人都去念書——要求高深的學問，念書的人都去做勞力的工作；破除職業的階級與奴隸的制度，凡是自己的能力做得到的，都自己去做，不求他人的幫助；提倡應用的操練——工作的操練，使各種感官的本能和心思同時發達，養成技藝豐富的人；追求生活的獨立與人格的完成，因而增加社會上生利的人。

工學會的主要活動，是利用課餘時間分組從事石印、木板印刷、照相、打字、雕刻、販賣書報、文具等工作，並曾經設想進行工學主義的實驗，以「各盡所能、各取所需」的原則，達到解決每日求學與做工的時間如何分配、每日應做工幾時才能供我們求學和生活的需要、共同生活的組織應該怎樣等問題，但是由於這個實驗牽動學校全局，無法得到北京高師的支持而難以進行。

2. 北京工讀互助團的工讀主義

北京工讀互助團是由少年中國學會重要成員王光祈發起而成立的工讀主義團體。1919 年 8 月，王光祈提出組織小團體在農村實行「新生活」的設想，主張在離城不遠的鄉村開設菜園，十幾個人共同生活，半工半讀，每天種菜兩小時，翻譯書籍三小時，其餘時間遊戲閱報。生活靠種菜、譯書的「工」所得維持（譯書所得報酬的一半歸己，一半為共同生活的費用）。同時開辦一個附設的平民學校，附近農家子弟可免費上學。由於實際困難（沒有土地、知識分子不熟悉農村等），這種「新生活」的實驗未能著手實施。12 月 4 日，他又在北京《晨報》上發表文章《城市的新生活》，提出在城市中組織「男女生活互助社」的倡議和具體設想。這個倡議很快得到蔡元培、陳獨秀、李大釗、胡適、周作人、羅家倫等許多社會名流的贊同和支持，激起大批追求理想社會的青年的極大熱情。在這種情形下，北京工讀互助團於 1919 年年底正式成立。

北京工讀互助團以「本互助精神，實行半工半讀」為宗旨。入團以後，「必工必讀，二者不可缺一」。每天工作四小時，規定「工作以時間為標準，不以工作結果為標準」，不管工作能力如何，要各盡所能。工作所得必須歸團員公有，團員所必需的生活費用由團體供給，「將來辦理久了，已養成互助習慣，便可由團員自由取用，以實行『各取所需』的原則」。王光祈把工讀互助團的理想設計成「人人做工，人人讀書，各

盡所能，各取所需」。他認為，只要堅持工讀，不斷擴大影響，將來把各地的小組織聯合起來，實行「小團體大聯合」，「我們團員隨便到什麼地方，皆有工可做，有書可讀」，並最終實現日出而作、日入而息、鑿井而飲、耕田而食、沒有皇帝、沒有政府的「大同」生活。王光祈把工讀互助團看成是「新社會的胎兒，是實行我們理想的第一步」，把他所設計的這條道路叫作「平和的經濟革命」。為了實現這一「革命」，他們在進入這個團體後，就宣布「脫離家庭關係，脫離婚姻關係，脫離學校關係」，在工讀互助團內「絕對實行共產」，並且主張「暫時重工輕讀」。北京工讀互助團共分四組，團員們從事辦食堂、洗衣、印刷、裝訂、製造小工藝品和販賣新書報等體力勞動。北京工讀團的「讀」，有的是在北京大學等學校自由選修「與人生關係密切」的學科，有的是請一些社會名流前來上課。

北京工讀互助團有美好的理想，但是為時不久，一些無法克服的矛盾就暴露出來。一是經濟上的困難。他們不善於經營管理，原來募集的款項很快用完了，又無熟練勞動和習慣，勞動所得的收入極其微薄，無法維持團員的生活。二是這些一時自由結合起來的青年，還缺乏真正過集體生活的必要的思想基礎和習慣，個人主義、自由主義思想與集體主義生活方式產生了矛盾。轟動一時的北京工讀互助團的「新生活」實驗就這樣失敗了，1920年3月至10月，四個組先後宣布解散。此後，許多成員又恢復了過去的學校生活或出國求學，如發起人王光祈轉到德國留學，尋求用歐洲的方法整理中國樂理。一些先進分子如何孟雄、施存統等則接受了馬克思主義。

在北京工讀互助團成立的同時或者之後，上海、天津、長沙、武漢、廣州、南京、揚州等地也先後出現了類似的組織，進行工讀主義實驗。惲代英、毛澤東等人曾經受到了工讀主義思潮的影響。

工讀主義教育思潮儘管有許多不切合實際之處，最後只是曇花一現，但是仍然有重要的歷史意義。首先，工讀主義教育思潮具有鮮明的反對封建教育的民主精神。它批判中國數千年來的「勞心者治人，勞力者治於人」的舊觀念，反對讀書人不事生產、生產者不能讀書的舊教育。不但主張青年學生工讀結合，並且提出勞工應有受教育權，把鬥爭的矛頭直指封建教育思想和等級教育制度。其次，所謂「工讀」，包括「工」與「學」合一、手與腦並用、勞心與勞力結合等含義，這在中國教育史第一次提出了教育應該與生活勞動相結合的思想，無疑是一大進步。再次，對工農群眾有了新的認識，大批青年學生在工讀主義思潮和運動中開始接觸從事體力勞動的工農群眾，從而為此後一批進步知識分子走上與工農相結合的道路奠定了基礎。

（四）職業教育思潮

職業教育思潮萌生於民國初年，新文化運動之後得到廣泛傳播，並正式形成，20世紀20年代達到高潮，30年代中期趨於消沉。職業教育思潮之所以在當時形成，是由於：首先，它是民族資本主義工商業大發展與當時教育體系內部比例失調的產物。在民國初年，特別是第一次世界大戰期間，歐洲主要資本主義國家幾乎都捲入戰爭而無暇東顧，中國民族資本主義得到了一個有利發展的「黃金時代」。民族資本主義工商業的大發展，需要新式學堂為它培養一批相應的實用技術人才。另外，自清末民初以來，

普通教育與實業教育比例失調的狀況更加嚴重。其後果是，社會需要大量具有一定文化知識和實用技術的新式人才，大批中小學畢業生卻成為失業者，反映了教育發展存在著嚴重脫離經濟發展和社會需求之間的矛盾。正如胡適所說：「社會所需要的是做事的人才，學堂所造成的是不會做事又不肯做事的人才。」正是在這一背景下，一批教育家、思想家呼籲大力發展職業教育，以解決這一社會問題。其次，它的興起也受到了歐美職業教育發展的影響，特別是1914—1917年，黃炎培在對國內、國外（美國、日本、菲律賓）的教育進行大量實地考察、思考和理論研究的基礎上正式形成了職業教育思想。

職業教育思潮是由清末民初的實利主義、早期實用主義等教育思想演變發展而來。它的主要倡導者有陸費逵、莊俞、蔡元培、黃炎培、鄒恩潤（鄒韜奮）等教育家、思想家。「職業教育」一詞見之於中國教育家的言論文章，大約在20世紀初年。1904年，山西農林學堂總辦姚文棟在《添聘普通教習文》中說：「本學堂兼授農林兩專門，即是以職業教育為主義」，這是目前所見到的最早使用「職業教育」一詞的文獻，但是，文中的「職業教育」，僅僅是指與「普通教育」相對應的「實業教育」。民國成立前後，當時擔任《教育雜誌》主編的陸費逵撰文提倡職業教育，而且對職業教育的含義首次作瞭解釋。1911年，陸費逵發表《世界教育狀況》一文，提出今日中國亟須注意的是國民教育、職業教育、人才教育等三大教育，「無職業教育，則生活維艱」。1913年12月，陸費逵發表《論人才教育、職業教育當與國民教育並重》，指出：「職業教育，則以一技之長，可謀生活為主，所以使中人之資者，各盡所長，以期地無棄利，國富民裕也」「曠觀中外教育發達之程度，無不視貧富為比例。而非職業教育興盛，實業必不能發達，民生必不能富裕」。從授人一技之長和促進實業發展實現國富民裕等兩個方面對職業教育內涵做出解釋，為職業教育思想的形成奠定了基礎。1916年12月11日，蔡元培在發表《教育界之恐慌及救濟方法》的演講時認為，當時中國教育界的恐慌，「在高小生畢業后，不能悉入中學」，這些學生又沒有謀生的本領，只好年復一年地投考，「使青年有為之士，光陰坐廢，志願消磨」，他對此提出：「為中學生籌救濟，當注重職業教育」，並設想了提倡職業教育的途徑。

職業教育思想的最主要代表人物是黃炎培。1917年5月6日，他在上海發起成立了中華職業教育社——推行職業教育的全國性機構。同年7月，聯絡蔡元培、伍廷芳、唐紹儀、範源濂、張謇等教育界、文化界、實業界、政界四十八位名人共同發表《中華職業教育社宣言書》，闡述了職業教育的必要性、重要性以及實施職業教育的內容、方法、設施等。它既對民國成立以來的職業教育思想進行了總結，又對此後的職業教育的發展提供了重要指導。

該「宣言書」的發表，標誌著職業教育思潮的正式形成。此後，黃炎培又提出了「使無業者有業，使有業者樂業」的職業教育目的論和「大職業教育主義」方針，進一步豐富和發展了職業教育思想的內容。

職業教育思潮的基本內涵，概括起來說包括：溝通教育與實際生活、學校與社會百業的聯繫；強調學校教育應授以學生從事某種職業所必需的知識、技能和職業道德，對個人而言，可以解決生計問題，對國家來說，可以增進生產力，發展經濟，達到國富民強的目的。盛行於20世紀20~30年代的職業教育思潮對中國現代教育發展產生了

重要影響。它影響了 1922 年「壬戌學制」的改革，不僅使職業教育在學制上正式確立並加強，而且注意了普通教育與職業教育之間的溝通，體現了中學教育兼顧升學與就業的雙重職能；在教育實踐上，它極大地推動了職業教育活動的發展；它所體現出的平民化、實用化、科學化、社會化特徵，是對中國現代教育思想的充實和豐富。

(五) 科學教育思潮

科學教育思潮源自洋務運動時期的西藝教育，經過維新人士嚴復的發展，到新文化運動興起以後，陳獨秀、胡適等人在國內大力鼓吹，把「科學」與「民主」並舉，視作「若舟車之有兩輪」，缺一不可，特別是經過任鴻雋等人組織中國科學社，倡導科學與科學教育，兩股力量的合流，使科學教育思潮在新文化運動期間正式形成，1923 年發生的「科玄論戰」，又進一步擴大了科學教育思潮的影響。科學教育思潮的興起，對隨後中國的教育改革和發展產生了重要影響。

科學教育思潮的基本主張是，教育的首要任務在於傳授科學知識，並給予科學方法的訓練，培養人們科學的態度與思想，對於教育本身也必須用科學方法進行研究。維新思想家嚴復的科學教育觀中已經大致包含了這些思想內容，但是，在當時並未產生多大影響。近代真正意義上的科學教育思潮的形成與任鴻雋及其主持的中國科學社有密切關係。1914 年 6 月，正在美國留學的任鴻雋與趙元任、胡明復等人發起成立中國科學社，任鴻雋擔任董事長兼社長。1915 年，他又集資出版《科學》雜誌，提倡科學教育。1918 年，任鴻雋回國以後，相繼執教於北京大學、東南大學、四川大學，歷任東南大學副校長、四川大學校長、中國科學社理事長、中華教育文化基金董事會干事長、中央研究院總干事兼化學研究所所長，積極從事科學教育實踐活動，形成了許多有關科學教育的精闢見解。任鴻雋批判中國的傳統教育，特別是傳統的思維方式與治學方法，提倡擴大科學研究的範圍，將科學與教育相聯繫。他主張把科學引入學校教育內容，尤其重視科學方法與態度的培養，並強調科學方法、科學態度及科學精神是與教育直接聯繫的，這是任鴻雋科學教育思想的重要特徵。他說：「科學於教育上之重要，不在於物質上之知識，而在其研究事物之方法，而在其所與心能之訓練。」科學內容的教育與科學方法、科學態度的培養等科學教育的內涵，第一次由任鴻雋明確、全面闡述出來，再經任鴻雋及其中國科學社成員的集體努力，《科學》雜誌的大力宣傳，逐漸成為教育界、思想界大多數人的共識，並最終促成科學教育在「五四運動」期間成為一種非常有影響的思潮。

「五四運動」時期，陳獨秀、胡適等人對科學教育思潮的形成與發展也起過重要作用。他們從不同角度對科學教育思想進行了深層次的思考。首先，主張尊重客觀事物、尊重理性，反對想像與武斷，探索科學規律，發揚科學精神；其次，提倡科學方法論。陳獨秀提倡自然科學實驗方法和歸納法，他說：「今欲學術興，真理明，歸納論理之術，科學實證之法，其必代聖教而興歟。」胡適提出了他獨具特色的實驗主義的科學方法論原則——「大膽的假設，小心地求證」。他多次強調「實驗主義自然也是一種主義，但實驗主義只是一個方法，只是一個研究問題的方法。它的方法是：細心搜求事實，大膽提出假設，再細心求實證。」胡適提倡的實驗主義在科學方法論上深化了科學

教育思潮的內涵，並可以直接應用於包括教育在內的許多領域的科學研究，從而對科學教育思潮的演變與發展具有一定的推動作用。

第二節　1922年「新學制」

一、「新學制」的產生過程

中國近代學制形成後，雖經民國初年的教育改革，仍存在不少問題，如小學過長，中學過短（七四制），中等教育又太偏於普通教育，以升學為主要目標；過於強調整齊劃一而靈活性不夠，「學校之種類太單簡，不足謀教育多方之發展」；同時，其模仿日本和德國的痕跡較深，沒有從本國實際出發，課程、教法等方面也存在諸多問題，已不適應日益發展的社會政治經濟生活和生產的需要，因而孕育著一場新的改革。

改革舊學制的先聲，可以追溯到1915年。這一年，直隸省教育會發起成立全國教育會聯合會，並召開了第一屆年會，湖南省教育會在會上提出了改革學制系統案。當時會議因此案事體重大，未曾開議，特分函各省徵集意見，后雖未見實行，但新學制之改革，實以此案為嚆矢。

此后，第五屆全國教育會聯合會向教育部首次提出了「改革女學制案」，浙江省又提出改革師範教育案，並議決第六屆大會應以「革新學製作為提案之一」。至第六屆大會中，遂有安徽、奉天、雲南、福建諸省提出改革學制議案。1921年10月，全國教育會聯合會第七屆年會在廣州召開，以學制為主要議題，廣東、黑龍江、甘肅、浙江、湖南、江西、山西、奉天、雲南、福建、直隸等11省提出了各自的學制改革案，其中有不少提倡美國學制和中學分科制，「以廣東案較為完備」，所以大會「議決審查方法即以廣東案為根據，與其他各案比較審查」。大會經過認真討論審查，於10月30日通過了新的「學制系統草案」。為進一步徵求各方面意見，大會要求各地組織討論，並請各報館、各教育雜誌發表草案全文，向全國徵求修改意見。第七屆年會后，各地教育界人士反響十分強烈，紛紛開會討論新學制並撰文評論，許多教育雜誌還專闢了學制改革研究專號。這樣，在全國便掀起了研究學制改革的高潮。

伴隨著學制改革的討論，教育改革實踐也方興未艾。1920年，舒新城、夏丏尊等在湖南第一師範學校，打破年級分組，實行「選科制」與「能力分組制」。同年秋，南京高等師範學校推行選科制和學分制。1921年5月，江蘇省立第一中學實行全面選科制，學生於三年級起可在文、理、商三科中自由選擇，為學生畢業后的升學和就業作準備。這些教育改革實踐，為學制的最終制訂提供了堅實的依據。

1922年9月，教育部在北京專門召開了學制會議。會議對全國教育會聯合會所提出的學制系統改革案稍作修改，又交同年10月在濟南召開的教育會聯合會第八屆年會徵詢意見，最終於11月1日以大總統令公布了《學校系統改革案》。這就是1922年的「新學制」，或稱「壬戌學制」。由於採用的是美國式的六三三分段法，又稱「六三三學制」。

二、「新學制」的標準和體系

(一)「新學制」的標準

為使新學制的制定有一明確的指導原則，全國教育會聯合會第七屆年會在「學制系統草案」的開篇即提出了「議決標準」6項。這也是其時教育界一項重要的改革舉措，決定廢止民初的教育宗旨，代之以「教育要義」。1922年頒布的「學校系統改革案標準」即以此為基本，再加上「注重生活教育」一項。「新學制」的標準為：①適應社會進化之需要；②發揚平民教育精神；③謀個性之發展；④注意國民經濟力；⑤注意生活教育；⑥使教育易於普及；⑦多留各地伸縮餘地。

這7項標準正式取代民初的教育宗旨，其體現出來的主流是新文化運動以來所倡導的「民主」與「科學」的精神，尤其是實用主義的教育思想。它對其後民國一系列的教育改革產生了深遠的影響。

(二)「新學制」的學制體系

1922年的新學制體系，如圖12-1所示。

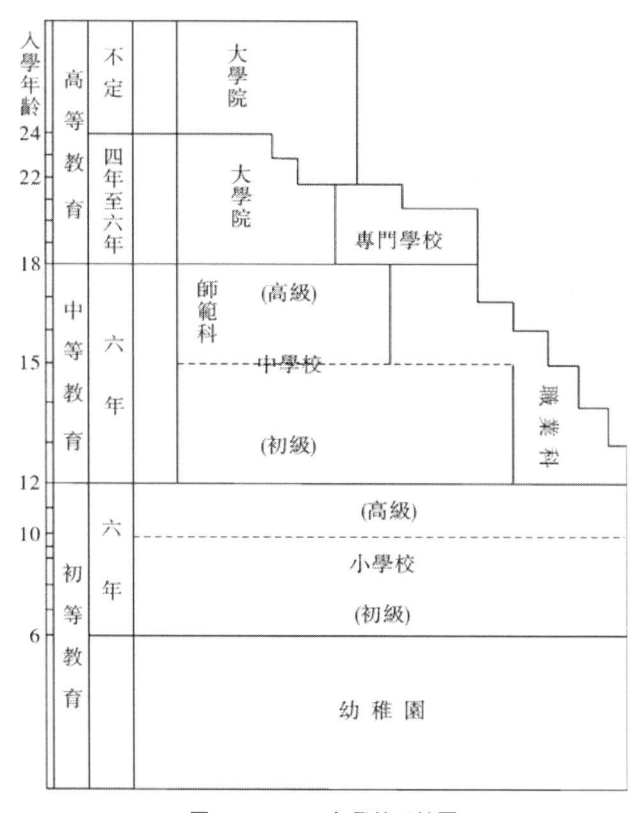

圖12-1 1922年學校系統圖

三、「新學制」的特點

第一,根據兒童身心發展規律劃分教育階段。「以兒童身心發育階段劃分學級之大體標準」,是 1922 年新學制最顯著的特點。學制分三段,即初等教育、中等教育、高等教育。各段之劃分大致以兒童身心發展時期為根據,即童年時期(6~12 歲)為初等教育段,少年時期(12~18 歲)為中等教育段,成年時期(18~22 歲)為高等教育段。將學制階段的劃分建立在對中國兒童身心發展階段的研究上,這在中國近代學制發展史上還是第一次。

第二,初等教育階段趨於合理,更加務實。它縮短了小學年限,改 7 年為 6 年,小學分為兩級,初級小學 4 年為義務教育階段,高級小學 2 年,有利於初等教育的普及。幼稚園也納入初等教育階段,使幼兒教育與小學教育得以銜接,確立了幼兒教育在中國教育史上的地位。

第三,中等教育階段是改制的核心,是新學制中的精粹。其一,延長了中學年限,改 4 年為 6 年,提高了中學教育的程度,克服了舊學制中中學只有 4 年而造成基礎知識淺的缺點,改善了中學與大學的銜接關係。其二,中學分成初、高中兩級,不僅增加了地方辦學的伸縮餘地,而且也增加了學生選擇的餘地。其三,在中學開始實行選科制和分科制,力求使學生有較大發展餘地,適應不同發展水平學生的需要。

第四,建立了比較完善的職業教育系統。新學制建立了自成體系、從初級到高級的職業教育系統,用職業教育替代清末民初的實業教育。新學制在小學階段就規定,「得於較高年級,酌量地方情形,增設職業準備性教育」。初中在實行普遍教育基礎上,兼設各種職業科。新學制實施職業教育的機構有兩種:一是獨立的職業學校和專門學校;二是附設於高小、初中、高中的職業科以及大學的專修科。這種改革既注意了普通教育與職業教育的溝通,又加重了職業教育在整個教育體制中的比重。

第五,改革師範教育制度。新學制關於師範教育制度方面的改革,突破了師範教育自成系統的框架,使師範教育種類增多、程度提高、設置靈活。其一,中等教育階段,除原有師範學校及附設的小學教員講習所外,高級中學還可設師範科。師範學校的修業年限增加到 6 年,並得單設后兩年或后三年,招收初級中學畢業生。師範學校后三年實行分組選修制,既注重學生專業理論和職業技能的培養,又照顧到學生的個性和興趣。其二,高等教育階段,將舊制高等師範學校升格為師範大學,並在大學教育科(系)附設二年制師範專修科,招收高中畢業生和師範學校畢業生,使高等師範教育與大學處於同一發展水平。

第六,在高等教育階段,縮短高等教育年限,取消大學預科,使大學不再擔任普通教育的任務,這有利於大學進行專業教育和科學研究。

此外,還有兩條「附則」:一是注重天才教育,可變通修業年限及課程,使優異之智能盡量發展;二是注意特種教育。

四、「新學制」的課程標準

緊接著學制改革,全國教育會聯合會又提議組織了新學制課程標準委員會,著手

進行課程改革。該會於 1922 年 10 月、12 月擬定了中小學畢業標準和中小學各科課程要旨，反覆請專家討論草擬各種課程綱要，於 1923 年 6 月確定並刊布了《中小學課程標準綱要》。

新的課程綱要規定：小學取消修身課本，增加公民、衛生課，將手工改為公用藝術，圖畫改為形象藝術；又將初小的衛生、歷史、公民、地理合為社會科；設自然園藝科；將國文改為國語（包括語言、讀文、作文、寫字），體操改為體育。小學上課以分鐘記：初小前兩年每周至少 1,080 分鐘，后兩年每周至少 1,260 分鐘，高小每周至少 1,440 分鐘。

初級中學課程設社會、言文、算學、自然、藝術、體育 6 科。其中，社會科含公民、歷史、地理；言文科含國語、外國語；藝術科含圖畫、手工、音樂；體育科含生理衛生、體育。初中始上課以學分記，每學期每周上課一小時為一學分，初中修完 180 學分才能畢業。除必修科 164 學分外，餘為選修他種科目或補習必修科目。

高級中學分普通科和職業科。普通科分文學、社科和數理三類，又分為兩組：第一組注重文學和社會科學，第二組注重數學和自然科學；職業科分農、工、商、商船四類。課程分為公共必修科目、分科專修科目、純選修科目三種，每一種有若干門課程，以各種課程學分計算，修滿 50 學分為畢業。三種課程中，公共必修科目約占學分總額 43%，純選修科目不得超過學分總額 20%。

此課程綱要雖未經政府正式公布，只是由全國教育會聯合會議議決刊布，但由於該組織在其時有相當的代表性和權威性，故各地都依此施行。

五、「新學制」的評價

1922 年的「新學制」雖然在一定程度上借鑑了美國的六三三制，但它「並不是盲從美制」。從它產生的整個過程來看，是經過教育界長期醞釀討論，並經許多省市認真試行，最終集思廣益的結果。正如陶行知先生所說，它是「應時而生的制度」，是「頗有獨到之處」的。誠然，「新學制」畢竟誕生在實用主義教育思想流行的年代，我們不能否認實用主義教育學說對它的影響。在所列學制改革的 7 項標準中，提出要發揮平民教育精神、謀個性之發展等，就是這種影響的明證。然而，「過高估計這種影響」，「同樣也是不客觀的」，「它忽視了中國各族人民教育界廣大人士為制訂新學制而付出的辛勤勞動，以及他們在制訂新學制過程中所表現出來的才智。」

1922 年「新學制」的頒行，加強了中等教育和職業教育訓練，並注意以選科制和學分制來適應教育對象的不同發展水平，還注意發揮地方辦教育的積極性，提高師範教育水平，縮短小學教育年限以及初中可單設等，均有利於初級中等教育的普及，再加上課程的改革等，在一定程度上處理了升學和就業的矛盾，適應其時中國資本主義工商業發展的要求。但此學制在具體實施中也存在不少問題，如由於缺乏師資、教材、設備等，不得不在其后對所開的綜合中學增開大量的選科等做法進行調整。

1922 年新學制儘管受到進步主義教育思想和美國模式的影響，但由於其內在的先進性和合理性，比較徹底地擺脫了封建傳統教育的束縛，表現了教育重心下移、適應社會和個人需要等時代特點。新學制既有比較統一的基本要求，又給地方留有充分的

靈活性，反映了新文化運動以來教育領域改革創新的一些綜合成果。這是中國教育界、文化界共同智慧的結晶，標誌著中國近代以來國家學制體系建設的基本完成。

新學制頒發後，國民政府陸續出抬了其他一些配套政策，對中國教育的發展起到了積極的推動作用。此後，各級各類教育迅速發展，並造成學校教育相對較為自由、寬鬆的發展狀態。新學制還為 20 世紀二三十年代各種教學方法的試驗與運用，為教育家們形式多樣的辦學實驗，營造了一定的氛圍，提供了一定的空間。

由於這個學制比較符合當時中國的情況，後來經 1928 年、1932 年、1940 年多次修補，除了在某些方面有所改動外，總體框架一直延續下來，基本上沿用到全國解放。

第三節　教會教育的擴張與收回教育權運動

收回教育權運動興起於「五四運動」前後，在 20 世紀 20 年代達到高峰，它實際上是一場全國規模的反教會教育、反奴化教育運動。

一、教會教育的發展與獨立化

1840 年鴉片戰爭後，英、法、美等帝國主義國家的教會團體紛紛在華開展傳教、興辦學校和各類文化教育事業。對此，軟弱的清政府沒有制定任何條例或法規進行管理。

進入 20 世紀以後，教會學校在數量和辦學層次上都有所發展，如 1900 年教會大學的學生總數不到 200 人，而到 1926 年教會大學的學生數則達到 8,400 多人，占當時全國大學生總數的 19.5%。隨著教會學校在數量上的迅速發展，教會學校逐步形成一個完整獨立的辦學體系。許多教會學校精心發展附屬學校和預備學校，自我吸收和提供生源，形成了封閉式的學制系統。

由於教會學校不在中國政府立案，所以中國政府沒有辦法對教會學校的辦學方針、課程進行監督。辛亥革命後，民國政府於 1913 年初頒布《私立大學規程》，要求私人或私法人設立大學，應向政府教育總長請求認可，但這些規定並未實際執行。

教會學校不在中國政府註冊，不接受中國教育行政當局的管轄，嚴重侵犯了中國的教育主權。這些學校都試圖通過教育來淡化、消除中國青年的國家和民族觀念。

這一切早就激起了全國人民和教育界師生的不滿和反抗。如：1917 年，蔡元培發表題為《以美育代宗教》的演講，揭露了宗教奴化教育對中國人民的危害；1919 年，李大釗撰文《物資變動與道德變動》，揭露了帝國主義利用宗教進行文化教育的侵略，反對帝國主義在中國辦教會學校。

二、世界基督教學生同盟大會與非基督教運動

中國知識分子對宗教的批評，引起了傳教士的恐慌，認為中國已經成為反基督教運動的地區了。於是，世界基督教學生同盟便決定在北京舉行第 11 屆大會。

針對世界基督教學生同盟直接向中國的挑戰，中國社會主義青年團於 1922 年 3 月

在上海發起組織「非基督教學生同盟」，於3月9日發表宣言，並通電全國。在北京，李大釗等70餘人於1922年3月20日發起成立了「非宗教大同盟」，在《晨報》發表了通電和宣言。4月2日，《民國日報》轉載周作人、錢玄同等人3月31日發表在《晨報》上的《主張信教自由的宣言》，宣傳抵制即將召開的第11屆世界基督教學生同盟大會。

1922年4月4日至9日，世界基督教學生同盟於清華大學召開第11屆大會。有32個國家的146名代表參加，另有中國代表550餘名，再加上其他列席代表，與會者共700人。4月4日，李大釗、鄧中夏等12人在《晨報》上發表「非宗教者宣言」。4月9日，非宗教大同盟在北京召開了有2,000多人參加的講演大會，反對基督教會利用清華大學開會。此后，上海、漢口、天津、長沙等地都成立了分會。全國各地教育界人士、青年學生紛紛發出通電、通函，在全國展開了一個非宗教大同盟運動。

三、收回教育權運動的過程和成效

1921年，教育部長範源濂在「直隸山西基督教教育會」講話時說：「教會學校強迫做禮拜和讀《聖經》違背中國憲法；因為中國憲法保障公民信仰自由。」他還指出：教會學校的學生普遍缺乏關於本國的知識，不具備作為領袖人物和參與國民生活的資格。1922年，蔡元培在《教育獨立議》一文中，提出教育與宗教分離的主張，得到許多人的響應。1923年，餘家菊在《中華教育界》雜誌上發表文章，提出了「收回教育權」的口號。

1924年4月，廣州「聖三一」學校（英國聖公會所辦）的學生因為組織學生會，籌備舉行「五九」國恥紀念（1915年5月9日，袁世凱承認日本提出的二十一條，以后人們把5月9日定為國恥紀念日）而遭到英籍校長的禁止，先后開除了一些學生。被激怒的學生進行了罷課鬥爭，發表了宣言，提出了「反對奴隸式教育」「爭回教育主權」的口號。「聖三一」學校的行動波及廣州十幾所教會學校，得到了廣州學生聯合會的支持。到6月份，廣州學生成立了一個「收回教育權運動委員會」，並發表了一份宣言。

「收回教育權」運動很快波及全國。在愛國群眾的壓力下，北洋政府教育部於1925年11月14日，公布了《外人捐資設立學校請求認可辦法》，規定：凡外人捐資設立的各等學校，遵照教育部所頒布之各等學校法令規程辦理者，得依照教育部所頒關於請求認可之各項規則，向教育行政官廳請求認可；學校名稱應冠以「私立」字樣；校長須為中國人，如校長原系外國人，必須以中國人充任副校長，即為請求認可時之代表人；學校設董事會者，中國人應占學校董事會董事名額之半數；學校不得以傳布宗教為宗旨；學校課程須遵照部定標準，不得以宗教科目列入必修科。

1926年后，外國在華所辦各級教會學校，多數由中國人擔任校長，向中國政府立案註冊，同時把宗教課和宗教活動做靈活改動，並盡量參照中國政府的教育體製作適當調整。至1931年，在華教會大學除聖約翰大學外，全部向中國政府立案，構成近代私立大學的一個部分。

第四節　新民主主義教育的發端

中國新民主主義教育是在新民主主義革命時期，由中國共產黨領導的以馬克思主義為指導的民族的、科學的、大眾的教育。它是伴隨著馬克思主義在中國的傳播和中國共產黨的成立而產生的。從新文化運動到大革命時期是其發端期。

一、新民主主義教育綱領的提出

1921 年 7 月，中國共產黨誕生。中國共產黨第一次代表大會確立了建黨原則，雖未形成明確的教育綱領，但在《關於中國共產黨任務的第一個決議》中提出，黨應向工人灌輸階級鬥爭精神。喚醒勞工覺悟，並通過在工礦成立「勞工補習學校」「勞動組織講習所」等，進行教育和宣傳。

1922 年 5 月，中國共產黨領導下的中國社會主義青年團召開第一次代表大會，討論並通過了《關於教育運動的決議案》，具體規定了青年團在青年教育工作中的任務，包括社會教育、政治教育、學校教育三個方面。關於社會教育方面，要求青年團為所在地方之青年無產階級組織俱樂部、學校、講演會，以提高社會青年的知識和社會覺悟，並使年長失學的青年得到普通文化教育。關於政治教育方面，要求對大多數無產階級青年，宣傳社會主義，啓發並培養他們的政治覺悟及批評能力。關於學校教育方面，提出「應發動改革學校制度，使一般貧苦青年得到初步的科學教育，並發動實施普通的義務教育，發動學生參加一切校務管理。發動取消宗教關係、地方關係及一切不平等的待遇。」還提出當前要開展六項教育運動，即「青年工人和農人特殊教育的運動」「普遍的義務教育和免除學費的運動」「男女教育平等運動」「學生參加校務運動」「非基督教學生在基督教學校內的平等待遇運動」「統一國語和推行註音字母的運動」。

1922 年 7 月，中國共產黨召開第二次全國代表大會，這次會議規定了黨的最高綱領和最低綱領，大會提出了七項奮鬥目標，其中第七項中，有關教育綱領的內容有：「廢除一切束縛女子的法律，女子在政治上、經濟上、社會上、教育上一律享受平等權利」「改良教育制度，實行教育普及」。

建黨初期中國共產黨提出的教育方面的綱領性目標，明確地反映了無產階級新的教育思想。在反對封建教育的同時，突出地提出反對帝國主義文化侵略（特別是教會學校）的問題，並且把在工農中開展文化教育工作，作為黨的教育工作的重點。

二、中國共產黨領導下的工農教育

中國共產黨成立以後，集中力量積極領導工農運動。隨著工農運動的蓬勃興起，工農教育也得以迅速發展。

（一）工人教育

1921 年 8 月，黨在上海成立了領導工人運動、開展工人教育的公開組織「中國勞

動組合書記部」，發表了《成立宣言》，並在武漢、湖南、廣東、濟南設有分部，還創辦了機關刊物《勞動周刊》。從 1921 年秋到 1926 年 5 月，通過黨的這一公開組織並依靠各級工會，全國各地廣泛開展了工人教育運動。

北方最早創辦的工人教育機構是 1920 年年底鄧中夏等人興辦的長辛店勞動補習學校。在南方，則由共產黨上海支部於 1921 年在滬西小沙渡開辦了勞動補習學校，為上海工人運動積蓄力量。1921 年 11 月，在中共湘區黨組織的領導下，成立了湖南工團聯合會，積極開展工人運動和工人教育，在安源、粵漢鐵路、水口山、長沙等工人區開辦了工人學校。安源是當時工人教育最為發達的地區之一。1921 年，毛澤東以中共湘區書記的身分來到安源。1922 年 1 月，劉少奇到安源後，為了提高工人的思想覺悟，創辦了「路礦工人補習學校」。1922 年 5 月，成立了「安源路礦工人俱樂部」。1923 年夏到 1925 年春，「安源路礦工人俱樂部」開辦了工人補習學校七所，學生近 2,000 人，同時還為路礦工人子弟開辦了國民學校。工人補習學校開設有國語、常識、政治、筆算，另附設珠算、習字、英文等，一切教材都由工人俱樂部教育股編印。

1922 年 5 月，「中國勞動組合書記部」和中華全國總工會等在廣州召開第一次全國勞動大會。其中討論了對全國 23 萬工人進行社會主義教育問題。會後，「中國勞動組合書記部」又發動了勞動立法，爭取「合法的」工人補習教育。1925 年 5 月，在黨的領導下，於廣州召開了第二次全國勞動大會。這次大會通過了《工人教育決議案》，對如何開展工人教育進一步作了明確的規定。關於工人教育方針，決議指出有兩條：一是在進行識字和常識教育時，引導工人群眾認識他們生活困苦的根源及現在社會之罪惡，喚醒其階級覺悟；二是在與資本家做鬥爭的實踐中，教育工人，激發其鬥爭的勇氣，訓練工人的鬥爭能力。關於如何辦工人教育，決議指出：「工人教育不論工會在秘密或公開的時期，均應設法進行。」工人教育的辦學形式可以採用補習學校、工人子弟學校、工人閱書報社、化裝演講及公開遊藝等。1925 年第二次全國勞動大會通過的《中華全國總工會總章》規定，全國代表大會產生執行委員會，下設幹事局。幹事局分組織、秘書、宣傳、經濟四部。由宣傳部掌管宣傳和教育事宜，並指導各工會宣傳教育方針。

1925 年以後，工人教育在全國各地更為廣泛地發展起來。各地工會都設有宣傳、教育兩部，領導工人教育。有的工會不僅把成年工人組織起來，而且把工人子女也發動起來，成立勞動童子團，把對工人階級新一代的教育同工人教育運動結合起來。

(二) 農民教育

在中國共產黨建黨初期，深入農村發動群眾，大都從教育入手。1922 年以後，黨開始深入農村發動群眾，從教育入手，建立農會，開展鬥爭。大革命時期首先興起農民運動的廣東海豐地區，也是最早出現農民教育運動的地方。農民運動的先驅、黨的領導人之一彭湃 1921—1923 年間在海豐領導農民運動，組織了海豐農民總會。農總會設有文牘、農業、宣傳、仲裁、交際、庶務、教育、衛生等部。在農總會教育部的組織領導下，為農民建立各種農民學校，開展廣泛的農民教育。湖南的農民教育也是開展較早、較普遍的。1922 年成立的長沙農村教育補習社曾在長沙附近農村開辦了補習

學校，編寫了一批農校教材。隨著北伐軍在湖南的勝利進軍，湖南的農民運動和農民教育迅速發展，「平均每一鄉農民協會有夜校一所」。

1926年5月，廣東召開第二次全省農民代表大會。這次大會有湖南、湖北、廣西、貴州、福建、江西、浙江、江蘇、河南、山東、山西等11個省的代表參加。大會通過了《農村教育決議案》，指出農村教育的方針是：使農民於教育中養成其革命思想，同時也要增進其農業之知識與技能。《農村教育決議案》要求各種農民學校的教學，既要重視文化科學及農業知識的課程，又要重視政治思想教育的課程。1926年12月，湖南省第一次農民代表大會也通過了《農村教育決議案》。其中提出：省農民協會教育委員會負責組織湖南農村教育協會，大規模地開展農村教育；縣農民協會、縣黨部會同縣政府創辦培養農村小學師資的學校；下級農協開辦農民學校按日班（農民子弟）、夜班（成年農民）及婦女班的組織形式，招收學生，由省農協組織農民教育委員會編制課程教材，並出版農村白話報和農村畫報。除廣東、湖南兩省外，湖北、江西、江蘇、安徽、四川等省的農民教育也蓬勃發展，形式多種多樣，有平民學校、平民書報室、農村宣講團、農民俱樂部等。

三、建黨初期創辦的革命幹部學校

中國共產黨在創建初期，就非常重視革命幹部的培養，先后創辦了一些教育青年和培養革命幹部的學校，其中著名的有湖南自修大學、平民女學、上海大學、農民運動講習所、勞動學院等。

（一）湖南自修大學

湖南自修大學是毛澤東於1921年8月利用船山學社的舊址和經費在湖南長沙創辦的一所新型大學，是中國共產黨早期創辦的第一所幹部大學。辦學宗旨是，要把有為的青年培養成為黨的幹部，來改造現實社會。辦學形式是採取古代書院和現代學校二者之長，以學生自動學習的方法，研究各種學術，以期發明真理，造就人才，使文化普及於平民，學術周流於社會。自修大學招生只憑學力，不限資格，不收學費；學習方法以自由研究、共同討論為主。教員負提出問題、訂正筆記、修改作文等責任。自修大學設文、法兩科。文科課程有中國文學、西洋文學、英文、倫理學、心理學、教育學、社會學、歷史學、地理學、新聞學、哲學等；法科的課程有法律學、政治學、經濟學等。每個學員選一個學科。實際上學員主要還是學習馬克思主義著作，主要有《社會主義從空想到科學的發展》《共產黨宣言》《哥達綱領批判》等。自修大學還組織了各種研究會，如數學、心理學、經濟學、周秦諸子學、印度哲學、中國文學、英國文學等研究會。為適應一般知識青年和勞動青年的要求，自修大學還附設「補習學校」，向社會公開招生，為黨訓練青年幹部。1923年11月，湖南軍閥趙恒惕以自修大學「學說不正，有礙治安」的罪名，將學校強行封閉。湖南自修大學存在時間不長，但它不僅為黨培養了一批革命幹部，而且在教育管理上也創立嶄新的管理模式。

（二）平民女學

平民女學是1921年10月在上海由中國共產黨人創辦的一所培養婦女革命幹部的學

校。校址設在上海法租界輔德里。中共中央局宣傳主任李達任校務主任,教員有陳獨秀、高語罕、陳望道、邵力子、沈雁冰、沈澤民等。學生大多是在新思想影響下,衝破封建家庭的束縛或被反動學校開除的進步青年婦女。辦學目的是「實行平民教育,要使一班平民女子得到人生必要的知識」。

(三) 上海大學

上海大學的前身為私立東南高等師範學校,1922年10月改組為上海大學,校長為於右任,后由邵力子代理校長,許多共產黨人在此主持校務和執教,如著名共產黨人瞿秋白任社會學系主任,陳望道任教務長,鄧中夏任總務長,蔡和森講授社會進化史,張太雷講授國內外時事問題,惲代英講授心理學,任弼時講授初級俄語、蔣光赤講授高級俄語,蕭楚女講授《什麼是帝國主義》,沈雁冰講授《西洋文學概論》,李大釗講演《社會主義釋疑》等。上海大學分為社會科學院、文藝院、附屬中學三部分,設社會科學系、中國文學系、英國文學系、美術系和俄文班,各系均有較完備的課程設置,除必修課外還設有各種選修課。學生學習採取理論聯繫實際的原則和主動學習、自由研討的方式,每周還舉行特別講座、演講會、邀請校外人士講演。學生還經常參加社會活動,如街頭宣講、民眾夜校授課、做工會工作等。1924年后上海大學師生在上海工廠區開辦工人夜校,到工人中宣傳革命思想,傳播文化。1927年4月蔣介石發動反革命政變後,封閉了上海大學。

(四) 農民運動講習所

農民運動講習所是為了適應國共合作后農民運動的發展,培養農運幹部的學校。從1924年7月至1925年12月辦了五屆,由中國共產黨著名農運領導人彭湃主持,主要是為廣東省培養農運幹部。1926年5月舉辦第六屆農講所,毛澤東任所長,向全國各省招生。1927年初,國民黨中央農民部決定在武昌成立中央農民運動講習所,鄧演達、毛澤東等人為負責校務的常務委員。農講所內設教務處、訓練處、事務處,各置主任1人,職掌各處事務。農講所的辦學宗旨是「養成農民運動之指導人才」「養成衝鋒陷陣之戰鬥員」。農講所的學生一律按部隊建制,收錄學生編成學生隊,但在管理上比較民主。農講所成立學生自治會,專門制定了自治會簡章。簡章規定,自治會受所務會議監督,管理部受軍事教育主任監督,俱樂部受政治教育主任的監督。農講所的課程設有基礎課、專業課、文化課、社會實踐和軍事訓練五個部,共29門。農講所的教學管理體現課內與課外相結合、理論學習與參加實際鬥爭結合的原則,根據培養目標開設相應課程,如《中國農民問題》《農村教育》《中國民族革命運動史》等。1927年6月18日,中央農民運動講習所舉行畢業典禮,此時「白色恐怖」已很嚴重,農講所難以繼續,學員撤離武漢,成為南昌起義的骨幹。

湖南自修大學、平民女學、上海大學、農民運動講習所代表了中國共產黨早期創立的不同類型的幹部學校,其教育管理已日漸成熟,既為后數十年的民族解放事業準備了幹部隊伍,又為我黨的幹部教育奠定了堅實的基礎。

思考題

1. 新文化運動促使教育觀念發生了哪些變化？
2. 評述 1922 年「新學制」。
3. 收回教育權運動的歷史意義何在？
4. 新文化運動時期和 20 世紀 20 年代，中國先後出現過哪些教育思潮和教育改革運動？其主要內容和特點是什麼？意義何在？

第十三章　國民政府時期的教育

【導讀】

　　國民政府建立后，中國教育進入一個十年發展期。期間，頒行三民主義教育宗旨，建立了諸多的學校管理制度，幼兒教育、初等教育、中等教育和高等教育都取得進展。即使在抗日戰爭的艱難時期，也努力保護了民族的文化教育命脈。同時，楊賢江、晏陽初、梁漱溟、黃炎培、陳鶴琴、陶行知等教育家矢志於以改革中國、改造中國社會為最終目的的教育求索，分別在新民主主義教育理論、鄉村建設和鄉村教育模式、職業教育思想體系、傳統學校教育的改革等方面做出了貢獻，共同促成了教育中國化的探索潮流。

【教學目標】

　　1. 瞭解國民政府時期教育宗旨與教育政策的演變過程，教育改革與學校教育的基本概況。
　　2. 瞭解陶行知生活教育理論和創造教育思想、黃炎培職業教育思想、陳鶴琴「活教育」理論的主要內涵與歷史評價。
　　3. 結合陶行知、黃炎培、陳鶴琴的教育思想，分析和解決當今的教育實踐問題。

　　1927 年春，以蔣介石為首的國民黨右派在南京發動「四一二」事變，經「寧漢合流」和「東北易幟」后，形式上統一了中國。1927—1949 年的國民黨中央政權，史界一般稱為「南京國民政府」或「國民政府」。這 22 年間國統區教育的發展大致可分為三個階段：第一階段為抗戰全面爆發前的 10 年，南京政府側重政治和軍事手段強化統治的同時，也借助確立「三民主義」教育宗旨、制定新學制、頒布系列教育法規等手段，意圖將教育納入國民黨一黨專政的軌道，客觀上也使得各級各類學校教育及其行政管理趨向統一規範，取得了一定程度的發展。第二階段為 8 年抗戰期間，國民政府以「抗戰建國」為基本國策，確立並堅持「戰時須作平時看」的教育方針，採取了組織高校內遷、設置國立中等學校等一系列戰時應變的教育措施，維持學校教育的正常秩序，保障了「抗戰建國」後續人才的培養，延續了中國教育的早期現代化進程。第三階段為抗戰勝利后，國民政府無視人民渴望和平民主的良好願望，悍然挑起內戰，造成國統區內經濟瀕臨崩潰，政治趨於瓦解，教育亦隨之遭到嚴重破壞。

第一節　國民政府時期的教育宗旨與政策

南京國民政府成立初期，教育宗旨基本沿襲廣東革命政府時期「黨化教育」的提法，后因政治因素影響而在1929年前后代之以「三民主義」為教育宗旨，實質仍為國民黨一黨專政模式在教育方面的反映，為其干預和控制教育提供法理依據。抗戰全面爆發后，「三民主義」教育宗旨並未發生變更，只是因時局需要而進行必要的轉軌，採用「戰時須作平時看」的具體政策。抗戰結束后，國民黨政權雖然形式上宣稱實行「憲政」，在所謂《中華民國憲法》中羅列了有利於教育民主平等的諸多法規，內戰的爆發，卻使得這些條款成為一紙空文，對教育的專制獨裁更為變本加厲。

一、「黨化教育」宗旨的形成與廢止

1924年1月，國民黨第一次全國代表大會確立「聯俄、聯共、扶助農工」的三大政策，廣東革命政府的教育運作模式亦深受蘇聯影響，如奉行「以黨治國」的原則辦理教育，強調教育與黨的事業緊密結合，「黨化教育」的思路便順理成章地得以形成並確立。1926年3月，教育行政委員會委員許崇清擬訂《黨化教育之方針——教育方針草案》，以「依據教育原理」和「根據革命的一般政策」兩點核心精神為指導，提出了「教育行政組織的改良與統一」「義務教育的厲行及其教育經費的國庫補助」「中等教育的擴張及其設備教學訓練的改善」等14條具體綱領。

南京國民政府成立后，本著加強控制教育領域的目的，意圖對「黨化教育」的內涵進行再次界定。1927年7月，教育行政委員會通過韋愨起草的《國民政府教育方針草案》，其基本內容共12條，其中「各學校應增設軍事訓練」「學生運動應統一在黨的指揮之下」兩項的黨派色彩最為明顯，為國民黨深化其在各級各類學校的思想滲透和組織建設奠定了政策基調。同年8月，教育行政委員會出拾《學校施行黨化教育辦法草案》，公然宣稱：「所謂黨化教育就是在國民黨指導之下，把教育變成革命化和民眾化。換句話說，我們的教育方針要建築在國民黨的根本政策之上。」至此，「黨化教育」徹底淪為國民黨任意控制和篡改教育的工具。如規定各級學校課程必須增設「黨義」科目，任課教師必須由各級黨部定期進行檢定，舉行宣揚「黨義」政策的紀念周，按「黨義」審查中小學教材和教科書等，某些地方甚至出現了強制教師集體加入國民黨的極端現象。

由於上述「黨化教育」的實施方略過於露骨，迅速激起了教育界廣大人士的強烈不滿和抵制。有的教師還發表文章，形象地將「黨義」教材比作四書五經，將紀念周儀式比作「聖諭廣訓」，一針見血地披露出所謂的「黨化教育」打著革命進步的旗幟，卻大行專制倒退的內在實質。頗為諷刺的是，這種「黨化教育」的宣傳方式竟也遭到了來自國民黨內部的非議。吳稚暉等即撰文指出「黨化教育」口號乃國共合作時期提出，且含義空泛，容易被「異黨」所借用。時任大學院首任院長的蔡元培也深感「黨化教育」作為國家教育宗旨，與其提倡的教育獨立精神極為相悖，力主加以變更。於

是在 1928 年 5 月，大學院召開的第一次全國教育會議上，各方雖然懷著不同的動機，但在廢止「黨化教育」名稱上達成了共識，一致同意採用「三民主義」教育的新提法。

二、「三民主義」教育宗旨的確立

在第一次全國教育會議上，「三民主義」的教育宗旨得到了形式上的公認，但對其內涵如何進行界定說明，國民黨政權內部尚存在著不小的分歧。此次會議對「三民主義」教育曾有如下說明：「所謂三民主義教育，就是實現三民主義的教育；就是以實現三民主義為目的的教育；就是各級教育行政機關的設施，各種教育機關的設備和各種教學科目，都是以實現三民主義為目的的教育。」然而，國民黨中央執行委員會訓練部不僅認為上述解釋「對三民主義教育之真諦，既無所闡明，而於教育與黨之關係，尤乏實際聯絡」，而且還另行擬訂了一份宗旨草案：「中華民國之教育，以根據三民主義，發揚民族精神，實現民主政治，完成社會革命，而臻於世界大同為宗旨。」

為統一黨內對「三民主義」教育的認識，1929 年 3 月召開的國民黨第三次全國代表大會便將確定教育宗旨作為議題之一。會上，國民黨中央宣傳部提交的《確定教育方針及實施原則案》最終獲得通過，並於次月由南京國民政府以《中華民國教育宗旨及其實施方針》的法令形式頒行。其中有關「三民主義」教育宗旨的文字表述為：「中華民國之教育，根據三民主義，以充實人民生活，扶植社會生存，發展國民生計，延續民族生命為目的，務期民族獨立，民權普遍，民生發展，以促進世界大同。」1931年 9 月，國民黨中央執行委員會常務會議又通過《三民主義教育實施原則》，更為詳盡地規定了各級各類教育的實施目標、綱要乃至課程、訓育和設備等。至此，「三民主義」教育宗旨及其實施方針、原則作為一個完整體系得以確立，直至國民黨政權覆滅之時，亦未修改更動。

客觀地說，上述教育宗旨頒布後，多少使得各級各類教育都有了一個有章可循的前進方向，對國民政府時期教育的整體發展起到了一定的指引作用。然而，此項教育宗旨及其實施方針、原則均由國民黨中央相關部門一手炮製，實質與「黨化教育」並無二致，專制保守性甚至有過之而無不及。反觀蔣介石政權在教育領域各方面的所作所為，恰恰都是對孫中山新三民主義真正內涵的反對。如此南轅北轍，使得所謂「三民主義」教育宗旨不過是國民黨政權控製學校教育，壓制民主進步思想，甚至推行個人崇拜的幌子與工具。

三、抗戰時期的教育政策

抗戰全面爆發後，華北、華東等地淪陷，當地學校等文教機關均因日偽瘋狂破壞而損失慘重。1937 年 8 月，國民政府教育部倉促出抬《總動員時督導教育工作辦法綱領》，一方面要求「戰爭發生時，全國各地各級學校及其他文化機關，務力持鎮靜，以就地維持課務為要」，希冀保障正常的教育秩序；另一方面也根據戰時環境規定了某些應變措施，如「各級學校之訓練，應力求切合國防需要，但課程之變更，仍須遵照部定範圍」。1938 年 4 月，國民黨臨時全國代表大會制定《中國國民黨抗戰建國綱領》，其中涉及教育者列有四項條款：「一、改訂教育制度及教材，推行戰時課程，注重於國

民道德之修養，提高科學之研究與擴充其設備；二、訓練各種專門技術人員，予以適當之分配，以應抗戰需要；三、訓練青年，俾能服務於戰區與農村；四、訓練婦女，俾能服務於社會事業，以增加抗戰力量。」會上同時通過《戰時各級教育實施方案綱要》，內含九大方針和十七要點。九大方針分別為：「一、三育並進；二、文武合一；三、農村需要與工業需要並重；四、教育目的與政治目的一貫；五、學校教育與家庭教育密切聯繫；六、對於吾國文化固有精粹所寄之文史哲藝，以科學方法加以整理發揚，以立民族之自信；七、對於自然科學，依據需要，迎頭趕上，以應國防與生產之急需；八、對於社會科學，取人之長，補己之短，對其原則整理，對於制度應謀創造，以求一切適合於國情；九、對於各級學校教育，力求目標之明顯，並謀各地平均之發展。對於義務教育，依照原定期限以求普及。對於社會教育與家庭教育，力求有計劃之實施。」十七要點則是對上述方針的具體細化說明，包括現代學制的維持與變通、學校遷移設置的通盤計劃、師資訓練的重視、各級學校教材和教學科目的整理、訓育標準的制定、教育管理制度的嚴格、教育經費的增加與籌措、教育行政機構的完善，以及留學教育、女子教育、社會教育、職業補習教育、邊疆教育與華僑教育等領域的相應措施。

四、抗戰結束后的教育政策

八年抗戰結束后，擺在國民政府面前的有兩大教育難題，相關教育政策也需要做出適時調整。一是教育復員，即原淪陷區教育的接收和戰時退往后方的文教機關及人員的回遷工作；一是修改有關教育法案，以平息社會各界要求教育民主的強烈呼聲。

日寇投降當即，國民政府教育部通過廣播電令原淪陷區教育界「暫維現狀，聽候接收」，同時迅速發布《戰區各省市教育復員緊急辦理事項》14 條及《教育復員及接收敵偽教育文化機關等緊急處理辦法要項》13 條；主要內容包括限期接收和恢復各級教育行政機關、學校及社教機構，清理各項教育資產，甄審教育有關人員，銷毀敵偽教科書及宣傳品等。1945 年 9 月，全國教育復員會議集中討論了「收復區學校如何復興、奴化思想如何根除、失學青年如何救濟」，「后方學校及文化機關如何遷移、如何分佈、西南、西北文化水平如何維持」等問題，制定了一系列相關政策。在全國教育界人士積極有力的配合下，戰后的教育復員工作取得了較為理想的效果。

1946 年，南京政府先是單方面撕毀和平協定，全面發動內戰，又在沒有共產黨和民盟參與的情況下，一手炮制出所謂的《中華民國憲法》。雖然這份憲法本身的合法性值得懷疑，但其中也包含了某些有利於教育民主和普及的條款。然而，國民黨政權一意孤行發動內戰，瘋狂鎮壓愛國師生的反戰運動，教育經費全然無法保障，偽《憲法》中有關教育民主進步的條款成為一紙空文，國統區內學校凋敝，學潮不斷，呈現出明顯的衰退狀態。國民政府覆亡前夕，企圖重施故技，效法抗戰期間的某些措施，如組織重要高校遷移，拼湊了 67 個國立中學及聯合中學拉攏失學青年等，但因人心盡失，這些計劃也隨著解放戰爭的勝利而被迫終止。

第二節　國民政府的教育改革與學校教育的發展

一、大學院和大學區制的試行與廢止

1927年6月13日，國民黨中央執行委員會第一百○五次政治會議通過蔡元培、李石曾等人的提案，撤銷原廣州國民政府時設立的教育行政委員會，採用法國教育行政制度，在中央成立中華民國大學院，由大學院總理全國教育事宜。在地方教育行政制度試行大學區制，取代省教育廳。

1927年6月17日，國民政府任命蔡元培為大學院院長。7月4日，公布《中華民國大學院組織法》。10月1日，大學院正式成立。根據「組織法」規定，「中華民國大學院，為全國最高學術教育機關，承國民政府之命，管理全國學術及教育行政事宜」。設院長一人，綜理全院事務，並為國民政府委員。下設秘書處、教育行政處、中央研究院、國立學術機關（勞動大學、圖書館、博物院等）、各種專門委員會等，並設立大學委員會，作為最高評議機關，有權推薦大學院院長及議決全國學術上、教育上一切重要問題。

1927年6月，國民政府審議通過《大學區組織條例》，7月公布實施。次年5月，又公布《修正大學區組織條例》。根據組織條例，全國定為若干大學區，每個大學區設立大學一所，大學區設校長一人，總理大學區內一切學術與教育行政事項。下設高等教育處、普通教育處、擴充教育處（社會教育處）、秘書處、研究院等，研究院為大學區研究專門學術之最高機關。大學區設評議會，為本區學術教育問題的最高立法機關。

蔡元培主張中央和地方教育行政機關分別實行大學院制和大學區制，是根源於他在1922年提出的教育必須獨立於政黨和教會的思想，把「教育事業完全交與教育家，保有獨立資格」。他認為這樣教育就可以不受政潮的影響，實現教育行政機構學術化、專業化、決策和實施的民主化，又可以使教育擺脫官僚的支配，使教育經費、圖書設備、教職人員得到保障。蔡元培改革中央和地方教育行政體制，實行大學院制和大學區制的意圖和路線是很好的，但是，這在中國卻很難行得通，而且教育也很難脫離政治而獨立，教育行政和學術研究兩者也很難兼顧，以至於在試行不久，就暴露出不少弊端，物議不斷，遭到各方人士的反對。「大學院組織之最大缺點，即為過重理想而忽視事實。」在反對聲中，1928年8月，蔡元培辭去大學院院長之職。10月8日，國民政府宣布改組，實行五院制。11月1日，國民政府下令改大學院為教育部，直屬於行政院。幾經改革，教育部下設高等教育司、中等教育司、國民教育司、社會教育司、邊疆教育司、總務司、國際文化教育事業處。1929年6月，國民黨第三屆執行委員會第二次全體會議決，廢除大學區制。7月，國民政府行政院決定北平、浙江兩個大學區於當年暑假內停止試行，中央大學區限年內停止試行，從7月起一律恢復教育廳制度。7月1日，北平大學區制宣告取消，恢復河北省教育廳。教育廳直屬省政府，通常設三至四科，分管高等教育、普通教育、社會教育及文書、統計、會計等事務，另設督學

機構。縣設教育局,包括總務、學校教育、社會教育三科。

大學院和大學區制是一次照搬外國教育制度,而忽視中國國情的失敗的教育管理制度改革的實踐活動。

二、教育管理制度

國民政府在教育行政系統中還採用了督導制、會考制,以加強教育管理。

(一) 督導制

教育督導制是教育行政機關為瞭解基層教育情況,加強教育指導和管理而採用的一項措施。它包括設置教育視導 (督導) 機構和專職視導人員。這項措施在中國最先始於清末新政時期學部。民國初年實行視學制度,並由教育部公布《視學規程》。

國民政府實行督學制,分教育部、省市教育廳、縣教育局三級督學。1931年7月,南京國民政府公布《修正教育部組織法》,規定「教育部設督學四至六人,視察及指導全國教育」。8月31日,教育部頒布《教育部督學規程》,規定督學的責任。省市督學始於1928年,但各省設立督學的情況很不一致。1929年2月,教育部公布《督學規程》,省教育廳設督學四至八人,特別市設督學二至四人。1931年6月,教育部公布《省市督學規程》,統一督學名稱。根據督學規程,各縣教育局得設督學,由各省教育廳另訂縣督學規程,呈部核准備案。

(二) 畢業會考制

畢業會考是國民政府對中小學校畢業生實行的一種管理或考試製度。1932年5月,教育部頒布《中小學學生畢業會考暫行規程》,規定從當年起正式實行會考制度,全國中小學應屆畢業學生經原校考核合格者,一律參加由各省、市、縣、區組織的會考委員會舉行的畢業會考。

考試成績一般分為甲、乙、丙、丁四個等級。甲等為優秀,丁等為不及格。1933年12月,公布《中學畢業會考規程》和《中學畢業會考委員會規程》。主要變化是:廢除小學畢業會考,制定中學畢業會考委員會組織細則,統一會考時間,嚴格會考程序,對會考科目、命題及計分方法做了新的規定等。會考各科成績及格才準予畢業和參加升學考試。因此,畢業會考是畢業考與升學考之間的一個中間環節。

國民政府的畢業會考制度有雙重目的:一是為了督促學校努力提高教學質量;二是為了加強對學生的政治控製,抑制學潮、整頓學風。它使得考試過於頻繁,不僅有礙於學生身心健康,也迫使師生窮於應付,反而影響了學生打好學業基礎,學校難以提高教學質量。因而,遭到社會上不少有識之士的抨擊。如魯迅於1933年2月在《申報》「自由談」專欄以「虞明」的筆名發表《智識過剩》一文,抨擊「會考制度」是一種「鏟除智識」的手段。陶行知在1934年6月的《生活教育》雜誌發表《殺人會考與創造的考試》,指責會考扼殺「中華民族的前途」,使「教育等於讀書,讀書等於趕考」。

三、「戊辰學制」的頒行

在學校制度方面，基本上仍繼續實行1922年公布之學制。但是，也根據實際情況進行了一些變通，修正原學制中的一些缺陷。1928年5月，在蔡元培的領導下，大學院在南京召開了第一次全國教育會議，在1922年的基礎上，通過了《整理中華民國學校系統案》，史稱「戊辰學制」。

1928年后，國民政府針對學制中的弊端又做了一些局部修改與改革，特別是在1932年隨著《小學法》《中學法》《師範學校法》《職業學校法》《大學法》等法令的頒布，對學製作了一些重大調整。這次修改最大的是在綜合中學問題上。「過去中學、師範、職業學校合併制度，是使設施混淆，目的分歧。結果中學固無從發展，而師範與職業教育，亦多流於空泛」，「馴至謀生、任教、升學三者目的均不能達」之理由，於是決定廢除綜合制度，分設中學、師範、職業三種學校。

經過1928年和1932年修改后的學制系統如圖13-1所示：

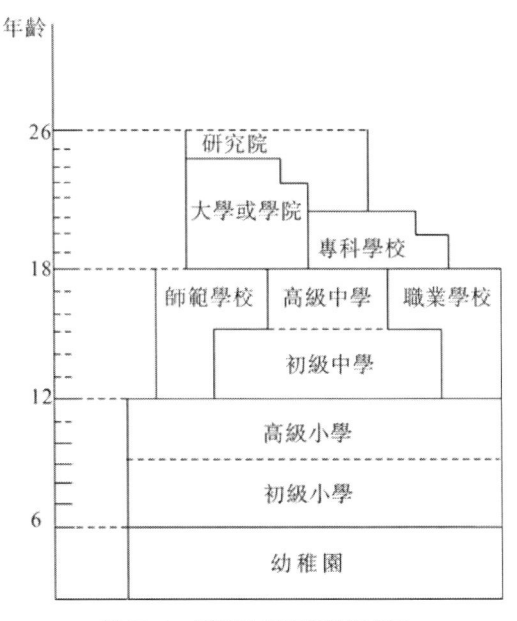

圖13-1　國民政府時期學制系統

國民政府分別於1937年、「抗戰」時期、1947年等對學制系統又做過幾次修訂，但是，基本上都是在1922年「壬戌學制」基礎上，基本保持了其「六三三四」的總體框架，只是對具體實施做一些因時變通或局部調整。但是，通過幾次修訂，使得學校類型更加多樣化，整個學制系統更加完善，更加符合中國實際。

四、各級學校教育的改革與發展

從南京國民政府建立到抗戰爆發前的10年裡，各級教育行政機關根據教育宗旨及其相關教育法令、章程，對各級學校教育進行改革，學校教育建設趨於法制化、規範

化。總體來說，各級學校教育在改革中不斷發展，取得了比較明顯的教育成就。抗戰爆發後，學校教育的正常秩序被打破。教育機關根據國民政府關於「戰時應作平時看」的教育方針，對教育採取了因應改革措施，使學校教育在大後方保存和發展。

（一）學前教育

學前教育在 1922 年頒布的新學制中已正式列入學制系統。1932 年，教育部頒布《幼兒園課程標準》（1936 年修訂），共分「幼稚教育總目標」「課程範圍」「教育方法要點」三個方面內容。它規定學前教育的目標是：增進幼稚兒童身心健康；謀幼稚兒童應有之快樂和幸福；培養人生基本的優良習慣；協助家庭教養幼兒及謀家庭教育的改進。總目標體現了適應幼兒身心發展和用現代教育精神改造家庭教育的思想特點。課程標準把幼兒的教育活動規定為：音樂、故事、兒歌、遊戲、社會和自然、工作、靜息、餐點等，體現了寓教於樂和活動之中的精神。在教育方法上，傾向於採用設計教學法的單元活動方式，充分考慮幼兒的自由活動、興趣愛好、遊戲、勞動等，表現出「五四」以來新教育精神與實踐的結合。

（二）初等教育

按 1922 年新學制，初等教育分為初小（四年）、高小（二年）兩級，實行義務教育制度。但是，由於當時中國連年處於軍閥割據、混戰狀態，義務教育實際上只能是一紙空文。南京國民政府建立後重提實施義務教育。

1932 年和 1933 年，國民政府相繼頒布《小學法》《小學規程》《小學課程標準》，規定小學為實施國民教育的場所，分為市立、縣立、區立、坊立、鄉鎮立、聯立、私立等形式。為了便於推行義務教育，將小學學制做了比較靈活的調整，把小學分為三類：①完全小學，六年制，分為初（四年）、高（二年）兩級、初級小學可單獨設立；②簡易小學，分全日制、半日制和分班補習制三種，前兩種為四年制，後一種要求修滿二千八百小時；③短期小學，招收十至十六周歲的年長失學兒童，實行分班教學，時間一年。後兩種學校都是為了推行義務教育而採取的變通辦法。

在抗日戰爭時期，國民政府在推行新縣制的同時，把義務教育與民眾教育合流，實施國民教育制度。1940 年 4 月，國民政府教育部制定《國民教育實施綱領》，規定：縣政府設立教育科，主管全縣的國民教育，在鄉鎮設立中心學校，以保為單位設立國民學校；國民教育分為義務教育和民眾補習教育，鄉鎮、保所立學校常設「小學部」和「民教部」；用五年時間分三個階段達到普及國民教育的目的。

（三）中等教育

1928 年 3 月，國民政府頒布《中學暫行條例》，規定中學採用普通、師範、職業綜合為一的體制。這種綜合中學體制遭到 1931 年國聯教育考察團的尖銳批評，1932 年，教育部決定對此進行改革，12 月，教育部正式廢除綜合中學制，採用歐式單科中學制，並相繼公布《中學法》《師範學校法》《職業學校法》，普通中學、師範學校、職業學校分別設立，形成中等教育「三足鼎立」局面。

1932 年公布的《中學法》和 1933 年公布的《中學規程》規定，中學「是嚴格訓

練青年身心，培養健全國民之場所」。中學為省立、市立、縣立、聯立和私立五類。在課程設置上，1929 年 8 月，教育部公布《中學課程暫行標準》，在中學實行學分制。1932 年 11 月，與廢除綜合制相適應，教育部頒布《初中各科課程標準》《高中各科課程標準》。1936 年，教育部公布《修正中學課程標準》。修改后的課程設立情況，初中為公民、國文、英語、歷史、地理、算學、物理、化學、動物、植物、生理衛生、圖畫、音樂、體育、勞作（女生為家事課），第三學年視地方情形可設職業科目四學時，減去音樂、圖畫、勞作四學時。高中為公民、國文、外國文、數學、本國歷史、外國歷史、本國地理、外國地理、物理、化學、生物學、軍事訓練、體育。高中從第二年級起分為甲乙兩組，甲組可多選習算學課，乙組可多選習國文、論理、英文三科十二學時。從第三學年酌設商業會計、簿記、統計、應用文書、打字、農藝、園藝等簡易職業科目。

1932 年，教育部頒布《師範學校法》，規定各級師範均由政府辦理，師範學校收初中畢業生，學制三年，另有鄉村師範、簡易師範等。師範學校課程有：公民、國文、歷史、地理、算術、物理、化學、生物、體育、軍訓（女生習軍事看護）、勞作、美術、音樂、論理學、教育概論、教育心理、教育測驗及統計、小學教材教法、小學行政、實習等。

(四) 高等教育

1929 年，教育部公布《大學組織法》和《大學規程》，把大學（包括獨立學院）宗旨確定為研究高深學術、養成專門人才的場所。按照辦學體制的不同，大學分為國立、省立、市立和私立四種。分文、理、法、教育、農、工、商、醫各學院，三院以上（必須包括理、農、工、醫各學院之一）始稱大學，否則為獨立學院（得分兩科），從而克服了 1922 年壬戌學制允許設立單科大學而出現的濫設大學的弊端。除大學醫學院或獨立學院醫學院外，院下再分立國文、歷史、哲學、教育、心理、數學、物理、化學、生物等若干學系。大學設立研究院，作為招收大學本科畢業生研究高深學術和教師從事科學研究的場所。學制方面，醫學院為五年，其餘科均為四年。大學各學院或獨立學院各科得分別附設師範、體育、市政、家政、美術、新聞、醫學等專修科。

在課程方面，1928 年起，國民政府開始制定大學統一的課程標準，確立共同必修課、主輔修制、學分制。1929 年的《大學規程》規定：以黨義、國文、體育、軍事訓練、第一和第二外國語等為各科共同必修課目；一年級學生不分系，但須學習基本課程，從第二年起應認定某系為主系（醫科除外），並選定他學系為輔系；各科課程採用學分制，但學生每學年所修學分應有限制，不準提前畢業。1932 年，通令採用學年兼學分制，除醫學院外的各科學生四年須修滿一百三十二學分始準畢業。

20 世紀 30 年代，是中國大學教育制度定型時期，國民政府主要通過立法等措施加強了政府對大學的控製，使大學教育趨於法制化、規範化，並採取措施調整了文科、法科與理科、工科的比例，而日漸趨於合理。各大學注意通過加強師資隊伍建設、嚴格考試製度等措施提高教育質量，因此，這一時期也是中國大學取得較大發展的時期，除早已聞名的北京大學外，又湧現了一批有成就、有特色的知名公私立大學，如清華

大學、交通大學、中央大學、南開大學、浙江大學、燕京大學。但是，也存在著諸如教育經費嚴重不足、區域分佈嚴重不平衡、大學數量不能滿足社會需要等問題。

第三節　學校的教學管理

南京國民政府為了全面控制學校教育，在對各級各類學校實施嚴格的訓導制度和軍事訓練制度的同時，也採取了一系列措施，強化了學校的教學管理。

一、頒布課程標準

國民政府為了全面控制學校的教學內容，制定和頒行了各級各類學校的課程標準。1928年12月，教育部公布《中小學課程起草委員會規程》，著手制定中小學課程標準，規定中小學的課程科目、課程目標、教授時間、教學方法和學分標準等要點。1929年8月，教育部公布了《幼稚園課程暫行標準》《小學課程暫行標準》《中學課程暫行標準》。規定小學的課程為國語、社會、自然、算術、工作、美術、體育、音樂，並對各科的目標、作業類別、教學方法要點作了規定。初中取消選修科目，課程設有國文、外國語、歷史、地理、算學、自然科、生理衛生、圖畫、體育、工藝，增加「黨義」和「黨童子軍」。高中普通科不再分組，增加「黨義」和「軍事訓練」。試行三年後，1932年10月，教育部正式頒行《小學課程標準》，分別就小學初、高兩級的課程科目、目標、內容等作了規定，並將「黨義」科教材融化於國語、社會、自然等科目中，另設有「公民訓練」，以實施小學訓育之標準。11月又正式頒行《中學課程標準》，規定了初中的課程科目，改「黨義」為「公民」，改「黨童子軍」為「童子軍」，周學時34～35學時。高中課程設有公民、國文、英語、中國歷史、外國歷史、中國地理、外國地理、算學、物理、化學、生物、體育、衛生、軍事訓練（女生習軍事看護）、倫理學、圖畫、音樂等，高中取消學分制，改為學時制，取消選修科目，周學時31～34學時。這些課程是為了嚴格訓練學生的身心、培養健全的國民，按起碼要求設置的，各級學校不得擅自決定課程的增減。

為落實和加強小學公民訓練課程，1933年2月，教育部公布《小學公民訓練標準》，從公民的體格訓練、德性訓練、經濟訓練、政治訓練等方面，按小學六學年分為281條細目，逐年規定了訓練要求。

抗日戰爭時期，國民政府加強了大學課程管理。1938年9月9日，教育部召開第一次大學課程會議，通過了《文理法三學院各學系整理辦法草案》。其中課程的「整理要項」規定：「全國大學各院系必修及選修課程，一律由教育部規定範圍，參照實際需要，酌量損益。」並把「三民主義」「軍事訓練」列為大學共同必修科目。又把《大學》《中庸》《論語》《孟子》列作中國文學系的必修科目。9月22日，教育部公布《文理法三學院共同科目表》，將三民主義、倫理學、國文、外國文、中國通史、世界通史等列為共同必修科目。同年11月2日，又公布《農工商學院共同必修科目表》。1939年8月1日，教育部公布《文理法農工商各學院分系必修及選修科目表》。從

1938年9月至1948年2月，教育部召開了三次全國大學課程會議，先後頒發了文、理、法、醫、農、工、商、師範八個學院的共同必修科目、分系必修科目和選修科目表，強調基礎訓練、基本要求和擴大知識面。

二、實行教科書審查制度

國民政府為了控制學校的教學內容，實行了嚴格的教科書審查制度。1927年12月16日，大學院公布《教科圖書審查條例》，規定中小學校採用的教科圖書，非經大學院審定者，「不得發行或採用」；審查圖書，「以不背本黨的主義」「黨綱的精神」，並適合教育目的。明確強調以國民黨的黨綱、黨義和「三民主義」為審查教科書的標準。

1929年11月，教育部發布了《教科圖書審查規程》(附審查教科圖書共同標準)。明確規定：各級各類學校所用的教科圖書，未經國民政府行政院教育部審定，或已失審定效力者不得發行或採用，並具體提出了教科圖書審查的政治標準、內容標準、組織形式標準、語言文字標準和印刷裝幀標準。如政治標準有「適合黨義、適合國情、適合時代性」三條，內容標準有「內容充實、事理正確、切合實用」三條。這些審核規定除了突出地強調了教科圖書的政治思想性外，也對教科圖書編撰的合理性、實用性提出了具體要求。

抗日戰爭時期，國民黨在制定《戰時各級教育實施方案綱要》中明確規定：「對於各級學校各科教材，應徹底加以整理，使之成為一貫體系，而應抗戰與建國需要，尤其盡先編輯中小學公民、國文、史地等教科書及各地鄉土教材，以堅定愛國愛鄉之觀念。」抗戰後國民政府教育部於1947年2月又公布《教科圖書標本儀器審查規則》，進一步強調：學校用教科圖書及標本儀器，應經教育部審定。

三、畢業會考與總考制

1932年5月，國民政府教育部以「整齊小學、初級中學、高級中學普通科學生畢業程度及增進教學效率」的名義，公布了《中小學畢業會考暫行規定》，規定各省市縣教育行政主管部門對所屬公立及已立案的私立中小學應屆畢業生，在經過所在學校考試合格後，實行會考。要求各科考試成績合格者始得畢業；一科或兩科不及格者，可復試一次，復試仍不及格者，可補習一年再參加該科考試一次；會考三科以上不及格者，應令其留級，亦以一次為限。由此開始了民國時期中小學生的畢業會考制度。

由於教育部關於畢業會考制度倉促實施，各地學校措手不及，加之學校教學質量確實也存在一些問題，當年參加會考考生不及格者居多，因而遭到多方面的反對，江蘇、湖南、綏遠、南京、廈門等省市先後出現請願、罷課的風潮，抵制會考，尤以安徽最為激烈，全省各中學公開反對會考，組織反會考大同盟，發出反會考宣言。為此，蔣介石下令責成省教育廳從嚴整飭，省政府下令撤換了大批中學校長，中學會考被強行實施。

中學實行畢業會考後，國民政府把這種制度向其他教育領域推廣。1934年4月，教育部頒布了《師範學校學生畢業會考暫行規程》，一年後又正式頒布和嚴令推行《師範學校學生畢業會考規程》，規定了師範學校、鄉村師範學校、簡易師範學校、簡易鄉

村師範學校等各類師範畢業學生參加會考的科目、時間、合格評定標準等，並強調師範學生必須會考各科通過，方得授予畢業證書，始獲正式服務教職之資格。畢業會考由此成為師範生獲求教職的必由之路。

1940年5月，教育部頒發《專科以上學校學生學業成績考核辦法要點》，規定從1941年起，專科以上學校將畢業考試改為「總考制」。畢業班學生除考最后一學期所學課程四種以上（專科為五種以上）外，還須指定通考以前各年級所學專門科目三種，不及格者不得畢業。總考試不及格科目得補考一次，仍不及格者，得參加下屆畢業總考，以一次為限。「總考制」頒布后，立即受到不少高校畢業生的抵制和反對，西南聯大的四年級學生組織了「反總考制」委員會，率領畢業班學生抵制高校總考試製度。

國民政府強行實施畢業會考與總考制度，其用意和效用均十分複雜。它表面上是為整齊學生的程度，增進教學效率，而實際上是國民黨的一種政治手段，企圖通過畢業會考、畢業總考來加重學生的課業負擔，迫使學生埋頭於書本，將精力花費在應付考試上，從而達到消除學生運動之目的。這種制度不僅受到青年學生的強烈反對，當時許多進步人士也尖銳地諷刺和批判了會考制度，如陶行知於1934年6月在《生活教育》上發表文章批判會考制度，認為是「殺人的會考」。

第四節　國民政府各級教育的發展

南京國民政府成立后，由於注意教育問題，並能根據政治和經濟需要來發展教育，統治時期和統治區域的學校教育事業較之北洋軍閥統治時期有所發展。

一、幼兒教育

1904年頒布實施的「癸卯學制」規定幼兒教育機構為蒙養院，1912年「壬子癸醜學制」改稱蒙養園，1922年新學制又改稱幼稚園。但是，新學制公布前后，幼兒教育機構以教會辦居多。據1921年的調查，全國教會所設的幼稚園已達139所，入學幼兒4,324人。另據1924年南京第一女子師範學校附設幼師科的調查，全國190所幼稚園中，教會辦的幼稚園竟達156所，占總數的80%以上。1925年以后，外國人設立幼稚園逐漸減少，其在中國幼兒教育中的地位開始下降，而中國人自辦的幼稚園借助國家法律法規的保障，在重視幼兒教育、推廣幼兒教育研究實驗的社會氛圍中，走上了規範蓬勃發展的道路，創辦了一大批幼稚園。到1936年，幼稚園、幼稚生數已分別達到1,283所、約8萬人。1947年，全國幼稚園數為1,301所，有13萬多孩子入園受教育。

1932年，國民政府教育部頒布《小學組織法》，規定「小學得設幼稚園」。同年，教育部頒布《幼稚園課程標準》（1936年修訂），規定幼稚教育的目的為：「增進兒童身心的健康」「力謀幼稚兒童應有的快樂和幸福」「培養人生基本的優良習慣」。當時，幼稚園多採用西方的設計教學法，辦園形式以半日制為主。1939年12月24日，教育部公布《幼稚園規程》，1943年教育部將《幼稚園規程》加以修正，經呈行政院，改為《幼稚園設置辦法》，於12月20日以公布實施，作為設置幼稚園之準則。這一系列

法規的頒布實施，使得各級政府管理幼稚園有據可依、有章可循，保證了幼稚園的健康發展。

二、初等教育

國民政府時期的初等教育與當時整個國民教育的發展一樣，依時事變化，可以分為三個時期：1927—1937年穩定發展時期，國民政府以「三民主義」為旗號，加強了對初等教育的控製，同時教育建設實行法制化，也給予教育發展以一定保障，民國初等教育於此時基本定型；抗日戰爭時期，由於國民黨提出「抗戰建國」的口號，實施國民教育制度，初等教育在時局動盪中仍能維持一定發展；抗戰勝利後，國民黨悍然發動全面內戰，國民教育的實施受到扼殺，初等教育同樣走向衰敗。

1928年2月，國民黨二屆四中全會宣言中提出「普及國民教育」，提高民眾知識，以造成健全之國民。同年5月，大學院召開的第一次全國教育會議議決：根據「三民主義」教育方針「厲行全國的義務教育」，中央、各省區、各市縣均設立義務教育委員會。1929年7月，國民政府行政院限教育部於當年9月製定出「厲行國民義務教育及成年補習教育」的規程和實施計劃，並要求限於1934年年底實現普及四年的義務教育。1930年，第二次全國教育會議將義務教育完成期限定為20年，即從1930年至1950年，而第一期將於1932年8月至1935年7月完成（只在全國指定的縣市實驗區試行）。1935年8月，行政院批準並頒布教育部根據國民黨四屆五中全會精神製定的《實施義務教育暫行辦法大綱》及實施細則，計劃分三期實現全國普及四年製義務教育。規定1935年8月至1940年7月為第一期，期間，除已入學者外，所有年長失學和適齡兒童均進入一年製短期小學，使80%以上學齡兒童都受到一年的義務教育；1940年8月至1944年7月為第二期，各省市所辦一年製短期小學全部轉為二年製，以使全國80%以上學齡兒童受到二年義務教育；1944年8月進入第三期，二年製短期小學全部轉為四年製，達到全國範圍內普及四年義務教育。後因抗日戰爭爆發，這一計劃即告中斷。國民政府普及義務教育計劃的屢屢變更，表明中國實現普及教育的困難程度和政府對困難的逐步認識。國民黨為加強統治，把大量人力、物力和財力投入剿滅共產黨的軍事行動中，也是普及義務教育遲緩的重要原因。

抗日戰爭爆發後，國民政府採取應變措施，本著「抗戰建國」的方針，實施國民教育制度。1940年3月，教育部公布《國民教育實施綱領》，推行兒童義務教育和失學民眾補習教育合一的新國民教育制度，並將小學改為國民學校和中心國民學校，還制定了到1945年8月的第一次五年計劃和分三步實施步驟。規定全國6~12足歲的兒童，「除可能受六年製小學教育外」，均應受二年或一年製小學教育；15~45足歲的失學男女民眾，均應分期受初級（4~6個月）或高級（半年至1年）補習教育，以求到1945年最終使入學率達到學齡兒童數的90%以上，失學民眾數的60%以上。推行國民教育制度，是國民黨實行「新縣制」的組成部分。根據規定，每鄉鎮成立國民中心學校1所，至少每3保成立國民學校1所，成為政府實行「管、教、養、衛」的活動中心和國民教育制度的場所，以使地方上的政、教、軍合一。因此，國民教育制度的實行具有強烈的政治色彩。

抗戰勝利後，國民政府在教育復員基礎上，提出全面普及國民教育的方案。但是，由於國民黨隨即發動了全面內戰，國民政府的普及教育計劃終成一紙空文。

三、中等教育

國民政府統治時期的中等教育也先後經歷三個發展階段：在統治的最初十年裡，通過一系列中等教育法規的頒布，保證了中等教育的發展。發展主要體現於中等教育內部結構的調整，而非數量的增加；抗戰時期由於採取「抗戰建國」方針，中學數量增長較快；抗戰勝利後，全國中學數量達到最高點。

1931年9月國民黨中央通過的《三民主義教育實施原則》規定中等教育的目標為：「一、確定青年三民主義之信仰，並切實陶冶其忠孝、仁愛、信義、和平之國民道德；二、注意青年個性，及其身心發育狀態，而予以適當的指導及訓練；三、對於青年應予以職業指導，並養成其從事職業所必具之知能。」1932年12月公布的《中學法》，則進一步明確中學教育的目標為：「繼續小學之基礎訓練，以發展青年身心，培養健全國民，並為研究高深學術及從事各種職業之預備。」具體的要求，於次年3月公布的《中學規程》中提出：「①鍛煉強健體格；②陶融公民道德；③培育民族文化；④充實生活知能；⑤培植科學基礎；⑥養成勞動習慣；⑦啓發藝術興趣。」民國政府的中學教育目標於此定型。

國民政府的中學體制最初仍襲用1922年新學制的初、高中三三分段的綜合中學制，將普通教育、師範教育、職業教育在同一學校中並設。1928年公布的「戊辰學制」雖提出師範學校、職業學校可以另外單設，但高中仍分設普通、師範、職業等科。1932年，教育部整頓全國教育，認為中學系統混雜，目標分歧，導致中學的普通教育無從發展，師範教育和職業教育難以保證。12月，教育部相繼公布《師範學校法》《職業學校法》《中學法》，廢止綜合中學，將普通中學、師範學校、職業學校分別設立，而高中不分文理科等。這一變革使中學教育的目標、結構與線索更為清晰，更有利於發揮各種教育的功能，適應中國教育發展的實際需要。

抗日戰爭勝利後，中等教育一度得到短暫發展。1946年，教育部開展國立中學復員工作，分別將國立中學交由各省教育廳辦理，學生資送回鄉入學。為充實大後方各省中學力量，部分國立中學留給所在省教育廳辦理。中學教育的秩序逐漸恢復正常。

四、高等教育

國民政府時期的高等教育，前十年可以說是穩步發展，逐步定型。抗日戰爭爆發後的一段時期裡開始下挫。但是，到抗戰勝利後，大學學校和學生數量都達到最高點。

1929年4月，國民政府公布《中華民國教育宗旨及其實施方針》，規定大學教育的目標：「大學及專門教育，必須注重實用科學，充實科學內容，養成專門知識技能，並切實陶融為國家社會服務之健全品格。」同年夏，國民政府和教育部配套公布《大學組織法》《大學規程》和《專科學校組織法》《專科學校規程》，對大專院校的目標、學制、辦學、課程等作了規定，規範了大專院校的辦學。其中關於辦學目標，大學是「研究高深學術，養成專門人才」，強調研究和學術性；大專是「教授應用科學，養成

技術人才」，側重應用性。

根據上述大學法規，全國大專院校分為國立、省立、市立和私立四種。大學分科改為學院，分設文、理、法、農、工、商、醫各學院，並增設教育學院。凡具備三個學院（必須具備理學院和農、工、醫學院之一）以上者，方可立為大學，否則只能作為獨立學院。這就糾正了1922年新學制降低大學標準的缺陷。大學修業年限除醫學院為5年外，其他學院均為4年，採用學年學分制。為保證大學的研究和學術特性，大學和獨立學院均得設立研究院或研究所。同時，根據《專科學校組織法》將專門學校改為專科學校，分為四類：甲類（工業）、乙類（農業）、丙類（商業）、丁類（醫藥、藝術、音樂、體育、市政、圖書館、商船等）。專科學校修業期限為2～3年。

進入20世紀30年代后，國民政府對高等教育繼續進行提高教育質量和效率的部署。1930年，廢止大學預科。1931年，又廢止專科學校的預科。同年6月，國民政府行政院令教育部執行國民會議通過的《確立教育設施趨向案》，根據「大學教育以注重自然科學及實用科學為原則」的精神，高等教育的辦學就此向注重實科的方向傾斜，要求對文法科嚴格審查，分別歸並或停年招生或分年結束。而將所節餘的經費移作擴充或改設理、工、農、醫等科之用，從而對大學文科的發展有所限制。此后，理、工、農、醫等科學生數逐年增加，文、法、教育、商等科學生數逐年減少。1934年，教育部還嚴格規定高校招生數，文、法、商、教等科不得超過理、工、農、醫等科。1931年，全國103所專科以上高校共187個學院，其中文法類占59%，理工類占41%；學生總數44,167人，其中文科學生占74.5%，理科學生占25.5%。至1935年，文科學生占48.8%，理科學生占51.2%。這一部署使高等教育內部學科專業結構趨於合理，對中國歷來重文輕實的教育傳統有所改變，使高等教育能夠適應社會需要，當然也不能排除其中包含了對高等教育強化控制的意圖。

抗日戰爭時期，政府對高等教育採取了應變措施，一方面加強了對高校的統一管理和規範調整，另一方面在沿海地區高校西遷后也做了調整和充實。

1938年9月，教育部召開第一次大學課程會議，公布《文理法三學院各學系課程整理辦法草案》，提出規定統一標準、注重基本訓練、突出精要科目三條課程整理原則。具體要求主要有：全國大學各院系的必修與選修課程，一律由教育部規定範圍，各大學院系在此範圍內可酌量增減。黨義、軍訓、體育為大學共同（公共）必修科目，而黨義包括三民主義、建國大綱、孫文學說、民權初步、實業計劃、國民黨歷屆宣言、唯生論、民生史觀、國民黨史、抗戰建國綱領等；大學第一學年不分系，注重專業基本訓練。二年級起分系，三、四學年根據院系性質開設實用科目，以為就業準備。此外，對大學教學、學年學分制、考試、畢業論文等都做了相應的規定。同時，公布了大學文、理、法三學院的共同必修課科目。同年11月，公布了農、工、商三學院的共同必修課科目。1944年8月，教育部召開第二次大學課程會議，修訂並公布了文、理、法、師範學院的院、系必修科目表。課程的統一，既是大學規範辦學的措施，也是國民政府以國民黨的意志加強控製大學教育的舉措。

為規範辦學，國民政府對大學院系名稱也做了統一規定。1939年，教育部針對高等院校院系名稱紛雜不一的狀況，公布《大學及獨立學院各學系名稱》，其規定：文學

院設中國文學、外國語文、哲學、歷史學等系；理學院設數學、物理學、化學、生物學、地質學、地理學、心理學等系；教育學院仍設教育原理、教育心理、教育方法等系。全國高校院系名稱由此趨於統一。

抗日戰爭時期，為保存國家教育實力，國民政府將沿海地區不少著名大學西遷，高等教育的基本力量不僅得以保存，還獲得一定發展。一方面，一些原有著名大學經過合併組合，使各自的優良傳統和學科優勢得以發揚和互補，形成新的特色，如由北大、清華、南開合併而成的西南聯合大學（見圖13-2），在極其困難的條件下，無論學術研究還是人才培養都成績斐然。此外，如國立浙江大學、國立中央大學等都成為享有盛名的大學。另一方面，在西南、西北新設和改制了一些大學，如新設的江西中正大學、貴州大學等，由省立改國立的雲南大學、廣西大學等，由私立改國立的廈門大學、復旦大學等。所有這些措施，使抗戰時期中國的高等教育呈發展態勢，學校和學生數比戰前有較大的增長。

圖 13-2　西南聯大校門

抗戰勝利後，高等教育也進行了復原工作。通過西遷大學回遷復原和改設、停辦大學的恢復辦學、內地在回遷大學遺址上重辦新校、接收改造敵偽地區大學等方式，高等教育在短期內發展較快。1947 年，全國高等教育在數量上曾達到國民政府時期的最高點。然而，由於國民黨挑起反共內戰，專制統治尤其是對高校思想控製和鎮壓的登峰造極，巨額的軍費支出，戰爭造成國民經濟的嚴重破壞以至於崩潰，高等教育已喪失生存和發展的基本條件，高校成為中國人民爭取解放鬥爭「第二條戰線」的主陣地，國民政府的高等教育走到了盡頭。

據《第二次中國教育年鑒》統計，1928 年全國公私立高等學校有 74 所，學生 25,196 人。1936 年大學達到 108 所，學生增至 41,922 人。抗日戰爭爆發後，一度減為學校 91 所，學生 31,188 人。但到 1947 年，高等學校發展到 207 所，學生 155,036 人。10 年間，學校增加 116 所，學生增加 123,848 人。

第五節　黃炎培、陶行知、陳鶴琴的教育思想

一、黃炎培

(一) 生平與教育活動

黃炎培（1878—1965 年），中國近代著名的愛國主義者、民主主義教育家、中國職業教育的倡導者。號楚南，后改號忉之、任之，出生於江蘇川沙（今上海市浦東新區）一個貧苦知識分子家庭，父母早亡，自幼好學。早年考中秀才、舉人，1901 年考入上

海南洋公學特班,深受蔡元培愛國主義、民主主義、教育救國思想等影響,成為他一生的重要轉折點。1905年秋,經蔡元培介紹,加入中國同盟會。辛亥革命前,歷任川沙縣視學、勸學所總董、江蘇學務總會評議員、江蘇省咨議局議員等職,在上海親自創辦、主持上海縣廣明小學、師範講習班、浦東中學等新式學堂,同時在愛國學社、城東女學、麗澤書院等新式教育團體與學校任教。

民國初年,他擔任江蘇省教育司司長,致力於全省教育改革。1913年,任教育部「課程標準起草委員會」委員,被推舉為江蘇省教育會會長。1915年之後,他先後考察了美國、日本、菲律賓等國家的職業教育,目睹國外生機勃勃的職業教育,對照在國內安徽、江西、浙江、山東、河北等省的考察,深感找到了改造中國教育的「良方」,即以「職業教育為方今之急務」,此后便以職業教育為教育活動的中心。1917年,他聯絡全國各界知名人士在上海發起成立了「中華職業教育社」。次年,創辦中華職業學校,從事職業教育試驗。

20世紀二三十年代,他參與鄉村建設實驗、籌辦南京高師、東南大學、南京河海工程學校、暨南大學、上海商科大學、廈門大學等高校。與蔣夢麟、陶行知共同主持《新教育》雜誌。為了從事實際教育工作,他曾經兩次拒絕擔任北洋政府教育總長之職。

1931年之后,他積極從事抗日救亡運動和民主運動。1941年,擔任「中國民主政團同盟」主席。1945年,發起「中國民主建國會」,任召集人。中華人民共和國成立后,他擔任政務院副總理兼輕工業部部長、全國人大常委會副委員長、全國政協副主席、中國民主建國會主任委員等職。

黃炎培從青年時代起就立志教育救國,並為此進行了長期而廣泛的教育實踐活動和豐富多彩的教育理論探索,對中國近現代教育最主要的貢獻有兩點。首先,1913年,他在《教育雜誌》上發表《學校教育採用實用主義之商榷》,提倡教育與學生生活、學校與社會實際相聯繫的實用主義,提出改傳統教育為近代實用教育的思想,成為民國初年實用主義教育思潮的先導,極大地推動了當時的新教育改革運動;其次,創辦中華職業教育社,堅持不懈地呼籲、倡導、實驗、推廣職業教育,最終促成了職業教育在民國時期教育體系中的地位。

(二) 職業教育思想

1. 職業教育的目的

黃炎培關於職業教育的目的,明顯經歷了前後兩個階段的發展、變化而臻於成熟。在職業教育形成初期,黃炎培針對當時中國所面臨的百業不良、社會生計恐慌、眾多青年失業失學等嚴重的社會現實問題,提出了職業與教育結合。因此,他認為興辦職業教育就是為了通過教育的力量使個人獲得生活能力,解決個人的生計問題,具體而言,就是四個方面:「謀個性之發展」「為個人謀生之準備」「為個人服務社會之準備」「為世界、國家增進生產力之準備」。之后,他又認為職業教育是「使無業者有業,使有業者樂業」。

「使無業者有業」,意思是指通過職業教育為中國資本主義工商業培養所需的技術

人才，也是為瞭解決社會失業問題，保障人們的生計。這正是黃炎培最初提出興辦職業教育的出發點，也是他的職業教育思想形成的基礎。

「使有業者樂業」，是指通過職業教育培養人們的知識、技能、道德，使受教育者勝任自己的職務，熱愛自己的事業，盡職盡責，以造福於社會，造福於人民。也就是說黃炎培倡導職業教育的目的包括為個人謀生和為社會服務的兩個相互聯繫的思想內涵。國無不教之民，民無不樂之生。黃炎培在數十年裡通過中華職業教育社這一教育社團在各地創辦了職業學校、職業補習學校、職業指導機構、鄉村職業教育實驗區等職業教育機構，無不是為了踐行「使無業者有業，使有業者樂業」的思想。

2. 職業教育的方針

黃炎培不斷總結職業教育實踐，根據時代變化和發展要求，提出了職業教育的方針是社會化和科學化的思想。

黃炎培認為社會化是職業教育機關的唯一的生命。1926年，黃炎培明確把職業教育社會化思想概括為「大職業教育主義」，「辦職業學校的，須同時和一切教育界、職業界努力溝通和聯絡；提倡職業教育的，同時須分一部分精神，參加全社會的運動」。所謂「大職業教育主義」，包括了兩方面的思想內容。一方面，由於職業教育與社會生活有著比普通教育更為密切的聯繫，因此不能就職業教育論職業教育。具體而言，不能只從職業學校做工夫，不能只從教育界做工夫，不能只從農工商職業界做工夫，必須聯繫社會，走職業教育社會化的道路。另一方面，辦職業教育不能只從發展資本主義工商業著眼，必須顧及廣大民眾的利益、需要，謀求「大多數人民的最大幸福」。

3. 職業教育的教學原則

黃炎培根據職業教育的特點和實際經驗，提出要實現職業教育培養具有實際操作能力的人才的目標，職業教育必須遵循「手腦並用」「做學合一」的原則，做到「理論與實際並行」「知識與技能並重」。「職業教育的目的乃在養成實際的、有效的生產能力。欲達此種境地，需要手腦並用」。為此，黃炎培既批判了中國過去實業教育重視書本理論學習、輕視實習操作，重視知識灌輸、輕視能力培養的弊病，也批評了當時讀書人只用腦不動手，做工人只用手而不動腦的惡習。「單靠讀書，欲求得實用的知識和技能」，「是萬萬學不成的」，提倡「動手的讀書，讀書的動手」。為了貫徹這些教學原則，職業學校都要辦工廠（場）、農場、商店、林果場等，為學生提供實習場所。課程的安排充分考慮實習時數，要求理論課與實習時數各半，教材的選編注重實踐性。

4. 職業道德教育的基本原則

黃炎培認為職業教育「不僅是為個人謀生的，並且是為社會服務的」，因此，職業教育不僅包含職業知識技能的傳授和學習，而且要注重職業道德情操的訓練。「職業教育訓練的第一要義，即『為群服務』。」黃炎培又把職業道德教育的基本原則概括為「敬業樂群」。所謂「敬業」，是指「對所學習的學業具有嗜好心，所任之事業具有責任心」，即熱愛自己的專業和職業，對學業和工作都盡職盡責；所謂「樂群」，是指「具優美和樂之情操及共同協作精神」。「敬業」與「樂群」密切聯繫，離開職業道德教育，職業知識技能的訓練也沒有任何意義。黃炎培把「敬業樂群」的職業道德教育思想全面貫徹在職業教育實踐的每一個環節之中，他把「敬業樂群」作為中華職業學

校的校訓，並親自書寫成匾，掛在學校教工教育館禮堂的講臺兩側，以便學生永遠銘刻在心。后來，中華職業教育社根據黃炎培的思想，制定了《職業道德教育標準》（也稱訓育標準），把「敬業樂群」具體化、條例化。

二、陶行知的教育思想

陶行知（1891—1946年）是中國現代教育史上偉大的教育家，深受杜威的進步主義教育影響，創造和發展了生活教育的理論與實踐。他從深厚的愛國主義思想和鮮明的民主主義思想出發，把教育作為救國救民，改造社會的武器。他的一生不斷為爭取民族獨立和人民的解放而奮鬥，為改造舊教育和創造新教育而不懈開拓探索，給後人留下了一份彌足珍貴的教育遺產。

陶行知原名陶文濬，1891年10月18日出生於安徽歙縣。1909年考入南京匯文書院，1911年匯文書院與其他教會學校合併為金陵大學，陶行知升入金陵大學文科，1914年以優異的成績畢業於金陵大學。之後籌款赴美留學，1915年獲得伊利諾大學政治學碩士學位。後來轉入哥倫比亞大學研究教育，受教於實用主義教育家杜威和著名心理學家孟祿門下，深受他們的影響。1917年陶行知獲得哥倫比亞大學師範學院「都市學務總監」的資格文憑。同年秋，懷著「要使全中國都受到教育」的宏願回國，踏上了一條曲折而艱難的改造中國舊教育的漫漫徵程。

陶行知回國之後，先後擔任南京師範學校、東南大學教授、教務主任、教育科主任等職，1922年擔任中華教育改進社主任幹事。1923年至1926年主要從事平民教育運動。1923年6月，與朱其慧、晏陽初等人在南京組織南京平民教育促進會，積極開展平民教育運動。為成功地實施平民教育，他與朱經農合編了《平民識字課本》，力圖使不識字的人在四個月內讀完這套課本。1923年到1926年，他的足跡踏遍大江南北。他到處發表演講，廣泛地接觸貧苦大眾，在家庭、街道、商店、工廠、機關、軍營、監獄、寺院、蒙古包，到處可以看見他忙碌的身影。為實踐平民教育的理想，他甚至在自家的門口掛上「笑山平民讀書處」的牌子，給人們識字讀書提供方便。為了接觸平民，教他們識字讀書，陶行知放下大學教授的架子，脫去西裝，換上中式棉褲棉襖；脫去禮帽，換上中國傳統的西瓜小帽；脫去皮鞋，換上布鞋、草鞋。親自與老媽子、洋車夫、小攤販等貧苦民眾傾心交談、通信，指導他們學習。

1945年抗日戰爭勝利後，撰寫了《創造的兒童教育》等文章，主張新民主主義的政治和教育，並提出「民主的、科學的、大眾的、創造的」四大方針。1946年1月，陶行知在重慶創辦社會大學，擔任校長，推行民主教育和創造教育。1946年4月，陶行知回到上海，繼續奮不顧身地投入反獨裁、爭民主，反內戰、爭和平的鬥爭，並為在上海創辦社會大學和育才學校的遷址問題多方奔波。民主戰士李公樸、聞一多遭國民黨特務暗殺，陶行知被列為黑名單上的第三名。他一面做好了「我等著第三槍」的犧牲準備，一面繼續堅持鬥爭，視死如歸，始終站在民主運動的最前列。終因「勞累過度，健康過虧，刺激過深」於1946年7月25日患腦溢血在上海逝世，享年55歲。

陶行知的一生，是在生靈塗炭、國家多難、民族危急之秋度過的，他以「捧著一顆心來，不帶半根草去」的赤子之忱，與勞苦大眾休戚與共，為人民教育事業，為中

國的民族解放和民主事業鞠躬盡瘁，奮鬥終生。陶行知著作宏碩，教育思想非常豐富，涉及生活教育、普及教育、兒童教育、師範教育和創造教育等方面。

(一) 生活教育思想

生活教育是陶行知教育思想的核心。生活教育理論是他提倡平民教育、鄉村教育時逐漸形成的系統教育理論。生活教育思想貫穿於陶行知從事新教育、普及教育、平民教育和鄉村教育的全部過程。陶行知生活教育理論的核心思想是：「生活即教育」「社會即學校」「教學做合一」「為創造而教育」。20 世紀 40 年代初，他在《談生活教育》的一封信中比較集中地概括了生活教育理論的幾個要點：「從定義上說：生活教育是給生活以教育，用生活來教育，為生活向前向上的需要而教育。從生活與教育的關係上說：是生活決定教育。從效力上說：教育要通過生活才能發出力量而成為真正的教育。教學做合一是生活法亦即教育法。」

1.「生活即教育」

「生活即教育」是陶行知生活教育的本質論，是其吸收杜威「教育即生活」觀點並結合中國教育實際加以改造後提出來的，是對教育本質、教育起源問題的概括和對教育內容的規定，其內涵十分豐富。它主要有這樣幾層意思：一是生活含有教育的意義。陶行知指出：「教育的根本意義是生活之變化，生活無時不變即生活無時不含有教育的意義」「過什麼生活便是受什麼教育」「過好的生活，便是受好的教育；過壞的生活，便是受壞的教育」。二是實際生活是教育的中心。「生活教育是生活所原有，生活所自營，生活所必需的教育。」三是生活決定教育，教育改造生活。自有人類社會以來，便有生活教育，生活教育隨著人類生活的變化而變化。

2.「社會即學校」

「社會即學校」是陶行知生活教育的範圍論。陶行知吸收杜威「學校即社會」的觀點，提出「社會即學校」的教育主張。「社會即學校」是陶行知生活教育理論的重要組成部分。他在《什麼是生活教育》中指出：「自有人類以來，社會就是學校，生活就是教育。」統治階級、士大夫之所以不承認這一點，是因為他們有特殊的學校給他們的子弟授特殊的教育。「從大眾的立場上看，社會是大眾唯一的學校，生活是大眾唯一的教育。」他認為，在「學校即社會」的主張下，學校裡學的東西太少了，「一切都減少了，校外有經驗的農夫，就沒人願意去領教；校內有價值的活動，外人也不能受益」。因此，他批評「學校即社會」是鳥籠，就好像把一只活潑的小鳥關在鳥籠子裡一樣。而「社會即學校」則不然，是要把鳥籠子裡的小鳥放到天空中使它任意翱翔，是要把學校的一切伸張到大自然裡去，把整個社會作為教育的範圍。他認為，「不運用社會的力量，便是無能的教育，不瞭解社會的需要，便是盲目的教育」。傳統的教育把學校與社會隔絕，學校與社會之間有一道高牆。「社會即學校」就是為了衝破這道高牆，從而把學校伸張到社會，從而在社會這所大學校裡，人人可以做先生，人人可以做學生，「隨手抓來都是活書，都是學問，都是本領」。

3.「教學做合一」

「教學做合一」是陶行知生活教育的方法論。陶行知基於「生活即教育」「社會即

學校」的教育目的觀、教育本質觀、教育內容觀和教育範圍觀，受杜威活動課程、主動作業思想的影響，明確地提出了「教學做合一」的教育方法論。他反對教師「教死書，死教書，教書死」，學生「死讀書，讀死書，讀書死」這種陳腐的教學方法，主張「教學做合一」。

「教學做合一」思想在陶行知生活教育理論中的地位至關重要。據他所述，正是「教學做合一」的形成，才使他的思想從「教育即生活」轉變成了「生活即教育」，而曉莊師範學校的「基礎就是立在這五個字上」的。這是由於「教學做合一」是生活教育理論的方法論，「生活即教育」「社會即學校」都需借助它得到落實。當然也必須指出，陶行知過分誇大了社會生產生活實踐的教育價值，忽視了學校教育的作用。

(二) 普及教育思想

陶行知一生的最大心願就是在中國實現普及教育，把文化科學知識從少數人手裡解放出來，下放到勞苦大眾手裡，使整個民族現代化。他說：「這十幾年來，我有時提倡平民教育，有時提倡鄉村教育，有時提倡勞苦大眾的教育，不知道的人以為我見異思遷，歡喜翻新花樣，其實我心中有一個中心問題，這問題便是如何使教育普及，如何使沒機會受到教育的人可以得到他們所需要的教育。」為此，他不怕艱辛困苦，歷盡艱辛坎坷，為在中國實現普及教育奮鬥了一生。

陶行知所提倡的普及教育思想，是從中國的實際出發的，他主張用窮辦法普及窮人所需要的「粗茶淡飯的教育」，指出只依靠學校進行普及教育是不夠的，要在校外創造出一種較為自然的組織來補救。同時，他又提出，普及教育必須要有三個條件：一要省錢，二要省時，三要通俗。他推動了「科學下嫁運動」，創辦「空中學校」，實行「小先生制」等推行普及教育的途徑與方法，特別是把普及教育與控制人口結合起來的思想具有超前性，后來中國普及教育的實踐證明他的觀點是完全正確的。

(三) 幼稚教育思想

陶行知十分重視幼稚教育，從事過幼稚教育實踐，先後參與創辦過多所幼稚園，撰寫過《創造鄉村幼稚園宣言書》《幼稚園之新大陸》《如何使幼稚教育普及》等多篇幼稚園論文，具有豐富的兒童教育思想。

1. 幼稚教育尤為根本之根本

他說：「教人要從小教起。幼兒比如幼苗，必須培養得宜，方能發榮滋長。否則，幼年受了損傷，即使不夭折也難成才。所以，小學教育是建國之根本，幼稚教育尤為根本之根本。」針對中國社會一般都忽視幼稚教育的狀況，他認為，「必須喚醒國人明白幼年的生活是最重要的生活，幼年的教育是最重要的教育」。由此，他提出：「小學教育應當普及，幼稚教育也應當普及。」

2. 創造「中國的」「省錢的」「平民的」幼稚園

陶行知認為，中國近代幼稚教育模式是從西方引進的，存在著「外國病」「花錢病」「貴族病」三大病症。即盲目模仿，一味抄襲外國幼稚教育模式；費用太高，難以推廣；幼稚園大多招收貴族人家兒童，於平民家庭兒童無緣。於是，幼稚園成了富貴人家和偽智識階層人家兒童在國內享受洋化幼稚教育的專利品，失去了造就新型共和

國民的價值。

基於這些認識，陶行知強調幼稚園必須下鄉下廠，向工農子女普及。他呼籲：「幼稚園的下鄉運動和下廠運動必須開始！」而要開辦鄉村幼稚園，絕不可照搬尋常幼稚園的辦法，「非根本的把幼稚園變成平民的、中國的和省錢的不可」。幼稚園下鄉下廠，必須堅持三大原則：「第一要打破外國的面具，第二要把貴族的架子放下，第三要省錢。」

陶行知的這些思想不僅在當時而且在今天也非常寶貴。在九年義務教育普及後，如何在農村實施普及幼兒教育以及普及什麼樣的幼兒教育，值得全體幼教工作者深思。陶行知關於創辦中國的、省錢的、平民的幼兒教育的思想值得借鑑。

3. 幼稚教育的方法

陶行知認為，幼稚教育的方法，一要尊重兒童，二要解放兒童，三要重視兒童的作用。

尊重兒童，不僅是不壓制他們的興趣、個性、才能，而且要幫助兒童生長。尊重兒童的前提是瞭解兒童。幼教工作者應當「以赤子之心」去瞭解兒童身心發展的特點，瞭解兒童的興趣、願望和要求，瞭解兒童的生理和心理，認識和發現兒童的生活、力量和創造力，充分認識兒童的發展潛力。其次要尊重兒童的人權，把兒童作為有人格尊嚴、獨立個性的人來看待，要與兒童交朋友。

解放兒童是指把兒童從成人的束縛中解放出來。為此，陶行知提出了「六大解放」，即解放兒童的頭腦、雙手、眼睛、嘴、空間、時間。讓兒童獨立思考、親手去做、親眼觀察、大膽說話、廣泛接觸、自由發揮，以發掘兒童的潛力，發展他們的創造力。

(四) 師範教育思想

陶行知非常重視師範教育，他不僅注意到師範教育對發展教育事業本身的作用，而且從中國的實際情況出發，把師範教育放到挽救貧窮落後的民族，改造舊的社會，創立新的國家的高度上去認識，把師範教育同國家命運和民族前途緊密聯繫起來。他認為師範教育關係著國家的前途與命運，是「國家所托命」，「可以興邦，也可以促國之亡」。

在教育制度上，陶行知主張，師範教育要從實際出發，適合中國的國情。要按照教育界的需要培養人才，建立中國特有的師範教育體制。他積多年之經驗，認為：「教育界所需要的人才可分四種：一是教育行政人員，二是各種指導員，三是各種學校校長和職員，四是各種教員。」正是因為「教育行政辦學指導人員之不得相當的培養」，才造成了「中國學務不發達」。為瞭解決這個問題，陶行知提出了「廣義師範教育」的主張。「廣義師範教育」的基本內容是：「凡是教育界需要的人才都應受相當的培養」。1922年他在《新學制——師範教育》一文中，提出了師範教育的三條原則，可視為「廣義師範教育」的註釋：一是教育界要什麼人才就該培養什麼人才；二是教育界的人才要什麼，就該教給他什麼；三是誰在那裡就誰教。

他說：「學做教師有兩種途徑：一是從師，二是訪友。跟朋友操練比從師來得格外

自然，格外有效力。所以要想做好教師，最好是和好教師做朋友。凡用朋友之道教人學做教師，便是藝友制師範教育。」他主張通過與有經驗的教師交朋友、當助手、在觀摩、體驗、實踐中加快農村的教師培養。這些見解都是頗有啟發意義的。

（五）創造教育思想

陶行知是中國教育史上為數不多的明確提倡開展創造教育的教育家。他十分重視創造教育，不僅撰寫了《創造宣言》《創造的兒童教育》和《創造的社會教育論綱》等創造教育專論，而且大多數教育論著都涉及創造教育尤其是兒童創造能力培養問題。他在《育才三方針》中規定以「向著創造生活前進」為核心，在致育才學校全體師生的《最后一封信》中又以「為科學創造而學習」與大家共勉；他創辦重慶社會大學，強調創造新世界是其「主要的功課」，「社會大學之道」首先要使學生知道人的四大品德：覺悟、聯合、解放和創造。由此可見，創造教育思想在陶行知教育思想中占據非常重要的地位。

1. 創造教育的目的

陶行知認為，創造的教育就是以生活為教育、以社會為學校、學校和社會打成一片的教育。他指出：「行動是老子，思想是兒子，創造是孫子。」「做的最高境界就是創造。」創造的目的是建設新中國、新世界。延伸到教育上就是：「『行動』是中國教育的開始，『創造』是中國教育的完成。」就創造教育方法而言，「手和腦一塊兒干是創造教育的開始，手腦雙全是創造教育的目的。」陶行知認為，創造教育的理想和目的有二：第一，創造教育的社會目的，是要為「老百姓造福利」，為「整個國家民族謀幸福」，為「整個人類謀利益」。第二，創造教育的個體目的，是要培養出具有真善美人格和創造力的人，陶行知稱這種人為「活人」。他在《創造宣言》一文中提出要培養出「真善美的活人」。

2. 創造教育的「六大解放」

陶行知認為，「兒童是新時代的創造者」，應當解放和培養而不是壓制甚至摧殘兒童的創造力，因此創造教育必須從兒童抓起。為了培養兒童的創造能力，他專門撰寫了《創造的兒童教育》和《民主教育》等文章，提出兒童創造教育需要做到「六大解放」：①解放兒童的眼睛，就是讓學生多觀察現實社會，多瞭解社會現實生活，才能發現新情況、新問題。陶行知在《民主教育》一文中說：「解放眼睛，敲碎有色眼鏡，教大家看事實。」②解放兒童的頭腦，「撕掉精神的裹頭布，使大家想得通」，使學生的頭腦從迷信、盲從、成見、曲解、幻想中擺脫出來，大膽想像，大膽思考，大膽探索，獨立思考，讓創造性思想「突圍出來」。③解放兒童的雙手，「剪去指甲，摔掉無形的手套，使大家可以執行頭腦的命令，動手向前開闢」，即讓兒童親自動手操作，參與實踐，而不能像傳統教育那樣不許兒童動手，動手就打手心，以致不知槍斃了多少中國的「愛迪生」。他主張家長和教師都應向愛迪生的母親學習，讓孩子有動手的機會。④解放兒童的嘴巴。「使大家可以享受言論自由，擺龍門陣，談天談心，談出真理來」，即鼓勵兒童大膽開口說話。他批評中國的家長和教師一般不喜歡孩子提問題，不允許小孩子多說話，壓制了孩子的問題意識，阻礙了孩子創造力的發展。孩子有了「言論

的自由，特別是問的自由，才能充分發揮他的創造力」。他指出：「發明千千萬，起點是一問，禽獸不如人，過在不會問，智者問得巧，愚者問得笨，人力勝天工，只在每事問。」兒童有了言論自由特別是問的自由，才能自由地「對宇宙發問」、對萬物發問，充分培養他的表達和思維能力。⑤解放兒童的空間。「把小孩從鳥籠裡解放出來，飛進大自然、大社會去尋覓豐富的食糧。」即讓兒童接觸大自然和社會現實，拓展學習範圍。在陶行知看來，從前的學校完全是一個鳥籠，改良的學校也是一個放大的鳥籠，孩子就像困在籠中的小鳥，被束縛在狹窄的空間裡不能自由地飛翔。他主張：「打開鳥籠讓鳥飛」，把兒童從封閉的學校範圍亦即鳥籠中解放出來，「與萬物為友」，「去接觸大自然的花草、樹木、青山、綠水、日月、星辰」，接觸「大社會中的士、農、工、商、三教九流，自由地對宇宙發問，與萬物為友，並且向古今中外三百六十行學習」。因為「創造需要廣博的基礎」，打破傳統校園封閉狀況，解放了學習活動空間，才能搜集豐富的資料，擴大認識的視野，也才能發揮出個體內在無限的創造力。⑥解放兒童的時間。「把小孩從勞碌中解放出來，使大家有點空間，想想問題，談談國事，看看書，干點於老百姓有益的事，還要有空玩玩，才算有點做人的味道。」要求成人盡可能把時間留給學生，使其有時間玩、想、說和做。他堅決反對傳統教育一味讓學生「作業」「督課」「趕考」等，使學生無時間去玩、去想、去說和去做，從而失去了學習人生、做事和創造的欲望和機會，同時也失去了身心的健康乃至忘記了對國家、民族和人類的責任。

三、陳鶴琴的教育思想

陳鶴琴（1892—1982 年）是中國現代教育史上著名的兒童心理學家和兒童教育家，中國學前教育理論與實踐的奠基人。他是中國現代學習、引進和運用西方教育與心理思想、方法，進行中國化和科學化的幼兒教育實驗和理論建樹的代表人物，其幼兒教育理論與實踐對於傳統幼兒教育的改造產生了重要影響，引領了 20 世紀 20~40 年代中國幼兒教育的發展與變革。

陳鶴琴於 1892 年生於浙江省上虞縣（今上虞市）百官鎮。6 歲喪父，家境困厄，在家鄉讀了 6 年私塾后，於 1906 年進入教會辦理的蕙蘭中學。1911 年 2 月，考入上海聖約翰大學。同年秋，轉考入北京清華學堂高等科。1914 年夏，結束清華學業，與陶行知同船赴美留學。1917 年夏獲霍普金斯大學文學學士學位后，旋入哥倫比亞大學專攻教育學和心理學，就學於克伯屈、孟祿、桑代克、羅格等名教授。1918 年夏，獲教育碩士學位后，繼續攻讀一段時間心理學博士學位課程。

1940 年 10 月，陳鶴琴在江西泰和創設中國第一所幼稚師範學校——江西省立實驗幼稚師範學校，明確提出「活教育」理論主張。1943 年江西幼師由省立改為國立后，在該校增設專科部，深入開展「活教育」實驗。1945 年抗戰勝利后，回上海任教育局督導處主任督學，兼任上海市立幼稚師範校長，並復辦鼓樓幼稚園。

中華人民共和國成立后，歷任政務院文教委員會委員、南京中央大學師範學院院長、南京師院院長、江蘇省心理學會名譽理事長、中國教育學會名譽會長、全國幼兒教育研究會名譽理事長等。陳鶴琴一生發表約 400 萬字的論著，主要著作有《兒童心

理之研究》（1925）、《家庭教育》（1925）、《活教育的教學原則》等，合著《智力測驗法》《測驗概要》等，輯有《陳鶴琴教育文集》（上下兩卷）、《陳鶴琴全集》（6卷）。

(一) 兒童的心理發展特點與教育

1. 兒童觀察實驗及其教育意義

陳鶴琴從1920年冬開始，堅持808天，以其長子陳一鳴為對象，從出生時起，就兒童的動作、能力、情緒、言語、遊戲、學習、美感等發展變化和各種刺激反應進行周密的觀察和實驗，做出詳細的文字記錄和攝影記錄，寫成《兒童心理之研究》一書。他在書中闡述了兒童心理發展的一般規律與年齡特徵，揭示了兒童形成心理特徵和道德品質、掌握知識與技能以及發展智力和體力的心理過程。

2. 兒童心理特點與教育

通過揭示幼兒的心理特點，陳鶴琴提出了相應的教育教學原則。他認為兒童不是「小人」，「兒童的心理與成人的心理不同，兒童時期不僅作為成人之預備，亦具有他本身的價值，我們應當尊敬兒童的人格，愛護他的爛漫天真」。他認為幼兒具有以下幾個主要特點：

（1）好動。陳鶴琴認為：「兒童生來好動的，他喜歡聽這樣，看那樣；推這樣，攪那樣；忽而玩這樣，忽而弄那樣；忽而立，忽而坐；忽而跳，忽而跑；忽而哭，忽而笑。沒有一刻的工夫能像成人坐而默思的。」針對兒童的這種好動心理，家長及教師不僅要正確對待，而且應當給他們充分的機會、適當的刺激，使兒童多與萬物接觸，兒童就是通過「玩這樣弄那樣，就漸漸從無知無能的地步到有知有能的地步」。

（2）好模仿。對於兒童來說，模仿他人的行為是他們這一年齡階段一個重要的心理特徵。幼兒學習言語、風俗、技能，大多要依賴這個模仿，如常有兒童學父母講話、學父母做家務、學父母的行為。因此，環境對於兒童的成長有很大的影響。如果孩子處於一個氣氛良好、他人言行有禮、做事井然有序的環境中，孩子的行為自然會趨於有禮和有序；相反，如果孩子處於一個氣氛不良，他人言行無禮、行事亂七八糟的環境中，孩子的行為就會不自覺地趨於無禮和無序。因此，作為父母來說，應該注意自己的言行，以給孩子良好的榜樣作用；作為教師更應該以身作則，以做到為人師表；作為學校應該致力於純美校風的營造，使學生在暢飲知識的甘泉的同時形成良好的行為習慣。

（3）易受暗示。陳鶴琴通過試驗得出存在積極和消極兩種暗示的結論。一是積極的暗示，兒童常常隨著人末了一句話或者一個字說，但到了兩歲半時，這種暗示性就沒有了；一是消極的暗示，兒童原本不覺得怎樣，你暗示他一個意思后，他反倒按這個意思去做了。如兒童跌跤后，母親把他抱起來並說「不要哭！不要哭！」結果他倒反而哭起來了。

（4）好奇。陳鶴琴指出：「兒童凡對於一切新的東西就生出好奇心。」他說：「好奇心是兒童學問之門徑」，是父母和教師「施教的鑰匙」。根據自己的觀察和研究，陳鶴琴認為兒童好奇心的表現有：①凝視觀察。②自動觀察。③試驗。④問句。⑤破壞的好奇。陳鶴琴認為，好奇心對於兒童的發展有著巨大的作用。兒童對於新的東西都

會生出好奇心，一好奇就會接近它，一接近他就想知曉它的一些性質。正是出於這種好奇心，兒童會在不知不覺中學習到很多的知識和技能。特別是對於 2~3 歲以上的兒童來說，對於他們好奇的事物，常常會習慣於問很多的「為什麼」，然后通過自己的觀察或者向他人請教的方式努力尋求答案。因此，作為教師應當善於利用兒童的好奇心，用新的經歷、新的事物來吸引他激發他並引導他走向學問的境界。

（5）好遊戲。陳鶴琴認為，對於兒童來說，喜好遊戲是其天然的活潑的本能，是兒童生存的重要內容。對於教育者來說，遊戲是一種極具價值的教育方式，對於兒童的發展有著巨大的價值。其一，發展身體。遊戲是兒童自然的、感興趣的、活潑的活動。遊戲的時候，兒童不自覺地把他的全部精神用於遊戲之中，鍛煉了筋骨，促進消化、呼吸、循環等內部機能健康發展。其二，培養各種高尚的道德。各種高尚的道德，幾乎都可以從遊戲中得來。因為遊戲中包含著許多做人的道理，能使兒童養成高尚的品德。

（6）喜歡成功和贊許。陳鶴琴認為，兒童喜歡做事情，而且喜歡成功。因為事情成功，可以得到父母和老師的贊許。成人應當利用這種心理去鼓勵兒童做各種事情。但讓兒童做的事情不要太難，若太難就不能有所成就；若沒有成就，小孩子或者要灰心而下次不肯再做了。兒童「一有成就，就很高興，就有自信力；所成就者愈多，自信力也愈大；自信力愈大，事情就愈容易成功」。無論教師還是家長，都應該傾向於贊揚而非懲罰孩子，常常用鼓勵性和表揚的話語去激勵孩子的行為；對於孩子不恰當的行為也不應該是指責式的打罵，而應是引導他加以改正。

（7）喜歡合群。陳鶴琴認為：「凡人都是喜歡群居的。幼小嬰兒，離群獨居，就要哭喊。2 歲時就要與同伴遊玩，到了 5~6 歲，這個樂群心更加強了。」為此，陳鶴琴告誡人們，要利用這種合群的心理教育孩子：要給他得著良好的小朋友；應給他馴良的小動物，如貓狗兔等作他的伴侶；應給他小娃娃之類的玩具以聊解他的寂寞。

（8）喜歡野外生活。陳鶴琴說：「小孩子都喜歡野外生活，到門外去就歡喜，終日在家裡就不十分高興。」兒童天性是向往廣闊的自然界的。作為父母，應該讓孩子常有機會親近大自然，走進大自然；作為老師，可以根據孩子的不同年齡分別組織他們到野外去玩。

(二) 論家庭教育

1925 年，陳鶴琴的著作《家庭教育》在商務印書館出版。該書不同於一般枯燥的理論研究，而是直接源於生活的真實。陶行知為該書所作的《願與天下父母共讀之》的序言中贊譽道：「這本書是兒童幸福的源泉，也是父母幸福的源泉。」贊揚著者是以「科學的頭腦、母親的心腸做成此書」。

1. 家庭教育應遵循兒童心理發展特點

陳鶴琴在《家庭教育》一書中，開宗明義地要求：「家庭教育必須根據兒童的心理始能行之得當。若不明兒童的心理而妄施以教育，那教育必定沒有成效可言的。」如：根據兒童喜歡稱贊的心理特點，教育原則是「積極的鼓勵比消極的刺激好得多」。他舉證說，志貞的母親很鍾愛志貞，但要求志貞過於完美。稍微做錯了一點或做得不妥，

她就要嚴厲指責，以為這種教訓必能啓發志貞的天資，激起志貞做事的興趣，哪裡知道，志貞愈加不肯學習了。

2. 家庭教育要民主化

陳鶴琴對舊式家長制的教育作風進行了嚴厲批評。他說：「我們有的舊家庭的父母，以為做父母的必定要使得子女敬畏自己；要子女畏我敬我，就必定要很嚴厲地對待子女；要很嚴厲地對待子女，就不應當以禮貌來待他們了。所以『父嚴子孝，法乎天地』這兩句話，在舊家庭裡差不多成為天經地義萬古不能更改的信條。其實他們的觀念是不對的。」

3. 家庭教育應潛移默化

陳鶴琴認為家庭教育應融化和滲透於日常生活之中，通過家長的言傳身教、親子間的交往和家庭生活，隨機地、個別地、面對面地進行。在品德教育方面，陳鶴琴非常重視教會孩子待人接物，特別強調要從小教育孩子心中有他人，學會考慮別人的安寧和幸福，鼓勵孩子每天做件好事，使人得著快樂；尊敬長者，對人有禮貌；敬愛父母，父母回家時會熱情相迎；親人有病時，能表示同情；樂意幫助父母做事，養成愛勞動和愛惜物品的習慣等。

4. 提高父母教育素養

陳鶴琴認為，父母的素質和教育能力是保證家庭教育質量的前提條件。陳鶴琴再三強調做父母不是一樁容易的事情，要求父母「必須要研究兒童的身體如何發育，兒童的心理如何發展，兒童的知識如何獲得，兒童的人格如何培養，這種種問題要在未做父母之前應當有初步的研究；既做父母之後，應當繼續不斷的注意。」

(三)「活教育」理論

「活教育」理論是陳鶴琴獨創的以兒童教育為特色的教育理論。「活教育」萌芽於20世紀20年代，1940年，陳鶴琴在江西省立實驗幼稚師範學校時正式提出，后得到進一步發展，形成「活教育」的理論體系。

1.「活教育」的本質

所謂「活教育」，是針對「死教育」而言的。陳鶴琴的「活教育」無疑是針對中國傳統的「死教育」而提出來的。他引證陶行知描寫當時教育情形的兩句警語：「教死書，死教書，教書死；讀死書，死讀書，讀書死。」決心使這種腐朽的死教育變為前進的、自動的、有生氣的教育，即活教育。他將「活教育」表述為：「教活書，活教書，教書活；讀活書，活讀書，讀書活。」

陳鶴琴的活教育理論體系主要包括三大部分：目的論、課程論、教學論。

2.「活教育」的目的論

(1)「活教育」的目的。陳鶴琴認為，「活教育」的目的是教育兒童「做人、做中國人、做現代中國人、做世界人」。

第一，做人。教育的本質就是培養「人」。活教育的目的是教人「做人」。中外古今的教育家，都是非常注重教人做人的。到了近代，教育本身變了質，以為讀書就是「受教育」，反倒把做人忘記了。所以，陳鶴琴說他特別提出教育目的是使受教育者學

會「做人」，以喚起人們對教育這一本質目標的注意。在陳鶴琴看來，這種人既不是奴婢，也不是君主；既不是文官，也不是武將；既不是專門「勞心者」，也不是專門「勞力者」。他要求，做一個一般意義上的真正的人，必須熱愛人類、愛真理，具有獨立的人格。他認為人之所以異於其他動物，就因為人是一種社會的存在。

第二，做中國人。中國教育的對象是中國兒童。因此，對中國兒童實施教育應基於中國國情。他強調，我們生活在中國，是一個中國人，就應當學習做一個與其他國家的人有所不同的中國人。「做中國人」標明了「活教育」目的的民族遺傳限制。陳鶴琴說，中國兒童生在中國，是一個中國人，做一個中國人與做一個別的國家的人不同。因為中國社會發展有自己的特質，中國人生活的內容及其意向必然為該特質所規定。尤其重要的是，要教他們明了中國當前的生活內容與奮鬥目標，做一個有骨氣的中國人，即「每一個人都要負荷一個歷史任務，那便是對外反對帝國主義的干涉，爭取民族獨立；對內肅清封建殘餘，建樹科學民主」。

第三，做現代中國人。「現代」是一個時間概念，即20世紀是科學民主的時代。我們每個人都生活在現代社會的中國，就應當做現代中國人。因此教育既不能脫離中國的實際，也不能脫離現實，它一方面應建築在中國的歷史傳統和人文結晶之上，一方面應緊跟時代發展的步伐。所培養的人，應當是既承繼民族傳統文化又具有科學頭腦、民主思想的現代中國人。

第四，做世界人。他認為，中國是世界的一環，不能脫離世界而孤立自存；生在今日世界的一個中國人，除了過國家民族的生活外，同時還要過世界的生活。基於這樣的認識，從1945年起，陳鶴琴就提出不僅要使兒童學會做人，做中國人，做現代中國人，還要學會做世界人。首先要有世界眼光，即要對世界有正確的看法，必須瞭解世界的事事物物，如大自然怎樣在運動，大社會怎樣在發展。只有具有世界眼光的人才能做一個世界人。同時，做世界人還要學會愛自己的國家，愛國家就是要愛我們國家的光榮歷史、國家的前途和人民，從而擔負起歷史任務，使國家進步繁榮。

（2）教育目的的規格。陳鶴琴認為，做一個具有世界眼光的現代中國人，必須具備健全的身體、建設的能力、創造的能力、合作的態度和為大眾服務的精神五個條件。

第一，健全的身體，須將單純重心的教育轉變為身心並重的教育。唯其有健康的身體，才能擔負起現代中國與世界給予我們的任務。

第二，建設的能力，須將單重知識的教育轉變為知識、技能並重的教育。長期的外侮與內亂，造成中國「破壞多於建設」，而中國急切需要的是各種建設。過去學生的建設能力太弱，因此，學校應該讓學生去從事種種建設工作，培養學生的建設能力，以適應國家建設與發展的需要。

第三，創造的能力，須將單重傳承的教育轉變為兼重創新的教育。中國長期的專制制度和封建文化束縛民族的創造力，並且導致文化落後、科學不舉。培養創造力要從兒童時期開始。陳鶴琴認為應培養學生有勞動的身手、科學的頭腦，手腦並用，才有創造。

第四，合作的態度，須將單重慎獨的教育轉變為更重合群的教育。缺乏團結，不善合作，一盤散沙，是現代中國國民的嚴重缺陷。團結才有力量，對於學生，應培養

他們的犧牲小我、成全大我的合作精神和態度，訓練他們團結的意識和善於合作的能力。

第五，服務的精神，須將「人人為我」的教育轉變為「我為人人」的教育。只讓兒童熟悉各種知識技能而不知如何去幫助人的教育是無意義的。應該培養兒童一種服務精神，指導兒童去幫助別人，去瞭解大我的意義，肯為大眾服務。

思考題

1. 評述國民政府的教育宗旨。
2. 國民政府為加強對學校的管理和控製採取了哪些措施？
3. 評述陶行知「生活教育」理論的基本內容及其現實啟示。

第十四章　中國特色的社會主義教育體系

【導讀】

　　自中華人民共和國成立以來，中國社會經歷了3年恢復、5年過渡、10年全面社會主義建設、10年「文革」、30年改革開放幾個階段。中國教育在艱難曲折中發展，取得了巨大成就。本章主要敘述了中華人民共和國成立以來新教育方針政策的制定、新教育制度的建立與改革、各級各類教育的發展及其成就。學習和研究這段教育發展史，對於瞭解新中國時期教育改革與發展狀況、推進教育現代化非常必要。

【教學目標】

1. 掌握中華人民共和國時期教育方針的發展演變。
2. 掌握新中國教育的巨大成就。
3. 理解中國教育改革的主要內容和歷史意義。

　　1949年10月1日，中華人民共和國誕生。中華民族從此結束了近百年來的半殖民地半封建的苦難歷史，掀開了民族獨立、統一、團結和日益走向富強的新篇章，開始了社會主義改造和社會主義建設的新時代。

第一節　教育方針政策

一、中華人民共和國成立初期的教育方針

　　1949年9月中國人民政治協商會議第一次全體會議通過的《中國人民政治協商會議共同綱領》第五章「文化教育政策」規定：「中華人民共和國的文化教育為新民主主義的，即民族的、科學的、大眾的文化教育。人民政府的文化教育工作，應以提高人民文化水平，培養國家建設人才，肅清封建的、買辦的、法西斯主義的思想，發展為人民服務的思想為主要任務。」「提倡愛祖國、愛人民、愛勞動、愛科學、愛護公共財物為中華人民共和國全體國民的公德。」同年12月第一次全國教育工作會議重申了《共同綱領》制定的文教政策，提出新教育的目的是「為人民服務，首先為工農兵服務，為當前的革命鬥爭與建設服務」；「教育必須為國家建設服務，學校必須為工農開門」；對舊教育採取「堅決改造，逐步實現」的方針；建設新教育要以老解放區新教育經驗為基礎，吸收舊教育某些有用的經驗，借助蘇聯教育經驗；「教育工作的發展方針

是普及與提高相結合」。這些方針政策明確了當時教育工作的性質、任務和總方向，對於肅清國民黨政府的文教政策和舊教育的不良影響，對於中華人民共和國成立初期教育的改造與建設起著重要的指導作用。1951年3月，第一次全國中等教育會議提出：「普通中學的宗旨和培養目標是使青年一代在智育、德育、體育、美育各方面獲得全面發展，使之成為新民主主義社會自覺的積極的成員。」這是中華人民共和國成立後首次提出智、德、體、美全面發展，使教育方針的表述比較簡明全面。1952年3月18日教育部頒發《中小學暫行規程（草案）》，提出「實施智育、德育、體育、美育全面發展的教育」。這些雖然是對普通中小學說的，但對整個教育都產生了重大影響。

　　1953年中國進入了社會主義改造時期。中共中央公布了過渡時期總路線。教育工作的中心轉移到為社會主義工業化和三大改造服務的軌道上來。教育方針的提法隨之發生了變化。1954年1月全國中學教育會議提出：當前中學教育的任務，是以國家總路線的精神教育學生，把他們培養成積極參加社會主義建設和保衛祖國的全面發展的新人。同年5月，政務院公布《關於改進和發展中學教育的指示》，提出：「中學教育的目的，是以社會主義思想教育學生，培養他們成為社會主義社會全面發展的成員必須貫徹全面發展的教育。」1955年8月中華全國學生會第16次代表大會提出，全國青年學生要在中國共產黨領導下，貫徹毛主席「身體好、學習好、工作好」的指示，把自己培養成為具有高度的社會主義覺悟、能夠掌握現代科學知識、身體健康的全面發展的社會主義建設者。這幾種提法，明確提出了培養社會主義社會的新人、建設者的目標和德（高度的社會主義覺悟）、智（掌握現代科學知識）、體（身體健康）幾方面全面發展的標準，反映了整個教育事業的社會主義方向和全面發展的目標要求。

二、20世紀50年代后期至70年代的教育方針政策

　　1957年2月，毛澤東針對教育界與教育方針有關「全面發展教育」的討論，提出：「我們的教育方針，應該使受教育者在德育、智育、體育幾方面都得到發展，成為有社會主義覺悟的有文化的勞動者。」這個提法與前幾種提法的區別在於，一是正式使用了「教育方針」的概念，二是把「德育」放到了首位，三是未提「美育」，四是用「幾方面發展」取代了「全面發展」，五是明確提出了培養「勞動者」的目標。這個方針儘管還不是很完善，但仍不失為比較科學和準確的提法，它明確了中國教育的性質、方向、培養目標及其規格，成為長期指導中國教育的方針，對新中國教育的發展影響深遠。

　　1958年9月，中共中央、國務院在《關於教育工作的指示》中使用了「教育工作方針」和「教育目的」的提法，提出：「黨的教育工作方針，是教育為無產階級的政治服務，教育與生產勞動相結合」；「教育的目的，是培養有社會主義覺悟的有文化的勞動者。」並指出這種主張「正確地解釋了『全面發展』的含義」。這個方針是當時中國特殊的政治、經濟、文化、教育形勢的產物，儘管在某些方面是正確的，但在長期執行過程中卻產生了一些不良的影響，甚至給教育工作造成了損失。

三、改革開放新時期的教育方針政策

1976年10月,「四人幫」被粉碎,宣告了「文化大革命」的結束。1978年12月,中國共產黨第十一屆三中全會召開,果斷地停止了「以階級鬥爭為綱」的口號,做出了把全黨全國工作重點轉移到社會主義現代化建設上來的戰略決策,提出了以經濟建設為中心,堅持改革開放和四項基本原則的基本路線,中國社會發展進入了一個新的歷史時期。相應地,教育方針也發生了變化。

1978年9月22日,鄧小平在全國教育工作大會上講話指出:「我們的學校是為社會主義建設培養人才的地方。培養人才有沒有質量標準呢?有的。這就是毛澤東同志說的,應該使受教育者在德育、智育、體育幾方面都得到發展,成為社會主義覺悟的有文化的勞動者。」要「把毛澤東同志提出的培養德智體全面發展、有社會主義覺悟的有文化的勞動者的方針貫徹到底,貫徹到整個新社會各個方面」。「為了培養社會主義建設需要的合格的人才,我們必須認真研究在新的條件下,如何更好地貫徹教育與生產勞動相結合的方針。」后來他又提出教育要「三個面向」,要培養「四有」新人。這些都被寫進了中央和國家有關文件,具有教育方針的性質,對新時期教育的改革和發展起著十分重要的指導作用。

1999年,《中共中央國務院關於深化教育改革,全面推進素質教育的決定》指出,現有的教育觀念、教育體制、教育結構、人才培養模式、教育內容和教學方法相對滯后,要求必須深化教育改革,全面推進素質教育。對於實施素質教育,要求以提高國民素質為根本宗旨,以培養學生的創新精神和實踐能力為重點,造就「有理想、有道德、有文化、有紀律」的、德智體美等全面發展的社會主義事業建設者和接班人。實施素質教育應當貫穿於幼兒教育、中小學教育、職業教育、成人教育、高等教育等各級各類教育,應當貫穿於學校教育、家庭教育和社會教育等個方面。

第二節　全面建設社會主義時期的教育

1956年生產資料所有制的社會主義改造基本完成之后,從1957—1965年,中國進入全面建設社會主義的時期。黨的八大及時地提出了調動一切積極因素,建設一個強大的社會主義國家的總體戰略。中國教育由此也進入了一個新的發展時期,即探索社會主義教育發展道路的時期。

一、社會主義教育方針的提出

1957年2月,中華人民共和國主席毛澤東在最高國務會議第11次(擴大)會議上,作了題為《關於正確處理人民內部矛盾的問題》的重要講話。他在講話中提出了「將中國建設成為一個具有現代工業、現代農業和現代科學文化的社會主義國家」的目標,並分析了社會主義社會的基本矛盾及其特點,提出了正確區分和處理兩類不同性質矛盾的理論,強調要加強思想政治工作。他指出:「我們的教育方針,應該使受教育

者在德育、智育、體育幾方面都得到發展,成為有社會主義覺悟的有文化的勞動者。」這是中華人民共和國成立以後,第一次明確提出的教育方針。

1958年4月,中共中央在北京召開教育工作會議。9月19日,中共中央、國務院發布《關於教育工作的指示》,明確提出:「黨的教育工作方針,是教育為無產階級的政治服務,教育與生產勞動相結合;為了實現這個方針,教育工作必須由黨來領導。」

《關於教育工作的指示》提出,貫徹黨的教育工作方針的要點,是在一切學校中,必須進行馬克思主義的政治教育和思想教育,培養教師和學生的工人階級的階級觀點、群眾觀點和集體觀點、勞動觀點、辯證唯物主義的觀點。在一切學校中,必須把生產勞動列為正式課程。今後的方向,是學校辦工廠和農場,工廠和農業合作社辦學校。一切教育行政機關和一切學校,應該受黨委領導。在一切高等學校中,應當實行黨委領導下的校務委員會負責制。一切中等學校和初等學校,也應該放在黨委的領導之下。

《關於教育工作的指示》對社會主義教育的培養目標作了如下表述:「共產主義社會的全面發展的新人,就是既有政治覺悟又有文化的、既能從事腦力又能從事體力勞動的人,而不是舊社會只專不紅,脫離生產勞動的資產階級知識分子。」

毛澤東的講話和中共中央、國務院《關於教育工作的指示》都明確地提出了社會主義教育方針,指明了中國一切學校必須堅持社會主義辦學方向,重視馬列主義的政治教育和思想教育,重視教育與生產勞動相結合,培養一代全面發展的共產主義新人。

二、1958年的教育革命

(一) 教育事業的大躍進

1958年5月,中共八屆二次會議提出了「鼓足幹勁,力爭上游,多快好省地建設社會主義」的總路線,會後,全國城鄉迅速掀起「大躍進」的高潮。

1958年9月,中共中央、國務院發布了《關於教育工作的指示》,認為,「隨著工農業生產的大躍進,『文化革命』已經開始進入高潮」,提出「調動一切積極因素,鼓足幹勁,力爭上游,多快好省地掃除文盲,普及教育,培養出一支數以千萬計的又紅又專的工人階級知識分子的隊伍,是全黨和全國人民的巨大的歷史任務之一」。

《關於教育工作的指示》提出,為了多快好省地發展教育事業,必須採取統一性與多樣性相結合,普及與提高相結合,全面規劃與地方分權相結合的原則,實行國家辦學與廠礦、企業、農村合作社辦學並舉,普通教育與職業(技術)教育並舉,成人教育與兒童教育並舉,全日制學校與半工半讀、業餘學校並舉,學校教育與自學(包括函授學校、廣播學校)並舉,免費的教育與不免費的教育並舉。實行三類辦學體制,即全日制學校、半工半讀學校和各種形式的業餘學校。全國應在三年至五年內基本上完成掃除文盲、普及小學教育、學齡前兒童大多數都能入托兒所和幼兒園的任務,以15年左右的時間普及高等教育。根據這一指示,一個以教育與生產勞動相結合為中心內容的教育大革命和多快好省地發展教育事業的群眾運動,便在全國蓬勃地發展起來。

(二) 推行勤工儉學、半工半讀

1957年5~6月間,《中國青年報》《人民日報》相繼發表了《提倡勤工儉學,開

展課餘活動》《一面勞動，一面讀書》的社論，提倡學生勤工儉學。1958年1月27日，共青團中央發布《關於在學生中提倡勤工儉學的決定》，提出：「最近一年以來，全國有許多學生利用假期和課餘時間從事各種勞動，並且以勞動所得報酬來補助自己一部分或全部學習和生活費用。這種一面勞動，一面讀書，勤工儉學的活動，對於培養學生成為具有社會主義覺悟的、有文化的勞動者，有著極其重大的意義。」2月4日，教育部發出《關於大力支持團中央〈關於在學生中提倡勤工儉學的決定〉的通知》，認為實行半工半讀、勤工儉學是「使學校教育與生產勞動相結合的重大措施之一」。3月24日教育部召開的第四次全國教育行政會議進一步提出：勤工儉學、半工半讀是體現教育方針的一項根本措施，它應該服務於教育目的。生產勞動必須列入教學計劃。勤工儉學的主要意義在政治上和教育上。

中共中央《關於在農村建立人民公社問題的決議》發表後，各地出現了人民公社化高潮，農村的全部中小學下放給公社領導管理。在河南、河北、廣東、山東等一些省市，把學校合併集中，出現了一批集體住宿、集體吃飯、集體讀書、集體勞動的學校。農村人民公社開始大辦學校。一些工廠、人民公社、機關、街道辦起了高等學校、中等專業學校、農業中學、普通中小學、幼兒園以及紅專大學、勞動大學、市民學院等各種形式的學校。有的工廠、人民公社還宣布辦成了從幼兒園到高等學校的「教育體系」「教育網」，實現了「人人勞動，人人學習」的「共產主義教育制度」。

（三）試驗推行兩種教育制度

關於教育制度的改革，中共中央副主席、中華人民共和國主席劉少奇在「大躍進」年代提出過一套完整的設想，就是「兩種勞動制度和兩種教育制度」。

1958年5月30日，劉少奇在中共中央政治局擴大會議上的講話中談到關於兩種教育制度問題。他說：「我們國家應該有兩種主要的學校教育制度和工廠農村的勞動制度：一種是現在全日制的學校教育制度和現在工廠裡面、機關裡面八小時工作的勞動制度。這是主要的。此外，是不是還可以採用一種制度，跟這種制度相輔而行，也成為主要制度之一，就是一種半工半讀的學校教育制度和一種半工半讀的勞動制度。」他重點闡述了半工半讀的學校教育制度和半工半讀的勞動制度。他認為可以辦一些半工半讀的中學，使那些家庭無法供給上學的青年也能上學。農業中學可以半日讀書，半日種地，也可以一日讀書，一日種地，還可以考慮半年種地，半年讀書。中等技術學校更可以半工半讀。有些大學也可以半工半讀，可以有全部半工半讀的大學，也可以在現有的大學裡辦幾個半工半讀的班。這也是一種正規的學校制度。這樣，國家不需要增加很多經費，就可以多辦學校。他認為「這是採用群眾路線，多快好省地培養工人階級和勞動人民的知識分子的一種方法」。

1958年6月8日至20日，劉少奇又在兩次會議上提出，「半工半讀問題是從中國條件、中國特點提出的。中國特點是：人多、窮、生活水平低，要進行技術革命，人多勞動力夠用。」「學校分兩類：第一類是全日制學校，第二類是半工半讀、業餘教育，主要是半工半讀。」「兩類學校都算正規學校。」「這些都要規定為國家制度。」

1964年國民經濟初步恢復後，教育制度的改革又一次提到議事日程上來，劉少奇

再次提出他的「兩種教育制度」的方案，並且將其與「反修防修」聯繫起來。他建議各省、市、自治區以及各大城市都著手試驗、試辦。1964年下半年，天津、北京、上海等大中城市開始舉辦各種形式的半工半讀學校。全國各地農村半農半讀的農業中學、中等農業技術學校迅速發展。一些全日制的中等專業學校和技工學校試改為半工半讀學校。為了更好地領導和推進半工（農）半讀教育的試驗工作，一些省市和中央部門成立了專管機構。

（四）進行學制改革試驗

中華人民共和國成立之后，在學制上基本沿用1922年的「六三三四制」。在「大躍進」的形勢下，各地從1958年下半年開始進行了較大規模的縮短中小學學制的改革試驗。當時試驗的新學制主要有：小學五年一貫制、中學五年一貫制；中小學七年、九年、十年一貫制；中學四年制等。學制改革試驗以縮短現行學制年限為原則，一般與課程內容和教學方法的改革配套進行。但由於各地學制改革試驗是在「大躍進」年代突發性進行的，缺乏思想上的準備，目標也不很集中，顯得比較凌亂。鑒於1958年各地有不少學校進行學制改革試驗，為使此項工作有組織有領導地進行，中共中央、國務院於1959年5月24日發出《關於試驗改革學制的規定》，規定各省、市、自治區應當有領導、有計劃地指定個別（不是大量的）小學、普通中學進行改革學制的試驗，未經批准的學校不得進行試驗，未經批准不許改變修業年限。要求中央教育部在1961年年底以前，向中共中央和國務院提出改革學制的初步方案。在中共中央和國務院規定新的學制以前，各級各類全日制學校一般應當執行現行學制和修業年限。至此，一些學校停止了學制改革試驗。

（五）下放教育管理權限

中華人民共和國成立初期，中國建立了高度集中統一的教育管理體制。在教育管理上，實行中央集中統一領導；地方也管理教育，主要是執行中央的指令，管理的職責相當有限。中央教育行政部門對學校，尤其是對高等學校，都實行直接指揮和管理。這一管理體制在中華人民共和國成立初期曾經起到了穩定和鞏固新的政治體制，並盡快建設起新的計劃經濟體制的作用。在接管和改造所有的國立和私立的學校以及教會學校，確立與計劃經濟體制相適應的新教育體制的過程中，也發揮過積極的作用。

但是，這種高度集中統一管理的弊病在20世紀50年代中葉已經開始顯露，主要是地方的辦學積極性不高，限制了教育事業的發展，不能滿足人民群眾日益增長的要求。於是，在1958年的教育革命大潮下，對教育管理體制進行了改革，開始下放管理權限，建立中央和地方兩級管理的制度。

1958年8月，中共中央、國務院發布《關於教育事業管理權力下放問題的規定》（以下簡稱《規定》）。《規定》提出：今后對教育事業的領導，必須改變過去條條為主的管理體制，根據中央集權和地方分權相結合的原則，加強地方對教育事業的領導管理。為此規定：小學、普通中學、職業中學、一般的中等專業學校和各級業餘學校的設置和發展，無論公辦或民辦，由地方自行決定。新建高等學校和中等工科技術學校，地方可自行決定或由協作區協商決定。各地方可對教育部和中央主管部門頒發的

教學計劃、教學大綱和教科書進行修訂補充，也可自編教材和教科書。過去國務院教育部頒布的全國通用的教育規章、制度，地方可以結合當前工作發展情況，因地制宜、因事制宜地決定存、廢、修訂，或者另行制定適合於地方情況的制度。《規定》還提出，各大協作區應根據自己的實際情況和需要，建立起一個完整的教育體系。然後每個專區、每個縣也應該這樣做。

1958年教育管理權限的下放，改變了中央集權過重的管理體制，有效地調動了地方辦學的積極性，促進了各地教育事業的迅速發展。實踐證明，下放管理權限，實行中央和地方兩級管理是一項正確的改革措施。但是，由於當時法制不健全，沒有完備的教育法規作為準繩，中央缺乏宏觀調控的能力和手段，地方也缺乏管理教育的經驗和能力，在盲目躍進的時代下放管理權限，勢必造成教育規模失控和教育質量下降。為了改變教育管理領域的紊亂局面，1963年6月中共中央、國務院頒發《關於加強高等學校統一領導，分級管理的決定（試行草案）》，重新強調對高等學校實行中央集中統一領導，在這一前提下，實行中央和地方兩級管理的制度。

三、教育事業的大調整

1959—1961年，是中國國民經濟發生嚴重困難的時期。為了糾正工作的錯誤，從1960年冬起，中共中央決定對國民經濟實行「調整、鞏固、充實、提高」的方針。以「八字」方針為標誌，國家進入一個新的時期，即調整時期。在20世紀60年代初開始的調整時期，黨中央為了糾正教育工作中的「左」的錯誤，在認真總結經驗和廣泛調查研究的基礎上，相繼制定了「高校六十條」「中學五十條」和「小學四十條」，改善和加強了大、中、小學教育，使各項教育工作逐漸走上正軌，教育事業一度出現繁榮的局面。

（一）壓縮教育事業的規模

1958年教育「大躍進」中，教育事業盲目追求高速度、高指標的做法，帶來了與國民經濟力量不相適應，教育質量嚴重下降的不良后果。根據中央「調整、鞏固、充實、提高」的八字方針，自1960年年底起，教育部先後提出了調整的具體方針和工作部署，縮短戰線，壓縮教育事業發展的規模，合理佈局，調整現有學校和招生計劃，精簡各級各類教職工人數，集中力量提高教育質量。

1961年7月，教育部在北京召開全國高等學校及中等學校調整工作會議，討論高等學校及中等專業學校縮短戰線、壓縮規模、合理佈局和通過調整工作、集中力量、提高教學質量等問題。會議確定，基本上採取畢業多少學生招收多少學生的辦法，調整1961年的招生指標。通過調整學校、採取學生自帶口糧等辦法，壓縮城鎮學校的學生數，精簡學校教職工，以減少吃商品糧的人數。今后三年內繼續縮短教育戰線，放慢教育事業發展速度，集中力量提高質量。

經過1961—1963年的調整、精簡。中國的高等學校由1960年的1,289所調整為407所，在校學生由96萬人壓縮為75萬人；中等專業學校由1960年的6,225所裁並

為 1,355 所，在校學生由 2,221.6 萬人壓縮為 45.2 萬人。對中、小學也進行了調整。各級各類學校的規模、佈局、專業、科類的比例等，作了統一的調整和安排，使之更加合理。由此，隨著國民經濟的全面好轉，教育事業重新走上有計劃的穩定發展的軌道。

(二) 制定大、中、小學工作條例

1961 年 9 月，中共中央批准試行《教育部直屬高等學校暫行工作條例（草案）》（以下簡稱《工作條例（草案）》），並指出高等學校工作要著重解決五個主要問題：第一，高等學校必須以教學為主，努力提高教學質量。生產勞動、科學研究、社會活動的時間，應安排得當，以利教學。第二，正確執行黨的知識分子的政策，正確執行百花齊放、百家爭鳴的方針。第三，實行黨委領導下的以校長為首的校務委員會負責制。第四，做好總務工作。第五，改進黨的領導方法和領導作風，加強思想政治工作。《工作條例（草案）》共分 10 章 60 條，簡稱「高校六十條」。對高等學校培養目標、教學工作、生產勞動、科學研究工作、教師和學生、物資設備和生活管理、思想政治工作、領導制度和行政組織、黨的組織和黨的工作都做了具體規定。它比較全面地總結了中華人民共和國成立以後高等教育建設的經驗，糾正了 1958 年教育革命中「左」的錯誤，為中國高等學校工作建立了一套適合國情的基本原則和具體實施條款。

在制定「高校六十條」的同時，教育部從 1961 年 7 月開始起草《全日制中小學暫行工作條例（草案）》，在廣泛調查研究的基礎上，1961 年 9 月已擬出初稿。經過廣泛討論和多次修改，1963 年 3 月，中共中央發出《全日制小學暫行工作條例（草案）》和《全日制中學暫行工作條例（草案）》（簡稱「小學四十條」和「中學五十條」）。這兩個條例都分為 8 章，包括總則、教學工作、思想品德教育、生產勞動、體育衛生和生活管理、教師、行政工作、黨的工作和其他組織工作。

「高校六十條」「中學五十條」「小學四十條」的頒布實施，改善和加強了調整時期的大、中、小學教育，有利於恢復和建立正常的教學秩序，把學校教育改革向前推進了重要的一步，對提高教育質量起了積極的作用，使中國的教育事業出現了初步繁榮的局面。

(三) 開展教育改革

從 1961—1963 年年底，經過三年調整、整頓，中國教育事業得到了健康穩定的發展，教育質量逐步提高，為國家培養了一大批高質量的各種人才。但由於教育改革的中斷所導致的改革滯后，原有教育中的一些弊端又開始暴露出來。如課程過多、教材偏深、分科過細、學生課業負擔重、講授不得法、考試搞突然襲擊、片面追求升學率、教學中比較倚重分數評價、輕視體力勞動等。因此，1964 年以後，在調整和整頓的任務已經完成后，教育改革就開始提上黨和國家的議事日程。

1965 年 7 月 3 日，毛澤東看過《北京師範學院一個班學生生活過度緊張，健康狀況下降》這份材料後，給中宣部部長陸定一寫了封信。信中說：「學生負擔太重，影響健康，學了也無用。建議從一切活動總量中砍掉 1/3。請邀學校師生代表，討論幾次，

決定實行。」此信簡稱「七三指示」。8月，教育部召開省、市、自治區教育廳、局長座談會，高等教育部召開直屬高等院校政治工作會議，研究貫徹毛澤東「七三指示」，進一步在全國各級各類學校開展了以減輕學生負擔、提高教育質量為主要內容的教育改革。

第三節　社會主義現代化建設新時期的教育

1976年粉碎「四人幫」，特別是黨的十一屆三中全會的召開，全黨工作重點轉移到以經濟建設為中心的社會主義現代化建設上來，開闢了改革開放和社會主義現代化建設的新時期。隨著國家工作重點轉向社會主義現代化建設，教育的重要戰略地位越來越為人們所認識。在鄧小平理論指引下，為了適應中國改革開放和社會主義現代化建設的需要，黨和國家提出了一系列新的教育方針政策，中國教育事業蓬勃發展，進入深化改革和建設具有中國特色的社會主義教育體系的發展階段。

一、教育領域的撥亂反正

1976年10月粉碎「四人幫」后，教育領域進入撥亂反正階段。教育上的撥亂反正，主要是批判「兩個估計」的錯誤論斷，並採取一系列措施，治理了「文化大革命」造成的教育混亂，整頓了教育秩序。

（一）否定「兩個估計」

針對1971年《全國教育工作會議紀要》中對17年教育所做的「兩個估計」，鄧小平在1977年8月召開的科學和教育工作者座談會上指出：17年的教育「主導方面是紅線」，「中國的知識分子絕大多數是自願地為社會主義服務的」。在鄧小平指示精神的影響下，同年11月全國各地報紙都刊登了教育部大批判組的文章——《教育戰線的一場大論戰——批判「四人幫」炮制的「兩個估計」》，揭露其對教育事業造成的嚴重危害。1979年3月，中共中央轉發教育部黨組《關於建議中央撤銷兩個文件的報告》，決定撤銷《全國教育工作會議紀要》，徹底否定「兩個估計」。

（二）撤出工宣隊和軍宣隊

鄧小平在1977年9月對教育部長的談話中提出撤出工宣隊的問題。他說：「工宣隊問題要解決，他們留在學校也不安心。軍隊支左的，無例外地都要撤出來。學校裡這些問題不解決，扯皮就得沒完沒了。」1977年11月6日，中共中央轉發教育部黨組《關於工宣隊問題的請示報告》，中央批示中決定從學校撤出工宣隊。根據這個批示，各地為占領上層建築而進駐大、中、小學的工宣隊隨即全部撤出學校。同時，軍宣隊也逐步撤離學校。

（三）恢復統一高考制度

1977年8月，鄧小平在科學和教育工作會議座談會上提出：「今年就要下決心恢復

從高中畢業生中直接招考學生，不要再搞群眾推薦。」同年 10 月 12 日，國務院批轉教育部《關於一九七七年高等學校招生工作的意見》及《關於高等學校招收研究生的意見》，規定高等學校招生採取自願報名，統一考試，地市初選，學校錄取的辦法。並且規定，有條件的高等學校要積極招收研究生。1977 年的高考於 1977 年 11~12 月在各省、市、自治區舉行，由各省、市、自治區自行命題，當年共有 570 萬人參加考試，高等學校共錄取新生 27.3 萬人。高等學校恢復按規格錄取新生制度，引起社會強烈反響，這不僅保證了高等學校的新生質量，也促進了中小學教學質量的提高，在社會上形成學習進取的風氣。

(四) 恢復和重建被破壞的學制系統

粉碎「四人幫」以後，為了盡快糾正「文化大革命」在教育領域造成的混亂局面，中央開始著手恢復和重建被破壞了的學制系統。1978 年 1 月，教育部頒布《關於辦好一批重點中小學試行方案》，要求各地區、各部門對發展和辦好所屬重點中小學做出計劃部署，以重點學校為榜樣，帶動學校教育水平的整體提高。同時教育部頒布了《全日制十年中小學教育計劃（試行草案）》，規定學制為「五三二制」。2 月，國務院轉發教育部《關於恢復和辦好全國重點高等學校的報告》，第一批確定全國重點高等學校 88 所，並對辦好全國重點高等學校的有關事項提出了意見。4 月，教育部在北京召開全國教育工作會議，研究了《全國普通高等學校暫行工作條例（草案）》《全日制中學暫行工作條例（草案）》《全日制小學暫行工作條例（草案）》三個修改意見（討論稿）。9 月 1 日起正式試行這些條例。12 月試行《高等學校學籍管理的暫行規定》。1979 年 8 月，教育部頒發新的《小學生守則（試行草案）》和《中學生守則（試行草案）》。1980 年 12 月，中共中央、國務院《關於普及小學教育若干問題的決定》中指出，中小學學制準備逐步改為 12 年。至 1981 年，新中國學校教育制度逐步定型，中學的學制逐步改為 6 年，小學學制 5 年和 6 年並存。

二、教育體制改革

1985 年 5 月，全國教育工作會議召開。會后中共中央發布了《關於教育體制改革的決定》這一綱領性文件，指明了中國教育改革與發展的方向，提出了實現改革與發展目標的方針、政策，由此推動了中國新時期教育改革的全面展開。

《關於教育體制改革的決定》（以下簡稱《決定》）的主要內容有以下幾個方面：

第一，確立了「教育必須為社會主義建設服務，社會主義建設必須依靠教育」的指導思想，為新時期黨和政府領導教育體制改革奠定了堅實的思想基礎，也提高了全黨全社會對教育戰略地位的認識。明確教育體制改革的根本目的是提高民族素質，多出人才，出好人才。

第二，把發展基礎教育的責任交給地方，有步驟地普及九年義務教育。實行基礎教育由地方負責、分級管理的原則。《決定》明確提出：基礎教育的管理權屬於地方。除了大政方針和宏觀規劃應由中央決定外，具體政策、制度、計劃的制定和實施以及對學校的領導、管理和檢查，其責任和權力都應交給地方。

第三，調整中等教育結構，大力發展職業技術教育。《決定》提出「調整中等教育結構，大力發展職業技術教育」。《決定》提出：「發展職業技術教育要以中等職業技術教育為重點，同時，積極發展高等職業技術院校。」「逐步建立起一個從初級到高級，行業配套、結構合理又能與普通教育相互溝通的職業技術教育體系。」《決定》還提出要改革勞動人事制度，實行先培訓、后就業的原則。《決定》的貫徹執行，把中國職業技術教育推進到了一個全面健康發展的新階段。

第四，改革高等學校招生計劃和畢業生分配制度，擴大高等學校辦學自主權。《決定》提出中國高等教育發展的戰略目標是：「到本（20）世紀末，建成科類齊全，層次、比例合理的體系，總規模達到與中國經濟實際相當的水平，高級專門人才的培養基本上立足於國內，能為自主地進行科學技術開發和解決社會主義現代化建設中重大理論問題和實際問題做出較大貢獻。」為了達到這個目標，必須改革高等學校的招生計劃和畢業生分配制度，擴大高等學校辦學自主權。《決定》提出：「當前高等教育體制改革的關鍵，就是改變政府對高等學校統得過多的管理體制，在國家統一的教育方針和計劃的指導下，擴大高等學校的辦學自主權，加強高等學校同生產、科研和社會其他各方面的聯繫，使高等學校具有主動適應經濟和社會發展需要的積極性的能力。」並提出：「為了調動各級政府辦學的積極性，實行中央、省（自治區、直轄市）、中心城市三級辦學體制。」隨著高等教育改革的深入，高等教育的內部結構也趨向合理，在辦學體制上逐漸向以國家辦學為主體，社會多種力量辦學為重要補充的多形式、多渠道、多層次的新格局發展。

三、「三個面向」的教育發展方針

1983年國慶前夕，鄧小平為北京景山學校題詞：「教育要面向現代化，面向世界，面向未來。」（簡稱「三個面向」）「三個面向」為面向21世紀中國教育的宏觀決策提供了科學依據，成為黨和政府領導教育事業改革與發展的指導方針，對於開創教育工作的新局面起著至關重要的影響。

教育要面向現代化，是「三個面向」方針的基礎。它包括兩個方面的意思：一是教育要為社會主義現代化建設服務，要適應經濟建設和社會發展的需要，這是新時期教育的基本方向；二是教育自身也要現代化，即教育思想觀念、教育制度、教育內容、教學方法、教學手段等均要進行改革、更新和發展，按現代教育的要求來辦教育。

教育要面向世界、面向未來，就是要以長遠的戰略眼光發展和改革教育，教育的計劃和人才培養規格要考慮未來的需要，要用科學方法預測未來社會對教育的要求，培養大批具有創造性、靈活性、適應能力強的跨世紀人才，使教育成為推動社會經濟、文化、科學、人口素質進步的動力。

「三個面向」的教育發展方針，是在充分總結中華人民共和國成立以來教育發展的經驗教訓的基礎上，根據中國社會主義現代化建設事業的總體要求而提出的。三者相輔相成，缺一不可。它反映了時代發展和社會進步對教育改革和發展的要求，準確地反映了教育活動的客觀規律。「三個面向」的方針提出后，引起教育界的高度重視和認真研究，使廣大教育工作者開闊眼界，更新觀念，明確方向，增強信心，大大促進了

中國教育事業的改革和發展。

四、實施科教興國戰略

1992 年，黨的十四大確立了江澤民同志為黨的第三代領導核心，確立了鄧小平建設有中國特色社會主義理論在全黨的指導地位。江澤民在黨的十四大報告中深刻指出：「加快科技進步，大力發展教育，充分發揮知識分子的作用。」「科技進步、經濟繁榮和社會發展，從根本說取決於提高勞動者的素質，培養大批人才。我們必須把教育擺在優先發展的戰略地位，努力提高全民族的思想道德和科學文化水平。這是實現中國現代化的根本大計。」江澤民在黨的十四大中，全面、系統、深刻地向全黨闡述了堅持鄧小平教育理論的基本精神，堅持深化教育改革，正確處理教育、科技與經濟的關係等基本觀點，為中國跨世紀的教育改革與發展指明了方向。

為了貫徹黨的十四大精神，中共中央、國務院於 1993 年 2 月印發《中國教育改革和發展綱要》（以下簡稱《綱要》）。《綱要》完整地闡述了鄧小平教育理論和江澤民在黨的十四大關於教育改革與發展的重要論述，分析了中國教育面臨的形勢和任務，提出了教育體制改革和教育事業發展的方針與目標。1994 年 6 月，黨中央、國務院在北京隆重召開第二次全國教育工作會議。會議的主要任務是，以鄧小平建設有中國特色社會主義理論和黨的基本路線為指導，進一步落實教育優先發展的戰略，動員全黨全社會認真實施《綱要》。會后，全國各地競相提出，「科教興省」「科教興市」「科教興縣」的發展戰略與計劃。

1997 年 9 月 12 日，黨的十五大召開。江澤民在《高舉鄧小平理論偉大旗幟，把建設有中國特色社會主義事業推向 21 世紀》的報告中，再一次向全黨提出實施科教興國戰略和可持續發展戰略。他強調指出：「培養同現代化要求相適應的數以億計高素質的勞動者和數以千萬計的專門人才，發揮中國巨大人力資源的優勢，關係 21 世紀社會主義事業的全局。」1997 年，在李嵐清副總理的推動下，國家教委在山東菸臺召開了全國中小學素質教育經驗交流會，發布了《關於當前積極推進中小學實施素質教育的若干意見》，提出了向素質教育轉變的目標、任務和措施，中小學素質教育作為政府行為全面啟動。

五、加快教育法制化進程

1978 年以前，新中國幾乎沒有教育法律、法規。進入 20 世紀 80 年代，全國人大、國務院、教育部都加強了教育立法工作。1986 年 4 月，六屆人大四次會議通過了《中華人民共和國義務教育法》。自此，中國教育立法工作駛入了快車道。其后相繼頒布的與中小學教育有關的教育法規主要有：《掃除文盲條例》（1988）、《學校體育工作條例》（1990）、《學校衛生工作條例》（1990）、《中華人民共和國未成年人保護法》（1991）、《禁止使用童工的規定》（1991）、《中華人民共和國義務教育法實施細則》（1992）、《中華人民共和國教師法》（1993）、《殘疾人教育條例》（1994）、《教學成果獎勵條例》（1994）、《中華人民共和國教育法》（1995）、《教師資格條例》（1995）、《社會力量辦學條例》（1997）等。其中 1995 年 3 月八屆人大三次會議審議通過了中國

教育的基本法——《中華人民共和國教育法》。這是中國教育法規體系中最重要的法律，為其他教育法律、法規的制定提供了法律依據。它的頒行，宣告了中國教育法規體系基本框架的確立。在短短的十幾年時間裡，頒布如此眾多的有關基礎教育的法律、法規，在中外教育史上是罕見的。這些教育法律、法規的實施，對教育事業的改革與發展提供了可靠的法律保障，也使得中國教育開始具有法制化的特色。

1991年4月，國家教委頒發了《教育督導暫行規定》。這是中國教育督導制度恢復以後第一部關於督導制度建設的法規性文件。1991年5月首次教育督導工作會議在北京召開。會後，國家教委下發了《普通中小學督導評估工作指導綱要（試行）》（以下簡稱《指導綱要（試行）》），要求各省市根據《指導綱要（試行）》提出的辦學方向、學校管理、教育質量、辦學條件四個要點，制定督導評估方案。至此，中國的教育督導開始由傳統型向現代型發展。

1993年1月，為了實現中共十四大提出的「到本（20）世紀末，基本掃除青壯年文盲，基本實現九年制義務教育」（以下簡稱「兩基」）的戰略目標，國家教委決定建立對普及九年義務教育和掃除青壯年文盲的縣（市、區）進行評估驗收的制度。「兩基」工作是中國教育工作的「重中之重」。「兩基」評估驗收成為教育督導集中開展的一項規模最大、成績最顯著的工作。這項工作有力地推進了「兩基」的實施和規劃目標的實現，也進一步樹立了教育督導的權威。1995年3月頒布的《中華人民共和國教育法》規定：「國家實行教育督導制度和學校及其他教育機構教育評估制度。」第一次把教育督導與評估制度法定為中國教育的一項基本制度。

1997年國家教委下發了《普通中小學校督導評估工作指導綱要（修訂稿）》，並要求在全國全面推行對中小學校進行督導評估的制度。同時，組建督導評估機構，對汨羅市等實施素質教育的實驗聯繫縣進行中小學督導評估工作，發揮示範作用，切實推動素質教育工作。1999年1月，國務院批轉的《面向21世紀教育振興行動計劃》提出：「進一步加強教育督導工作，健全督導機構，完善督導制度，保證『兩基』的質量和素質教育的順利實施。」1999年6月頒布的《中共中央國務院關於深化教育改革全面推進素質教育的決定》指出：「進一步健全教育督導機構，完善教育督導制度，在繼續進行『兩基』督導檢查的同時，把保障實施素質教育作為教育督導工作的重要任務。」這就為20世紀末到21世紀初教育督導工作重點提出了新的要求。

第四節　建設中國特色社會主義教育的深化

1992年10月，中國共產黨召開第十四次全國代表大會。江澤民代表黨中央提出了加快社會主義現代化建設步伐，進一步確立了教育優先發展的戰略地位。在此基礎上，中共中央、國務院1995年5月6日頒布了《關於加速科學技術進步的決定》，在《決定》中首次提出了科教興國的戰略。1997年9月召開中國共產黨第十五次全國代表大會，明確把發展教育作為社會主義文化建設的基礎工程，走教育創新和科教興國戰略和可持續發展道路。先后頒布了《中國教育改革和發展綱要》《關於深化教育改革全面

推進素質教育的決定》，加強了教育法制建設，開展了新一輪課程改革試驗，並加強了農村教育的改革。這些舉措都極大地促進了有中國特色社會主義教育建設的深化。

一、確立「科教興國」戰略

20世紀90年代，在鄧小平理論的指導下，黨和政府結合中國的實際和時代發展的特徵，提出了「重點依靠科技和教育推動經濟發展和社會進步」的戰略，即「科教興國」戰略，並在實踐中不斷豐富和發展其內涵。

1992年10月，江澤民在中國共產黨第十四次代表大會報告中明確提出，「科技進步、經濟繁榮和社會發展，從根本上說取決於提高勞動者的素質，培養大批人才。我們必須把教育擺在優先發展的戰略地位，努力提高全民族的思想道德和科學文化水平，這是實現中國現代化的根本大計。」報告進一步肯定了教育優先發展的地位。1995年5月，中共中央、國務院在《關於加速科學技術進步的決定》中明確地提出了「科教興國」的戰略。5月4日，江澤民在北京大學建校一百周年慶祝大會上發表講話，號召全黨全社會，要「緊緊圍繞經濟建設這個中心，堅持不懈地實施科教興國的戰略」，要求「全黨和全社會都要高度重視知識創新、人才開發對經濟發展和社會進步的重大作用，使科教興國真正成為全民族的廣泛共識和實際行動。」在5月26日召開的全國科技大會上，江澤民指出，實現經濟體制從傳統的計劃經濟向市場經濟的轉變，實現經濟增長方式從粗放型向集約型的轉變，就必須重視科技和教育，實施科教興國戰略，使國民經濟和社會發展依靠於科技進步和勞動者素質的提高。在1998年，國務院專門成立了科技教育領導小組，國務院總理朱鎔基親自擔任組長。1999年3月，全國人大九屆二次會議召開，朱鎔基在會上莊嚴宣布，實施科教興國戰略，是實現經濟振興和國家現代化的根本大計，本屆政府將把實施「科教興國」戰略作為重要任務來抓。

「科教興國」是對教育優先發展戰略地位的高度概括和更準確完善的表述，更清晰地闡明了「實現現代化，科技是關鍵，教育是基礎」的思想內涵。一是加速科學技術進步，積極發展高新技術，加速科技成果轉化，加強基礎科學，瞄準世界科學發展前沿、重點攻關，實現重大突破；二是優先發展教育，加快實現普及義務教育，積極發展職業教育和成人教育，深化高等教育改革，優化教育結構，更新教育內容和教育方法。「科教興國」戰略的提出是對鄧小平教育理論的豐富和發展。「科教興國」戰略是實現經濟體制和經濟增長方式「兩個根本轉變」的重要環節，是保證中國國民經濟持續健康快速發展的根本措施。「科教興國」戰略的確立與實施，是全黨全社會對新時期教育戰略地位在認識上的進一步深化，為建設中國特色的社會主義教育體系和教育的現代化指明了正確的道路。

二、頒布《中國教育改革和發展綱要》

隨著中國教育體制改革的不斷深入，各級各類教育改革取得了很大的進展，也面臨著許多亟待解決的問題。國務院專門成立了教育工作研討小組（以下簡稱研討組），先後起草了《中共中央關於發展教育事業和深化教育改革的決定》（代擬稿）、《中國教育改革和發展綱要（1989—2000）》（草案）和《中華人民共和國教育法》（草案）

三個文件，提交中共中央全會與會代表充分討論后，集中力量對《中國教育改革和發展綱要（1989—2000）》進行修改。1993 年 2 月 13 日，中共中央、國務院正式頒布了《中國教育改革和發展綱要》。

《中國教育改革和發展綱要》（以下簡稱《綱要》）總結了中華人民共和國成立四十多年來，特別是中共十一屆三中全會以來教育改革和發展的經驗，分析了中國在社會主義初級階段的國情以及教育工作面臨的形勢，提出了 20 世紀末中國教育改革和發展的方針任務、目標戰略和總體思路等。《綱要》共六個部分，即教育面臨的形勢與任務，教育事業發展的目標、戰略和指導方針，教育體制改革，教師隊伍建設和教育經費。《綱要》提出：在建設社會主義市場經濟體制、加快改革開放和現代化建設的新形勢下，教育工作的主要任務是在有中國特色社會主義理論的指導下，堅持黨的基本路線，全面貫徹「三個面向」的教育方針，進一步提高勞動者素質，培養大批人才，建立適應社會主義市場經濟體制和政治、科技體制改革需要的教育體制，更好地為社會主義現代化建設服務。

《綱要》從戰略高度對 20 世紀 90 年代至 21 世紀初期教育事業的發展做出了總體規劃，賦予了教育發展豐富的時代內涵，為新時期的教育發展規模、速度設定了目標，對教育結構、質量和效益作了明確要求，制定了各級各類教育的發展方針和任務，從而為提高全民教育水平，實現教育為社會主義現代化建設服務，構建起面向 21 世紀的中國特色社會主義教育體系的基本框架。

三、加強教育法制建設

20 世紀 90 年代以後，隨著國家整個法制建設的逐步進展，教育法制建設也得到加強，初步形成了教育法制體系的基本框架，教育法制運行機制也初步建立，廣泛開展教育法制宣傳教育工作。教育法制建設作為國家整個法制建設的重要組成部分，包括教育立法、教育行政執法和監督、教育法律知識的宣傳和普及等諸多方面的內容。加強教育法制建設為教育改革提供了有力的法律保障，開始邁向「以法治教」的軌道。

改革開放以來，教育立法工作得到恢復和加強。20 世紀 80 年代，以《中華人民共和國學位條例》和《中華人民共和國義務教育法》的相繼頒布為標誌，中國教育立法工作邁出了重要的一步。1982 年頒布的新憲法中，涉及教育的條款有 11 條之多。它以國家大法的形式為建立中國特色社會主義教育法制體系奠定了最高的法律準則。

隨著教育立法進度的加快，加強教育行政執法和監督機制逐漸成為教育法制建設中的重點。教育行政執法主要是指國家政府機關特別是教育行政機關依照法定的職權和程序，依法行政、以法治教。隨著教育行政執法的實行，各級國家機關、社會組織和公民依法對教育法制和活動的合法性需要進行監督，要求建立教育執法監督。教育執法監督不僅要對政府和教育行政主管部門是否履行了法律所規定的權利與義務進行監督，還要監督教育行政機關在查處違法案件和處理教育糾紛中所作出的裁決是否合法、執行程序是否規範等。

廣泛開展教育法制法規的宣傳和普及工作，不斷提高全社會對於教育法制法規的認識，使人民群眾都受到教育法制教育，學法懂法，是教育法制法規得以順利實施的

前提和基礎。為此，中共中央和全國人民代表大會決定用三個五年的時間，在全國人民群眾中連續開展宣傳和普及法律常識的活動（簡稱「三五普法」）。在此期間，黨和政府在廣大群眾特別是廣大教育工作者和青少年學生中開展了普及教育法律知識的工作。

當然，由於中國教育法制建設的基礎比較薄弱，黨和政府加強教育法制建設舉措雖取得不少成績，但還不能完全適應教育和法制建設的要求，真正實現以法治教，做到有法可依，執法必嚴，違法必究，還要做許多努力。

四、全面推進素質教育

「素質教育」的提出和認定有一個相當長的演變和發展過程。1985年5月，鄧小平在第一次全國教育工作會議上指出：「我們國家，國力的強弱，經濟發展后勁的大小，越來越取決於勞動者的素質，取決於知識分子的數量和質量。」同年發布的《中共中央關於教育體制改革的決定》中指出：「在整個教育體制改革過程中，必須牢牢記住改革的根本目的是提高民族素質，多出人才，出好人才。」這時提出的「素質」並沒有與「素質教育」相聯繫。1993年2月，中共中央、國務院在《中國教育改革和發展綱要》中提出：「中小學要從『應試教育』轉向全面提高國民素質的軌道，面向全體學生，全面提高學生的思想道德、文化科學、勞動技能和身體心理素質，促進學生生動活潑地發展。」仍然沒有提出「素質教育」的概念。1994年6月，李嵐清在全國教育工作會議上第一次直接使用「素質教育」，並將「素質教育」與「應試教育」對稱。他說：「基礎教育必須從『應試教育』轉到『素質教育』的軌道上來。」同年8月，《中共中央關於進一步加強和改進學校德育工作的若干意見》第一次正式在中央文件中使用「素質教育」的概念。1996年3月，第八屆全國人民代表大會第四次會議通過的《中華人民共和國國民經濟和社會發展「九五」計劃和2010年遠景目標綱要》也指出：「改革人才培養模式，由『應試教育』向全面素質教育轉變。」但是，1997年9月，中國共產黨第十五次全國代表大會上，江澤民並未採用「素質教育」這一概念，仍然沿用了一貫的提法：「認真貫徹黨的教育方針，重視受教育者素質的提高，培養德智體等全面發展的社會主義事業的建設者和接班人。」1999年6月，在召開第三次全國教育工作會議的前夕，以中共中央、國務院的名義發布了《關於深化教育改革全面推進素質教育的決定》。此后，「全面推進素質教育」就成為深化教育改革的集中概括和通行表述。

「素質教育」的提出，主要是針對中小學教育中長期存在激烈的升學率競爭，影響了學生的全面發展，也加重了學生的課業負擔，成為深入教學改革的障礙和阻力。強調教育應當以提高學生的全面素質為根本目標，以利於切實地完整地貫徹黨的教育方針。有人將「素質教育」視為教育發展的「新階段」，並將「素質教育」與「應試教育」簡單對立起來，造成將此前的教育都視為「應試教育」的誤解，也引起了教育思想的一些混亂，教育實踐方向的迷失。對素質教育做出科學的理論闡釋和實踐的檢驗和總結，還需加以時日。

五、開展新一輪課程改革試驗

改革開放以來，中國基礎教育的改革和發展取得了輝煌的成就，基礎教育課程改革和建設也取得了顯著的進展。但是，中國基礎教育總體水平還不高，原有的基礎教育課程已不能完全適應時代的發展。2001年6月8日，教育部頒布了《基礎教育課程改革綱要》（試行），要大力推行基礎教育課程改革，調整和改革基礎教育的課程體系、結構、內容，構建新的基礎課程體系。

以《基礎教育課程改革綱要》（試行）頒布為標誌，中國基礎教育新一輪課程改革試點正式啓動。新一輪課程體系改革試點涵蓋幼兒教育、義務教育和普通高中教育三個階段，在中共中央、國務院的引導下，廣大教育工作者積極參與，掀起了在全國範圍的新一輪課程改革的浪潮。從課程改革輿論宣傳、組織落實、試點範圍的選定、課程改革大綱、教材編寫、師資培訓等方面做了大量的工作，取得了積極的進展。

基礎教育課程改革是一項系統工程，更是一個歷史的過程。每一次教學改革的成功，總是在較好地處理繼承優良傳統與改革創新之間關係的基礎上逐步實現的。不可否認，試點工作也面臨著不少實際困難。由於充分論證不足，準備工作匆忙，試點面鋪得太寬，大綱、教材制定和編寫比較粗糙，第一線教師難以適應，也引發了一些爭議和非難。

基礎教育課程改革，是深化教育改革的關鍵和核心，是一件大事，需要長期努力。一種教育理念，即使它是先進的、正確的，轉化成教學實踐，並取得實際成效，也要有一個過程，最終還要經受教學實踐的檢驗。因為實踐才是檢驗真理的唯一標準。

六、加強農村教育發展

為了構建和諧社會，加快社會主義新農村建設，中共中央和國務院決定免除農業稅，對農村教育改革也加大了力度。

2005年12月，國務院發出《關於深化農村義務教育經費保障機制改革的通知》，其主要內容有：全部免除農村義務教育階段學生的學雜費，對家庭貧困的孩子免費提供教科書，對家庭貧困的寄宿生提供生活費補助。在免除學雜費的同時同步提高農村中小學公用經費保障水平，建立農村中小學校舍維修長效機制，進一步鞏固和完善農村中小學教師工資保障機制。確定了「明確各級責任，中央地方共擔，加大財政投入，提高保障水平，分步組織實施」的基本原則；農村義務教育經費保障機制改革，旨在逐步將農村義務教育全面納入公共財政保障範圍，建立起一個中央和地方分項目、按比例分擔的新型經費保障機制。從2006年春季新學期開始，新增投入2,182億元，採取「分年度、分地區」逐步實施的辦法，農村義務教育經費保障機制改革的試點率先在中國西部啓動。

2007年春季新學期，繼中國西部和中部試點地區義務教育階段免交學雜費之後，中東部地區農村學童也開始享受這一政策，農村中小學義務教育全免學雜費在全國農村施行。至此，農村「義務教育」才成為真正意義上的義務教育。《光明日報》2007年3月2日頭版刊登了評論員文章《義務教育：政府擔當的職責》，指出：「這是一項

被認為在中國教育史上具有裡程碑意義的改革，是以胡錦濤同志為總書記的黨中央總攬全局、高瞻遠矚，在建設社會主義新農村、推進公眾財政建立、減輕農民負擔、促進和諧社會建設過程中做出的一項重大決策。」同日的《光明日報》上還刊登了一個農村中學生的來信，用稚嫩的筆書寫了對免交學費的感受和心聲。

「文化大革命」結束後，特別是改革開放以來，以鄧小平為核心的黨中央在認真總結中國社會主義教育事業正反兩方面經驗，在正確分析和把握當今時代特徵、國內外教育科技發展新趨勢的基礎上，提出了一系列重要的教育改革措施，開創了中國特色社會主義教育的發展道路，建設中國特色社會主義教育體系的基本框架初步形成。1977年鄧小平就指出：「教育要狠狠地抓一下，一直抓它十年八年。我是要一直抓下去的。……教育方面有好多問題，歸根結底是要出人才，出成果。」這將鼓舞著廣大教育工作者不懈的努力，繼續探索和不斷完善嶄新的中國特色的社會主義教育體系。

思考題

1. 試述《中國教育改革和發展綱要》的主要內容及歷史意義。
2. 試述改革開放以來，中國教育法制建設的主要成就。

國家圖書館出版品預行編目(CIP)資料

中國教育史 / 藍海正、劉彩梅 主編. -- 第一版.
-- 臺北市：崧燁文化, 2018.09
　面；　公分
ISBN 978-957-681-609-3(平裝)
1.教育史 2.中國
520.92　　　　107014696

書　　名：中國教育史
作　　者：藍海正、劉彩梅 主編
發行人：黃振庭
出版者：崧博出版事業有限公司
發行者：崧燁文化事業有限公司
E-mail：sonbookservice@gmail.com
粉絲頁　　　　　網　址：
地　　址：台北市中正區重慶南路一段六十一號八樓815室
8F.-815, No.61, Sec. 1, Chongqing S. Rd., Zhongzheng Dist., Taipei City 100, Taiwan (R.O.C.)
電　　話：(02)2370-3310　傳　真：(02) 2370-3210
總經銷：紅螞蟻圖書有限公司
地　　址：台北市內湖區舊宗路二段121巷19號
電　　話：02-2795-3656　傳真：02-2795-4100　網址：
印　　刷：京峯彩色印刷有限公司（京峰數位）

　　本書版權為西南財經大學出版社所有授權崧博出版事業有限公司獨家發行
　　電子書繁體字版。若有其他相關權利及授權需求請與本公司聯繫。

定價：500 元
發行日期：2018 年 9 月第一版
◎ 本書以POD印製發行